国家社会科学基金项目"世界社会主义与资本主义前途命运暨当代国际形势研究"(项目编号:18@ZH013)阶段性成果之二

世界金融危机十年研究

王伟光 主编

中国社会科学出版社

图书在版编目(CIP)数据

世界金融危机十年研究／王伟光主编．—北京：中国社会科学出版社，2020.6

ISBN 978-7-5203-6414-0

Ⅰ.①世… Ⅱ.①王… Ⅲ.①金融危机—研究—世界 Ⅳ.①F831.59

中国版本图书馆 CIP 数据核字(2020)第 072424 号

出 版 人	赵剑英
责任编辑	张冰洁　李凯凯
责任校对	王　龙
责任印制	王　超

出　　版	中国社会科学出版社
社　　址	北京鼓楼西大街甲 158 号
邮　　编	100720
网　　址	http://www.csspw.cn
发 行 部	010-84083685
门 市 部	010-84029450
经　　销	新华书店及其他书店
印　　刷	北京君升印刷有限公司
装　　订	廊坊市广阳区广增装订厂
版　　次	2020 年 6 月第 1 版
印　　次	2020 年 6 月第 1 次印刷
开　　本	710×1000　1/16
印　　张	30
字　　数	404 千字
定　　价	139.00 元

凡购买中国社会科学出版社图书，如有质量问题请与本社营销中心联系调换
电话：010-84083683
版权所有　侵权必究

前　言

本书是国家社科基金特别委托项目"世界社会主义与资本主义前途命运暨当代国际形势研究"的阶段性成果之二，收录了课题组关于世界金融危机及相关问题的研究成果。

2007年美国爆发的次贷危机引发了美国2008年金融危机，进而引发了世界性金融危机乃至经济危机。这场危机爆发距今已经十余年了，导致资本主义全面衰退，资本主义头号强国美国实力全面下降。曾几何时，当东欧剧变、苏联解体之际，美国学者提出"历史终结论"，宣扬社会主义及其意识形态已经灭亡。一瞬间，资本主义政治家、思想家大唱资本主义千年万岁的赞歌。苏东蜕变不到三十年，突如其来，然而又是必然而至的世界金融危机打破了资本主义千年王国的梦幻。纵观改革开放的中国，却出现了一番"西方不亮、东方亮""风景这边独好"的景象。中国特色社会主义的成功、世界力量对比的深刻变化，标志着社会主义运动始出低谷，马克思主义彰显出真理的强大威力。

十年前，当美国金融危机爆发刚刚一年，有人误判金融危机已经过去了，甚至有人随即提出"后危机时代"说。事实却是，从美国次贷危机到世界金融危机，再到资本主义制度全面危机，时至今日，资本主义世界仍然笼罩在危机的阴影之中，继而演变成以美国为代表的资本主义垄断资本拼命打压中国特色社会主义的中美贸易摩擦等一系列变故，展现了百年未有之大变局。中美贸易摩擦实质是社会主义与资本主义在世界范围内的两种不同的社会制度和前途命运生死之争的具体表现。历史已经无情地宣布关于世界金融危机的某些结论是错误的，也证实本书作者们关于世界金融危机的判断是符合历史事实的。

本书收录了本课题组成员十年来就世界金融危机或经济危机问题所发表的研究成果，既有当时的认识，又有近年新的认识，以及关于中美贸易摩擦问题的研究成果。考虑到十年前的事已成为一段不可忘却的历史记忆了，但对于当时使用的一些用语和概念，我们尽可能维持原貌不作修改，仅对文中的明显笔误加以更正，并重新核对了引文。本书收录的论文，一部分已经发表，一部分尚未发表。其研究成果只代表作者们自己的观点，或会有不同的看法，恳请读者指教并以期引起讨论和更深入的研究。

钟君负责的编辑小组为本文集的成书做了具体工作。

王伟光
2019 年 10 月 1 日
于中国社会科学院

目　录

一　总论

运用马克思主义立场、观点和方法，科学认识美国
　　金融危机的本质和原因
　　——重读《资本论》和《帝国主义论》……………王伟光（3）
从国际金融危机反观社会主义的必然趋势和
　　马克思主义的生命力 ………………………………王伟光（27）
西方国家金融和经济危机与中国对策
　　研究 ……………………王伟光　程恩富　胡乐明等（38）

二　世界金融危机与马克思主义、社会主义的前途

世界金融危机与马克思主义、社会主义的历史
　　命运 …………………………………………………王伟光（89）
中国对国际金融危机的有效抵御和中国特色社会主义的
　　历史命运 ……………………………………………王伟光（141）
国际金融危机孕育着社会主义的复兴 ……………李慎明（153）

三 世界金融危机与新自由主义、资本主义的命运

从国际金融危机进一步认清新自由主义的危害 …… 李慎明（165）
西方金融危机的根源在于资本主义基本矛盾的
　　激化 ………………………………… 程恩富　侯为民（173）
新帝国主义的白条输出 ………………………… 余斌（180）
新帝国主义是帝国主义的最后阶段 …………… 余斌（196）
美国金融资本主义的形成机制与现状 ………… 魏南枝（225）

四 世界金融危机与国际局势的变化

国际金融危机与世界大发展大变革大调整 ………… 李慎明（237）
当代国际形势下中国面临的双重压力与挑战 ……… 魏南枝（260）
经济危机十周年回顾 …………………………… 万相昱（271）
如何正确认识国际金融危机以来的西方
　　社会动荡 ……………………………………… 刘志明（415）
妥善应对美国挑起的中美贸易战 …………………… 李慎明（428）
客观看待所谓"全球贸易新格局" …………………… 魏南枝（452）
当前中美贸易争端的政治经济分析 ………………… 万相昱（459）

一

总 论

运用马克思主义立场、观点和方法，科学认识美国金融危机的本质和原因
——重读《资本论》和《帝国主义论》

王伟光

2007年8月，美国次贷危机突然爆发，导致美国陷入自20世纪30年代"大萧条"以来最为严重的金融危机。继而美国金融风暴席卷全球，全世界正面临20世纪30年代"大萧条"以来最严重的金融危机。这场国际性的金融危机已经引发了不同程度的世界性经济社会危机，目前还没有见底，今后发展会出现什么样的情况还需要进一步观察。

当前，摆在我们面前的一项重要任务就是重读《资本论》和《帝国主义论》，运用马克思主义立场、观点和方法，科学揭示这场危机的深刻本质和根本成因，提出根本性的有效规避和防范措施，建立制度保障和长效机制，保证中国特色社会主义健康稳定发展。

一 必须联系资本主义制度本质，认清金融危机的实质和原因

关于美国次贷危机引发的国际性金融危机及经济危机产生的原因，对中国造成的影响和解救的措施，发表的见解已经很多了，其中不乏真知灼见。有的认为，美国居民消费严重超过居民收入，无

节制的负债、无管制的市场、无限制的衍生金融工具、无限制的投机、无限制的高额利润和高收入是爆发金融危机的重要原因。有的认为，美国的消费模式、金融监管政策、金融机构的运作方式，美国和世界的经济结构等因素，是金融危机的基本成因。有的认为，房地产泡沫是金融危机的源头祸水，金融衍生品过多掩盖了巨大风险，金融监管机制滞后造成"金融创新"犹如脱缰之马，是金融危机爆发的真正原因。也有的认为，金融危机是某些金融大亨道德缺损所致。还有的认为，金融危机本质上是美国新自由主义市场经济治理思想和运行模式的严重危机。当然也有从资本主义弊病、从资本的逐利本性和金融资本的贪婪性来分析金融危机的成因，在一定程度上涉及资本主义根本制度问题。但是总的来看，目前形成的最普遍的解释许多还停留在现象层面、非本质层面上，即技术操作、治理理念和运行模式、管理体制层面上，如什么超前过度消费、房地产泡沫、金融衍生品泛滥、金融创新过度、金融监管不严、新自由主义思想作祟，等等。运用马克思主义的立场、观点和方法，从本质上，从制度层面科学揭示危机产生的原因，预测危机的发展趋势，提出防范解救的措施，尚远远不够。

然而，在危机爆发时刻，世界各国共产党人纷纷以马克思主义为指导，分析形势，揭露危机的本质和根源，制定危机条件下各国共产党人的行动纲领，展示共产党人的看法和力量。根据中国社会科学院马克思主义研究院于海青博士提供的资料[①]：欧美一些资本主义国家的共产党人对于危机的成因、根源与实质的分析，更深入到资本主义的本质制度原因，很值得我们深思。

对于这场"前所未有""有史以来最严重"的危机，资本主义政府大多将其归咎为"金融市场上的投机活动失控""不良竞争"或"借贷过度"，并希望通过政府救市，"规范"资本主义现行体

[①] 参见于海青《欧美发达国家共产党论当前金融危机》，《世界社会主义研究动态》2008年12月30日第50期。

制、机制，以达到解决危机、恢复繁荣的目的。而与之大相径庭的是，欧美一些资本主义国家的共产党人既看到了监管缺位、金融政策不当、金融发展失衡等酿成这场危机的直接原因，又反对将这场金融危机简单归结为金融生态出了问题，他们普遍认为危机的产生有其深刻的制度根源，危机标志着新自由主义的破产，是资本主义固有矛盾发展的必然结果。

法国共产党认为，世界经济危机源于金融机构过度的贪欲。这场金融危机归根结底是资本主义制度的危机。它不是从天而降的，不是资本主义的一次"失控"，而是资本主义的制度缺陷和唯利是图的本质造成的不可避免的结果。冲击全球的危机并非仅仅限于金融或经济领域，它同时也揭示了政治上的危机、资本主义生产方式的危机。从深层看，金融危机本质上是一场制度危机。美国共产党认为，金融化是新自由主义资本积累和治理模式的产物，它旨在恢复美国资本主义的发展势头及其在其国内和国际事务中的主导地位。同时，它也是美国资本主义的弱点和矛盾发展的结果，使美国和世界经济陷入新的断层。德国共产党认为，这场金融危机具有全球性影响，它使得全球经济陷入衰退，并越来越影响到实体经济部门。危机产生的原因不是银行家的失误，也不是国家对银行监管失利。前者只是利用了这一体系本身的漏洞，造成投机行为的泛滥。投机一直是资本主义经济的构成要素。但在新的垄断资本主义发展阶段，它已经成为一个决定性因素，渗入经济政治生活的方方面面。英国共产党认为，不能把当前经济和金融危机主要归结为"次贷"危机的结果。强调根本在于为了服务于大企业及其市场体系的利益，包括公共部门在内的英国几乎所有的经济部门都被置于金融资本的控制之下。葡萄牙共产党认为，不应该把这场危机仅仅解释为"次贷"泡沫的破灭，当前的危机也是世界经济愈益金融化、大资本投机行为的结果。这场危机表明"非干预主义国家""市场之看不见的手""可调节的市场"等新自由主义教条是错误的。资本主义再次展示了它的本性及其固有的深刻矛盾。资本主义体系非但没有解决人类社会面临的问题，反而使不平等、非正义和贫困进一步恶化。希腊共产党认为，危机现象是资本主义不可避免的经济命运，任何管理性政策都不可能解决其固有的腐朽性。金融危机再次表明资本主义不可能避免周期性危机的爆发，也再次证明了社会主义替代资本主义的必然性。

看来，仅仅局限于从金融和金融危机现象本身来看待这场危机，不联系私有制条件下商品和商品交换的二重性内在矛盾，不联系金融资本逐利本性，不联系资本主义制度本质，难以回答像美国这样所谓"完美"的市场制度为什么没有能防止金融危机的爆发，难以看清危机的实质和深层原因，难以认清资本主义制度是造成危机的根本原因。

对于中国这样实行市场经济的社会主义制度国家来说，如果不更进一步地从根本制度上认识这场危机的成因、本质，就无法从根本上找到规避、防范、克服危机的办法和措施。不看到本质，不在根本病根上下药，治标难治本，很难建立防范危机于未然的制度性、长效性的规避防范体系。因而认清这场危机的本质，对于建立社会主义市场经济体系的中国，如何建立健全规避、防范、克服危机的制度保障和长效机制，无疑有着深远的现实意义。

二 商品内在二重性矛盾潜伏危机产生的可能性，资本主义私人占有制度使危机爆发成为必然现实

认识危机的成因和本质，应该学会运用马克思揭示资本主义不可克服的内在矛盾及其历史必然灭亡趋势的科学方法，从资本主义经济最基本的细胞——商品的二重性内在矛盾入手开始分析。

马克思从商品入手分析资本主义，是有科学道理的。商品是市

场经济中最基本的细胞，商品是市场经济中最普遍的存在，商品交换是市场经济中最基本的关系。商品和商品交换所内含的内在矛盾体现并蕴含了市场经济和市场经济占主导地位的社会形态的基本矛盾。认识市场经济和市场经济占主导地位的社会矛盾和社会特性，就要从商品和商品交换的内在矛盾和本质关系分析入手。中国人民创立了中国特色社会主义市场经济，市场经济在人类历史上第一次实现了与公有制制度结合起来的形式，即社会主义市场经济。而在此之前，市场经济只与私有制制度相结合。商品与商品交换是伴随着社会分工与私有制的产生而逐渐发展起来的，资本主义市场经济是私有制条件下商品生产发展到一定程度的产物。因为商品与商品交换发展起来而成为占主导的经济形态，形成全球化的市场体系，属于资本家私人占有制为制度特征的资本主义市场经济。

在充分发展的资本主义市场经济中，商品是资本主义社会中最常见、最普遍的现象，是资本主义生产中最普遍的存在，是资本主义经济最单纯、最基本的因素，是资本主义的经济细胞，商品交换是资本主义社会中最基本的经济关系。在商品这个最细小的经济细胞中，体现着资本主义私有制生产关系，包含着资本主义一切矛盾的萌芽和一切危机产生的根源。研究资本主义社会矛盾和发展趋势，应从分析私有制条件下商品和商品交换入手，这就好比分析一个人，只要验一滴血，就可以知道人身体的基本状况一样。马克思是从分析资本主义一切矛盾胚芽的载体——商品入手，揭示出整个资本主义的内在矛盾及其激化和危机，从而最终揭示资本主义的发展规律和必然灭亡趋势。

马克思首先揭示了一般商品的二重性内在矛盾，认为商品是使用价值和价值的统一体，使用价值和价值既统一又矛盾，统一是指二者互相依赖、互为条件，矛盾是指二者是互相排斥、互相背离，甚至互相对立。使用价值和价值的矛盾是由生产商品的劳动二重性即具体劳动和抽象劳动的矛盾所决定的。商品的使用价值是由具体劳动决定的，然而要把商品放到市场上交换，就必须让生产商品使用价值的具体劳动转变为可以比较的抽象的一般劳动，这就是体现在商品中的一般人类劳动的凝结。这种一般劳动可以抽象为定量化的社会必要劳动时间，商品价值就是由商品生产者的这种抽象劳动凝结而成的。

商品既然具有使用价值和价值两重属性，它就必然有两重形态，即使用价值形态和价值形态。使用价值形态就是一个一个的具体商品，价值形态则表现为商品交换的一般等价物。

商品交换开始是直接交换，买与卖是统一的，交换是在同一时间同一地点完成。随着商品经济的发展，商品交换发展为商品流通，买与卖不同时进行，买与卖在时间和空间上分离了。一些人卖而不买，另一些人买而不卖。商品的使用价值和价值愈益分离。商品的价值形态由一般等价物，比如黄金，逐步发展成为货币，比如金币；货币又逐步发展为纸币，比如美元；最后发展成为无形的虚拟货币，比如证券、银行信用卡、比特币。随着商品经济的发展，货币不仅作为流通手段，而且具有了贮藏手段、支付手段功能，货币不在买卖中出现，可以延期支付。货币慢慢演变成观念形态的东西，离现实的商品交换越来越远。商品交换价值越来越独立存在，使用价值与价值的分离表现为货币的独立，又进一步表现为纸币的独立，某种货币符号的独立。这种分离，使得纸币可以滥印发行，证券可以独立运行，逐渐演变成虚拟市场、虚拟经济（建立在虚拟价值符号基础上）。货币成为商品流通的重要手段，已经包含了发生经济危机的可能性；纸币符号成为货币流通的手段，使危机更具可能性。在商品流通中，货币与商品分离了。在货币流通中，纸币符号与商品一般等价物，与货币代表的价值分离了。货币流通与商品流通在时间上和空间上也分离了，这就进一步加重了危机的可能性。

马克思具体分析了资本主义私有制条件下商品的内在二重性矛

盾的不可克服性。在私有制条件下，具体劳动和抽象劳动这对矛盾表现为私人劳动和社会劳动的矛盾，构成了商品生产的基本矛盾。由于商品生产是私人生产，商品是私有的，这就会使价值与使用价值，商品与货币，具体劳动和抽象劳动的分离和对立具有不可调和的对抗性质，造成周期性的经济危机的恶性循环。商品所内含的劳动二重性矛盾决定了价值和使用价值的二重性矛盾的进一步演变，表现为商品与货币的对立形式，进一步表现为实体经济与虚拟经济的对立形式。私有制使商品的内在二重性矛盾，在一定条件下，越来越激化，越来越背离，具有深刻的对抗性和不可克服性。在资本主义长达几百年的历史中，货币越来越背离商品，虚拟经济越来越背离实体经济，这就构成了金融泡沫、金融危机乃至全面经济危机的内在成因。

在资本主义私有制条件下，货币转化为资本家手中的资本。任何一个资本家，在开始他的剥削行为时，必须掌握一定的货币。要把货币转化为资本，货币持有者必须在市场上能够买到自由劳动者的劳动力，劳动力与生产资料结合便产生增值的价值，资本流通所带来的增值部分，就是资本家剥削工人的剩余价值。资本实质上是能够带来剩余价值的价值。资本主义生产的唯一动机和直接目的，就是攫取更多的剩余价值，资本家是人格化的资本。资本有二重性，一方面追求利润的最大化，具有逐利性和贪婪性，另一方面又推动了经济发展，具有对生产强有力的拉动性。

资本在资本主义生产过程中，形成了三种资本形态：货币资本、生产资本和商品资本。它们是一致的，同时也是不断分离和矛盾对立的。随着货币资本的发展，其本身逐渐独立，形成借贷资本、银行资本、股份资本和信用制度，形成借贷资本市场，有了股票、公司债券、国家公债、不动产抵押债券等有价债券，为所有者带来一定的定期收入，给人们一种钱能生出钱的错觉。在货币流通过程中形成赊购赊销，形成错综复杂的债务连锁关系。随着纸币化、证券化和信用制度的发展，逐步形成了虚拟资本和虚拟市场。虚拟资本同实际资本分离，而且虚拟资本的质和量也是背离的，也就是说虚拟资本的数量和实际资本的数量也是背离的。据专家统计，美国虚拟经济资本的虚假财富高达400万亿美元，大大超过了美国实体经济资本的30多倍。随着资本的发展、垄断资本的形成、金融资本和金融寡头的产生，"它再生产出了一种新的金融贵族，一种新的寄生虫，——发起人、创业人和徒有其名的董事；并在创立公司、发行股票和进行股票交易方面再生产出了一整套投机和欺诈活动"。① 资本主义私有制是形成金融危机的深层制度原因，金融资本的独立性、逐利性和贪婪性是形成金融危机的直接原因。

资本主义进入大机器工业时期，从19世纪开始，每隔若干年就要经历一次经济危机，严重的经济危机导致全面的社会危机。经济危机是私有制条件下商品内在二重性矛盾不可克服的外部表现。

资本主义危机产生的根本原因在于私有化制度，一方面生产力发展到高度社会化，资本也高度社会化，而另一方面生产资料和成果越来越为一小撮垄断寡头所有，这种生产的社会性同生产资料私有性的资本主义基本矛盾，使商品经济内含的危机可能性转变成危机必然性。由此看来，经济危机是资本主义经济制度本身所造成的，是资本主义生产方式内在矛盾的产物。要消灭危机，就必须消灭资本主义制度。商品经济内在二重性矛盾只构成产生危机的可能，而资本主义私有制度使危机的产生成为现实。

三　美国金融危机是资本主义制度性危机，最终是无法克服的，市场经济与社会主义制度相结合，使防范规避危机成为可能

美国"次贷危机"不可遏制地蔓延为国际性危机，向世界再次

---

① 《马克思恩格斯全集》第25卷，人民出版社1974年版，第496页。

证明马克思关于资本主义周期性经济危机和资本主义生产方式必然灭亡理论的真理性。马克思认为，资本主义周期性经济危机不可避免，"危机最初不是在和直接消费有关的零售商业中暴露和爆发的，而是在批发商业和向它提供社会货币资本的银行中暴露和爆发的"①。只要不改变资本主义的私人占有制，商品的内在矛盾，资本主义内部固有的矛盾，经济危机就无法从根本上得到化解，其必然表现为周期性的经济危机。

资本主义危机具有周期性，每隔一段时间重复一次，是一种周期性出现的现象。1825年，英国第一次爆发全球范围的工业危机；1836年，英国又发生了经济危机，波及美国。1847—1848年，经济危机席卷英国、美国和欧洲大陆。然后，1857年、1866年、1873年、1882年、1890年，每隔几年都要爆发一次世界性经济危机，以1873年危机最为深刻，大大加强了资本和生产的集中，促进垄断组织的形成和发展，向垄断资本主义过渡。

20世纪初叶，1900—1903年和1907年爆发了经济危机。资本主义世界又经历了1920—1921年、1929—1933年和1937—1938年三次危机。1929—1933年危机是最深刻、最严重的一次。这次危机持续四年之久，整个资本主义世界工业产量下降44%，贸易总额下降66%。1933年失业人口达3000万人。

"二战"后，资本主义总危机进一步加深。美国于1948年、1953年、1957年、1960年、1969年、1973年、1980年、1990年和2007年先后爆发九次经济危机。1957—1958年、1973—1975年、1980—1982年、2007年危机波及加拿大、日本和西欧主要国家，成为"二战"后四次世界性危机。

周期性的经济危机，在资本主义发展过程中不断交替反复出现，形成了资本主义在危机—缓解—危机中颠簸起伏的发展历程，

---

① 《马克思恩格斯全集》第25卷，人民出版社1972年版，第340页。

资本主义的一时繁荣，只不过是新的经济危机到来之前的预兆，资本主义会在周期性阵发的经济危机中逐步走向灭亡。在高涨时期，资产阶级大肆宣扬资本主义的"永久繁荣""千年王国"，而等危机到来，"永久繁荣"神话又像肥皂泡一样破灭。经济危机是资本主义制度对抗性矛盾的定期爆发，清楚无误地表明资本主义生产方式的历史局限性，已然爆发的危机深刻暴露了资本主义对抗性矛盾还会进一步加深，有时还会更尖锐、更激化。

美国金融危机引发的全球性危机是当今时代进入21世纪以来具有重大历史意义的事件。它既是一场严重的金融危机，又是一场深度的经济危机、思想危机、社会危机和资本主义制度危机，是资本主义的全面危机。危机伴随社会的深刻变化。历史上，资本主义几次带有国际性的危机，都曾引起时代和世界格局的重大变化。从长期来看，美国金融危机的结局将使世界经济进入一个大调整、大动荡时期。这次危机具有颠覆性、全面性、深度性和长期性的负面效应，将给世界经济社会发展带来重大和持续的长时间的破坏性影响。全球经济全面衰退的过程已经开始，世界局势乃至格局将发生重大变化，世界发展进程和历史也将会发生重大转折。

1. 美国金融危机及其引发的波及全球的经济危机是资本主义的全面危机。这次发生的美国金融危机自金融领域爆发，集中于金融领域，对金融体系的破坏性最大，但又不限于金融领域，由金融领域向非金融领域蔓延，由虚拟经济向实体经济蔓延，由经济领域向社会领域蔓延，由技术操作层面，向理念、模式、体制层面，再向制度层面蔓延，这场危机渗透、影响到全球资本主义世界的各个领域、各个层面、各个方面。

2. 美国金融危机及其引发的波及全球的危机是资本主义的全球性危机。资本主义全球化，就是资本主义生产关系的全球化，资本主义全球化危机是资本主义危机的全球化。这次危机自美国爆发，但又迅速波及西方国家、第三世界国家，乃至波及全球。这次危机是美国"闯祸",全世界"买单",一起遭殃,这就是全球化的负面效应。美国金融垄断资产阶级,是向全世界转嫁危机的好手,在这场危机中,它们向其他资本主义国家、向发展中国家、向一切国家转嫁危机,引起全球性的恐慌与危机。

3. 美国金融危机及其引发的波及全球的危机是资本主义的制度性危机。金融危机并不是美国专利,而是典型的资本主义性质的制度危机。社会生产力的高度全球化、社会化与美国国际金融高度垄断于华尔街一小撮金融寡头私有程度的矛盾是当代资本主义基本矛盾的表现,表现为世界创造财富之多并高度集中与贫富两极急剧分化不断加剧的矛盾。从根本上说,这场危机是资本主义制度不可克服的内在矛盾演变而成的,是其内在矛盾激化的外部表现,是其内在矛盾不可克服性的具体表现,是资本主义制度必然灭亡趋势的阶段性反映。这场危机告诉我们,资本主义基本矛盾不仅没有克服,而且以新的更尖锐的形式表现出来了。有人把美国金融危机归结为新自由主义治理理念和模式的失败,反证有管制的资本主义治理理念和模式的合理性。但是这种说法,也只是体制层面的说法,并没有涉及制度层面。实质上,无论自由主义,还是保守主义,都是治理资本主义市场经济的具体药方,只能缓解,而不能从根本上挽救资本主义的制度危机。这场危机再次证明资本主义内在矛盾决定了资本主义不可能从根本上战胜危机,只能暂时缓解危机。

4. 美国金融危机及其引发的波及全球的危机是资本主义的意识形态危机。这场危机使人们重新思考资本主义制度的弊病,重新审视资本主义意识形态的虚伪性和反科学性。这场危机从表面看是新自由主义等资产阶级思潮的危机,实质却是资本主义核心价值观、普世价值观、人权观、民主观的意识形态危机。新自由主义就意识形态层面来说,实际上是代表超级垄断资产阶级利益的一种意识形态,完全适应超级金融垄断资产阶级操纵金融市场剥夺全世界的需要。在这场危机中,资本主义国家的有识者开始对新自由主义反思，同时对资本主义制度也开始有所反思。另一方面，由于社会主义中国改革成功，公有制市场经济试验成功，更加使顽固坚持资本主义制度的那些人加紧推行西方意识形态，加大对中国的西化、分化和私有化的力度。这恰恰又从反面说明资本主义意识形态的危机。

美国金融危机反证中国特色社会主义市场经济的成功。社会主义和资本主义的本质区别是生产资料占有方式的不同，社会主义市场经济与资本主义市场经济的本质区别也是生产资料占有方式的不同。资本主义生产资料私有制决定了商品经济二重矛盾引发的危机最终是不可救药的，而社会主义市场经济决定了商品二重性矛盾可能会产生危机，社会主义生产资料公有制决定了危机又是可以规避、可以防范的，一旦发生又是可以治理、可以化解的。社会主义市场经济具有市场经济的特性，商品内在矛盾是不可改变的，改变的只是它的不可克服性。在社会主义市场经济条件下，警惕性不高，防范措施不力，可能会演变出危机。要清醒认识资本特别是金融资本的逐利性，防止资本和金融资本的无序化、极端化。在公有制条件下，资本逐利性是可以控制的，但私有制条件下，资本逐利性变成贪婪性，暂时可以管制并缓解，但最终是无法管制的。

四 资本主义与自由主义是两个层面的问题，一是制度层面、本质层面，一是体制层面、技术操作层面

波及全球的美国金融危机，使人们对新自由主义的市场经济治理理念和运行模式，进而对资本主义制度有了清醒的认识，对那些迷信自由主义、迷信资本主义的人，不啻是一剂良药。然而迷信新自由主义和迷信资本主义又是两个层面的问题。迷信新自由主义是对资本主义运用何种理念、采取何种模式治理市场经济的迷信，迷

信资本主义则是对根本制度的迷信。当然，这两个迷信又是一致的，对新自由主义的迷信实质上就是对资本主义制度的迷信，对资本主义制度的迷信又会影响对新自由主义的迷信。

资本主义与新自由主义是两个层面的问题，既一致，又有区别。一个是制度层面、本质层面、根本性层面的问题；一个是体制层面、表现层面、技术操作层面的问题。

所谓新自由主义，秉承了亚当·斯密的自由竞争理论，以复兴古典自由主义理想、尽量减少政府对经济社会的干预为主要经济政策目标的思潮。这种新自由主义又被称为市场原教旨主义或资本原教旨主义，或"完全不干预主义"。新自由主义的代表理念体现为形成于20世纪80年代末90年代初的"华盛顿共识"。因其在20世纪70年代凯恩斯主义无法应付滞胀问题而兴起，在里根、撒切尔时代勃兴，因此，又称其为"里根主义"。新自由主义的特点，是高度崇拜资本主义自由市场力量，认为资本主义条件下的市场是高效率的，甚至是万能的。经济运行中的所有问题，都可以由市场自行调节和解决。主张彻底的私有化，反对国有化，放松政府管制，主张进一步开放国际国内市场，实行贸易自由化、利率市场化，将各个国家的经济纳入由世界银行、国际货币基金组织和世界贸易组织主导的经济全球化体系当中。新自由主义极力鼓励以超级大国为主导的全球一体化，着力强调要推行以超级大国为主导的全球经济、政治、文化一体化，即全球资本主义化。新自由主义本质上是反对社会主义制度的。

在西方有一帮新自由主义吹鼓手，认为新自由主义就是灵丹妙药，能够包治百病，认为市场经济"看不见的手"能够解决所有问题，而忽略了"看得见的手"，大力推崇自由市场经济治理理念和运作模式。就治理理念和模式来说，在市场经济活动中历来要讲"两手"，不能只讲"看不见的手"，不讲"看得见的手"。当然，调控到多少合适，这需要科学把握。市场经济不能只要市场不要计划，当然也不能只要计划不要市场。实践证明，在现有生产力条件下，只要计划不按市场规律办事是僵死的，只要市场不要计划调节也是不行的。放任"看不见的手"操控市场，必然放大市场经济的消极面，纵容资本的破坏性，使它逐利贪婪的本性无所顾忌，导致危机爆发。只有用"看得见的手"加以调控，才能祛害兴利，促进市场经济的健康发展。当然，"看得见的手"对市场的干预必须建立在对规律的把握上，不能随心所欲，任意而为。对市场的调控不能影响市场作用的发挥，否则将把市场管死。只讲自由发展，放任不管，是另一种违背规律的表现。从撒切尔、里根开始实行新自由主义政策，对有管制的资本主义治理模式和体制实施改良，到现今，美国金融危机引发的全球性危机的爆发，已然证明新自由主义并不灵光。

新自由主义一方面作为当代资本主义的主流意识形态，是金融垄断和国际垄断集团的核心理念和价值观念，必须坚决批判反对，另一方面又是如何治理资本主义市场经济的理念，按照这种理念形成的运行模式，是体制、技术操作层面上的问题。新自由主义作为治理市场经济的理念和操作方法，对市场运作有一定的积极作用。如何管理社会主义市场经济，我们可以批判地借鉴新自由主义一些有价值的认识和做法。从这个意义上来说，新自由主义又是技术操作层面、体制层面上的问题，而与资本主义根本制度有所区别。资本主义制度是本质、根本，同一制度可以运用不同的治理理念、不同的体制、不同的模式、不同的操作方法。制度决定体制，体制是服务制度的。但二者又可以分开，同一体制可以服务于不同的制度，同一制度又可以有不同的体制。资本主义在发展过程中，创造过不同的体制、模式，但始终没有改变其制度和本质。

一定的社会形态必定要有特定的经济、政治、文化等社会制度，一定的社会制度也必然具有一定的经济、政治、文化等社会体制。社会制度就是一定社会形态的主要内容和本质标志，是一定社会的经济、政治、法律、文化等制度的总称，包括政治制度、经济制度、文化制度、教育制度、法律制度，等等，是指社会的根本制度和基本制度。经济制度是属于经济基础领域的制度，政治、文化、教育、法律等方面的制度都是属于上层建筑领域的制度。一定社会制度的主要成分是该社会的经济制度和政治制度。社会经济制度是一定社会生产关系的总和，它构成了该社会的经济基础，其中最主要的是生产资料所有制，社会经济制度标志着该社会经济形态的基本性质。社会政治制度是"经济基础的上层建筑"[①]，主要是指政治的上层建筑，其核心问题是国家政权问题，也就是国体问题，即由谁掌权，对谁专政的问题，它标志着一个国家的基本性质。经济制度和政治制度从根本上标志着一个社会形态的基本性质和主要特征。社会主义的经济制度和政治制度是社会主义社会形态的根本标志。社会主义制度主要是指经济制度和政治制度。社会制度一旦确定就要保持相对稳定，以便形成一个相对安定的社会环境来发展生产。当然任何一个社会制度，其发展过程都有一个逐步完善的过程。只有当生产关系再也容纳不下生产力发展时，社会制度的变革才会到来。

所谓社会体制指的是在一定社会制度的基础上所建立起来的生产关系、上层建筑的"具体的形式"，即社会制度在一定时期内的具体表现，社会体制又称"具体制度"。与一定的经济制度相一致的经济体制，是一定经济关系具体的结构和形式。与一定政治制度相适应的是政治体制，政治体制是指政治制度的具体结构和形式，即政体问题，也就是一个国家采取什么样的形式来实施国家权力的问题。社会主义的经济制度和政治制度确立之后，无产阶级政党和人民面临的主要任务是建立与社会主义制度相一致的，适合生产力发展的社会体制。

---

① 《列宁选集》第2卷，人民出版社1995年版，第311页。

社会制度、体制之间构成一定的相互依赖、相互矛盾的辩证关系。制度与体制是对立统一、相辅相成的关系。制度决定体制。一定的社会制度决定一定的社会体制，社会体制的形成要受社会制度的制约。一定的社会制度决定一定的社会体制，构成一定的社会模式。相对制度来说，体制表现出一定的独立性和反作用力。好的体制可以延续制度，不好的体制可能让制度发挥不了作用。体制可以巩固制度，也可以破坏制度。在既定制度下，可以选择多种体制，可以随着形势的发展改变现有体制；同一种制度也可以有多种体制模式并存；新的体制还可以吸收旧制度下的体制所具有的某些形式和功能。资本主义政治制度和经济制度同社会化生产之间本质上是对立的，这种对立性矛盾具体通过资本主义的政治体制和经济体制同社会化生产之间的矛盾表现出来，但是资本主义的社会体制同资本主义社会制度也有一定的背离，它在一定条件下也有促进资本主义生产发展的一方面。同样，社会主义根本制度是适应生产力发展的，但社会主义社会体制也可能同社会主义制度有一定的背离，它在一定条件下也可能阻碍社会主义生产力的发展。

资本主义自问世以来，已经有几百年的发展历程。经过了自由资本主义、垄断资本主义，当前进入了现代垄断资本主义阶段，替代个人垄断，出现国家垄断、国际垄断、国际金融垄断等垄断形式，这些垄断形式都是资本主义特征的表现。当然如何概括现代垄断资本主义，说法不一。有人认为它还是处于列宁所概括的垄断资本主义阶段，有人认为它已经开始了一个新的阶段。认识不统一的原因是人们对它的认识还没有完结，它还在变化。

关于自由资本主义的特征，马克思和恩格斯作了深刻的剖析，同时又从自由竞争资本主义特征上升到对资本主义一般特征的认识，得出了资本主义必然灭亡的客观趋势的判断。马克思和恩格斯认为，自由资本主义制度的内在矛盾，是不可克服的，一次次的阵发危机，最终会引发革命，资本主义丧钟已然敲响。19世纪末20

世纪初，随着资本主义生产的发展，自由竞争让位于垄断，垄断代替了竞争，占主导和支配地位，但并没有克服资本主义的固有矛盾，仍然没有使资本主义制度摆脱必然灭亡的历史结局。列宁运用马克思主义的方法，对垄断资本主义作了科学分析，揭示了垄断并没有改变资本主义固有的内在矛盾，而是加剧了该矛盾的重要判断，做出了帝国主义是资本主义的最高阶段，是垄断的、腐朽的、垂死的资本主义的重要结论。尽管列宁对全球垄断资产阶级走向灭亡的时间估计有一定历史局限，但对垄断资产阶级的总特征和总趋势的判断是正确的。列宁说："过程的复杂性和事物本质的被掩盖可以推迟死亡，但不能逃避死亡。"[1] 后来的发展完全证实了列宁观点的正确性。"一战"和"二战"的爆发，是资本主义内部矛盾激化的结果。战后资本主义基本矛盾进一步激化。社会主义的兴起、资本主义的内外交困、经济危机和社会危机的周期性爆发、当代资本主义的发展状况，深刻说明马克思、列宁的判断是正确的。从制度层面上来说，资本主义已从早期具有革命进步性的上升期，转入危机起伏期、相对缓和发展期，直至衰落灭亡期，其基本的趋势是必然要走向灭亡的。当然，必然走向灭亡不是说现在就灭亡。

历史的辩证法又是不以人们主观意志为转移的。"二战"以后，正当社会主义上升，资本主义下降，人们充满社会主义胜利的喜悦之时，资本主义在发展困境中步入了改革和矛盾相对缓和的发展阶段。资本主义通过体制改良，加之高科技和全球化的发展，资本主义进入相对稳定的和平发展、高速发展阶段。与此同时，由于社会主义各国在指导思想上犯了不少错误，加之复杂的主客观原因所致，逐步放慢了发展速度，愈益陷入了发展困境。特别是到了20世纪八九十年代，苏东社会主义国家解体，社会主义处于发展的低潮期。有人把苏联解体、东欧剧变看作社会主义制度的失败，资本主义制度的胜利，认为

---

[1] 《列宁全集》第54卷，人民出版社1990年版，第483页。

资本主义制度是不可战胜的"千年王国",认为社会主义是不可能实现的空想。实际上,苏联解体、东欧剧变并不意味着社会主义制度的失败,只是说明苏联所采取的社会主义具体模式和所走的具体道路是有弊端的。美国等资本主义国家的进一步发展,也不意味着资本主义制度长命不死,而只是说明西方发达资本主义国家采取的资本主义改良政策和具体模式,缓解了资本主义的内在矛盾。从制度层面来说,相对于封建制度,资本主义制度是先进的、革命的。可一旦当它取代了封建制度之时,它就逐步转变成保守的制度。就资本主义历史发展趋势来说,它是必然要灭亡的,但不能说它马上就要灭亡。它为什么至今没有灭亡呢?一是从制度角度看,相对于资本主义的发展来说,它的现行制度还有容纳生产力发展的空间和余地;二是从体制角度看,资本主义现行体制还有许多优势,可以保障其制度继续存在,并促进生产力发展,延续资本主义生命力。这就是为什么资本主义丧钟敲响了那么多年,资本主义还垂而不死的原因。

资本主义私有制是必然要灭亡的,但与私有制相适应的市场经济体制,是有优势的,资本主义是靠市场体制的优越性,在短短几百年时间里创造了人类社会几千年所无法比拟的发展奇迹。然而,市场经济是一把双刃剑,有积极的一面,也有消极的一面。在如何发挥市场经济作用,即在如何对待和治理市场经济,如何克服市场经济消极面问题上,资本主义在发展过程中形成两种治理理念:一种是对市场实行国家的有效管制,可以称之为有管制的市场经济理念,如凯恩斯主义或称之为保守主义;再一种是对市场经济完全放任,可以称之为完全放任的治理理念,即自由主义。这两种治理理念和在实践中形成两种的不同的市场运行模式和体制,并在资本主义发展进程中交替出现,哪种理念和模式更有利于制度时,就采用哪种,当它不利于其制度时,就抛弃。

在资本主义发展的自由竞争阶段,主要治理理念是自由主义,完全靠市场,实行无管制的自由市场政策。"二战"之后,根据需要，资本主义实行了有管制的资本主义市场治理理念，如凯恩斯主义，加大了宏观调控力度，使资本主义渡过难关，有了一个回光返照的发展时期。当东欧剧变、苏联解体时，有人错误地把苏东解体归结于社会主义制度的垮台，归结于资本主义制度的胜利，归结为计划经济体制的失败。进而认为有管制的市场经济治理理念也不行，只有自由主义治理理念才行，以新自由主义的资本主义取代国家管制的资本主义，这就是里根主义、撒切尔主义出台的背景。自由主义思潮的本质是推崇资本主义制度，推崇完全私有化的市场经济体制。在这一点上，它与保守主义是一致的，都是以维护资本主义制度为其目的，只不过手段不同而已。当今发生的这场危机的直接原因来自于新自由主义的自由放任政策，但深层原因是资本主义制度的固有矛盾，不能把危机仅仅归结于技术与管理操作层面，应从制度问题上找深刻原因。这次危机说明自由主义治理理念和模式的破产，更说明资本主义制度的必然灭亡性。

与西方资本主义推崇自由主义、推崇资本主义制度的思潮相适应，中国国内也有人推崇自由主义，崇尚完全放任的市场经济治理理念和模式，崇尚完全私有化，主张放弃国家调控的市场经济。更有甚者认为社会主义制度与市场经济无法结合，主张实行彻底的资本主义制度。事实上自新自由主义推行以来，给人类带来了一波又一波的灾难。拉美一些国家本来发展平稳，20世纪90年代以来实行新自由主义的"华盛顿共识"，搞自由化、私有制，放松金融管制，造成了大倒退，出了大乱子，实际上新自由主义理念破产的效应在拉美诸国早已表现出来了。

五　应对金融风险，既要治标，更要治本，既要从操作层面、体制层面入手，更要从制度层面全面采取防范规避措施

马克思关于资本主义基本矛盾和制度本质的分析思路和基本观

点，为我们解析这场美国金融危机及其引发的全球性危机，以及思考如何有效规避防范危机，提供了重要启示。

第一，要从私有制条件下商品及商品交换的内在矛盾出发，来认识资本主义制度不可克服的内在矛盾，进而认识这场危机的内在原因及其制度本质。资本主义制度不可克服的内在矛盾潜伏在商品和商品交换的内在矛盾中，资本主义生产资料的私人占有性决定了商品和商品交换的内在矛盾具有对抗性和不可克服性，这种内在矛盾的对抗性和不可克服性是资本主义周期性经济危机爆发的根本原因，造成资本主义制度由盛到衰、必然灭亡的趋势。科学解释这场危机的本质、原因，必须从制度层面上认识。这场危机是资本主义制度不可克服的内在矛盾演变的集中反映。美国资本主义不可克服的内在矛盾，是私有制商品生产内在矛盾的体现。美国金融危机说明资本主义是必然要灭亡的，但从现阶段来说，美国金融危机又是可以缓解的，可以渡过去的，但资本主义正是在一波又一波的金融危机和各种危机中走向灭亡的。

第二，要从制度层面上，从本质层面上，认识社会主义市场经济与资本主义市场经济的一致与差别，科学解析社会主义市场经济发生危机的可能性和有效规避防范风险的可行性。马克思对商品和商品交换内在矛盾，以及对市场经济内在矛盾的科学分析，适用于任何形式的市场经济，无论是资本主义市场经济，还是社会主义市场经济，概莫能外。然而同样的市场经济与不同的生产资料占有方式，即与不同的社会制度相结合，具有不同的性质和特点，可能会产生不同的结果。资本主义市场经济的私有制本质决定了经济危机的最终不可避免性（当然一定条件下是可以缓解的），社会主义市场经济的公有制本质决定了经济危机的可规避性、可防范性。社会主义与资本主义的本质区别就是对生产资料的占有方式不同，社会主义市场经济与资本主义市场经济的本质区别就在于与市场经济结合的生产资料占有方式不同，这种占有方式的不同决定了社会主制度与资本主义制度的本质不同，从而决定了社会主义市场经济与资本主义市场经济的本质不同。中国的社会主义市场经济是与公有制制度相联系的市场经济，它既有一般商品生产的特性，一般商品生产所具有的内在矛盾，因而它也有一般市场经济内在矛盾引发的金融危机和经济危机爆发的可能性。如果对发生危机的可能趋势不重视，不采取措施加以规避和防范，也会影响社会主义制度的兴衰存亡。但另一方面，它又具有与资本主义市场经济不同的本质特性，是与公有制制度相联系的，采取有效措施，是可以规避和防范一般商品经济的内在矛盾可能引发的金融危机和经济危机的。

第三，必须充分认识市场经济和资本的两面性，发挥社会主义制度的优越性，规避市场经济和资本的消极面。市场经济是有两面性的，积极的一面是能够最有效地配置资源，最大限度地调动积极性，推动经济的发展；消极的一面是极大加强资本的逐利性和贪婪性，促成两极分化，引发经济危机。在资本主义私有制条件下，市场经济一方面发挥其强大的推动经济发展的拉力作用，在资本主义几百年的发展历程中创造了巨大发展成就。但另一方面，资本主义的私人占有性又使市场经济的消极面不断膨胀，不断背离积极面，使商品和商品交换固有的内在矛盾不断激化，引发一波又一波的经济危机。市场经济所孕育出来的资本也具有与生俱来的两面性，一方面资本逐利性对调节市场、配置资源、调动积极性，推动经济发展具有积极作用；而另一方面，资本的逐利性又会导致经济失衡，两极分化，造成严重的危机，对经济社会发展产生消极破坏性。在资本主义私有制条件下，资本的贪婪本性是无法最终受到遏制的。马克思认为，在资本主义生产方式中，"生产剩余价值或赚钱，是这个生产方式的绝对规律"。[①] 资本是带来剩余价值的价值，资本绝不会放弃对剩余价值的追求，其本性是逐利的。"一旦有适当的利

[①] 《马克思恩格斯全集》第23卷，人民出版社1972年版，第679页。

润，资本就胆大起来。如果有百分之十的利润，它就保证被到处使用；有百分之二十的利润，它就活跃起来；有百分之五十的利润，它就铤而走险；为了百分之一百的利润，它就敢践踏一切人间法律；有百分之三百的利润，它就敢犯任何罪行，甚至冒着绞首的危险"。① 在资本主义发展史上，资本的这种逐利贪婪本性暴露无遗。从原始积累，到殖民剥夺，再到战争掠夺，"资本来到世间，从头到脚，每个毛孔都滴着血和肮脏的东西"。② 就当今世界发达资本主义各国来说，没有一个是靠民主制度发达起来的，都是靠剥削本国和他国工人阶级和劳动人民的剩余价值，用明火执仗的殖民剥夺和战争掠夺完成了原始积累，用劳动人民的汗水和鲜血筑起了资本主义的"繁荣国度"。当然，几百年过去了，资本明火执仗的剥削和掠夺方式已难以为继了，发展到现代国际金融垄断资本主义，改变了攫取剩余价值的方式，转换了剥削手法，借助金融创新，垄断金融市场，操控全球经济，把他国的财富通过金融创新转移到自己手中，通过金融诈骗掠夺维持自己的繁荣。正是金融资本的投机贪婪性，造成了今天的金融危机。

社会主义市场经济与资本主义市场经济一个本质区别就是对资本的占有方式不同。在资本主义条件下，高度集中的私有制在当前突出表现为国际性金融资本的高度垄断，加重了资本的贪婪性和毫无顾忌的投机运作，决定了资本的贪婪和逐利本性的不可遏制性与高效运行的速度。当然，一旦资本的贪婪性发展到危害资本主义制度本身的程度，资产阶级内部就会产生一定要控制这种贪婪性的理念和操作，否则资本主义制度就要被毁灭。这就产生了对市场和资本加以管制的治理理念和模式，这就是保守主义，即有管制的市场经济治理理念，如凯恩斯国家干涉主义。而一旦情况好转，又会产生对市场和资本放任自流的治理理念和模式，这就是自由主义。在

---

① 《马克思恩格斯全集》第23卷，人民出版社1972年版，第829页注释250。
② 同上书，第829页。

资本主义发展史上，由于危机—缓解—危机的交替运行，就形成了是有管制的、还是放任自流的两种市场经济治理理念的交替使用。特别是苏联解体后，西方一些人头脑发热，自视资本主义制度是千年不变的资本帝国，自认为完全放任的自由市场体制是成功的。于是新自由主义应运而生。

第四，中国应对金融风险，既要治标，又要治本，既要从体制层面上防范，又要从制度层面上加强防范。世界各国救市的力度越来越大，但救市的效果并不明显，这说明救市措施只治标不治本，危机只能缓解而不能化解，说明治标同时必须治本的必要性。只注意体制层面上的防范，而忽视制度层面上的防范，是无法遏制世界经济衰退的趋势的。细节在一定条件下决定全局，只注意制度层面上的防范而不注意体制层面上的防范，也会因小失大。

要对资本主义的两面性有清醒的认识，既要看到它创造文明的先进性，体制机制的合理性，也要看到它的消极性、最终灭亡性。社会主义在曲折中前进，在发展中出现低潮，说明搞公有制是对的，但脱离本国实际，搞纯之又纯的公有制是不符合社会主义各国实际情况的；搞以公有制为主体的市场经济是走对路的，但搞僵化的计划经济是不符合社会主义发展规律的；实行市场经济必须发挥社会主义制度的优势，实行有宏观调控的市场经济，而不是搞自由放任的市场经济治理模式。在社会主义发展进程中，实行公有制与市场经济相结合，才能让社会主义制度的优越性发挥出来。但搞社会主义市场经济，又不能完全放任市场，而要加强国家宏观调控，建立有宏观调控的市场经济。有宏观调控的市场经济，恰恰是社会主义公有制的制度优势所在。当然，对于资本主义体制层面、政策层面、治理理念层面的成功经验，我们也要借鉴。对待危机，我们的对策是既要解决制度层面上的问题，又要解决体制和操作层面上的问题。现在看来，我们对市场的控制弱化了，对危机的防范、规避和解救要从投入、体制、政策层面上解决，更要从制度层面上加以考虑解决。

总之,要从三个层面上实现对金融危机的规避和防范:一是制度层面,坚定不移地坚持社会主义的公有制为主体的经济制度和人民当家作主的政治制度,从制度层面防范和规避金融风险,对私营经济、市场经济、虚拟经济建立规范管理的根本措施;二是从体制层面上,坚定不移地建立健全完善的社会主义市场经济体制,以及与其相关的信用体制,从体制上加以防范;三是从对市场的调控管制层面上,建立有效的监管、调控、防范措施,特别是对金融业、垄断行业要建立有效的管制体系。目前,中国政府对危机的防范解救措施,从操作层面来看,做到了稳快有效,但还需要从制度层面、体制层面研究制定一些全面性的、战略性的、超前性的措施和办法。

(原摘要发表于《光明日报》2009年5月12日,全文发表于《马克思主义研究》2009年第2期,被多家报刊和多种出版物转载)

从国际金融危机反观社会主义的必然趋势和马克思主义的生命力

王伟光

19世纪中叶马克思恩格斯创立科学社会主义至今，一个半世纪过去了，社会主义与资本主义两大力量生死博弈的风风雨雨，充分印证了马克思主义经典作家关于资本主义必然灭亡、社会主义必然胜利的历史发展大趋势的科学论断是颠扑不破的真理，雄辩地证明了马克思主义的旺盛生命力。

一 百年世界历史进程，雄辩证明社会主义的必然性

辩证法告诉我们：任何事物的发展都不是直线上升式地发展，而是波浪式地前进、螺旋式地上升、曲折式地发展，社会历史发展也是如此。世界历史进程就是这一历史辩证法的最好案例。社会主义运动正是遵循这一历史辩证法的逻辑在曲折中前进，虽有挫折与失败，但总体上是循时前行的。

对社会历史规律的观察，历时越久、跨度越大，也就越看得明白，其判断也就越经得起实践检验。世界历史进入资本主义阶段，即伴随着工人阶级与资产阶级、社会主义与资本主义两个阶级、两种社会制度、两大历史前途的较量，其历史较量的线索、特点、规律与趋势，随着历史的发展、空间的变换、时间的推移，越发清

晰，人们也看得越发清楚，其历史必然性越发显现。

进入20世纪以来，已百余年，世界历史发生四次重大转折，标志着社会主义在斗争中、在逆境中顽强地生长，这一历史进程尽管曲折，有高潮，也有低潮，有前进，也有倒退，有成功，也有失败，但在总体上印证了马克思主义关于社会主义必然胜利的历史发展总趋势的判断是完全正确的，同时也说明社会主义战胜资本主义的历史进程不会是一帆风顺的，也绝不可能在短时间内实现，必须经过一个相当长的历史时间，经过几十代甚至上百代人千辛万苦，甚至抛头颅洒热血的献身奋斗才能到来。既要看到历史发展的总趋势，坚信社会主义是必然要取代资本主义的，这是一个不可抗拒的、也不可改变的历史趋势；同时又要看到，社会主义代替资本主义是一个漫长的历史进程，充满曲折，充满斗争，甚至有可能出现暂时的衰退与下降。既要反对社会主义"渺茫论"，又要反对社会主义"速胜论"。

第一次世界性历史转折发生在20世纪初叶，其标志是1917年爆发的十月社会主义革命。19世纪中叶，马克思主义经典作家创建科学社会主义，替代了空想社会主义，工人运动从此有了正确的指南，步入了科学社会主义轨道，由此而开创了世界工人运动和社会主义运动的新篇章。进入20世纪初叶，科学社会主义理论指导的社会主义运动由轰轰烈烈的工人运动实践变成了社会主义制度实践。列宁成功地领导了十月社会主义革命，建立第一个社会主义制度国家，这是20世纪初叶最重大的世界性事件，从此开启了人类历史的新纪元，社会主义运动开始走向高潮。

第二次世界性历史转折发生在20世纪中叶，其标志是1945年"二战"之后一系列国家社会主义革命成功，形成了一个社会主义阵营。矛盾激化引发危机，危机造成革命机遇。20世纪初叶爆发的第一次世界大战、20世纪中叶爆发的第二次世界大战，都是资本主义不可克服的内在矛盾激化的结果。第一次世界大战爆发的根本原因是，自由竞争资本主义由于不可克服的内在矛盾而导致垄断，垄断代替竞争、垄断资本主义代替自由竞争资本主义，不仅没有克服自由资本主义愈演愈烈的固有矛盾，反而进一步加剧了矛盾，不得不采取战争的办法来解决垄断资本主义的内在矛盾。早在自由竞争资本主义阶段，其固有矛盾不断激化，导致从1825年开始，每隔约10年爆发一次经济危机，危机的累加进一步演变成1873年的资本主义空前激烈的世界性危机，这次总危机及之后不断叠加的危机，如1900年、1903年、1907年的经济危机，最终导致第一次世界大战的爆发。战争只能恶化危机、加重危机，"一战"之后旋即爆发了1929—1933年资本主义世界性大危机，资本主义步入严重的衰退期。面对这场空前的资本主义世界大危机，世人惊呼"末日来临""资本主义已经走到尽头"。危机的结果又要依靠战争来解决问题。战争是缓解资本主义内在矛盾、转嫁危机的外部冲突解决方式，但不能从根本上克服资本主义内在矛盾。垄断资本主义内在矛盾的激化演变导致第二次世界大战爆发。第二次世界大战仍然是在帝国主义国家之间的争斗中萌发的。西方资本主义制度是无法遏制战争的，只有苏联靠社会主义制度的优越性，动员全体人民、联合世界上一切反法西斯的力量，战胜德国法西斯，赢得了战争。两次世界大战，标志着资本主义逐步走向衰落，资本主义败象显见。危机与战争给革命带来前所未有的机遇，"一战"期间，俄国率先从资本主义统治的薄弱环节突破，建立了社会主义制度。"二战"前后，正是苏联及一系列社会主义国家崛起之时。中国等一系列落后国家革命成功，从东方崛起，建立了社会主义国家，形成了社会主义阵营。相反，"二战"后，资本主义总危机进一步加深，美国1948年、1953年、1957年、1960年、1969年、1973年……连续爆发危机，并波及北美、日本和西欧主要国家，成为世界性危机。资本主义整体实力下降，受到沉重打击。当然，在西欧资本主义国家衰落时期，优越的国际环境和国内条件，致使美国这一新兴的资本主义国家抓住了战争机遇迅速兴起，代替了老牌资本主义国家。"二战"后的一段时间，资本主义发展处于低迷状态，而社会主义发展却处于上升状态，社会主义运动处于高潮。

从国际走势来看，20世纪八九十年代至今的二十余年中，世界历史又接连发生了两次重大转折。社会主义运动由高潮到低潮，然而中国特色社会主义却走出了低谷。资本主义由低潮进入高速发展时期，美国金融危机又使得现代资本主义发展面临严重危机，呈进一步衰退之势。

第三次世界性历史转折发生在20世纪末叶，其标志是20世纪80年代末90年代初的东欧剧变、苏联解体。这使世界形势发生了自"二战"以来最为重大的变化与转折。"二战"以后，社会主义走上坡，资本主义走下坡。但世界进入20世纪下半叶，社会主义诸国却放慢了发展速度，甚至出现了停滞和负增长，导致经济社会发展受挫。而现代资本主义国家吸取资本主义发展进程中的经验教训，同时也吸取社会主义国家发展的经验，推行资本主义改良，现代资本主义进入相对和缓发展时期。当然在资本主义相对缓和发展时期，危机也并没有中断，1980—1990年美国就多次爆发波及世界的危机。第三次转折表明，社会主义处于发展的低潮，现代资本主义处于相对缓和稳定的发展期。伴随着这个历史性转折，中国及国际上出现了一系列新情况、新问题，这对中国21世纪以来很长一段时间的社会主义发展进程产生着深远的影响。中国坚定不移地继续推进1978年开始的改革开放，成功地开辟了中国特色社会主义的发展道路。

第四次世界性历史转折发生在21世纪初叶，其标志是2008年爆发的世界性金融危机。这对世界发展格局和中国特色社会主义建设将产生的影响仍无法估量。有句俗话"三十年河东，三十年河西"，短短二三十年的时间，中国特色社会主义的成功使世界社会主义运动开始走出低谷。而美国金融危机却使美国以及其他西方发达资本主义国家陷入危机困境，资本主义的整体实力下降。二三十年前的世界性历史事件爆发是此消彼长，社会主义力量下降，资本主义力量上升；二三十年后的今天，是此长彼消，社会主义力量上升，资本主义力量下降。金融危机的爆发使世界力量对比发生重大变化。

美国金融危机是资本主义制度性危机，具体的救市措施只能使危机得到暂时的缓解，但最终是无法克服的。美国金融危机引发的全球性危机既是一场严重的金融危机，又是一场深度的经济危机、思想危机、意识形态危机、社会危机和资本主义制度危机，是资本主义的全面危机。这场危机反证了中国特色社会主义道路的成功。社会主义市场经济与资本主义市场经济的本质区别是生产资料占有方式的不同。资本主义生产资料私有制决定了商品经济二重矛盾引发的危机最终是无法避免的。社会主义市场经济决定了商品二重性矛盾可能会产生危机，而社会主义生产资料公有制又决定了危机是可以规避和防范的，一旦发生是可以治理和化解的。社会主义市场经济具有市场经济的特性，在社会主义制度条件下，商品内在矛盾是不可改变的，但它的不可克服性是可改变的。市场经济与社会主义制度相结合，使中国特色社会主义规避和战胜世界性金融危机成为必然。

从金融危机爆发到今天，已经一年半了，中国人民在中国共产党的正确领导下，成功地克服了金融危机带来的危害和消极影响，顶住了金融风暴的冲击，不仅实现了预定的稳定发展的目标，而且取得了显著成绩，这既要归功于党的正确的领导和果断决策，更根本的是彰显了社会主义制度的优越性，这就愈发证明了社会主义的生命力、中国特色社会主义的生命力。

二　中国特色社会主义道路的成功开创，使社会主义焕发了顽强的生命力

马克思主义经典作家创立了科学社会主义，开创了工人运动和

社会主义运动的新格局。当时，他们把注意力和着眼点主要放在西方发达资本主义国家，根据当时的实际，曾设想社会主义革命将首先在生产力比较发达、工人阶级人数较多的资本主义国家发生，至少是几个主要发达资本主义国家同时发生才能胜利。而后的实践发展却超出了他们的具体判断，新的实践促使科学社会主义创始人开始注意并研究东方国家走社会主义道路的不同情况。19世纪末到20世纪初，当东方落后国家出现了社会主义革命的主客观条件时，马克思恩格斯先前已经研究了东方社会主义革命的可能性问题，提出非资本主义国家走社会主义道路的可能性问题。他们认为，东方非资本主义国家走向社会主义，在特定条件下，能够不通过资本主义制度的"卡夫丁峡谷"，而吸收资本主义制度所创造的一切积极成果，实现社会形态的跨越式发展。他们认为，社会主义力量有可能抓住这一历史性的机遇，走出一条"非资本主义"的发展道路。他们的设想为非资本主义国家进行社会主义革命、走上社会主义道路提供了理论依据。

马克思恩格斯关于社会主义革命在西方诸国同时胜利的结论，是建立在对社会历史一般发展规律的判断上。就一般发展规律来说，社会主义革命应当在资本主义生产力高度成熟，而资本主义生产关系再也不能容纳其生产力发展的条件下爆发，也就是说，走社会主义道路的国家，先要经过资本主义的成熟发展，然后经过社会主义革命，再进入社会主义。而现实是，社会主义革命的成功、社会主义制度的建立不是在西方发达资本主义国家，而是在资本主义尚不成熟，但具备一定历史条件的东方落后国家。马克思恩格斯经过科学研究，分析了社会历史发展的特殊性，提出社会主义发展的非资本主义道路问题。俄国社会主义革命的成功，证明了马克思主义经典作家的设想是科学的。然而，继列宁之后，斯大林建立的社会主义制度的苏联模式，所走的社会主义建设的苏联道路，尽管取得了伟大的成就，却忽略了苏联相对于西方诸发达资本主义国家落后的生产力，忽略了市场经济的必经阶段，超越国情，逐渐形成了高度僵化、高度集中的经济政治体制，束缚了生产力的发展，束缚了人民积极性的发挥，束缚了社会主义制度优越性的发挥。一系列革命成功的社会主义国家在社会主义建设实践中，也在某种程度上忽略了更为落后的本国生产力实际，犯了照抄照搬别国模式的错误。在几十年的发展中，社会主义制度的优越性逐渐地被僵化的、不适当的经济政治体制所消耗，再加之客观原因和主观错误，致使社会主义诸国进入了发展低谷，东欧剧变就是这一历史演变的结果。20世纪80年代末90年代初东欧剧变、苏联解体，既有资本主义西化、分化社会主义国家的外因，同时又有社会主义模式僵化、脱离本国实际、主观上犯错误，还有苏联党离开了马克思主义的正确路线的根本问题的内因。

社会主义革命成功之后，落后的国家到底怎样建设社会主义，必须从实践和理论上给予回答，中国特色社会主义道路的成功开创，破解了这一重大课题，走出了一条社会主义建设的成功道路。

按照马克思主义经典作家的"非资本主义"道路的理论设想，落后国家可以不经过资本主义充分发展而跳跃式地推进社会主义革命，建立社会主义制度。但是资本主义已历经的市场经济发展、生产力高度成熟的自然历史过程却是不可逾越的。中国共产党人总结了社会主义诸国家建设的成功经验和失败的教训，将社会主义制度与市场经济相结合，进行改革开放，建立与中国社会主义现阶段生产力状况相适应的、与发展市场经济相协调的经济—政治体制，解决了"在落后的国家，什么是社会主义，怎样建设社会主义"问题，一切从实际出发，不照抄照搬别国模式，走自己的道路，成功地开创了中国特色社会主义建设道路。历史发展的现实辩证法再次证明了社会主义的必然性。

三 中国特色社会主义理论体系的创新，给马克思主义注入了新鲜的内容

中国共产党人在中国特色社会主义伟大实践中创新了马克思主义，赋予马克思主义以新的生命。

马克思主义是不是过时了？马克思主义是不是没有生命力了？不是，马克思主义是科学，是具有旺盛生命的。马克思主义之所以永不枯竭，永远具有蓬勃的生命力，首先在于它的实践性。实践是理论的源泉，是理论正确与否的检验标准，是推动理论不断发展的动力。列宁把马克思主义同俄国革命实践相结合，找到了俄国革命的正确道路，创立了马克思主义的理论创新成果——列宁主义。毛泽东把马克思列宁主义同中国革命实践相结合，找到了中国革命的正确道路，创立了马列主义的理论创新成果——毛泽东思想。邓小平把马列主义、毛泽东思想同当代中国社会主义现代化建设实践相结合，找到了实现中国社会主义现代化的正确道路，创立了马列主义、毛泽东思想的理论创新成果——邓小平理论。我们党在改革开放实践中，又不断地推进理论创新，创立了"三个代表"重要思想和科学发展观等重大战略思想，与邓小平理论一同构成中国特色社会主义理论体系。马克思主义始终与不断发展的实践相结合，才永葆蓬勃的生机和活力。

马克思主义之所以是真理，在于其不会永远停止在同一个认识水平上，而是不断向更高的认识水平发展，这就是马克思主义的发展性。马克思主义必然随着实践的发展而发展。实践常新，理论也常新。任何时候，马克思主义都不能窒息自己的生命，成为静止不变的、僵化的、封闭的体系。马克思主义必须随着实践的发展而形成新的理论，产生新的思想。

马克思主义的生命力就在于创造性，没有创造性，就没有马克

思主义。列宁分析了他所处的帝国主义和无产阶级革命时代特征，提出了在资本主义发展的帝国主义时代，经济政治发展更加不平衡，社会主义革命有可能在资本主义的薄弱环节发生，可以在一国首先取得胜利。列宁突破了马克思恩格斯关于社会主义革命应当在数国同时取得胜利的具体结论，创新了马克思主义。

列宁主义只是回答了在俄国这样相对落后的国家如何进行社会主义革命。但是在东方，像中国这样的半封建半殖民地国家怎样进行革命、怎么样建立社会主义制度，这是以毛泽东同志为代表的中国共产党人所要回答的课题。毛泽东同志带领中国共产党人开辟了不同于俄国革命的中国革命的正确道路，即农村包围城市的井冈山道路，创新了列宁主义。

社会主义革命完成以后，毛泽东同志对新的历史条件下如何建设社会主义，进行了艰辛的探索，虽然取得一些有益的成果，但总体是不成功的。在落后的中国，建设社会主义走什么样的道路才能成功，中国特色社会主义理论体系作了科学的回答，解决了在中国这样落后的国家夺取政权建立社会主义制度以后，如何建设社会主义，建设什么样的社会主义问题，这是马克思主义的又一次重大理论创新。

在中国，实现马克思主义的创造性，必须把马克思主义与中国实际和时代特征相结合，不断推进马克思主义中国化、时代化和大众化。马克思主义中国化，就是把马克思主义一般原理与中国实践相结合，运用马克思主义立场、观点和方法来说明和解决中国的实际问题，创造中国化的马克思主义。从哲学上来认识马克思主义中国化，其实质就是哲学的"一般性"与"特殊性"的辩证关系问题。既要肯定"一般性"，坚持马克思主义的普遍原理，又要肯定"特殊性"，坚持马克思主义的中国化。从哲学世界观方法论高度上、思想路线高度上解决好"一般性"与"特殊性"的辩证关系，是解决好马克思主义中国化的根本认识前提。马克思主义是一般原理，它必须与中国具体国情相结合，植根于中国本土，才能富有生命活力。80多年来，中国共产党人创造性地把马克思主义揭示事物一般规律的世界观方法论和一般原理，与中国的"具体环境"和"特殊条件"相结合，不断应用于中国的"具体环境"和"特殊条件"，使马克思主义发生内容和形态的改变，形成适应中国实际需要的、具有中国内容和表现形态的、对中国有实际指导意义的中国化的马克思主义。

"特殊条件"就是中国国情的特殊性。首先是中国社会性质、社会状况的特殊性，同时中国国情的"特殊性"还有一个重要方面，就是中国的民族性问题。马克思主义是外来的先进文化，马克思主义中国化要求马克思主义一定要与中华民族优良的思想文化相结合，与中华民族特殊的民族国家国情相结合。

"具体环境"是指中国发展的国际环境，即世情。中国离不开世界，中国的发展离不开世界的大趋势、大环境，国情离不开世情。马克思主义的"一般性"，就是马克思主义适应世界发展大趋势和大规律的需要，科学概括和反映了世界发展一般规律和趋势的"普遍性"。实行马克思主义中国化，一定要使马克思主义的"普遍性"适应中国发展的国际环境、时代背景和世界发展趋势。正是在这个意义上来说，马克思主义中国化，同时就应当是马克思主义的时代化，要把握时代主题，回答时代问题，符合时代特征，适应时代潮流，应对时代挑战，吸收世界先进文明，走在时代的前列。

实现大众化、普及化是马克思主义中国化的一项重要使命。中国最大的实际就是人民大众的实际，中国最大的国情就是人民大众的民情，脱离人民大众的实际就是最大的脱离中国实际。所谓中国化，在某种意义上说，就是中国的大众化，就是让马克思主义与中国群众运动实践相结合。这种结合体现为两个方面：一方面，只有依靠人民大众的创造性实践，才能实现马克思主义中国化。另一方面，只有为人民大众所接受，中国化的马克思主义才能转变成巨大的物质力量。

马克思主义同中国实际相结合，实现中国化、时代化和大众化，产生两次历史性飞跃，形成了马克思主义中国化的两大理论成果。第一次飞跃的理论成果是被实践证明了的关于中国革命的正确的理论原则和经验总结，当然也包括关于中国社会主义建设道路探索的正确的理论成果，即毛泽东思想。第二次飞跃的理论成果是中国特色社会主义理论体系。中国特色社会主义理论体系在新的历史条件下回答了新的课题，开拓了马克思主义新境界。中国特色社会主义理论体系集中回答中国特色社会主义这个主题。在回答该主题的历史进程中，在改革开放三十年过程中，我们党始终面临并依次科学地回答了四个大问题——"什么是社会主义，怎样建设社会主义""建设一个什么样的党，怎样建设党""实现什么样的发展，怎样发展"。最后归结为回答一个总题目，"什么是马克思主义，怎样坚持和发展马克思主义"，从而深化了对"三大规律"，即社会主义建设规律、执政党执政规律、人类社会发展规律的认识，赋予马克思主义以崭新的内容。

（原发表于《世界社会主义研究动态》2010年4月12日、《毛泽东邓小平理论研究》2010年第4期，被多家报刊和出版物转载）

西方国家金融和经济危机与中国对策研究

王伟光　程恩富　胡乐明等

2007年2月，美国次贷危机浮出水面。2007年8月，次贷危机开始向全球蔓延。进入2008年，危机从局部发展到全球，从发达经济体传导到发展中经济体，从虚拟经济扩散到实体经济，西方主要经济体日益滑向金融危机与经济衰退相互拖累的恶性循环。此次危机波及范围之广、影响程度之深、冲击力度之强，世所罕见。

运用马克思主义立场、观点和方法，深刻透析这场危机的本质、成因和影响，客观评析西方国家反危机措施的利弊，科学阐释资本主义经济运行规律和发展趋势，正确把握这场危机对于中国的影响，提出规避和防范类似危机的中国策略，对于保证中国特色社会主义事业健康稳定发展，无疑具有重要而深远的意义。

一　西方国家金融和经济危机是资本主义基本矛盾发展的必然产物

马克思认为，资本主义经济危机是资本主义基本矛盾发展的结果，是资本主义各种矛盾展开的表现，是资本主义一切矛盾的现实综合和强制平衡。因此，分析此次西方国家金融和经济危机的发生与发展必须采用矛盾分析的方法，深入分析资本主义基本矛盾及其当代发展，具体分析资本主义各种矛盾的现实表现。

(一) 商品内在二重性矛盾蕴含危机发生的可能

商品是市场经济最基本的细胞和最普遍的存在,商品和商品交换的内在矛盾体现并蕴含了市场经济和市场经济占主导地位的社会形态的基本矛盾。[①] 因此,从商品及商品交换的内在矛盾和本质关系分析入手,可以发现此次西方国家金融危机和经济危机的一般要素与抽象形式。

马克思认为,商品是使用价值和价值的矛盾统一体,使用价值与价值二者既相互依赖、互为条件,又相互排斥、互相背离。使用价值与价值的矛盾以及决定这一矛盾的生产商品的劳动二重性,即具体劳动和抽象劳动的矛盾的发展导致了货币的产生,商品的使用价值与价值愈益分离,商品与货币愈益对立。

货币的产生使得商品交换由直接物物交换发展成为以货币为媒介的交换过程,使得一个完整交换过程的买和卖在时间和空间上发生分离,从而导致危机第一种形式的可能性。也就是,"如果货币执行流通手段的职能,危机的可能性就包含在买和卖的分离中"[②]。随着商品经济的发展,货币不仅作为流通手段,而且具有支付手段功能。货币支付手段功能使得商品交换的当事人演变为债权人和债务人,使得商品生产者之间形成错综复杂的支付链条和债务链条。在这一链条上,如果一个债务人不能按时履行支付义务,整个链条上的一系列债务人也就随之不能偿债,从而形成危机第二种形式的可能性。也就是,"如果货币执行支付手段的职能,货币在两个不同的时刻分别起价值尺度和价值实现的作用,危机的可能性就包含在这两个时刻的分离中"[③]。

由商品和商品交换内在矛盾发展起来的危机两种形式的可能

[①] 王伟光:《运用马克思主义立场、观点和方法,科学认识美国金融危机的本质和原因》,《马克思主义研究》2009 年第 2 期。
[②] 《马克思恩格斯全集》第 26 卷(Ⅱ),人民出版社 1973 年版,第 587 页。
[③] 同上。

性，只是经济危机的"最一般的表现"，是现实危机的抽象形式，潜伏于一切商品生产之中。随着商品生产转变为资本主义商品生产，经济危机的一般可能性得到进一步发展并转变为资本主义经济危机的可能性。资本主义商品生产一开始就是发达的商品生产，发达的商品生产使得商品内在矛盾的各种形式得到更加充分的发展。在资本主义商品生产条件下，产业资本必须按照一定比例分成相应部分，同时并存于货币资本、生产资本和商品资本三种形态，并相继地经过循环的三个阶段。否则，资本的生产过程和流通过程就会发生交替的中断。同时，随着信用制度和金融市场的发展，货币资本逐渐独立发展，形成借贷资本、银行资本以及虚拟资本，不仅增加了资本运动的环节和层次，也日益与产业资本相背离，商品内在二重性矛盾进一步发展为产业资本与金融资本、实体经济与虚拟经济的对立。尤其是，随着资本主义世界市场体系的形成，买卖的分离、生产与流通的分离日趋严重，处于商品资本阶段、处于流通时间内的社会资本也会绝对地和相对地增加，从而导致信用规模膨胀和信用期限延长。因此，资本主义商品生产作为资本的流通过程或再生产过程，包含着不断得到进一步发展的危机的可能性，包含着不断得到进一步发展的危机的抽象形式。

（二）资本主义基本矛盾决定危机发生的必然

危机的可能性转变为必然现实，需要整整一系列的关系。这就是，资本主义生产方式及其基本矛盾。因此，从资本主义基本矛盾及其当代发展分析入手，可以发现，此次西方国家金融危机和经济危机的现实要素与表现形式。

马克思认为，资本主义生产方式的基本矛盾是生产的社会化与生产资料的私人占有之间的矛盾，其具体表现为个别企业生产的有组织性与整个社会生产无政府状态之间的矛盾，以及生产无限扩大的趋势与劳动人民购买力相对缩小之间的矛盾。资本主义基本矛盾的存在和累积，必然会使得价值与使用价值、具体劳动与抽象劳动、商品与货币的分离和对立具有不可调和的对抗性质，使得资本主义商品生产正常运行所需要的一系列连续性、并存性和均衡性关系难以得到满足，使得社会资本再生产所需要的各种比例关系经常遭到破坏，从而使资本主义经济危机的可能性转变为现实必然性。也就是，资本主义经济危机是资本主义基本矛盾周期性激化的必然结果。

毫无疑问，马克思的分析依然正确。只要存在资本主义制度，周期性的经济危机便不可避免。此次西方国家的金融危机和经济危机依然是资本主义基本矛盾不断深化的必然结果，是资本主义基本矛盾在当代发展的必然表现。20世纪80年代以来，随着经济全球化的持续推进，资本主义基本矛盾在全球范围不断扩展并日趋激化。一方面，随着信息技术和网络技术的发明与广泛应用，各类企业和资本不断突破部门和领土的边界向各个产业和世界各地扩张并相互合作，生产要素以空前的速度和规模在世界范围内流动以寻求相应的位置进行最佳的资源配置，生产与经济的社会化、全球化程度不断提高；另一方面，资本走向进一步的积聚和集中，不同国家、不同领域的资本相互渗透与融合，形成了规模巨大的全球垄断寡头，即产量超过中等收入国家国民生产总值的巨大型跨国公司，生产资料和金融财富更大规模地向少数人和少数国家集中。这样，当代世界资本主义的基本矛盾逐步扩展为经济的社会化和全球化与生产资料和生产要素的私人所有的矛盾。[①] 可以说，此次西方国家金融危机和经济危机便是这一矛盾日趋尖锐的必然产物。

更为重要的是，当代世界资本主义基本矛盾不断扩展的一个突出方面是金融垄断资本的全球扩张和全球掠夺。20世纪80年代以来，信息技术和网络技术的发明与广泛应用为金融资本的全球扩张和"病态"膨胀提供了有效的技术支撑，国际金融货币体系为金融

---

① 程恩富：《当前西方金融和经济危机与全球治理》，《管理学刊》2009年第1期。

垄断资本的全球扩张和全球掠夺提供了重要的杠杆与平台，新自由主义则成为金融垄断资本全球扩张及其制度安排的理论依据。正是在这"三驾马车"的拉动之下，全球金融资本急剧增长并成为经济乃至政治的主宰。[①] 据国际货币基金组织统计，全球金融资产价值1980年只有12万亿美元，与当年全球GDP规模基本相当；1993年达到53万亿美元，为当年全球GDP的2倍；2003年增长到124万亿美元，超过当年全球GDP的3倍；2007年，全球金融体系内的商业银行资产余额、未偿债券余额和股票市值合计达到了230万亿美元，为当年全球GDP的4.21倍。[②] 现代金融资本具有高度的逐利性，极易导致资本主义各国生产与经济的盲目扩张；现代金融资本具有高度的变动性，极易引起资本主义各国生产与经济的不稳定；现代金融资本具有高度的虚拟性，极易促成资本主义各国生产与经济的泡沫膨胀。因此，金融资本由服务于产业资本向主宰产业资本的异化必然导致当代世界资本主义基本矛盾扩展到一个新的尖锐高度，加剧资本主义市场体系的紊乱，引发资本主义更加频繁地首先以金融危机的形式表现出来的周期性经济危机。

（三）当代资本主义各种矛盾促成危机发生的现实

"历史上没有发生过两次绝对一样的经济危机"。每一次资本主义经济危机都是资本主义基本矛盾发展的必然结果，也都是资本主义所处时代各种具体矛盾和具体问题的综合反映。此次西方国家金融危机和经济危机是在当代资本主义基本矛盾激化的同时，由微观基础、经济结构以及经济调节等方面的具体矛盾和问题共同导致的结果。

从微观基础分析，此次危机是美国式公司治理模式的缺陷的具体反映。首先，高度分散的股权结构造成公司经营的短期行为。美

---

① 何秉孟：《美国金融危机与国际金融垄断资本主义》，《世界社会主义研究》2009年第12期。

② 转引自朱民等《改变未来的金融危机》，中国金融出版社2009年版，第189页。

国式公司治理模式的一个重要特点是，公司股权集中度低，股权结构较为分散，股票流动性较强。资料显示，高盛、摩根士丹利、美林、雷曼、贝尔斯登等美国五大投资银行平均股权集中度仅为15.6%，第一大股东持股比例超过5%的只有摩根士丹利一家，高盛集团第一大股东持股比例仅为1.74%。在过度分散型股权结构下，股东的"理智的冷漠"和"搭便车倾向"导致的结果必然是无人愿意行使监督权，从而导致股权分散下的"内部人控制"格局。同时，由于股东判断上市公司经营绩效的主要标准是盈利率和股票价格的高低，并以短期投资收益最大化为目标，这就使公司经营在股东追求短期回报和高收益率的巨大压力下，不得不把注意力集中于目前或近期利润。尤其是，高度分散的股权结构极易导致上市公司受到极不稳定的所谓机构投资者，即养老基金、保险公司、对冲基金等金融资本的冲击和控制，顺从股票价格最大化的短期主义逻辑。其次，失当的薪酬体系"激励"管理层的冒险行为。随着20世纪80年代以来，股票期权计划的广泛实施，行使股票期权的收入逐渐成为美国公司管理层薪酬的主要来源，并导致其收入达到令人惊叹的水平。资料显示，全美前100名高级企业主管的平均年收入30年前为130万美元，今天则为3750万美元。失当的薪酬激励使美国公司高管根本无暇注重公司长期发展，而是更多追逐短期效益，过分地关注公司股票价格，甚至不惜突破道德底线，进行各种放大效应的套利行为。实证研究发现，美国许多公司在推行股票期权计划的同时，存在着明显的市场操纵行为，股票期权计划正在诱发企业管理者新的道德风险，在这些新的道德风险的冲击下，一个个庞然大物在瞬间轰然倒下。

从经济结构分析，此次危机是虚拟经济日益膨胀、实体经济与虚拟经济日益对立的直接结果。20世纪80年代以来，随着金融资本的全球扩张，金融资本由服务于产业资本异化为主宰产业资本，虚拟经济与实体经济日益脱节和对立。2007年，全球实体经济10

万多亿美元，GDP近54万亿美元，全球衍生金融产品市值为681万亿美元，与全球GDP之比为13∶1；美国的金融衍生品市值约为340万亿美元，GDP近14万亿美元，二者之比高达25∶1。①虚拟经济的病态发展在满足金融资本逐利本性的同时，由此导致的巨大的虚假需求也会诱导实体经济的盲目扩张，推动一切国家出口和进口膨胀、生产过剩。一旦虚拟经济的泡沫破灭，必然首先引发金融危机或信用危机，进而引起全面的经济危机。此次西方国家的金融危机和经济危机与1991年的日本经济危机、1997年的亚洲金融危机一样，直接诱因都是房地产业及相关金融产业过度膨胀之后的虚拟经济泡沫破灭。

从分配和消费角度分析，金融垄断资本的全球扩张还导致收入分配两极分化、贫富差距不断加大。20世纪70年代之后的30年，美国普通劳动者家庭的收入没有明显增加，而占人口0.1%的富有者的收入增长了4倍，占人口0.01%的最富有者家庭财富增加了7倍；从2000年到2006年，美国1.5万个高收入家庭的年收入从1500万美元增加至3000万美元，而占美国劳动力70%的普通员工家庭的年收入仅从25800美元增加到26350美元；目前最富有阶层所占据的国民收入比重高于1929年美国经济衰退以来的任何时期。为缓解生产无限扩张趋势与广大劳动者有支付能力需求相对缩小的矛盾，满足金融垄断资本的逐利欲望，美国逐步形成了一种"债务经济模式"：普通民众依靠借贷维持正常消费，支撑资本积累和经济增长。然而，由债务推动的透支性经济增长终究是不可持续的，由借贷消费所掩盖的资本主义深层次结构矛盾必然转化为危机现象。

从经济调节分析，此次危机是政府监管不力、市场和国家调节双失灵的必然表现。适应金融资本自由流动和贪婪逐利的需要，美

---

① 李慎明：《当前资本主义经济危机的成因、前景及应对建议》，载李慎明主编《美元霸权与经济危机——今天对今天经济危机的剖析》（上），社会科学文献出版社2009年版，第37页。

国 1980 年通过的《存款机构放松管制与货币控制法》、1982 年通过的《加恩·圣杰曼存款机构法》、1995 年通过的《1995 年金融服务竞争法》、1999 年通过的《金融服务现代化法案》、2002 年通过的《金融服务管制放松法案》等，一步步放松了对金融体系和金融市场的监管与规制。这样，诸如次级贷款和由按揭所支撑的证券以及其他所谓金融创新产品不断增加，越来越多的金融资本和金融机构涌入投机性业务领域，经济运行的风险不断加大，市场调节的失灵必然发生。尤其是，由于金融衍生产品的巨大规模和场外交易方式已经使得基础产品的风险以极低的成本和极快的速度传递给全球金融市场的所有参与者，全球系统性金融风险不断加大和复杂化，而以功能为基础的分业监管以及以主权为基础的分割监管却难以应对全球性的市场失灵和系统性风险。因此，市场调节和国家调节双失灵的结果，必然使得美国的次贷危机发生并演变为世界性金融危机和经济危机。

二 西方国家反危机措施并未改变资本主义的本质

此次金融和经济危机发生以来，西方国家纷纷采取了包括金融稳定政策、扩张性财政政策和货币政策以及各种产业促进政策在内的一系列应对措施。尽管西方国家反危机措施对于恢复市场信心和促使经济稳定确实起到了一定作用，但是并没有克服资本主义基本矛盾及其他导致危机发生的各种具体矛盾，其缺陷及负面影响将在未来逐渐凸显。

（一）西方国家反危机措施宣告了新自由主义的破产

2007 年 4 月，伴随着美国第二大次级抵押贷款机构新世纪金融公司向法院申请破产，次贷危机开始在美国逐步显现。2007 年 9 月 18 日，美联储降息 0.5 个百分点，从此美国进入"降息周期"。随着次贷危机的蔓延，2008 年 2 月 7 日，美国国会参众两院通过了

1680亿美元的经济刺激法案，正式拉开了西方主要经济体应对金融危机的序幕。2008年3月11日，美联储、欧洲央行等5家西方主要央行联合宣布，将同时向金融系统注入资金。2008年7月13日，美联储等机构决定分别救助房利美和房地美，并承诺在必要情况下购入两公司股份。2008年7月26日，美国参议院批准总额达3000亿美元的住房援助议案，同时授权财政部无限度提高"两房"贷款信用额度，同年9月7日，美国联邦政府决定直接接管房利美和房地美。2008年9月16日，美联储、欧洲央行和日本央行等西方主要央行再次同时向金融系统注入资金，美国政府同时接管全球保险业巨头美国国际集团。2008年9月19日，日本银行再次向短期金融市场注资3万亿日元，欧洲央行以及英国和瑞士的中央银行共向金融系统注资900亿美元。2008年10月3日，美国布什政府提出的7000亿美元金融救援计划正式在两院通过。2008年10月8日，美联储、欧洲央行、英国央行等几大西方主要经济体的中央银行联合降息0.5个百分点。

随着金融危机逐步蔓延到实体经济领域，西方主要经济体反危机措施的覆盖面也从金融领域逐渐向实体经济领域扩展。2008年10月30日，日本政府公布约2730亿美元的一揽子经济刺激方案。美联储于2008年11月25日宣布投入8000亿美元，用于解冻消费信贷市场、住房抵押信贷以及小企业信贷市场。2008年11月26日，欧盟出台了总额为2000亿欧元的经济刺激方案。2008年12月4日，欧洲央行、英国央行、瑞典央行进一步降低利率，分别降低0.75、1和1.75个百分点。2008年12月16日，美联储将美国联邦基金利率降至0—0.25%的历史低点。2009年2月17日，美国新任总统奥巴马签署了总额为7870亿美元的经济刺激方案，3月3日，美国财政部和美联储共同公布了总额为2000亿美元的刺激消费信贷计划。2009年3月5日，英国央行将基准利率从1%降至0.5%的历史低点。2009年4月10日，日本政府颁布了总额为

56.8万亿日元的日本历史上规模最大的经济刺激新方案。2009年5月7日，继美国、英国政府将利率降至历史最低水平之后，欧洲央行宣布将欧元区主导利率下调0.25个百分点至1%。2009年7月2日欧洲央行宣布，将启动总额为600亿欧元资产担保债券购买计划，开始实施"量化宽松"的货币政策。①

上述分析表明，西方主要经济体反危机措施的实施经历了从金融领域逐步向非金融领域扩散的过程，反危机措施的着力点也经历了从挽救金融机构、防止金融形势继续恶化到阻止经济继续下滑、刺激经济复苏的演变。面对不断蔓延和深化的金融危机和经济危机，美英等西方主要国家被迫逐步放弃了奉行了30年之久的新自由主义经济政策，转而采取了加大政府开支、扩大基础建设投入等政府干预政策。因此，此次危机绝不是"复活奥地利学派经济学、彻底埋葬凯恩斯主义经济学的机会"，而是正式宣告了新自由主义经济理论和政策主张的彻底破产。

（二）西方国家反危机措施预示着凯恩斯主义的回潮

西方国家采取的反危机措施包括金融救助和稳定政策、货币扩张政策、财政刺激政策以及产业促进和保护政策等一系列凯恩斯主义式的干预政策，预示着凯恩斯主义经济理论和政策实践的回潮。

金融救助和稳定政策。危机发生以后，金融机构损失惨重，不得不低价抛售金融资产，紧缩信贷。为挽救金融机构日益恶化的资产负债表，恢复市场信心，西方国家采取了救助金融机构、稳定金融市场的一系列政策措施。（1）政府出资购买金融机构的不良资产，阻止金融资产价格进一步下跌。2008年10月，布什政府提出的总额高达7000亿美元的金融救援计划，主要是用于购买金融机构的问题资产。（2）各国央行通过各种形式向金融机构提供贷款，缓解信贷紧缩的压力。（3）政府直接向问题金融机构注入资本金，

---

① 以上资料主要来源于《美国次贷危机全球金融危机大事记》，中国经济网2009年9月14日。

实施"暂时国有化"。为挽救陷入破产边缘的金融机构，美国、英国和德国等国家直接动用财政资金向问题金融机构进行注资或提供债务担保，以此换取被救助金融机构的优先股或普通股甚至控股权，并对被救助金融机构高管薪酬和信贷投放等经营活动进行干预。通过上述措施，美国对房利美和房地美、花旗集团，英国对诺森罗克银行、莱斯TSB银行、苏格兰皇家银行，德国对德国住房抵押贷款银行等金融机构实施了"暂时国有化"。（4）改革金融体系，加强金融监管。2008年3月，美国出台了金融监管体系改革计划。该计划提出，扩大美联储权限，除监管商业银行外，还将有权监管投资银行、对冲基金等其他可能造成风险的商业机构；整合银行监管权，新建监管机构如"金融审慎管理局""商业行为监管局""抵押贷款创设委员会"和"全国保险管理局"等，以完善金融监管体系。危机期间，西方主要国家普遍加强了对各类金融机构资产负债表的监管，高度关注被监管对象的资本充足率、资产质量，以及市场风险的敏感性等结构性指标，并调整会计准则以更准确地反映金融机构的风险水平。此外，为应对危机的全球蔓延，世界主要国家还就国际金融组织和金融体系的改革，以及具有全球性、系统性影响的金融机构、金融产品和金融市场的监管机制，达成了多项共识。

扩张性的货币政策。为了降低企业融资成本以促进信贷，缓解流动性紧缩的压力，西方主要国家普遍采取了降低利率、增加货币供给等扩张性的货币政策措施。（1）大幅密集降息。自2007年9月18日—2008年12月16日，15个月的时间里美联储10次打出了降息牌，将基准利率大幅下调累计达500个基点，由5.25%降至0.25%，并宣布将联邦基准利率长期保持在0—0.25%之间；英国中央银行英格兰银行自2008年10月之后连续6次大幅降息，将基准利率从5%降至0.5%，欧洲央行将欧元区主导利率累计下调325个基点至2009年5月的1%；日本央行于2008年10月31日将基准利率降低到0.3%，之后进一步将其降低至0.1%的水平。同时，西方主要经济体的中央银行注重采取联合降息行动。例如，2008年10月8日，美联储、欧洲央行、英格兰银行以及加拿大、瑞士和瑞典等国的央行均宣布将基准利率降低0.5个百分点。(2) 通过金融工具创新和购买金融资产等方式向市场注入流动性。危机爆发之后，美联储等西方国家央行除通过定期拍卖贷款（TAF）、重要交易商信用贷（PDCF）、限期资产支持证券贷款（TSLF）、资产支持商业票据货币市场共同基金融资工具（AMLF）等创新性的金融工具持续不断地向市场注入流动性，同时通过购买国债和机构债等金融资产向市场注入流动性，实施"量化宽松"的货币政策。2009年1月，日本银行宣布考虑购买2万亿日元的商业票据；2009年3月，美联储宣布逐渐购买3000亿美元的长期国债，进一步购入7500亿美元的抵押贷款相关证券，追加购买1000亿美元的房贷公司债券；英格兰银行于2009年3月11日决定购买20亿英镑的国债，3月23日，又决定购买750亿英镑的公司债券；2009年5月，欧洲央行宣布将购买总额达600亿欧元的资产担保债券。

扩张性的财政政策。危机发生以后，为了稳定就业，阻止经济严重下滑，刺激其复苏，西方主要国家实施了包括减税、增加政府投资、财政补贴消费等内容的一系列财政刺激政策措施。(1) 大规模减税以刺激消费和投资。美国继布什政府出台1680亿美元减税方案之后，2009年2月，奥巴马政府提出的总额达到7870亿美元的一揽子经济刺激计划中，又有35%的金额用于减税；2008年11月24日，英国宣布的200亿英镑经济刺激方案将增值税率由17.5%下调至15%；日本在住宅税、土地税、汽车税等方面减税总额达1.07万亿日元，其中，国税减征6900亿日元，地方税减征3800亿日元；欧盟的减税范围主要包括降低增值税、消费税、中低收入者的税务负担、减少企业主为其职工支付的社会保险金费用等。(2) 增加政府投资以拉动市场需求。美国奥巴马政府的7870

亿美元经济刺激计划的大约65%用于政府投资,主要用于基础设施、教育、医疗和新能源技术方面投资;德国计划投入500亿欧元,主要用于公共基础设施投资;法国出台了265亿欧元的振兴计划,111亿欧元用于公共投资。(3)财政补贴消费以扩大内需。危机期间,欧洲有十多个国家实行补贴汽车"以旧换新",意大利政府对购买电动汽车、混合燃料汽车和小排量汽车给予环境奖金和汽车报废退税,合计可高达5000欧元;德国对回收9年以上车龄的旧车并购买新型节能汽车给予2500欧元的"以旧换新"补贴,总额达50亿欧元;法国、西班牙、荷兰、奥地利等国也对"以旧换新"购买新车给予1000—1750欧元不等的补贴;美国计划斥资40亿—60亿美元,推广汽车"以旧换新"。

产业促进和保护政策。为了占领未来经济发展的制高点,维持经济霸权,保护本国企业和就业,制约其他国家发展,西方主要国家采取了一系列产业促进和产业保护政策。(1)加大研发投入力度。美国7870亿美元的经济刺激计划中,"宽带计划"获得政府投资72亿美元,医疗信息技术研发获得政府投资190亿美元;欧盟反危机措施也注重提高产业研发、创新的标准与要求,以增强欧盟全球竞争力与长期发展潜力;2009年3月,日本政府制定了一项为期3年的信息技术紧急计划,在未来3年内官民共同增加投资3万亿日元,着重加强医疗IT环境、培养IT人才、推动电子行政等IT技术应用。(2)加大新能源和环保投资。美国政府的经济刺激计划约有500亿美元投入绿色能源产业;欧盟2009年3月决定,在2013年之前投资1050亿欧元用于"绿色经济"的发展;日本为配合第四次经济刺激计划于2009年4月推出了新增长策略,发展方向为环保型汽车、电力汽车、低碳排放、医疗与护理、太阳能发电等。(3)加强基础设施和公共领域投资。西方主要国家根据本身基础设施的特点,普遍相应加大了基础设施投资。例如,美国在7870亿美元的经济刺激计划中,拿出110亿美元用于提升美国电网。同时，西方主要国家的反危机措施也十分注重增加教育、医疗、公共住房等公共领域的投资。美国在7870亿美元的经济刺激计划中，有1059亿美元用于教育投资，比重高达13.5%。(4) 扶持中小企业，保护国内市场。日本反危机措施特别强调促进中小企业发展和为中小企业减轻负担；欧盟反危机措施更是强调经济刺激方案向中小企业倾斜。同时，以美国为代表的西方主要发达国家虽然承诺反对贸易保护主义，实际上却加强了对国内市场的保护，贸易保护主义在西方主要发达国家抬头。世贸组织（WTO）秘书处统计数据显示，截至2009年10月28日，WTO成员共发起171起反倾销调查，其中第三季度发起的反倾销调查数量较2008年同期相比增长23%以上；WTO预计2009年全球反倾销调查数量将达230—250起，超出2008年全年的212起。

（三）西方国家反危机措施未能消除危机的根源

实践已经证明，凯恩斯主义式国家干预政策确实有助于经济运行中各种矛盾的缓解，但是它自身同样存在严重的缺陷，而且无法消除导致资本主义经济危机周期爆发的根源和矛盾。

首先，西方主要国家采取的反危机措施确实取得了一定的积极效果。(1) 反危机措施在一定程度上维护了金融市场稳定。比如西方主要国家通过政府注资金融机构、购买金融机构不良资产、向金融机构提供贷款以及加强金融监管和国际金融合作等一系列政策措施，在短期内缓解了金融机构在资金方面的困难，避免了更多金融机构破产倒闭，避免了市场信心的彻底崩溃，在稳定各国金融市场和全球金融体系方面起到了一定作用。(2) 实体经济下滑趋势有望得到遏制。2009年第二季度之后，西方主要经济体的经济运行相继止跌，并在下半年出现了经济触底或反弹迹象。美国商务部公布的数据显示，2009年第三季度美国国内生产总值按年率计算增长了3.5%，为连续四个季度下滑后首次正增长；欧盟统计局公布的数据显示，2009年第三季度欧元区经济环比增长0.4%，结束了连续五个季度的经济萎缩势头。(3) 经济结构有望得到一定程度的良性调整。西方国家反危机措施试图加强金融监管和金融体系改革,有望使得虚拟经济的畸形膨胀得到一定程度的遏制;注重增加基础设施和公共领域的投资以及扶持中小企业发展,可以使实体经济的发展环境和发展基础得到一定程度的完善;重视增加新技术、新兴战略性产业投资,有利于孕育出新的支柱产业,占领未来经济发展的制高点。此外,西方国家采取的提供再就业培训、提供社会领域的临时工作岗位以及向贫困家庭发放困难补助等政策措施在一定程度上缓和了社会矛盾,有助于避免更加严重的社会危机的发生。

但是,西方国家反危机措施的缺陷及其负面影响同样不容忽视。(1) 金融救助和稳定政策难以有效提高金融机构和金融体系防范风险的能力。从目前的相关措施来看,西方国家尚未有效处置巨额有毒的金融衍生产品及其他有毒的金融资产,金融机构杠杆化程度依然较高,金融机构和金融体系的质量并未得到真正改善。同时,西方主要国家也没有拿出有效解决金融监管问题的实质性方案。尤其是,从国际金融监管合作方面来看,虽然各个国家对此有着较为一致的认识,但是却很难拿出一个可操作的方案来协调不同国家的利益关系进而实现国际合作。(2) 扩张性货币政策难以拉动经济复苏却可能导致通货膨胀抬头。目前,西方主要国家的利率政策已经遭遇到了"流动性陷阱":利率几乎降至零,经济却依然萎靡不振。"量化宽松"政策的实施尽管向金融体系注入了巨量基础货币,经济体系的货币供给却没有明显增加,金融机构的信贷紧缩问题依然严重。同时,过度宽松的货币政策已经导致西方主要经济体潜伏着通货膨胀的风险。如果未来通货膨胀的发生早于经济复苏,这些国家的政府将面对"滞胀"的两难困境,无论优先处理哪个问题,都会对经济运行不利;即使通货膨胀的发生晚于经济复苏,但是一旦通货膨胀发生,那么治理通货膨胀也会严重影响经济持续增长,从而可能会使经济重新陷入低迷。(3) 扩张性财政政策作用有限且导致巨额财政赤字。政府减税政策在经济低迷、预期悲观的情况下难以有效刺激消费和投资；政府投资的增加由于"挤出效应"的存在不利于私人投资的增加。同时，大规模财政刺激计划已经导致了巨额的政府财政赤字。根据经济合作与发展组织（OECD）2008年12月公布的数据，日本政府债务总额高达591万亿日元，超过了日本2008年的GDP，如果将地方政府的债务包括在内，日本政府系统的负债总额与GDP的比例高达180%。根据美国国会预算办公室的报告，美国2009年财政赤字高达1.417万亿美元，2010年将达到1.5万亿美元。财政赤字长期维持在高水平，有可能会引发国家信用危机，对经济发展造成严重危害。如果政府在未来通过财政盈余的方式逐步消除财政赤字，则可能会由于紧缩性财政政策而导致经济增长率的下降。(4) 各种产业发展政策的效果仍然存在不确定性。新能源、环境保护等新兴行业的发展均依赖技术标准、消费者偏好、法律体系、国际合作等方面出现实质性的变革，短期内商业前景并不乐观。[①] 另一方面，各种贸易保护政策已经导致严重的贸易摩擦，国际贸易环境因此而急剧恶化。

更为重要的是，西方国家的反危机措施并没有改变资本主义基本经济制度，也不能克服资本主义基本矛盾及其各种具体矛盾。新自由主义经济理论和政策主张的破产与凯恩斯主义经济理论和政策实践的回潮，改变的只是资本主义的具体形式或治理体制，并没有丝毫改变资本主义的本质。马克思指出，危机是资本主义基本矛盾周期性激化的结果，资本主义在其自身范围内无法克服危机，它克服危机的办法不过是"准备更全面更猛烈的危机的办法，不过是使防止危机的手段越来越少的办法"[②]。与历次重大危机时期一样，西

---

① 何帆：《世界主要发达经济体应对金融危机的措施及其效果评述》，《经济社会体制比较》2009年第4期。

② 《马克思恩格斯选集》第1卷，人民出版社1995年版，第278页。

方国家在本次危机期间也对那些面临破产的重要企业实施了"国有化",并大规模地干预经济生活,但这并不意味着西方国家政府将"无限期地直接管理经济",更不意味着西方国家将改变以私有制为基础的基本经济制度。一旦渡过危机,它们又会重新将更大规模的"国有企业"私有化,并放松某些应急的政府干预措施。因而,尽管西方国家的反危机措施能够在一段时间内缓解资本主义基本矛盾,却不能根除资本主义基本矛盾及其具体表现。相反,鼓励企业之间的兼并以及"再私有化"等措施,将在一定程度上加重资本主义的基本矛盾,强化金融垄断资本所主导的掠夺性经济体制,加大社会财富占有和收入分配的不平等程度,从而酝酿未来更大规模、更为猛烈的危机。

三 科学把握西方国家金融和经济危机的走势与影响

尽管世界范围的反危机措施使得西方国家的金融体系和经济运行似乎趋向稳定,但是危机的根源并未消除,不确定因素依然很多,危机的走势和影响还有待观测。可以确定的是,此次危机既是一场严重的金融危机和经济危机,又是一场资本主义意识形态危机和发展方式的危机,是资本主义的全面危机,它必将导致世界格局和发展进程发生重大变化和转折。

(一) 西方国家的金融市场和经济形势依然复杂多变

正如不能仅仅从现象层面、操作层面分析此次危机的起因一样,分析预测此次危机的走势也不能仅仅停留于现象指标和技术层面。科学把握西方国家金融危机和经济危机的走势,既要关注短期、技术指标的变化,更要关注长期、深层因素的影响;既要把握资本主义经济危机的一般规律,更要把握此次危机的特殊表现。

经过巨额注资和多方联合干预,国际金融市场系统性风险虽有所降低,但是西方国家的金融体系依然混乱而脆弱。首先,银行等金融机构的贷款违约率、撇账率还在上升，资产质量继续恶化，问题银行数量仍在增加。2009年第四季度，美国银行贷款违约率为7.17%，连续十二个季度呈现上升趋势；撇账率为2.93%，连续十四个季度呈现上升趋势；问题银行数量跃增27%，数目达到了702家，创下1993年以来的最高纪录；截至2010年4月10日，美国破产银行总数在2009年140家的基础上又增42家。其次，货币金融机构对其他金融机构和非金融企业融资增长率不断下降，信贷继续停滞甚至萎缩。2010年2月24日，美国的银行信贷余额为8.89万亿美元，比1月平均值下降1.3%；2010年1月末，日本的银行信贷余额为419万亿日元，同比下降2.0%。再次，西方主要国家房地产市场再度下挫，金融机构房贷风险加大。2010年1月，美国现房价格环比下降3.4%，新房价格环比下降5.6%，现房销量环比下降7.2%，均为连续两个月下降；新房销量环比下降11.2%，连续三个月下降；2月，英国房价环比下降1%，为十个月以来首次下降。[①]

据统计，2010年美国将有超过5000亿美元的商业地产贷款到期，若美国商业地产价格持续下滑，势必导致更多美国银行等金融机构出现严重亏损甚至倒闭。更为严重的是，主权债务危机加剧，金融市场动荡重现。为应对金融危机，西方主要国家积累了巨额财政赤字，公共债务水平急剧攀升。据联合国2010年1月统计，金融危机爆发以来，各国投入的财政救援资金已达26330亿美元。研究显示，2009年美国国债占GDP的比例为87.4%，2010年将升至97.5%；英国国债总额占GDP的比重将由2009年的75.3%升至2010年的89.3%；法国公债占GDP比重将由2009年的73.9%升至2010年的77.5%；希腊公债占GDP比重将从2009年的113%升至2010年的130%；日本政府债务占GDP的比例将从2009年的

---

① 《世界经济继续缓慢复苏 演变前景仍然错综复杂》，金融界网站2010年3月29日。

218%升至2010年的227%。迪拜债务危机和希腊债务危机引发股市、汇市、债市、期市等国际金融市场大幅波动表明，不断扩大的公共债务规模极易导致主权债务危机并引发新一轮的金融动荡，使得西方国家陷入金融危机和主权债务危机相互拖累的恶性循环。

因此，西方国家金融市场和金融体系依然存在恶化的风险，彻底摆脱金融危机、实现全球范围金融市场正常化更是路途遥远。首先，金融机构的治理结构及其监管机制的改革进展缓慢。此次金融危机充分暴露了美式公司治理结构的缺陷，重新构建相对完善的金融机构的治理结构已成为实现金融体系正常化的重要微观基础。然而，旨在强化投资者权益保护和董事会责任从而堵塞公司治理漏洞的各项公司治理改革法案，却遭到了美国商会以及美国证券交易委员会中代表华尔街高管和金融精英利益人士的普遍抵制。同时，完善全球金融体系的监管机制，一方面，需要各国完善自身的监管体系，另一方面，需要各国共同建立一个更为有效的全球协调监管体系，以强化金融机构的规模监管、跨国操作监管以及金融衍生品创新的动态评估和监管。然而，各国完善内部金融市场监管体系尚存在许多困难，能否尽快制定出能够为各国普遍接受的规章制度，并按照G20匹兹堡峰会所确定的在2012年将其全部付诸实施，无疑更是充满了巨大的挑战。

其次，金融资本主导的畸形经济结构的调整困难重重。实现全球范围金融市场的正常化，必须终结金融资本的畸形膨胀和全球扩张，扭转金融资本主宰产业资本的异化倾向，"再平衡"虚拟经济与实体经济之间的结构关系。然而，忙于金融"救火"的西方各国政府目前基本无暇顾及金融机构的"瘦身"和资产负债表的调整，它们是否愿意与能够剔除和挤掉巨额金融有毒资产和泡沫资产，尚存许多疑问。更为困难的是，经过20世纪80年代以来的经济金融化、金融泡沫化运动，西方资本主义已经步入了金融垄断资本主义阶段，美欧等经济体已经步入了严重依赖经济增长和金融泡沫的

"良性循环"的发展轨道，逆转这一趋势，无疑需要一场巨大的社会变革。数据显示，华尔街金融机构2009年较为"漂亮"的业绩表现仍然主要依赖于庞大的金融衍生品交易。

再次，以美元为中心的现行国际货币金融体系的改革步履维艰。如果不对当前货币金融体系进行根本性改革，造成金融危机的制度性缺陷就不会消除，也不可能实现全球范围内金融市场的正常化。然而，尽管美元作为衡量财富的世界储备货币与美国主权货币之间的矛盾日益突出，世界各国也提出了许多创建新的世界储备货币的方案，但是，美国出于自身利益的考虑必将极力捍卫美元的霸主地位，试图挑战美元地位的欧元由于欧元区的债务危机和经济危机而尽显颓势，目前世界上没有任何一种储备工具可以切实地评估、度量、交换和承载商品与服务的真正价值。同样，改革国际货币基金组织、世界银行等国际金融机构也将是一个世界各国实力角逐的漫长过程。西方主要国家自利的改革主张和议程设定仍然占据压倒性优势，发展中国家的利益与国际金融体系合理化、正常化的要求明显缺乏足够重视，IMF份额改革的象征意义远远大于实际意义，并未改变美欧等成员国的主导地位，世界货币金融体系的合理化改革任重道远。

金融是西方国家社会经济的核心。没有一个正常运转的金融市场，西方国家就不可能真正彻底摆脱金融危机，也不可能实现经济的持续增长。因此，西方国家刺激经济复苏与增长的各项政策就根本而言大都是低效甚至无效的，也是难以持久的。尽管西方主要经济体从2009年下半年经济先后转入正增长，但这只是依赖短期的、特殊的政策作用取得的"临时性增长"。数据显示，西方国家的失业率仍处历史高位且呈继续攀升态势。2010年2月，欧元区16国的失业率为10%，比1月上升了0.1个百分点，创下了1998年8月以来的最高纪录；欧盟27国的失业率为9.6%，同样比1月上升了0.1个百分点，创下了2000年1月以来的新高；美国2010年3

月的失业率则继续维持在9.7%的高位。另外，根据总部位于巴黎的信贷保险公司Euler Hermes的调查显示，2010年德国企业破产数量将增长11%，达到创纪录的3.89万家；2010年西欧国家企业破产数将平均增长8.7%。这表明，断言经济危机已经过去显然为时尚早。西方国家经济的"弱势反弹"犹如"依赖特殊药物的重症病人"，没有了刺激政策的"生命保障"，随时便可能重回衰退。问题恰恰在于，西方主要经济体正处于进退两难的政策境地：退出经济刺激政策，必然导致经济反弹势头逆转；继续实施刺激政策，必然加剧日趋严重的主权债务危机风险和通货膨胀风险。欲摆脱两难境地，或许只能寄希望于新的一轮金融泡沫与经济增长的"良性循环"，实体经济早日实现"自主性增长"。

实现经济自主性增长，需要消费需求、投资需求和国际贸易以及主导产业等方面的振兴与持续增长。在消费需求方面，尽管改变居民负债消费模式不符合西方国家金融资本的利益，但是，修补家庭资产负债表、提高私人储蓄率却已成为美欧等国消费者的普遍选择。数据显示，美国2010年3月正式登记的个人破产申请多达15.8万件，平均每天6900件，同比增加了19%，环比增加了35%，创下了2005年10月以来的单月最高纪录。显然，近期内期望美欧等国居民消费重回负债模式、实现强劲回升是不现实的。麦肯锡公司的研究显示，美国家庭负债与个人可支配收入比率每下调一个百分点，将导致总需求减少1000亿美元左右；美国家庭储蓄率每上升一个百分点，也将导致总需求减少1000亿美元左右。鉴于消费支出对于美国经济增长的贡献高达70%、美国经济占全球经济的份额超过20%，可以肯定，美国消费者行为的变化必然严重抑制西方国家实体经济的复苏。在投资需求方面，尽管去库存化步伐有所减慢，但是美欧等国产能利用率仍然处于较低水平，难以期望投资支出在近期大规模增长。2010年2月，美国工业产能利用率和制造业产能利用率分别为72.7%和69%，分别低于长期趋势

(1972年1月—2009年9月)8.0和10.3个百分点。欧盟国家和日本的产能利用率也不乐观,同样远低于长期趋势水平。固定资产投资是历次经济复苏的基础。西方国家产能过剩严重,加之信贷市场疲软,固定资产投资的大幅增长难以想象。在国际贸易方面,尽管世界各国普遍呼吁贸易自由以共同应对危机,但是贸易保护主义却不可阻遏地泛滥开来。迫于居高不下的失业率压力,欧美等西方主要经济体出于自身利益的考虑,以解决"全球经济失衡"为借口,不断采取各种形式的贸易保护主义措施保护本国企业和本国市场,保护的主体范围不断扩大,保护的对象不断增加,保护的手段日趋多样,导致全球贸易摩擦和贸易争端急剧升温,严重干扰了正常的国际贸易秩序和贸易增长。2010年3月26日,世界贸易组织预测,2010年全球贸易量有望增长9.5%,但恢复到全球经济危机爆发之前的水平尚需两到三年。在主导产业方面,尽管目前人们对于新能源、低碳经济等产业的期望甚高,但它们能否成为带动西方国家经济增长的新的主导产业尚存许多疑问。一方面,促进新能源产业降低成本、提升竞争能力的技术创新进展缓慢,同时发展新能源经济必然遭受传统能源产业利益集团的抵制和阻挠。另一方面,制定更加严格的减排规则,提高化石能源的消费成本,改变化石能源与清洁能源的成本比价,无疑更是一个充满风险的国际政治博弈和经济博弈过程。上述分析表明,西方国家实体经济真正实现自主性增长需要一个艰难而漫长的过程。"可以预期,此次经济衰退的持续时间将会超过以往半个世纪之中的任何一次衰退。"[①]

当然,此次危机终将过去。然而,尽管当代资本主义通过自身调整已经具备了较强的社会矛盾调适能力,尽管西方国家经过历次危机已经积累了较为丰富的应对危机经验,尽管全球化背景下反危机行动可以实现空前的国际合作,但是各种危机干预和调节措施在

---

① [美]理查德·波斯纳:《资本主义的失败》,北京大学出版社2009年版,第3页。

降低危机破坏程度和缩短危机时间的同时,也降低了危机对于各种矛盾的强制平衡作用,即使能够暂时实现金融市场和经济运行的稳定与复苏,也必将导致资本主义经济危机更加频繁、更加猛烈地爆发。

(二) 西方国家金融和经济危机是资本主义的全面危机

此次危机的爆发,并集中于金融经济领域,但又不限于金融经济领域,涉及能源环境、发展模式乃至价值理念等各个领域的矛盾和问题,既是一场深度的金融经济危机,也是一场严重的思想体系危机、发展方式危机。

此次危机是资本主义意识形态的危机。危机不仅宣告了新自由主义作为一种经济理论和政策实践的失败,也同时宣告了新自由主义作为一种西方主流意识形态的破产。秉承自由主义的一贯理念,新自由主义更加信奉和推崇私有产权、市场秩序和个人自由,竭力鼓吹"个人是自身福利最好的判断者""一切财产应该属于私人和个人""市场力量可以自动实现社会繁荣"。此次金融危机和经济危机爆发以来,作为风行了近30年的西方主流意识形态,新自由主义受到了愈益广泛的质疑和批判。人们越来越深刻地认识到,新自由主义实际上是代表垄断资产阶级利益的一种意识形态,完全服务于金融垄断资本主义操纵金融市场剥夺世界各国人民的需要,必须从价值、所有权和民主自由等方面揭示新自由主义意识形态的虚伪性和反科学性,甚至新自由主义的急先锋们也在"忏悔"自己的错误。[①] 更进一步地说,此次危机更加促使人们重新深刻审视资本主义的核心价值观、普世价值观、人权观、民主观,质疑资本主义的合理性与正当性。长期以来,西方资产阶级学者大都宣称:资本主义生产关系是"不受时间影响的自然规律",资本主义制度是不可战胜的"千年王国";资本主义

---

① 郑萍:《日本新自由主义急先锋的忏悔录》,《世界社会主义研究》2009年第12期。

之前存在历史，资本主义之后再无历史。20世纪90年代以来，所谓"历史的终结"的论调甚嚣尘上，资本主义崇拜成为全球范围的"意识形态霸权"。然而，据英国广播公司2009年6月19日—10月13日的一项调查显示，在27个国家的2.9万名受访者中，只有11%的人认为资本主义运转良好，89%的人对资本主义表示不满。其中，平均23%的人认为资本主义有着致命缺陷，需要一个全新的体系来代替它，法国、墨西哥、巴西、意大利持有此种观点的比例分别高达43%、38%、35%、29%。这表明，危机发生之后，人们不仅在讨论告别亚当·斯密，也在讨论告别资本主义，资本主义迷梦正在破灭。与此同时，马克思主义却在世界范围内再度复兴，"人们不仅重新找到马克思，而且重新发现社会主义优越传统"。此次危机爆发以来，马克思及其学说频繁地出现于西方主流媒体，《资本论》《共产党宣言》等马克思主义经典著作在德国、美国和英国等地持续热销，不仅凸显了资本主义意识形态的严重危机，也彰显了马克思主义的强大生命活力。越来越多的人开始承认，马克思所揭示的资本主义矛盾和经济社会发展规律依然正确，早在100多年前就被马克思所揭示的资本主义引发的种种灾难已经全部显现，"马克思极有可能成为21世纪最有影响力的思想家"，甚至之前还在极力攻击马克思主义是现代灾祸之一的罗马教皇，也不得不承认马克思对于资本主义的正确批判。

此次危机是资本主义"榜样模式"的危机。1989年之后，西方主流学者普遍认为，世界只剩下两大超级力量：美国和欧洲；竞争只存在于两种资本主义模式之间：美英模式和莱茵模式。然而，此次危机的爆发却同时宣告了资本主义两大"榜样模式"的失败。一般认为，美英模式比较强调充分发挥以财产私有制和自由竞争原则为基础的市场经济的自发作用，尽量缩小政府的活动范围，能够比较有效地实现资源合理配置；莱茵模式则是一种以自由竞争为基础，国家进行适当调节，辅以较为完善的社会保障体系的市场经济，能够比较有效地实现社会公平。长期以来，美英模式和莱茵模式不仅是资本主义体系内相互竞争的两种典型模式，也是许多国家竞相效法的两种资本主义"榜样模式"。20世纪50年代至70年代初，是西方资本主义国家发展的"黄金时期"，美英模式和莱茵模式更是受到了普遍关注。1950—1973年，美国实际GDP增长率为3.6%，人均实际GDP从9573美元增加到16607美元，增长超过72%；德国实际GDP增长了6.3%，人均实际GDP从4281美元增加到13152美元，增长超过200%。然而，1974—1975年爆发了资本主义世界性经济危机，美国经济更是进入了衰退期，美英模式受到了广泛的质疑和挑战。与美国相比，德国经济则处于相对稳定增长之中，莱茵模式受到了更多的关注与膜拜。从1973—1983年，美国GDP年均增长率为1.1%，而德国则为2.1%；1980年，德国人均实际GDP为13217美元，高于美国的11787美元。面对滞胀困境和各种挑战，美英等国放弃了长期奉行的凯恩斯主义，转而奉行新自由主义经济理论和政策主张，开始了美英模式的新的一轮"镀金岁月"，并于20世纪90年代"战胜"了莱茵模式。美国经济从1992年开始10年间年均经济增长率达到了3.5%，1995—2001年间更是占据世界GDP增长的96%，实现了世界经济史上最极端的不平衡的发展。与此同时，莱茵模式国家各国经济却不同程度地遇到了严重问题。1995—2000年间德国平均GDP增长率仅为1.4%，平均失业率则高达10.4%。① 然而，正当世界各国对自由放任式的美英模式大加追捧之时，美国经济增长速度却从2000年下半年开始急剧下降，步入了以"9·11"事件开场、以金融和经济危机结束的"地狱十年"②。与美国一样，德国等莱茵

---

① 参见徐崇温《当代资本主义新变化》，重庆出版社2004年版，第158、174、182页。
② ［美］安迪·瑟沃：《终于再见了，"地狱里的十年"》，《时代》周刊2009年12月7日。

模式国家也步履蹒跚地迎来了严重的金融和经济危机。危机之下，美英等国被迫采取了凯恩斯主义式的干预政策，只能步入新的一轮政府干预式与自由放任式的美英模式的交替往复和金融经济危机的周期循环；由于欧洲各国社民党的溃败和"缓慢瓦解"，莱茵模式更是遭遇了前所未有的严峻挑战。或许，西方资本主义"必须在古典、凯恩斯、撒切尔—里根模式的基础之上创建第四种模式，以适应21世纪的需要"①。否则，西方资本主义必将遭遇更加彻底的失败。

此次危机是资本主义发展方式的危机。"资本来到世间，从头到脚，每个毛孔都滴着血和肮脏的东西。"② 资本主义的发展历史，是用血和火的文字载入人类编年史的。资本主义愈是发展，其发展方式的危机便愈加严重。在自由竞争时代，西方资本主义依靠剥削劳动、殖民战争和殖民贸易进行资本积累和扩张。进入垄断阶段之后，资本主义世界体系逐步形成，西方资本主义通过资本输出、技术垄断以及各类战争，更加巧妙而残酷地剥削和掠夺发展中国家的资源和财富。随着资本主义全球化进程的深化，西方资本主义国家通过它们所控制的国际经济组织和游戏规则，继续主导国际政治经济秩序，持续地剥削和掠夺广大发展中国家，以试图缓解日趋严重的资本主义基本矛盾和资本积累危机。然而，当代西方资本主义的全球扩张，必然导致广大发展中国家陷入经济停滞甚至衰退，并造成世界市场的萎缩。世界银行经济学家布兰科·米拉诺维奇（Branko Milanovic）的研究显示，在过去的两个世纪里，西方富裕资本主义国家已经完全甩开了其他国家，西方资本主义作为"富人俱乐部"的地位得到了不断强化，不发达国家发展的可能性则日益被侵蚀。1820年，最富和最穷国家的人均GDP之比为3∶1，1992

---

① ［英］阿纳托尔·卡莱斯基：《我们需要建立新的资本主义模式来与中国抗衡》，《泰晤士报》网站2010年2月4日。
② ［德］马克思：《资本论》第1卷，人民出版社1975年版，第829页。

年则上升到72∶1。① 这样，西方资本主义依赖"外在于它自身"的东西解决资本过度积累危机的可能空间日益狭窄，② 大量过剩资本不断转向投机性金融领域，西方资本主义经济的金融化和虚拟化程度不断提高，日益步入不可持续的严重依赖金融泡沫和经济增长的"良性循环"的发展轨道。同时，当代西方资本主义的全球扩张还导致了全球范围日益严重的环境恶化和生态危机。资本的血腥和肮脏不仅在于压榨劳动，也在于掠夺自然。浪费资源、污染环境和破坏生态是资本主义与生俱来的破坏性基因，也是资本主义的发展动能。然而，世界能源和粮食价格的持续上涨以及"自由物品"的日渐稀少表明，资本主义依靠"劳德代尔悖论"式的发展，也就是依靠摧毁社会财富（使用价值）扩大私人财富（交换价值），把昔日丰富的东西变得日渐稀缺以满足资本的贪婪逐利，已经失去了进一步扩张的空间。因此，西方资本主义的全球扩张必然导致缓解资本主义基本矛盾的余地达到极限，使当代资本主义发展方式的扩展达到极限。此次危机是资本主义发展方式危机的必然结果，也必将导致资本主义发展方式乃至生存方式的更加严重的危机。

（三）西方国家金融和经济危机将导致世界格局发生重大变化

历史经验表明，资本主义世界性金融危机和经济危机必然导致世界政治经济格局发生重大变化。此次危机也必然给世界经济社会发展带来重大而持续的影响，导致世界经济进入一个大调整、大动荡时期，世界格局和发展进程也将会发生重大变化和转折。

西方发达资本主义国家的霸权统治开始动摇。长期以来，以美国为代表的西方发达资本主义国家的全球霸权统治主要依赖于意识形态霸权、以美元为主导的国际货币金融体系以及庞大的军事机器等。作为一种最重要的"软性"制度安排，意识形态的影响弥漫在

---

① ［美］约翰·贝拉米·福斯特：《帝国主义世界体系与资本主义发展模式》，《国外理论动态》2008年第3期。

② David Harvey, *The New Imperialism*, Oxford: Oxford University Press, 2005, p. 141.

几乎所有的其他制度安排之中。因此,尽管意识形态的演变往往是渐进而缓慢的,美国等西方资本主义国家也必将极力捍卫其全球"意识形态霸权",但是,此次西方国家金融和经济危机导致的资本主义意识形态霸权的危机与瓦解却是不可逆转的历史趋势,它必将严重动摇西方发达资本主义国家全球霸权统治的制度基础。同时,以美元为中心的不合理的国际货币金融体系更是受到了愈益严重的挑战。2007年,拉美共同市场协议国家和美洲玻利瓦尔替代发展计划(ALA)国家创建了南方银行,构成了对美国主宰的、新自由主义的美洲国际银行的有力挑战,一些成员国还退出了国际货币基金组织和世界银行,在南美地区创立一种共同货币以替代美元的进程也在不断推进之中。可以预期,随着世界范围内区域性金融合作组织和货币体系愈益增多,作为西方金融垄断资本全球扩张和掠夺的重要工具,以美元为中心的国际货币金融体系的危机将不断加重,从而严重动摇西方发达资本主义国家的全球霸权统治。此外,尽管美国等西方发达国家依然拥有较为强大的军事机器,但是,阿富汗战争和伊拉克战争表明,美国"同时打赢两场战争"或者"一场半战争"的理论与计划已经破产,美国及其盟友的综合实力和全球控制能力已经显著下降。总之,以美国为代表的西方发达资本主义国家的全球霸权统治已经处于前所未有的衰落之中。其未来的发展,或许正如"中美国"论创始人弗格森所言:像美国这样的帝国与所有复杂体系一样,在一段长度未知的时段里看似运行平稳,然后却在刹那间毁灭。①

新兴经济体的国际影响日渐提升。20世纪90年代以来,新兴经济体群体性崛起的趋势逐步显现。国际货币基金组织的数据显示,1991—1998年,发达经济体的平均增长率为2.5%,发展中经济体为3.3%;1999—2006年,发达经济体的平均增长率为2.7%,

---

① [美]尼尔·弗格森:《美国,脆弱的帝国》,《洛杉矶时报》2010年3月1日。

发展中经济体为5.8%。尽管此次危机也严重冲击了新兴国家，但是，中国、俄罗斯、印度、巴西、南非等新兴国家崛起的势头并未减弱，日益成为世界经济增长和国际格局演变的重要推动力量；南方国家作为一个整体以高于北方国家经济增速向前发展的态势也没有改变，其发展前景依然乐观可期。2006年，由普华永道进行的一项研究显示，到2050年中国经济将与美国并驾齐驱，而印度将成为全球第三大经济体。一年之后，高盛公司研究者预言，中国将在2027年之前超过美国，而印度将在2050年之前超过美国，巴西、中国、印度、墨西哥和俄罗斯的经济产出之和在2040年将超过7国集团。经济实力的变化必然带来政治格局的调整。20国集团替代8国集团作为全球治理机制的出现和功能的不断提升，标志着发展中国家作为一个整体已经步入世界事务的中心舞台，西方发达国家独自为世界"定调"的时代必将过去。可以预期，新兴经济体的崛起"将与19世纪末德国、俄国和日本的兴起一样意义非凡"，21世纪中期将会出现一个非常不同的世界。①

　　世界历史步入动荡多变时期。随着西方发达资本主义国家全球霸权统治的衰落和新兴经济体的群体性崛起，全球多极化的趋势难以逆转，不同利益主体之间的竞争将更加激烈，民族国家以及利益集团之间的博弈将更加复杂，世界历史由此将步入更加动荡多变的复杂时期。全球"意识形态霸权"的真空必然导致各种意识形态的激烈竞争。伴随着文化、宗教和价值观的冲突加剧，地区主义和恐怖主义等各种影响全球稳定的思潮将会不断扩散、升温。随着以美元为中心的世界货币金融体系的危机和各国在全球金融货币领域主导权的竞争加剧，必然导致国际金融市场不稳定因素的增多；同时，尽管此次危机对西方金融垄断资本的全球扩张有所遏制，但金融资本与产业资本的分离已经呈现出难以逆

---

① [美] 威廉·塔布：《当代世界资本主义体系面临四大危机》，美国《每月评论》2009年1月号。

转的态势,金融垄断资本的再度扩张和虚拟经济的畸形膨胀也将重新加大全球经济运行的风险,直接威胁到世界经济运行的稳定。随着WTO利益主体多元化趋势的增强和贸易保护主义的盛行,未来多边贸易体系将形成更加错综复杂的利害关系,不同的谈判议题会催生各种形式的利益联盟,超经济的谈判手段将不断向贸易谈判渗透,多边贸易体制的运行面临严重冲击;知识产权保护、劳工标准、环境标准的广泛滥用,也势必进一步加剧世界范围内的贸易摩擦。[①] 此外,随着全球经济战略制高点竞争的加剧,全球贸易规则的博弈也将会更加复杂,市场和资源的争夺将会更加激烈。更为严重的是,面对全球新兴力量的兴起和国际竞争的加剧,以美国为代表的西方发达资本主义国家绝对不会将其霸权地位拱手相让。尽管此次危机是西方发达资本主义国家的全面危机,但并不是资本主义的总危机。目前,高估西方发达资本主义国家的实力和调整能力固然错误,低估他们的实力和调整能力同样错误。以美国为代表的西方发达资本主义国家依然拥有最为强大的军事实力、经济实力以及金融领域的主导地位。为了维持其霸权地位,除了试图通过征收碳关税等手段,以逼迫新兴经济体在高油价、高汇率、高关税等多重压力之下永远处于国际分工的不利地位,发动霸权战争以消除导致问题的根源对于美欧等国无疑具有更大的吸引力。或许,在更加合理的全球治理体系构建完成之前,人类不得不经历一个痛苦的动荡多变的复杂时期。

1962年1月,毛泽东《在扩大的中央工作会议上的讲话》指出:从现在起,五十年内外到一百年内外,是世界上社会制度彻底变化的伟大时代,是一个翻天覆地的时代,是过去任何一个历史时代都不能比拟的时代。从目前来看,世界历史的发展进程正在印证这一伟大预言。

---

① 杨丹辉:《世界经济发展的十大趋势及其影响》,《中国经济时报》2008年1月17日。

四 社会主义市场经济可以规避金融和经济危机

在经济全球化时代,任何国家都难以置身于世界性危机之外。此次西方国家的金融和经济危机亦使中国经济遭受巨大冲击。应该看到,社会主义市场经济存在着发生金融危机和经济危机的可能,我们必须正确认识中国没有陷入金融和经济危机的原因。

(一) 西方国家金融和经济危机使中国经济遭受巨大冲击

此次危机对于我国的冲击是多方面的,既有经济贸易方面,也有思想文化方面;既有短期影响,也有长期影响。就经济方面而言,此次西方国家的金融和经济危机,导致了我国出口大幅下降、失业人数有较大攀升、经济增长速度持续下滑,更加凸显了我国经济发展方式的弊端,加大了我国调整经济结构、转换经济发展方式的压力,我国未来经济发展面临更加严峻复杂的挑战。

此次危机延缓了我国经济持续快速发展的势头。2000年以来,中国经济连续8年以超过8%的速度且不断加快的态势持续快速发展。2008年以来,来自内外两方面的不利影响尤其是西方国家金融和经济危机的冲击,使得我国经济的持续快速发展经受了前所未有的困难和挑战。随着危机的蔓延和外需的急剧萎缩,我国对外贸易首当其冲地遭受了愈益严重的冲击,经历了自1998年以来的最大波动,与加入WTO后连续6年保持20%以上的高速增长相比,外贸进出口增速出现明显回落。2008年,我国外贸进出口总值为25616.3亿美元,比2007年增长17.8%,增速同比减缓5.7个百分点。其中,出口14285.5亿美元,增长17.2%,增速同比减缓8.5个百分点;进口11331亿美元,增长18.5%,增速同比回落2.3个百分点。尤其是,2008年11月我国进口同比增长-17.9%,出口同比增长-2.2%,进出口总值同比增长-9.1%,对外贸易正式步入了长达一年之久的较大幅度的负增长阶段。同时,此次危机还导致我国居民人均收入增速放缓、外商投资持续减少、金融机构蒙受较大损失等问题的出现。总需求的不断萎缩导致我国许多重要宏观经济指标日趋恶化。统计数据显示，2008年末，虽然全国就业人员比上年末增加490万人，但是从业人数增长率却迅速下降为0.64%，与2006年相比下降幅度为0.12个百分点，与2004年相比下降幅度高达0.39个百分点；劳动力市场求人倍率从2007年的0.98下降到2008年第四季度的0.85，达到2002年以来的最低点；城镇登记失业率也从2007年的4%升高到2008年的4.2%。同时，2008年全年国内生产总值300670亿元，比上年增长9.0%，增速回落了4个百分点，结束了连续5年保持两位数高速增长的态势，而且，经济增长速度在2007年第二季度之后连续七个季度出现逐季回落，经济下行趋势非常明显，2009年第一季度更是下降到6.1%，为17年以来的最低。

此次西方国家金融和经济危机凸显了我国原有经济增长方式的弊处。长期以来，我国的需求结构极不合理，消费与投资、内需与外需的比例严重失衡，经济增长过度依赖投资和出口的拉动作用，居民消费贡献率明显偏低，外贸依存度显著偏高。从1978年至2007年，我国居民消费率从48.8%下降到35.3%，不仅大大低于世界55%的平均水平，更远低于美国、日本等发达国家，也远低于巴西、俄罗斯和印度等新兴经济体国家；外贸依存度则从改革开放之初的9.7%上升到超过60%的水平，远高于世界平均水平，也显著高于美、日等发达国家和俄罗斯、巴西、印度等新兴经济体国家。同时，我国企业长期缺乏自主创新能力，缺乏核心技术和自主知识产权，更多依靠廉价劳动力的"比较优势"，依靠资源和能源的大量投入来赚取国际产业链低端的微薄利润。2008年，我国研发投入占GDP比重仅为1.52%，不仅低于发达国家2%以上的水平，也低于世界1.6%的平均水平；我国技术进步对经济增长的贡献率低于40%，发达国家则超过70%；我国设备投资的对外技术依存度高达60%，美、日等国则仅为5%。总之，重国际市场、轻国内需求，重低成本优势、轻自主创新能力，重投入、轻资源环境，重财富增长、轻社会福利水平提高，这就是我们长期依赖的经济发展方式。显然，这样的经济发展方式是一条发展动力难以持续的"风险之路"，是一条资源环境难以支撑的"负重之路"，是一条竞争能力难以提升的"低端之路"，是一条人民福利难以增长的"物本之路"。① 此次危机带来的巨大冲击表明，转变我国经济发展方式已经刻不容缓。

中国经济发展面临更加严峻复杂的国际经济环境。"危险往往在危机结束之后"。国际货币基金组织通过对全球过去88次金融危机的经验研究表明，危机结束后的中期内，经济增长速度比趋势平均线会低10%，而且这种持久性损害一般要持续7年以上的时间才可能消失。② 可以预见，为了抢食危机后相对缩小的全球经济蛋糕，抢占未来经济发展的制高点，各国之间的竞争和博弈必将更加激烈，中国经济发展将面临更加严峻复杂的国际金融和贸易环境。为维持以美元为中心的不合理的国际货币金融体系，西方发达国家不仅将竭力打压中国在国际货币金融组织的话语权和人民币的国际影响力，还将通过把全球经济失衡和危机的责任归咎于中国等手段不断指责中国政府操纵汇率，施压人民币升值和金融自由化改革，将中国经济彻底纳入金融垄断资本的"国际大循环"，降低中国的金融稳定和经济安全。为保护本国企业和缓解社会矛盾，西方发达国家将继续通过各种贸易保护主义手段，遏制中国的出口竞争和经济增长。2008年，中国遭遇反倾销调查73起、反补贴调查10起，分别占全球案件总数的35%和71%，涉案金额为62亿美元；2009年前三季度，共有19个国家和地区对中国产品发起88起贸易救济调查，包括57起反倾销、9起反补贴，涉案金额约102亿美元。随着

---

① 任仲平：《决定现代化命运的重大抉择——论加快经济发展方式转变》，《人民日报》2010年3月2日。

② 李向阳：《后危机时代全球经济面临低速增长》，《中国社会科学报》2009年11月26日。

西方发达国家经济实力的相对下降,危机后中国无疑将遭遇更多贸易摩擦,且贸易摩擦将呈现日趋多样化、综合化、隐蔽化和道义化等特点,对我国政府和企业构成新的严峻挑战。为维护产业垄断资本的利益和遏制全球经济地位的下滑,西方发达国家不仅将通过"再工业化"牢牢掌控汽车、机械、成套设备等行业的优势地位,还将利用资金和技术优势,以低碳经济为利器,有战略、有步骤地拉抬自己的竞争能力,全面主导新的一轮全球经济转型,使中国经济面临被西方发达国家拉大差距、加大对外依存度的风险。

(二) 社会主义市场经济发生金融和经济危机的可能性与现实性

马克思关于商品和商品交换内在矛盾,关于市场经济内在矛盾和经济危机一般可能性的科学分析,适用于任何形式的市场经济。无论是资本主义市场经济还是社会主义市场经济,概莫能外。然而,同样的市场经济与不同的生产资料占有方式相结合,会具有不同的根本性质和运行特点。资本主义市场经济的私有制本质决定了经济危机的不可避免性、周期性,社会主义市场经济的公有制和国家有效调节的本质决定了经济危机的可规避性、可防范性。[①] 我国的社会主义市场经济是与生产资料公有制相联系的市场经济,可以克服资本主义市场经济的内在矛盾导致经济危机爆发的不可改变性,却不能改变一般市场经济内在矛盾引发金融和经济危机的一般可能性。如果不能建立相对完善的社会主义市场经济体系,强化规避风险的社会主义制度的强大作用,经济危机的抽象形式便会转化为现实可能。

社会主义市场经济是公有制为主体、多种所有制共同发展的市场经济。如果不能不断地巩固、发展和壮大公有制经济,始终保持公有制经济的基础和主体地位与国有经济的主导和控制地位,我国同样会发生严重的金融危机和经济危机。私人资本的本性是逐利而

[①] 王伟光:《运用马克思主义立场、观点和方法,科学认识美国金融危机的本质和原因》,《马克思主义研究》2009 年第 2 期。

贪婪的。"一旦有适当的利润，资本就胆大起来。如果有百分之十的利润，它就保证到处被使用；有百分之二十的利润，它就活跃起来；有百分之五十利润，它就铤而走险；为了百分之百的利润，它就敢践踏一切人间法律；有百分之三百的利润，它就敢犯任何罪行，甚至冒绞首的危险。"[①] 因此，私人资本的扩张和私有制经济的发展，极易导致社会收入分配的两极分化和人民大众有效需求的不足；放大"市场失灵"的危害，导致政府调控与资本博弈失败的结果；导致生态环境恶化，陷入"劳德代尔悖论"式的经济发展，从而导致生产的无政府状态和经济社会发展的失衡，引发严重的金融和经济危机。20世纪90年代以来，在新自由主义的私有化思潮影响下，在频繁的危机和动荡之中，苏联和东欧是倒退的十年，拉美是失去的十年，被联合国认定的49个最不发达的国家，也没有通过私有化等新自由主义途径富强起来，有的反而更加贫穷。我国的社会主义市场经济既有公有制经济及其决定的社会主义经济规律在发挥作用，也有私有制经济及其决定的资本主义经济规律在发挥作用。理论和实践已经充分证明，若不能确保公有制经济及其决定的社会主义经济规律处于主导地位，放任私有制经济及其决定的资本主义经济规律发挥作用，我国的社会主义市场经济就会"失去免疫力"，难以有效规避金融危机和经济危机的发生。

社会主义市场经济是在国家宏观调控下市场对资源配置发挥基础性作用的市场经济。如果不能不断地加强和改善国家宏观调控，放任市场机制的自发作用，我国同样会发生严重的金融和经济危机。市场原教旨主义者认为，市场机制可以自动地导致和谐的经济增长和社会公平的自发实现，应该尽可能地让政府退出经济生活，寻求所有经济问题的基于私有产权的市场化解。然而，完美竞争的市场并不存在，现实的市场并非一个真空的机械装置，而是权力的

[①] 《马克思恩格斯全集》第23卷，人民出版社1972年版，第829页注释250。

角斗场。脱离了政府科学有效的宏观调控，市场机制的自发作用固然有利于较为充分地调动各个方面的积极作用，较为有效地实现资源的合理配置，但同时也必然导致收入分配不平等程度不可避免地扩大，社会生产的各种比例关系经常性地处于失衡状态，引发各种危机发生的可能。尤其是，西方发达国家主导的经济全球化挟其自由主义与个人主义意识形态，欲使广大发展中国家的政府职能不断泡沫化、空洞化，政府的组织功能不断地萎缩甚至消逝，这就要求我们必须对政府的作用进行科学审视与合理定位。由于政府作用定位失当，许多发展中国家出现了严重的政府治理危机，甚至陷入激烈的政权危机和社会动荡之中。世界各国的发展表明，随着生产社会化、全球化程度的不断提高，政府对经济各个领域甚至个人生活的影响程度与范围都将不可避免地扩大，政府的宏观调控已经成为现代市场经济不可或缺的组成部分。我国的社会主义市场经济是在国家宏观调控下市场对资源配置发挥基础性作用的市场经济。"让市场起作用"是我国社会主义市场经济体制改革的基本追求，但这并不意味着否定政府在市场经济中的必要作用，取消国家宏观调控的职能。没有政府作用的恰当而有效地发挥，市场的基础性作用也就无从谈起。只有不断完善和加强国家的宏观调控，充分而有效地发挥政府的主导作用，我们才能有效规避一般市场经济内在矛盾引发金融危机和经济危机的可能。

社会主义市场经济是自主发展与开放发展有机结合的市场经济。如果不能始终坚持科学发展，盲目融入西方垄断资本主导的国际经济循环，陷入高度的对外经济依赖，我国同样会发生严重的金融和经济危机。开放发展，是科学社会主义的本质要求。在当今全球化时代，自主发展基础之上的开放发展，也是社会主义国家充分利用资本主义因素发展社会主义的必然要求。然而，如果简单地接受西方发达国家主导的"国际规则"和"国际惯例"，盲目融入西方垄断资本主导的国际经济循环，不仅不能利用资本主义因素，反而会被资本主义所利用,难以获得参与经济全球化的应得利益,难以有效应对资本主义全球性的市场失灵。如果对外开放程度过高过快,不能合理把握经济开放进程,不能采取有效的公共政策以提高国内产业适应外部冲击的能力,就会成为西方资本主义国家的经济附庸,难以有效确保国家的经济安全和社会稳定。如果不能合理利用国际国内的资源、市场和技术,陷入高度的对外经济依赖,就会出现依附于资本主义世界的现象,与西方发达资本主义国家的各种危机发生"共振",难以避免输入型的金融和经济危机。我国是人口众多的发展中的社会主义大国,我国的社会主义市场经济是自主发展与开放发展有机结合的市场经济。只有高度珍惜并坚定不移地维护中国人民经过长期奋斗得来的独立自主的发展权利,同时坚持科学合理的对外开放,实现自主发展与开放发展的有机结合,我们才能确保中国特色的社会主义市场经济健康发展,有效规避各种类型的金融危机和经济危机的发生。

(三)正确认识中国没有陷入金融和经济危机的原因

尽管此次西方国家的金融和经济危机给我国经济带来了巨大冲击,但是我国并没有陷入此轮危机,我国经济发展的长期向好趋势也没有改变。正确认识中国没有陷入此轮危机的原因,无疑有助于我们有效防范和科学应对各类金融和经济危机。

社会主义制度的优越性是使中国避免陷入危机的根本原因。首先,社会主义生产关系极大地促进了生产力的发展,为我国抵御此轮危机的冲击奠定了雄厚的物质基础。中华人民共和国是从半封建半殖民地的社会形态基础上建立起来的,帝国主义的掠夺和长期战争使中国经济积贫积弱。中华人民共和国成立以后,先进的社会主义生产关系极大地解放和发展了生产力,使中国经济和社会事业发生了翻天覆地的变化。改革开放以来,社会生产力更是得到了极大发展,经济总量发生了飞跃性的变化,GDP跃居世界第三,外汇储备稳居世界第一。这为我国抵御各种经济风险和应对此次危机冲击提供了雄厚的物质保障。其次，以公有制经济为主体的社会主义基本经济制度可以大大降低生产的盲目性和无政府状态，有效抵御各类外来危机的冲击。以公有制经济为主体，是经济全球化条件下实现经济社会稳定健康发展、维护国家经济安全的重要保障。为抵御本次西方发达国家金融和经济危机的冲击，公有制经济发挥了巨大的积极作用。以国有金融机构为主的中国金融体系较为有效地避免了信用危机的发生，同时较为有效地实现了信贷总额的迅速扩张，对于扩大企业投资、扶持产业发展和扩大内需起到了积极有效的作用；在重点行业和关键领域里发挥主导作用的国有经济较为有效地维护了宏观经济的稳定运行，同时较好地履行了保障就业、稳定价格等社会责任；在扩大内需、调整结构、转变经济发展方式等方面，国有经济也同样发挥了积极的主导作用，为我国经济的长期稳定健康发展作出了巨大贡献。再次，包括人民民主专政、人民代表大会制、多党合作和政治协商制、民族区域自治制以及基层群众自治制度在内的社会主义政治制度，拥有灵活高效的决策执行体系，可以高效调配资源、合力解决重大问题。"社会主义国家有个最大的优越性，就是干一件事情，一下决心，一做出决议，就立即执行，不受牵扯。"[①] 面对此次危机的巨大冲击，我们党和政府迅速反应、科学决策、果断部署，从推出一揽子计划到实施产业调整振兴规划，从拉动经济增长到不断改善民生，从促进改革发展到维护社会和谐稳定，在全国范围、各个领域形成了保增长、保民生、保稳定的强大合力，充分发挥了中国特色社会主义应对重大危机和外来冲击的强大政治优势。可以说，没有社会主义制度优越性的根本保证，我国难以避免陷入此次西方国家金融和经济危机的泥潭。

应对危机措施的有效性是使中国避免陷入危机的重要保障。面对西方国家金融和经济危机的巨大冲击，我们党和政府确定了"出

---

① 《邓小平文选》第 3 卷，人民出版社 1993 年版，第 240 页。

手要快、出拳要重、措施要准、工作要实"的总体思路,坚持把保持经济平稳较快发展作为经济工作的首要任务,及时调整宏观经济政策,果断实施积极的财政政策和适度宽松的货币政策,出台并不断完善应对国际金融和经济危机冲击的各项政策。① 这是避免中国陷入此次危机的重要政策保障。首先,实施积极的财政政策和适度宽松的货币政策,大规模增加政府支出,较为迅速有效地扩大了消费需求和国内需求。包括中央政府采取的投资措施,直接增加了投资需求并带动了社会资金和民间资本的投资支出。注重提高居民可支配收入,实施"家电下乡""汽车下乡"等刺激消费的积极政策,较好地稳定和增加了居民的消费需求。其次,进一步提高对外开放水平,较快地稳定了外部需求和对外贸易。在西方国家金融和经济危机的背景下,我国积极加强科技兴贸创新基地和服务外包基地建设,支持自主品牌和自主知识产权产品出口,充分发挥自身在国际经济舞台的作用,妥善应对国际贸易摩擦,使得外经外贸较快地得到了稳定。再次,大范围实施产业调整振兴规划,着力进行结构调整,解决经济运行中的深层次矛盾。着眼增强国民经济的整体素质和未来竞争能力,制定并实施了汽车、钢铁、装备制造等十大产业调整振兴规划,出台了一系列促进战略性新兴产业发展的政策措施,高强度地推进了重点领域和关键环节的改革,不仅有效应对了此次危机的冲击,也提升了应对未来国际经济危机冲击的能力。最后,实施更加积极的就业政策,大幅度提高社会保障水平,扩大公共财政对社会保障体系建设的投入,扩大基本养老和基本医疗保险的覆盖面,以及实施其他以改善民生为目的的政策,较好地稳定了人民群众的未来收入和消费预期,增强了人们战胜危机的信心。显然,上述政策措施带有鲜明的社会主义特色,兼顾短期与长期,统筹国际和国内,为应对西方国家金融和经济危机的冲击、保持经

---

① 刘云山:《中国应对国际金融危机的实践和启示》,《求是》2010 年第 1 期。

济平稳较快发展提供了重要保障。

五 防范与应对金融和经济危机必须坚持"中国道路"

世界各国发展的历史已经证明：没有任何一个发展中国家能够照搬西方模式而成为现代强国，也没有任何一种发展模式适合所有的民族国家。此次西方国家金融和经济危机爆发之后，发展中国家在质疑和批判西方模式的同时，也在积极探寻适合本国的发展道路。对于中国而言，有效规避与防范金融和经济危机的发生，科学应对西方国家金融和经济危机的冲击，实现经济社会的科学发展，必须更加坚定地坚持中国特色社会主义的伟大道路。

（一）防范与应对金融和经济危机，必须巩固和完善社会主义基本经济制度

改革开放以来的实践证明，公有制为主体、多种所有制经济共同发展的基本经济制度符合现阶段我国经济社会发展要求，有利于经济社会稳定健康发展。有效规避与应对各类金融和经济危机的发生与冲击，实现经济社会的科学发展，必须不断巩固和完善社会主义基本经济制度。

不断巩固和发展公有制经济的主体地位。生产资料公有制是社会主义基本经济制度的基础，是社会主义区别于资本主义的本质特征，是劳动人民当家作主的经济基础，是解放和发展生产力的根本要求，是实现共同富裕的根本前提。以生产资料公有制为基础的社会主义市场经济，可以消除生产资料私有制与社会化生产的根本矛盾以及生产与消费之间的对抗性矛盾，有利于克服市场机制的自发性和生产的无政府状态，从而消除周期性经济危机。为了有效防范与应对各类金融和经济危机的发生与冲击，必须始终不断地巩固和加强公有制经济的主体地位。首先，必须始终确保公有资产的优势地位。既要不断巩固

和发展公有资产的量的优势，更要注重公有资产的质的提高。必须合理调整公有资产的布局与结构，完善公有资产的监管与经营，不断提高公有资产的整体素质和配置效率，从而更好地发挥公有资产在稳定宏观经济、实现科学发展方面的积极作用。其次，必须巩固和壮大国有经济的主导地位。必须始终保持国有经济在包括金融产业在内的关系国家安全和国民经济命脉等重要行业以及关键领域的控制地位，必须建立符合市场经济规律和我国国情的企业领导体制和管理制度，增强国有经济的活力，充分发挥国有经济在经济社会各个领域的带动力和影响力。再次，必须不断巩固和发展集体经济尤其是农村集体经济。必须坚持以家庭承包经营为基础、统分结合的双层经营体制，巩固和发展农村集体经济，绝不允许以土地私有化代替我们党提出的土地承包经营权流转政策，瓦解农村集体经济的基础；必须积极培育农民新型合作组织和农业社会化服务组织，提高农村经济和农业生产的组织化程度，为农业改革和发展的"第二个飞跃"创造条件。此外，必须积极探索公有制的各种有效实现形式。只有积极探索和大胆利用包括股份制和股份合作制在内的一切反映社会化生产规律的公有制各种有效实现形式，才能真正解放和提高公有制经济的活力和效率，不断加强公有制经济的主体地位。

积极鼓励和引导非公有制经济发展。各种非公有制经济的存在和发展是我国社会主义初级阶段生产力水平多层次性和不平衡性特点的客观要求。个体、私营、外资等各种非公有制经济的存在和发展，有利于充分调动社会各个方面的资源与积极因素，有利于增加就业、满足需要，促进经济发展的活力，为抵御各种外来危机的冲击提供物质保障。我国仍处于并将长期处于社会主义初级阶段，为了解放和发展生产力，有效应对各类金融和经济危机的冲击，必须长期积极鼓励和引导非公有制经济的发展。首先，加强制度创新，完善非公有制经济发展的政策体系。应将放宽市场准入、实现公平竞争真正落到实处，进一步加大对非公有制经济的财税金融支持，完善对非公有制经济的社会服务。其次，鼓励混合所有制经济发展，充分发挥公有制经济的影响作用。引导公有制与非公有制企业相互参股、相互融合，通过公有制经济带动非公有制经济发展，并将其发展纳入社会主义市场经济的正确轨道。再次，扶持非公有制经济加快转变经济发展方式，强化非公有制企业的自主创新能力，提升非公有制经济的发展质量和整体素质，推动非公有制企业提升国际竞争能力和抗御各类风险的能力。此外，必须引导非公有制经济增强危机意识和社会责任感，切实按照市场规则进行生产和经营，努力克服生产的盲目性和无序性。

辩证把握公有制经济为主体与多种所有制经济共同发展的关系。我国社会主义初级阶段的基本经济制度既坚持了科学社会主义的基本原则，又根据我国实际和时代特征赋予其鲜明的中国特色。巩固和完善这一基本经济制度，必须辩证把握公有制经济为主体与多种所有制经济共同发展的有机统一。首先，必须正确处理社会主义与资本主义的关系。绝不能简单地将社会主义与资本主义绝对对立，追求"纯粹"的社会主义经济。必须承认各种非公有制经济的历史作用，并以"三个有利于"标准评判各种所有制形式的优劣。在社会主义初级阶段，公有制经济和各种非公有制经济，都是社会主义市场经济的重要组成部分，不能简单地把坚持公有制为主体和促进非公有制经济发展两者对立起来。其次，毫不动摇地鼓励、支持和引导非公有制经济的发展不等于全面推行资本主义私有制。生产资料公有制是社会主义的一个根本原则。没有公有制经济的主体地位，就没有共产党执政和整个社会主义上层建筑的坚实经济基础和强大物质手段，就不能防止两极分化、实现共同富裕，就难以有效地防范与应对各类金融和经济危机的发生与冲击。社会主义初级阶段促进非公有制经济发展必须服务于完善社会主义市场经济体制，而不能用资本主义私有制经济取代社会主义公有制经济，毫不动摇地鼓励、支持和引导非公有制经济的发展，必须以毫不动摇地巩固和发展公有制经济的主体地位为前提。再次，毫不动摇地巩固和发展公有制经济也不等于实行单一的公有制。在社会主义初级阶段，巩固和发展公有制经济，同时发展而不是排斥非公有制经济，既能够充分调动各种社会潜在经济资源，也是公有制经济巩固和发展自身的需要。① 社会主义初级阶段，鼓励、引导非公有制经济发展，是生产力水平相对落后国家坚持社会主义道路，正确对待资本主义、利用资本主义建设社会主义，辩证否定私有制的必然要求。

（二）防范与应对金融和经济危机，必须加强和改善国家宏观调控

我国的社会主义市场经济，是在国家宏观调控下市场对资源配置发挥基础性作用的市场经济。公有制经济主体地位基础之上的有调控的市场经济，是我国社会主义市场经济的优势所在。只有不断加强和改善国家宏观调控，有效调节私人资本的逐利性和扩张性，克服私人资本和金融资本的无序化、极端化，努力维护宏观经济的稳定性、平衡性和持续性，我们才能有效规避与防范金融和经济危机的发生，科学应对西方国家金融和经济危机的冲击，实现经济社会的科学发展。

完善市场与政府的调节功能，强化长期规划和计划调节。必须合理借鉴西方发达市场经济国家调节经济的成功经验，多结构、多层次地发展市场体系，充分发挥市场基础性配置资源的作用，同时更加注重发挥政府的财政政策和货币政策的宏观调节作用，健全宏观经济预测体系，增强宏观调控政策的科学性与准确性，提高宏观经济政策的针对性和灵活性。更为重要的是，必须强化政府的长期规划和计划调节。西方发达资本主义国家之所以频繁地爆发金融和经济危机，除了无法克服资本主义基本矛盾周期性激化这一根本原

---

① 程恩富、何干强：《坚持公有制为主体、多种所有制经济共同发展的基本经济制度》，《光明日报》2009年4月5日。

因，也与市场自发调节的短期性、盲目性和政党轮替导致政府宏观经济政策的周期性、局限性有关。我国社会主义市场经济的经济调节，必须充分发挥社会主义政治制度的强大优势，强化政府的长期规划和计划调节功能，科学制定经济社会的长远发展规划，努力保持各项政策的稳定性和连续性。这样，既发挥市场调节的优良功能去抑制"政府调节失灵"，又更有效地发挥政府调节的优良功能去纠正"市场调节失灵"，建立一种"基础—主导"双重调节机制，形成"强市场"和"强政府"的"双强"调节格局，从而确保社会经济的长期稳定健康发展。①

提升政府微观规制和宏观驾驭能力，有效"节制资本"。必须通过《公司法》等法律政策的调整与完善，构建具有中国特色的社会主义现代企业制度，完善以职工代表大会为基本形式的企业单位民主管理制度，赋予人民群众拥有管理生产过程和决定剩余产品分配的权利，节制资本的逐利倾向和剥削行为，提升工人阶级的主人翁意识，全心全意依靠工人阶级。必须通过制定发展规划、实施经济政策、制定经济规则等手段，限制资本主义因素在社会主义中国的发展规模和活动范围，使资本主义因素的发展严格控制在社会主义国家允许的必要范围之内，防止社会生活领域的"全面资本主义化"。同时，必须提高无产阶级国家政府对各种非公有制经济的驾驭能力。确保非公有制经济受制并服务于社会主义，关键在于正确发挥无产阶级国家的作用。为此，必须协调国家政权的社会主义性质与经济基础多元性之间的矛盾，实现无产阶级专政对社会经济关系的统领，从而保障国家社会主义建设的制度方向；必须保证共产党的领导和代表人民的利益，坚持马克思主义的指导地位，反对任何形式的资产阶级自由化，防止资本膨胀，警惕"权钱腐败联盟"；必须加强人民民主权利，扩大人民群众参与国家各项公共事务管理

---

① 程恩富：《中国模式的经济体制特征和内涵》，《经济学动态》2009年第12期。

和决策的范围和程度，真正实现发展依靠人民、发展为了人民、发展成果由人民共享。①

发挥社会调节和伦理调节的积极作用，弥补"市场失灵"和"政府失灵"。随着现代信息技术和网络技术的发展，社会调节和伦理调节的重要作用日益凸显，并日益成为弥补"市场失灵"和"政府失灵"的重要手段。为有效调节私人资本的逐利性和盲目性，维护社会经济的稳定性与平衡性，我们必须充分发挥社会调节和伦理调节的积极作用，矫正市场调节和政府调节的偏差，弥补市场调节和政府调节的"空场"。必须有效增加教育、科学、信息、安全秩序和社会舆论等领域的政府投入和公共物品供给，为社会调节和伦理调节作用的发挥提供基本的平台保障。必须努力通过法制建设和社会保障体系的完善，保障社会成员的自由、公正权利，保障社会成员的基本食品、医疗及教育，实现"特定的平均主义"，尽力化解不同利益群体和阶层间的结构性利益矛盾以及社会心理情绪和社会心理诉求失衡的现象。必须依靠法律、行政和经济等手段为民间组织参与国家的政治生活提供较多的渠道，提高社会公众政治参与和社会参与的能力，积极培育与政府合作的民间组织。必须对文化领域和意识形态领域倾注更多的政府关注。离开成功的意识形态，任何制度的维持或创新都是不可能的。面对全球化所带来的外来文化和意识形态的冲击，为实现社会利益的最大化，政府必须投入一定的公共资源，整合社会成员的意识形态与价值追求，打破个人利益至上的市场价值追求，以社会主义核心价值体系引领人们的经济行为，构建良好的"利益追求—道德文化"互动架构。

统筹国际和国内，提升政府应对国际形势变幻的能力。在全球化时代，面对外部世界的种种不确定性与危机的冲击，我们应进一步认真贯彻落实科学发展观，更加紧密地统筹国际国内两个大局，

---

① 胡乐明、刘志明、张建刚：《国家资本主义与"中国模式"》，《经济研究》2009年第11期。

有效提升政府应对各种危机、维护本国经济安全和社会稳定的能力。必须加强国际国内金融体系和国际资本流动的监管。对货币稳定、汇率、利率、金融和信贷体制的稳定等领域投入更多的公共资源，努力使虚拟经济服务于实体经济的需要，加强金融规制以防范全球化所带来的金融风险和经济危机以及发达资本主义国家的"金融殖民"。必须坚持"自力更生为主，争取外援为辅"，坚持走中国特色自主创新道路。对于具有战略意义和高风险的新技术产业（生物技术、网络经济、空间技术、低碳技术、数字化经济），政府不仅应增加投资并带动民间投资，更应增加规制其发展的规则和管理的供给，遏制发达资本主义国家的"技术殖民"。必须积极参与"国际规则"的博弈，防范西方发达国家的"规则殖民"。在全球化时代，西方发达资本主义强国凭借其在国际事务上的垄断和霸权，一直力图将自身的生产方式和"宪法条款"以国际惯例之名逐渐扩展到所有的国家。我们必须始终坚持科学社会主义的基本原则，合理承担国际义务和接受国际规则，避免陷入西方资本主义规则体系以及由此引发的各种危机的冲击。

（三）防范与应对金融和经济危机，必须转变和提升经济发展方式

近300年的世界现代化史表明，一个国家要保持充满活力、持续向上的发展态势，关键是让经济发展方式始终与时俱进，找到符合潮流、契合自身发展阶段的现代化路径。① 此次西方国家的金融和经济危机的巨大冲击使我国传统经济发展方式"软肋"尽显。适应全球经济结构重大变化，提高我国经济社会可持续发展水平，增强我国经济防范和抵御各类危机发生与冲击的能力，迫切需要全面转变和提升我国传统经济发展方式。②

---

① 任仲平：《决定现代化命运的重大抉择——论加快经济发展方式转变》，《人民日报》2010年3月2日。
② 程恩富：《"五个提升"促对外经济发展方式转变》，《中国经济周刊》2008年第11期。

适当降低外贸依存度，提升消费拉动增长的作用。适应全球需求结构的重大变化，必须适当降低外贸依存度，提升消费拉动增长的作用，努力做到消费、投资和出口相协调。必须加快收入分配制度改革，调整国民收入分配结构，尽快提高劳动收入占GDP的比重，切实提高普通居民的收入水平，扭转收入和财富分配差距不断扩大的趋势；必须坚持把解决好"三农"问题作为全党工作的重中之重，加大农业和农村的基础设施投资，构建促进农民持续增收的长效机制，持续扩大农村消费；必须着力改善民生，加快交通、通信、电力、生态环境等基础设施建设，尽快完善社会医疗和社会保障体系，加大基础教育和健康卫生方面的公共投资，逐步缩小公共物品和公共服务的分配差距，有效改善人们的消费预期，提高消费倾向。

适当控制外资依存度，提升协调利用中外资的效益。改革开放以来，利用外资对我国的经济增长和社会进步曾经起到了不可替代的重要作用。但是，随着外资向我国转移污染企业和垄断我国的食用油、种子等战略性行业，不仅使我们付出了巨大的环境成本和经济代价，而且对内资产生了"挤出效应"，影响了国家宏观调控的效果。同时，外资的大量涌入导致外汇储备和对外贸易顺差异常增加，直接影响到中国的经济安全，加大了国际经济摩擦。为此，应逐步取消外资企业在税收等方面的优惠政策，保证国内企业得到公平的竞争环境；应提高环保标准等投资门槛，调整引资政策，引导外资投资方向，使外商的投资逐渐向现代服务业和高新技术产业转移；应运用经济的、法律的手段制止跨国公司控制和垄断我国产业的行为，保证我国经济安全；应加快金融体系和金融市场建设，充分利用国内闲置资金，为中国民族企业的发展拓展空间。

努力降低外技依存度，提升自主创新能力。世界各国发展的历史表明，一个国家只有拥有强大的自主创新能力，才能从容应对各种重大挑战，把握先机、赢得主动。过度依赖发达国家的先进技术，只能丧失技术进步的动力，导致贸易结构畸形、贸易条件恶化、社会整体福利水平下降。必须以科学发展观为指导，加大创新型人才的培养力度，建设一支适应时代和社会发展需要的创新人才队伍；加大自主创新的研发经费投入，为自主创新提供必要的物质基础；充分发挥政府的主导作用，利用社会主义集中力量办大事的优势，组织好若干重大科研项目的攻关，努力在若干重要领域、重要产业掌握一批核心技术，拥有一批自主知识产权，造就一批控股、控技、控牌的"三控型"民族企业集团，突出培育和发挥知识产权优势，尽快完成从贸易大国向贸易强国、经济大国向经济强国的转型。

适当降低"外源"依存度，提升配置资源的效率。20世纪90年代以来，中国的能源和资源进口急剧增加。中国从1993年成为石油净进口国以来，石油对外依存度逐年上升，目前达到46.6%，已接近50%的警戒线。外源依存度过高不仅容易引发国际争端，也容易威胁到国家的政治安全和经济安全，引发各类危机。因此，必须科学制定国内能源和资源的可持续开发、利用和保护计划，提高国内矿产资源开发的门槛限制和企业标准，提升国内矿产资源的开发效率；必须适当提高资源消费价格，引导资源消费行为，提高资源的利用效率；必须大力鼓励和支持新能源的开发和利用，大力支持低碳技术、节能减排技术的创新和应用，限制"三高一低"项目的发展，减轻资源环境的压力；必须加强石油、黄金、有色金属、煤炭等各种稀缺资源的战略性管理，提升资源类商品的国际市场定价权和市场控制力。

适当控制外汇储备规模，提升使用外汇的收益。充足的外汇储备有利于增强我国的对外支付和清偿能力，防范国际收支和金融风险，而且有利于提高海内外对中国经济的信心。但是，如果长时间和大幅度地超过合理规模，则必然会给经济发展带来诸多负面影响。解决外汇储备过度的问题，不仅要控制低收益的加工贸易的发展规模，从根源上减少贸易顺差，降低外汇储备激增的速度，同时也要合理配置已有的外汇资源。应考虑主动运用不断贬值的美元外汇储备，赎回被美国企业收购的中国重要国有企业资产，收购控制着中国战略性行业的跨国公司股份，引进国外的关键技术和科研人才实现"引智创新"，帮助中国企业收购海外资源和有价值的实体企业，减少美元贬值带给中国持有美元资产损失的风险，降低货币资本储存的机会成本，提高资本配置的经济效率。

适当降低"外产"依赖度，提升参与国际分工的层次。历史经验表明，危机时期往往是一个国家推进产业优化升级，提升参与国际分工层次的重要机遇。适当降低对外国产业的依赖度，打破西方发达国家对我国的"产业链阴谋"（郎咸平语），提升参与国际分工的层次，也是增强国际竞争力、抵御未来国际经济风险的基本依托。必须加快推动传统产业技术装备更新换代和产业升级，用先进技术改造传统产业，力争使传统产业在全球产业链获取更高的附加值，避免陷入"比较优势陷阱"，防止我国沦为西方发达国家的"生产基地"；必须大力发展信息产业和新能源产业，以及研发、物流等现代生产性服务业，制定中长期的国家产业创新战略，切实推进产业创新，抢占未来全球经济竞争的制高点；必须稳健开放金融业等涉及国家经济安全的核心产业，确保国内金融体系的安全稳定，稳步推进人民币的国际化进程，积极参与国际货币金融体系改革；必须把握外汇储备急剧增长以及人民币升值等因素为海外投资和跨国并购带来的重要机遇，提升全球要素配置能力，建立自主的全球生产体系，创造出参与国际分工的新优势。①

（该文为中国社会科学院"西方国家金融和经济危机与中国对策研究"课题组的研究报告。课题主持人为王伟光，课题组组长为程恩富、胡乐明，课题组副组长为余斌，课题组成员有杨斌、杨静、曾宪奎、王佳菲、牛正科、李洪江等。原发表于《马克思主义研究》2010 年第 7、8 期，曾被多家报刊和出版物转载）

---

① 安毅、常清、付文阁：《历次国际金融危机与世界经济格局变化探析》，《经济社会体制比较》2009 年第 5 期。

二

世界金融危机与马克思主义、社会主义的前途

世界金融危机与马克思主义、社会主义的历史命运

王伟光

今天集中回答世界金融危机及其引出的马克思主义、社会主义的历史命运这样一个严肃问题。从中我们可以认识到推进马克思主义中国化、时代化和大众化,建设马克思主义学习型政党的重要性、必要性和紧迫性,从而提高党的高级干部对于马克思主义和社会主义的理论自觉。

一 时代和历史方位问题

在人类社会发展的伟大历史长河中,我们国家和民族现在正处在一个什么样的时代和历史方位上、会向哪个方向发展、历史命运和前途会是怎样的?在科学判断时代和历史方位的前提下,目前我国发展的重要战略机遇期是否还存在,还能不能继续为我国发展争取良好的国际环境?这都是必须作出科学回答的重大战略问题。

第一,马克思主义社会形态演变一般规律理论。

在20世纪80年代,我国理论界有一场关于马克思主义社会形态演变理论的争论,这就是"五形态说"和"三形态说"的争论。所谓"五形态说",是根据马恩经典著作关于社会发展形态演变论述而概括的论点,即通常所讲的人类社会发展必然依次经过原始共

产主义社会、奴隶社会、封建社会、资本主义社会、共产主义社会（社会主义社会是其发展的第一阶段）这五个阶段。所谓"三形态说"，是根据马克思《1857—1958年经济学手稿》（即"伦敦手稿"）中对社会历史进程看法而概括的论点。马克思指出："人的依赖关系（起初完全是自然发生的），是最初的社会形态，在这种形态下，人的生产能力只是在狭窄的范围内和孤立的地点上发展着。以物的依赖性为基础的人的独立性，是第二大形态，在这种形态下，才形成普遍的社会物质交换，全面的关系，多方面的需求以及全面的能力的体系。建立在个人全面发展和他们共同的社会生产能力成为他们的社会财富这一基础上的自由个性，是第三个阶段。第二个阶段为第三个阶段创造条件。"① 依据马克思关于人的依赖关系、物的依赖关系、个人全面发展这三大阶段的划分，可以认为，人类社会依次经过自然经济、市场经济和产品经济这三个阶段。

　　围绕着"五形态说"和"三形态说"的争论产生了某些思想混乱。有的人用"三形态说"否定"五形态说"，认为马克思从来没有说过人类社会有五种基本的社会形态更替，"五形态说"是斯大林提出来的，不是马克思的本意，不是历史发展的普遍规律；也有的人看不到人类社会必然要经过市场经济阶段，才能过渡到最后的产品经济阶段。实际上，无论是"五形态说"，还是"三形态说"，都是马克思主义根据生产力发展历史状况，对人类社会形态发展历史进程的科学概括。大家对"五形态说"比较熟悉了，认真研读马恩全部经典著作，可以看出，他们已经清晰地勾画出人类社会发展的"五形态"的历史进程。按照马恩的"三形态说"，第一阶段"人的依赖关系"实质上是自然经济社会，由于生产力落后，原始人依赖原始群体、奴隶人身依附于奴隶主、农民人身依附于地主，表现为个人对他人、对社会组织的依赖；第二阶段"人对物的

---

① 《马克思恩格斯全集》第46卷（上册），人民出版社1979年版，第104页。

依赖关系"实质上是市场经济社会,人依附于商品、金钱,表现为人受物的支配;第三阶段"人的全面发展"则是市场经济消亡以后的产品经济社会,人成为自身的主人。

"三形态说"实际上同"五形态说"并不矛盾,马恩对社会形态进程的这两种划分,都是根据唯物史观分析社会形态演变而得出的正确结论,二者是一致的,只不过是角度不同。"三形态说"是从人类社会必然经历的自然历史过程,即物质的、生产力的、经济的性质和状态来说的,而"五形态说"则是从由生产力所决定的生产关系和上层建筑的性质与状况,从社会制度的性质与状况来说的,但二者的根据都是依据生产力发展性质与状况来判断的。

这场争论的实质就是马克思主义关于人类社会发展规律及社会形态演变进程的判断是否是客观真理,社会主义、共产主义是否是历史必然;市场经济能不能与公有制相结合,社会主义要不要发展市场经济,涉及的问题症结就在于社会主义、共产主义是不是必然趋势,马克思主义是否是真理、有没有生命力。

人类社会和万事万物一样,有一个由低级向高级不断发展的历史进程。唯物史观认为人类社会必将经历原始社会、奴隶社会、封建社会、资本主义社会和共产主义社会五大社会形态,每一个社会形态都有一个由生到死的过程。而这五个社会形态从物质的、生产力的、经济的状况的自然历史过程来说,又可以分别属于自然经济、市场经济和产品经济三大阶段。自然经济社会就是原始社会、奴隶社会和封建社会;市场经济社会就是资本主义社会,现在看来,至少社会主义初级阶段也应当大力发展市场经济;产品经济社会是未来的共产主义社会。马恩分析了资本主义社会发展由于其不可克服的内在矛盾而最终导致灭亡,终将会为更高级的社会形态——共产主义社会所代替,而共产主义在其发展过程中首先经历社会主义阶段。

1. 迄今为止的考古学、人类学、社会学等已经从实证的角度完全证明了马克思主义关于人类依次经历了原始社会、奴隶社会、封建社会的结论是正确的。

2. 马恩逝世后的第一个社会主义国家产生,到社会主义发展受挫,再到今天中国特色社会主义成功的一个半世纪的历史事实,到当今金融危机和西方资本主义衰退的事实,证明马克思主义关于社会主义必然代替资本主义的判断是符合历史发展规律的,是正确的。

3. 马恩只是揭示历史发展的一般规律和总体趋势,并不排斥特例和偶然,因为人类社会进程就是由无数次特例和偶然所组成的。也就是说人类历史总体经历过"五个形态",但具体到哪个国家、哪个民族就不一定全部依次经历每个社会形态,因为这个历史进程是从人类社会总体上看的。而马恩所揭示的人类社会必然经历的自然经济、市场经济和产品经济则是人类社会更为基本的历史阶段,因而是必然要经历的、不可逾越的自然历史过程。

4. 马克思主义关于社会主义和未来共产主义社会的科学结论是根据历史发展趋势和客观规律所作出的理论预期。马恩只是在历史必然性的客观趋势中预测社会主义这一新生事物的,至于具体的社会主义是什么样子,当时马恩也只是大体上的描述。但至少有一条,因为社会主义是从资本主义母体中脱胎出来的,在资本主义母体中已经有社会主义新生因素产生,如社会化的大生产、社会保障福利体制、股份制,等等。社会主义作为一个新生事物,必然有一个曲折漫长的生长发育过程,社会主义到底怎样建设,要在实践中摸索。

5. 现代资本主义还有一定的发展空间。许多同志经常提出一个问题:马恩讲资本主义丧钟已经敲响了,为什么150多年过去了,资本主义还没有灭亡呢?这个问题不难回答,马恩对资本主义必然灭亡、社会主义必然兴盛的总的历史趋势的判断是科学的,但具体时间的估计是有局限性的。马恩在讲社会主义必然性时,认为当资本主义生产力高度成熟，成熟到资本主义生产关系再也不能容纳资本主义生产力发展时，社会主义革命就到来了，革命后所建立的社会主义，一是全社会公有制，一是没有商品、货币，实行计划经济，一是按劳分配，最终实现人的全面发展和自由人的联合体。生产力与生产关系的矛盾是社会变革的内在动力，生产关系好比蛋壳，生产力好比蛋黄，当适合时，蛋壳对蛋黄起促进作用，当不适合时，起阻碍作用，因此，小鸡成熟后，就要冲破蛋壳的束缚。当然，革命成功要具有一定的客观条件，同时具有一定的主观条件。经过主观努力，落后国家社会主义革命可以先行展开，但革命成功后，必须大力发展生产力，不能让生产关系一直超越不适应生产力。马恩当时的判断是基于他们所看到的自由竞争资本主义生产力与生产关系的矛盾不可克服的尖锐性、激化性，活生生的现实显示出社会主义革命前夜已经来临、资本主义丧钟已经敲响，结论是在这样一种客观条件下作出来的。"这是最后的斗争，团结起来到明天"，当时情况正像《国际歌》歌词所反映的那样。但后来的事实是垄断资本主义的矛盾进一步激化，带来了一系列战争、危机与革命，迫使资本主义调整生产关系，进行改良，到现代资本主义，进入到今天相对缓和的发展期，资本主义生产关系对生产力还有适应的一面，所以资本主义还有生命，死期未到。而社会主义，由于是在落后国家进行社会主义革命和建设的，客观上没有现成的社会主义发展道路可走，面临很多困难，再加上主观上社会主义国家领导人一度犯了错误，社会主义生产关系和上层建筑的具体体制出现了阻碍生产力发展的状况，导致一时受挫。

第二，当今时代和历史方位的科学判断。

学习唯物史观，运用马克思主义的社会形态演变一般规律理论加以分析，可以进一步得出对时代和历史方位的判断，即从人类历史发展长河的总体上来说，我们正处在资本主义要逐步走向灭亡、社会主义要逐步走向取代资本主义的历史时代，在该时代，工人阶级处于努力进行社会主义革命和社会主义建设的历史方位上。我们正处在这样一个历史发展的路径上，这就是我们所处的时代和历史方位。

1. 迄今为止，总的时代特征并没有改变，但是在该时代总的发展进程中，已经经历了第一个历史阶段，走过了第二个历史阶段，正处在第三个历史阶段。这三个阶段分别呈现出不同的阶段性特征。从世界近代以来历史发展进程来看，第一个阶段是马克思恩格斯所处的自由竞争资本主义和工人运动、社会主义运动兴起阶段。由于自由竞争资本主义不可克服的内在矛盾已经十分尖锐、完全暴露出来了，阶级对立、两极分化，工人阶级作为新生产力的代表已经登上政治舞台，工人阶级与资产阶级的阶级搏斗已经展开，工人运动和社会主义运动兴起，马克思恩格斯对该阶段特征作出了科学的判断。第二个阶段是列宁所处的垄断资本主义阶段，即帝国主义战争与无产阶级革命阶段。列宁揭示了该阶段的特征。我们现在正处于第三个历史阶段上，我们党和邓小平同志对这个历史阶段的阶段性特征作出了科学的概括。

马克思恩格斯对自由竞争资本主义阶段特征作了科学明确的判断，在他们之后，马克思列宁主义对后两个历史阶段也有两个重要判断。一个是列宁1916年的判断。他认为，当时正处于帝国主义战争和无产阶级革命时代，即时代主题是战争与革命。列宁的判断是符合19世纪末20世纪初自由竞争资本主义到垄断资本主义，由其自身不可克服的内在矛盾而导致并呈现出内外交困的局面，呈现出资本主义走向灭亡的趋势，是符合当时时代所呈现出来的阶段性特征的。从自由竞争到垄断，资本主义内部矛盾激化，造成战争与革命，第一次世界大战，引发十月革命；第二次世界大战，引发一系列社会主义革命（包括中国革命），这些历史事实证明了列宁的判断是正确的。列宁的论断对中国和世界社会主义革命是有指导作用的。"二战"后，中华人民共和国成立后，很长一段时间，存在东西方对峙"冷战"、新中国受到帝国主义的遏制包围、后来的中苏关系紧张等国际局势，我们党一直坚持战争与革命的判断，这是决定中国对内对外政策的关键因素，指导判断中国外部环境和制定对内对外政策。毛泽东同志在20世纪70年代判断国际形势时说："山雨欲来风满楼，燕子已经低飞了。"因为暴风雨来临前夕，燕子低飞，意指战争即将来临。（从中华人民共和国成立初期的抗美援朝，到1958年炮轰金门、1959年中印边境反击战、60年代支持越南抗美斗争、1969年中苏珍宝岛边界反击战、1969年5月9日与苏联在新疆的边界冲突、1973年西沙反击战、1979年中越边界反击战，等等。除了抗美援朝是大仗外，其余小打不断。）毛泽东同志对形势的估计就是要"准备打仗""准备打世界大战""先打烂坛坛罐罐，再搞建设""深挖洞，广积粮，备战备荒为人民"，抓"三线"建设、沿海地区不投入或少投入，整个策略都是准备打仗，这表达了我们党对形势、对战争的看法及采取的方略。我们处理国际关系，处理准备打仗和国内建设的关系，都受到战争与革命这个判断的影响。

另一个是邓小平1978年的判断。随着国际形势的变化，总的时代进程又发生了新的阶段性的变化，出现了新的阶段性特征，对时代的阶段性特征的变化应该作出新的判断。如果仍然停留在原来的判断，则势必影响国内政策和对外政策的调整制定。当然，毛泽东同志到晚年也开始作政策上的调整，如采取中美建交等重大举措。我们党对时代的阶段性特征的判断的改变是邓小平同志率先提出来的。20世纪六七十年代东西方"冷战"还没有完全结束，东西方对抗、美苏争夺还是国际形势的主要方面，但进入七八十年代以来，国际形势逐渐发生变化，1989年"柏林墙"倒塌，1991年苏联解体、东欧剧变，"冷战"结束，国际形势发生了逆转。邓小平同志第一个做出"总的时代没有变，但有了新的阶段性特征的变化"的判断。他认为当今世界面临两大问题，一是和平，一是发展，不是战争与革命，和平与发展是两大时代主题的判断符合第二个阶段性特征变化。这个战略性判断决定了我们国内政策和对外关系总方针的重大转变，引起我们处理国内国际问题的策略发生改变，实行社会主义改革开放的总国策，构建和平的外部环境，集中力量搞国内建设，走中国特色社会主义和平发展道路。邓小平同志的判断只是对今天资本主义与社会主义两大力量对比发生阶段性变化的科学分析，并不影响对总的时代特征的判断。邓小平同志的科学判断使我们抓住了发展的有利时机。

和平发展是主题，并不是说资本主义生产的社会化和占有的私人性质的基本矛盾就消失了，这次金融危机就说明其基本矛盾依然存在、依然起作用、依然不可克服，只不过表现形式不同，总的历史趋势没有改变。比如，由于西方资本主义的发展，南北差距、贫富差距进一步扩大。现在世界上的穷人人均每天生活费不到1美元的有12亿人口，2010年世界人口67亿，也有统计显示世界人口已超过69亿，每6人中就有1个赤穷人，每天生活费不到2美元的有20亿人，占世界总人口的1/3左右，贫穷人口比重相当大。世界很不安宁，当今世界的动乱、战争根子还在于资本主义世界的内在矛盾。

2. 我们仍处在马克思列宁主义所判断的总的、大的时代，总的时代特征实质上仍然是新的社会形态与旧的社会形态、资本主义与社会主义、工人阶级与资产阶级，两种社会形态、两条道路、两大力量反复较量。目前，在和平、发展两大主题上的较量，中国和发展中国家要和平、要发展，西方资本主义国家也要发展，但他们反对中国发展，也反对发展中国家发展，它们可以随意出动武力发动局部战争，成为我国与发展中国家和平发展的反对力量。这两大力量、两种历史趋势在较量中有时我上你下，有时我下你上，你中有我，我中有你，有斗争，也有策略上的妥协，有对立不同，也有共同争取发展的共同点，呈现出极其复杂的角斗局面。总体上资本主义走向衰退，但还是强的，社会主义是新生的，但还是弱的。

3. 两种社会形态、两条道路、两大力量的较量必然在意识形态领域表现出来，表现为马克思主义的、社会主义的意识形态、价值取向与资产阶级的、资本主义的意识形态、价值取向的反复交锋和较量，而这种较量又同当今复杂的国家利益、民族利益的诉求，同当今复杂的民族、宗教问题，同全世界维护人类生存环境的共同要求纠结在一起，同求和平、求发展的利益争斗纠结在一起，资本主义意识形态为了掩盖其实质，往往又披上普世的、人权的、全人类的、中立的、抽象的外衣，让人们搞不清楚它的本质。

4. 当前和今后一个时期，中国特色社会主义发展仍处于可以大有作为的难得的战略机遇期。机遇与挑战并存、成绩与问题并存、和平与斗争并存，既是发展的黄金期，又是矛盾的突发期。和平与发展的时代主题没有变，我国基本国情没有变，国内主要矛盾没有变，以经济建设为中心的根本任务没有变，我国正处于发展的战略机遇期和我国发展机遇大于挑战的基本格局没有变，国际环境总体上有利于我和平发展总体态势没有变。由此判断，当前我国正处于全面建成小康社会的关键时期，深化改革开放、加快转变发展方式、推进经济社会全面发展的攻坚期。必须抓住我国发展的重要战略机遇期，大力推进科学发展。

二 中国人民的正确历史选择问题

一个国家、一个民族应当选择什么样的指导思想、选择什么样的阶级及其政党领导、选择走什么样的道路，这就是历史选择问题。我认为，选择社会主义，选择马克思主义，选择工人阶级政党——中国共产党的领导，这是中国人民唯一正确的历史抉择。谈这个问题之前，有两个理论问题需要向同志们交代清楚。

第一，马克思主义的唯物主义历史观。

什么是历史观？就是对人类历史发展规律、趋势的总的看法。唯物史观，即马克思主义历史观，是正确揭示人类社会发展客观规律，说明历史、说明社会、说明人自身的正确的世界观和方法论。为什么这么说呢？一是唯物史观的创立结束了历史学领域并不科学的局面，在人类思想史上，第一次解决了对人类社会历史的科学认识问题。在马恩之前，任何一个历史学家或思想家都只是从一个角度、一个领域、一个方面去说明历史、社会和人，而没有从整体上、从规律上说明历史、社会和人，即使说明了，也是错误的。在唯物史观产生之前，社会历史领域总体上是唯心主义占主导，最终都是从抽象人性出发或是从神出发或是从主观出发来说明历史、社会和人。黑格尔已经从辩证法角度揭示了人类社会发展的辩证规律，但他是头脚倒立地说明人类社会，是从唯心主义角度说明人类社会；费尔巴哈已经从唯物主义角度去认识人类社会，但他是从形而上学的人本主义说明人类社会，把人类社会发展的最终原因归结为抽象的人性，仍然返回到唯心主义历史观上。在马恩之前，这两个人已经站到了历史学的前沿。所以恩格斯说，如果没有马克思，人类对社会历史的认识还是在黑暗中摸索。正是马克思主义把历史观真正变成了科学，从此人类才有了对历史社会的正确解答。二是发现唯物史观是马克思主义对人类思想史的伟大贡献，是马克思主义的真正创新部分。恩格斯在《在马克思墓前的讲话》中说，马克思一生有两个伟大发现，一是剩余价值理论，二是唯物史观。这两个伟大发现不是自然观上的，而都是在社会历史观上的。我们讲马克思主义哲学是由辩证唯物主义和历史唯物主义两部分组成，实际上，关于辩证唯物主义，马恩做的，就是把黑格尔的辩证法（人类思想史上辩证法的高峰）和人类历史上唯物主义的精华，如英国17世纪唯物主义、法国18世纪唯物主义、德国费尔巴哈唯物主义，加以革命的改造，结合在一起了。而创立唯物史观则是人类思想史上的一场真正革命，发现唯物史观是马克思主义哲学的真正创新部分。

第二,历史决定论和历史选择论。

唯物史观的核心就是把人类历史发展的最终动因归结为生产力的、物质的、经济的原因,归结为生产力与生产关系、上层建筑与经济基础的矛盾运动,归结为一种自然历史过程,这就是用唯物的、辩证的世界观来认识和说明人类社会历史,从而揭示了历史的客观规律,指明了历史发展趋势。唯物的,就是指把历史发展的最终原因归结为物质的、经济的因素,归结为生产力;辩证的,就是从矛盾运动的角度来认识历史发展,即从生产力与生产关系、经济基础与上层建筑的基本矛盾运动来说明一般社会,从阶级社会的阶级矛盾和阶级斗争来说明阶级社会。这就是唯物史观所坚持的历史决定论。

然而说明人类社会并不那么容易,只解决了社会发展的物质原因,并没有彻底解决对人类社会历史的科学认识。因为在马恩之前,也有人对社会历史发展作过物质的、经济的、唯物的解释,如庸俗唯物主义,当然也有人在唯心主义框架内对社会历史作过辩证的解释,如黑格尔,这两种解释一种虽然是唯物论,但是是机械的、庸俗的、形而上学的唯物论,最终还是导致唯心史观;另一种虽然是辩证的,但对最终原因的解释却是唯心的。问题出在哪里?就在于人类社会与其他物质世界不同,与其他动物世界也不同,任何社会活动都是由人的有意识的、能动的、主动的活动组成的。那么人类社会又怎样为不以人的主观意志为转移的客观规律所左右呢?马恩找到了实践,实践是肉体的、物质的,然而又是能动的、自觉的、有意识的改造客观世界的社会活动,这就是马克思主义哲学与旧哲学的根本不同点。强调实践的唯物论和实践的辩证法,这就是马克思主义哲学的基本特征,这就是马恩的"实践观"。实践,首先是劳动实践,是一种物质的、同时又是人的有意识的活动,使猿变成人,创造社会及其历史,一切社会活动都是人的物质实践的、能动的活动。然而,社会实践又不是一个人的实践,而是千百万人的实践,这种实践就体现出一种不可抗拒的客观规律性，任何个人都改变不了的客观规律性，这就是恩格斯著名的"合力论"观点："历史是这样创造的：最终的结果总是从许多单个的意志的相互冲突中产生出来的，而其中每一个意志，又是由于许多特殊的生活条件，才成为它所成为的那样。这样就有无数互相交错的力量，有无数个力的平行四边形，而由此就产生出一个合力，即历史结果，而这个结果又可以看作一个作为整体的、不自觉地和不自主地起着作用的力量的产物。"[①] 这样一来，实践论就又回到了物质的、经济的、生产力的发展最终原因上了。然而在历史面前，人不是无所作为的，人对历史是有选择性、有主观能动性的，人的社会实践对社会的巨大改造作用就说明人对历史发展是有选择能力的，但是这种选择又是有条件的，要按照历史发展规律来选择，这是历史选择论。孙中山先生讲："世界潮流，浩浩荡荡，顺之则昌，逆之则亡。""世界潮流"是历史决定论，谁也不可违背；"顺之则昌，逆之则亡"就是历史选择论，符合历史规律的选择是正确的，可以发展，否则，必亡。唯物史观就是历史决定论和历史选择论的结合。人的历史活动是客观的，是不以哪个人的意志为转移的；但人又是有主体选择性的，正确的选择是符合规律的，是可以成功的；错误的选择是不符合规律的，即使暂时可以成功，最终也会受到历史的惩罚。

第三，中国人民正确的历史选择。

介绍前两个理论问题，正是为了说明第三个实践问题。可以说，中国人民选择社会主义道路是唯一正确的选择，选择社会主义就必须选择马克思主义指导、选择工人阶级领导、选择工人阶级政党作领导核心。这个道理，我们可以从中国近代史说起，从事实说起。

胡绳同志写的两本书《从鸦片战争到五四运动》《中国共产党七十年》，可以一读，从中可以领会到我们党的成立和发展的命运

---

① 《马克思恩格斯选集》第 4 卷，人民出版社 1995 年版，第 697 页。

是如何同坚持社会主义、坚持马克思主义指导、坚持党的领导紧密联系的，什么时候坚持社会主义、坚持马克思主义、坚持党的领导，什么时候就发展，否则就会受到挫折，就会失败。

翻看中国近代史，可以看到一个丧权辱国、割地赔款、受人欺负的"东亚病夫"的弱国形象，一幅幅中国人民生活于水深火热之中的悲惨画面呈现在我们面前，真是国之不国、民不聊生。中国近代史的开端是鸦片战争，在鸦片战争之前中国也曾辉煌过。有本书叫《落日的辉煌》，论述的是中国康乾盛世之后，开始走下坡路，到鸦片战争沦为弱国的历史教训。

据历史学家统计，康乾盛世，中国的 GDP 世界第一，占世界总量的三分之一。鸦片战争后，中国沦为半殖民地半封建国家。如何振兴中华民族？如何再创辉煌？这是中华民族一切有志之士一个共同的理想和奋斗的目标。在近代历史进程中，涌现出一系列有作为的人物，为了中华民族的振兴，做出了不懈的努力，提出了种种救国方案。林则徐启动的禁烟运动，是在维护封建统治的基础上，试图通过禁烟恢复中华民族的辉煌，但这条路根本走不通，林则徐也是最早提出学习西方坚船利炮、学习西方文明的中国高级官僚之一；以洪秀全为代表的太平天国农民运动吸收部分西方文明思想，提出具有农民起义局限性的革命方案，虽然轰轰烈烈，给予了封建统治阶级以重大打击，但在中外反动势力联合镇压下惨遭失败；后来又有了曾国藩、左宗棠、李鸿章、张之洞等人发起的洋务运动，引进西方先进的工业和武器，然而洋务运动的结局是"甲午海战"全军覆没，求富求强的愿望最终化为泡影，洋务运动是在保持原有封建制度的基础上，走一条引进西方工业化的办法，也走不通；日本明治维新的经验带来了希望，日本通过资产阶级改良式革命，走了一条资本主义发展的道路，日本强盛起来了，中国许多有志之士东渡日本，向日本学习，试图选择改良主义的道路，在维护封建统治的制度框架内，通过改良解救中国，以康有为、梁启超为代表的维新派发动了戊戌变法，只搞了一百天，即"百日维新"，结果戊戌变法的斗士在菜市口被砍头，康有为跑到了日本，皇帝被逼死，后来康有为变成了保皇党；孙中山领导的辛亥革命，走革命道路，推翻了中国几千年的封建专制统治。但是孙中山发动的革命是资产阶级旧民主主义革命，没有从根本上改变旧中国面貌。孙中山革命不成，革命果实被袁世凯篡夺了，袁世凯搞了81天封建王朝的复辟，在一片讨袁声中垮台丧命，中国仍然处于封建主义、帝国主义、官僚资本主义的黑暗统治之下。

在近代中国历史上，旨在救国救民的斗争和探索，每一次都在一定的历史条件下推动了中国进步，但为什么一次一次归于失败？除客观条件外，究其主观上的根本原因就是没有选择正确的道路、正确的领导阶级及政党，没有正确的理论指导。除了一些旧式农民起义以及对封建制度修修补补的方案外，很多民族复兴的方案，其指导思想是资产阶级政治理论，其主要学习对象是西方资本主义文明，是发展资本主义的经济、政治和文化，走资本主义道路建立现代资本主义国家，革命的领导阶级和领导者是农民阶级、封建阶级的改革派、民族资产阶级及其政党。为什么西方在资产阶级思想武器指导下资本主义民主革命可以成功，而在旧中国却失灵了呢？这是由国内外的客观条件决定的。国内外条件不允许中国建立独立富强的资产阶级民主共和国。帝国主义列强入侵中国的目的，决不是把封建落后的中国变成强大的资本主义国家。他们要永久地控制、剥削中国，帝国主义列强从自身利益考虑，绝不容许中国变成一个强大的资产阶级民主共和国，必须要维持和强化中国的半殖民地半封建制度。为了维持旧制度，帝国主义就需要与封建势力和官僚资本勾结，不允许中国资产阶级强大起来。帝国主义是不允许在中国这块土地上进行资产阶级民主革命的，它只允许中国保持半殖民地半封建制度。中国资产阶级必然是一个软弱的、两重性的阶级，担当不起革命的领导力量。在资产阶级思想指导下的资产阶级旧式民主革命解救不了中国。

毛泽东同志指出："十月革命一声炮响，给我们送来了马克思列宁主义。十月革命帮助了全世界的也帮助了中国的先进分子，用无产阶级的宇宙观作为观察国家命运的工具，重新考虑自己的问题。走俄国人的路——这就是结论。"① 十月革命的成功对中国先进知识分子产生巨大的震撼和影响，使他们开阔了眼界，认识到决定中国人民命运的不是资产阶级，不是资本主义，也不是资产阶级思想武器，而是工人阶级、科学社会主义和马克思主义。在旧中国，运用资产阶级思想武器，走改良的、资产阶级旧民主主义的革命道路不行。辛亥革命为什么失败？救中国的目的为什么达不到？中国先进知识分子通过十月革命接受了马克思主义，开始在马克思主义中寻找答案，冲破了资产阶级民主思想的藩篱，冲破了旧民主主义民主、科学、爱国主义的精神界限，把马克思主义作为思想工具，选择社会主义为中国唯一出路，选择中国工人阶级及其政党作为领导阶级和领导核心。这就是中国人民正确的历史选择。

三 坚持和发展马克思主义问题

中国的成功，在于选择了社会主义的正确道路，而能否坚持社会主义正确道路，关键在于能否坚持中国共产党的领导，而能否坚持中国共产党的领导，关键在于能否坚持和发展马克思主义，始终把马克思主义作为指导思想。这就必须回答为什么必须始终坚持马克思主义指导、怎样坚持马克思主义指导这两个问题。

第一，为什么必须坚持马克思主义指导。

毛泽东同志说："领导我们事业的核心力量是中国共产党，指导我们思想的理论基础是马克思列宁主义。"② 中国共产党是以马克

---

① 《毛泽东选集》第4卷，人民出版社1991年版，第1470—1471页。
② 《毛泽东文集》第6卷，人民出版社1999年版，第350页。

思主义为理论基础和指导思想的工人阶级政党，是马克思主义立党、马克思主义建党、马克思主义兴党，离开马克思主义的正确指导，党就失去灵魂、失去方向、失去生命力、失去事业的发展。在前面已经回答了为什么要坚持马克思主义指导的问题，这就提出另一个重要问题，即怎样坚持马克思主义指导。

第二，怎样坚持马克思主义指导。

因为我们党是重视理论，是把马克思主义作为思想指南的党，因此，怎样坚持马克思主义指导，就成为头等重要的问题。怎样坚持马克思主义指导，实质上是对待马克思主义采取什么态度的问题。对待马克思主义指导有两种根本不同的态度，一种是正确的态度。把马克思主义同中国革命实际相结合，既坚持马克思主义，又发展马克思主义，形成中国化的马克思主义，用中国化的马克思主义指导中国实践。另一种是错误的态度，有三种表现：一是否定马克思主义指导的作用。否定马克思主义指导是右的表现，企图用别的什么理论来代替马克思主义的指导作用。改革开放之初的资产阶级自由化思潮就是从"右"的方面否定马克思主义。"过时论"也是否定马克思主义的，认为马克思主义是一百多年前讲的话，现在已经过时了，马克思主义已经没有生命力了。还有一种"右"的表现，企图用民主社会主义、用自由主义思潮、用"普世价值"来代替马克思主义指导作用。这是当前非常值得重视的"右"的倾向。二是轻视马克思主义。有一种经验主义倾向，只相信自己的经验，不相信理论有指导作用。三是对马克思主义采取教条主义的态度，或者叫本本主义，照抄照搬马克思主义，一切从书本出发，一切从条条出发，脱离实际。这三种表现都危害党的事业。

在我们党领导革命与建设的历史上，曾经有两次严重的教条主义给我们党带来了极大的危害。革命年代，除了陈独秀右倾机会主义给我们党带来重大挫折，对我们党的事业危害最大的就是王明"左"倾机会主义，这是一次。在我们党成立之初，在党还处于幼稚的、不成熟的时期，很容易犯生吞活剥马克思主义、消化不良、照抄照搬的错误。王明的教条主义表现为"左"、甚至极"左"，危害教训很大，打着马克思主义的旗号，穿着马克思主义的外衣，很容易欺骗人。王明教条主义错误，几乎亡了党、亡了革命。王明教条主义有一个著名的"两个凡是"主张，即"凡是马恩列斯讲的话必须遵守，凡是共产国际的指示必须照办"，这是典型的本本主义。遵义会议纠正了王明的"左"倾军事路线，挽救了红军，挽救了党，挽救了革命。延安整风运动从思想路线上彻底清算了王明教条主义，树立了实事求是的思想路线，确立了马克思主义与中国实际相结合的中国化的马克思主义的指导地位。在毛泽东思想指导下，最终取得了中国革命的胜利。

再一次是在社会主义建设时期，"左"的错误导致我国社会主义建设走了一段弯路，从思想路线上来说，"左"的错误也是在一定程度上犯了照抄照搬的教条主义错误。总之，把马克思主义与中国革命、建设、改革的实际相结合，用中国化的马克思主义指导党、指导社会主义实践，这是我们党成功的根本经验。

一要解决好马克思主义学风。

马克思主义是我们党的指导思想，这就决定了我们党必须重视理论对实践的指导意义，必须重视并解决好学风问题。毛泽东同志在中央党校开学典礼的一次重要的演讲中，尤其强调了学风问题的极端重要性。他说："现在我们的党还有什么问题呢？党的总路线是正确的，是没有问题的，党的工作也是有成绩的。""那末，究竟我们的党还有什么问题没有呢？我讲，还是有问题的，而且就某种意义上讲，问题还相当严重。"[①] 毛泽东同志讲的严重问题指的是什么呢？主要是三种风气不好。一是学风不正，有主观主义的毛病；二是党风不正，有宗派主义的毛病；三是文风不正，有党八股的毛

[①]《毛泽东选集》第3卷，人民出版社1991年版，第811页。

病。他强调指出:"学风问题是领导机关、全体干部、全体党员的思想方法问题,是我们对待马克思列宁主义的态度问题,是全党同志的工作态度问题。既然是这样,学风问题就是一个非常重要的问题,就是第一个重要的问题。"① 学风问题不是一个小问题,而是一个管总的大问题,是世界观问题,是党风问题。

是从本本出发,还是从实际出发,这是对待马克思主义根本态度的分水岭,是采取什么样的学风的分水岭。从哲学上来讲,从实际出发,就是坚持从实践到认识,坚持实践是检验真理的唯一标准的马克思主义哲学世界观,说到底,就是坚持实事求是的思想路线。没有实事求是,就不会以科学的态度来对待马克思主义,就不会有优良的学风。

当前,我们党内存在严重的学风不正问题。学风不正,文风必然不正,文风不正也是学风不正的一个表现。学风与文风问题是一个形式与内容的关系问题。文风强调的是表达形式,学风强调的是实质内容,只强调形式,不重视内容,就是形式主义,文风不正问题是形式主义的问题。套话、空话、官话、废话连篇累牍是文风不正、形式主义的突出问题。有的文章"下笔千言,离题万里",就像蹩脚商贩卖的肉包子,包子皮又厚又难吃,肉馅几乎没有,咬到底也咬不到肉。学风、文风不正问题严重影响着用中国特色社会主义理论体系武装全党的进程,影响着用中国特色社会主义理论体系来解决改革和发展中一系列现实问题的进程,必须加以解决。

学风问题的关键是理论联系实际。理论联系实际,必须做到三点,一是有的放矢,一是学以致用,一是有所创新。理论联系实际,运用马克思主义解决实际问题,必须解决两个实际,一个是工作实际,一个是思想实际。马克思讲,无产阶级在改造客观世界的同时也要改造自己的主观世界。要联系和解决好客观世界和主观世

---

① 《毛泽东选集》第3卷,人民出版社1991年版,第813页。

界这两个实际。客观世界的实际，就是工作实际，包括国内外大局的实际、本地区本单位的实际、个人具体工作的实际。主观世界的实际，包括个人的思想实际，如个人的世界观、人生观、价值观，道德作风操行，政治思想状况等，还有党内和社会上带有普遍性的思想实际，如社会风气，干部群众的思想状况，等等。联系客观世界的实际也好，联系主观世界的实际也好，都是运用马克思主义的立场、观点和方法来认识、分析和解决实际问题，在改造客观世界的同时改造主观世界。解决"两个"实际的问题，就个人来说，一个要解决能力问题，即提高运用马克思主义立场、观点和方法分析和解决工作实际的能力；一个要解决品德问题，即提高思想政治素质、道德作风素质。解决"两个"实际，归到一点，都是要解决马克思主义世界观、方法论问题，解决立场、观点、方法问题，解决学风问题。

二要解决好马克思主义理论武装。

坚持马克思主义指导，就必须解决用马克思主义，特别是马克思主义中国化的理论成果武装干部、指导实践的问题，即理论武装问题。

工人阶级和人民大众不能自发地产生马克思主义，只能从外面"灌输"进去。列宁指出："我们已经说过，工人本来也不可能有社会民主主义的意识，这种意识只能从外面灌输进去。"[1] 列宁又强调说"阶级政治意识只能从外面灌输给工人"[2]。1904 年，在谈到俄国的阶级斗争问题时，列宁认为党"应该把这个理论通俗化，把它灌输到工人中去"[3]，"把社会主义思想和政治自觉灌输到无产阶级群众中去"[4]。坚持用马克思主义教育工人阶级、教育群众，这是

---

[1] 《列宁选集》第 1 卷，人民出版社 2012 年版，第 317 页。
[2] 《列宁全集》第 6 卷，人民出版社 2013 年版，第 76 页。
[3] 《列宁全集》第 1 卷，人民出版社 2013 年版，第 284 页。
[4] 《列宁选集》第 1 卷，人民出版社 2012 年版，第 285 页。

马克思主义政党取得胜利的根本法宝。

思想理论建设是党的建设的根本建设。理论武装工作搞好了,全党的马克思主义理论素养提高了,党的事业的胜利发展就有了根本的保证。在1938年召开的中共六届六中全会上,毛泽东同志指出:"我们的任务,是领导一个几万万人口的大民族,进行空前的伟大的斗争。所以,普遍地深入地研究马克思列宁主义的理论的任务,对于我们,是一个亟待解决并须着重地致力才能解决的大问题。"[1]用科学理论武装全党,不断提高全党的马克思主义水平,是我们党不断取得胜利的基本经验。今天,我们的任务是领导十三亿人口,完成发展中国特色社会主义的伟大事业,加强马克思主义理论武装,提高全党的马克思主义水平是一个亟待解决的重大问题。

加强思想理论建设是我们党的一大政治优势,必须切实发挥这一政治优势。为什么这是中国共产党的优势呢?这是由中国国情和中国共产党的党情所决定的。近代中国是一个农民和小资产阶级占绝大多数的国度,我们党的成分、军队的成分以农民和小资产阶级为主,毛泽东同志提出思想上建党的观点,就是解决这个问题的。每到重大历史关头,党都首先提出理论武装的重大任务。延安整风时期,毛泽东同志亲自发动了党的历史上最深刻的、最系统的马克思主义教育运动,全党认真学习马列主义,达到了思想和行动的高度一致,为取得革命胜利奠定了基础。中华人民共和国成立前夕,毛泽东同志把进城比作进京赶考,要求全党进一步开展马克思主义教育,学习马列著作,学习经济和城市管理,为建立中华人民共和国创造了条件。十一届三中全会,邓小平同志再次发动了全党的马克思主义教育运动,开展真理标准问题的大讨论,深入学习马克思主义认识论,端正思想路线,为改革开放奠定了坚实的思想基础。

理论武装,最关键的是党的领导干部要读原著,带头学习马克

---

[1] 《毛泽东选集》第2卷,人民出版社1991年版,第533页。

思主义。领导干部学习马克思主义，最重要的是学好马克思主义哲学。学会运用马克思主义立场、观点、方法指导实践。当前主要任务是用马克思主义中国化最新成果即中国特色社会主义理论体系，特别是科学发展观武装全党。

三要解决好马克思主义理论创新。

坚持马克思主义理论指导和理论武装，必须坚持用创新的、发展的马克思主义武装全党、指导实践，这就需要不断实现马克思主义中国化的理论创新。

马克思主义必然随着实践的发展而创新发展。实践常新，理论也常新。马克思主义是科学的理论，因为它同实际相结合，不断地在实践中解决新问题，提出新观点，形成新理论，这就决定了马克思主义具有创新性的特点。马克思主义创新性决定了马克思主义是科学的，是有生命力的。其生命力体现为马克思主义不是一种宗教信仰，它是建立在人类社会自然科学、社会科学优秀成果基础上的科学体系。首先，马克思主义的立场、观点、方法，马克思主义的世界观、方法论，是科学的、正确的，是指南，是思想方法，是有生命力的。所谓放之四海而皆准的真理，就是指这部分。其次，马克思主义的基本原理是有生命力的，马克思主义所揭示的客观规律和历史趋势而得出的一般结论，是科学的、正确的原理。再次，即使马克思主义经典作家个别结论具有历史局限性，并不说明可以否定马克思主义的科学性。从历史发展的规律来讲，任何一个历史人物都是有历史局限性的。马克思、列宁、毛泽东的认识必然受到各自所处的历史和时代条件的制约，不能不具有一定的历史局限性。马克思主义的科学性主要在于它对社会历史发展客观规律的深刻洞察和揭示，个别结论和论断的过时并不可以否定马克思主义的科学性。

马恩创造了马克思主义，他们有一个重要的结论，就是社会主义革命不能在一国首先取得胜利，必须在数国同时取得胜利。这是马恩当时的结论。列宁如果不在马克思的基础上前进一步的话,他就不能搞成功俄国革命。列宁分析了他所处的帝国主义和无产阶级革命时代,提出了在资本主义发展的帝国主义时代,经济政治发展更加不平衡,形成了帝国主义统治最薄弱的环节,社会主义革命有可能在帝国主义统治薄弱的环节发生,可以在一国首先取得胜利。列宁创新了马克思主义,这就发展到列宁主义阶段。

列宁主义只是解决在俄国这样相对落后的国家如何进行社会主义革命。但是在东方,像中国这样的大国,这样的半封建半殖民地国家怎么进行社会主义革命、怎么夺取政权、怎么建立社会主义制度,这是毛泽东同志给予解答的。毛泽东同志认为,在落后的国家,像中国这样半殖民地、半封建的国家要搞革命必须分两步走。第一步要搞新民主主义革命,第二步要不间断地搞社会主义革命。同时要走一条和列宁不同的道路。中心城市暴动夺取政权是俄国革命的具体道路,毛泽东同志领导党开辟了井冈山革命根据地,农村包围城市,走了一条和俄国不同的道路。马克思主义、列宁主义和中国革命实践相结合产生了毛泽东思想。

夺取政权以后,毛泽东同志对新的历史条件下如何建设社会主义,做了一系列有益的探索,但也走了不少弯路。这样就提出了一个问题,在中国建设什么样的社会主义,怎样建设社会主义?中国特色社会主义理论体系对这个问题作了科学的回答,解决了在中国这样落后的国家建立社会主义制度以后,如何建设社会主义、建设什么样的社会主义问题,在新的时代条件下,发展了马列主义、毛泽东思想,形成了中国特色社会主义理论体系。

四　世界金融危机问题

世界金融危机是一场什么样的危机,其实质是什么,它给人类社会历史进程、给马克思主义和社会主义前途命运、给中国特色社会主义带来什么样的影响？必须运用马克思主义的立场、观点、方法加以认识。

由美国次贷危机所引发的世界金融危机是一场资本主义的经济危机，进而引发了资本主义的政治危机、社会危机、意识形态危机，说到底是一场资本主义的制度危机，这是一个总的结论，即定性的结论。这场危机不仅对当代资本主义世界，进而对资本主义制度是一次严重冲击，引发了西方资本主义阵发性的全面衰退，更重要的是进一步反证了中国特色社会主义的成就，证明了社会主义的必然性，也证明了马克思主义的正确性和历史命运。社会主义必然替代资本主义，马克思主义是科学的真理，这就是这场活生生的事实所给定我们应当得出的结论。

怎样得出这个判断呢？学习一下马克思主义的商品经济理论、资本主义经济危机理论，就可以清楚地看出这场世界性危机的实质及影响，看出社会主义的必然性和马克思主义的生命力。

第一，马克思主义商品经济理论。

分析人的一滴血，就可以知道人的身体状况。19世纪细胞学说的发明，从细胞入手分析，解决了对生物体的科学认识。马恩从资本主义的最基本的经济单位——商品认识起，剖析了商品内在的二重性矛盾，进而揭示了资本家剥削工人的全部秘密，创造了劳动价值论和剩余价值论，揭示了资本主义不可克服的内在矛盾，得出了社会主义必然代替资本主义的历史结论。

1. 在商品这个最小的、又是最基本的资本主义经济细胞中，存在着使用价值与价值、具体劳动与抽象劳动的二重性矛盾，决定了商品经济的基本矛盾，从而导致了资本主义无法化解的内在矛盾。马恩指出，在私有制条件下，商品的使用价值和交换价值的矛盾表现为劳动的二重性矛盾，即具体劳动和抽象劳动的矛盾，表现为私人劳动和社会劳动的矛盾，构成商品经济的基本矛盾，扩大为资本主义的生产力与生产关系的矛盾，即私人所有制与社会化生产力的矛盾，是不可克服的。

2. 市场经济是人类社会自然历史进程中的一个必经阶段，是人类社会发展所不可逾越的经济发展历程。马恩告诉我们，人类社会依次经历的自然经济、市场经济、有计划的产品经济三大经济形态过程，是人类历史进程中不同社会形态的物质的、经济的社会内容和基础，是人类社会不断向前发展所必然经历的自然历史进程，就像人从出生必然经过青少年、中年、老年，最后到死亡的自然过程一样，不可能跳跃式成长，当然在每个年龄段内的时间长短、具体成长形式有所不同。而与这三大经济形态相适应的生产关系（即经济制度）和生产关系基础上所建立的上层建筑（即政治制度、文化制度等），与社会制度相适应的社会体制的具体形式都是可以改变的，甚至是可以逾越的，但经济发展的三个物质经济阶段则是不可以跳越的。马恩原来认为社会主义不存在商品和市场经济，苏联和一系列社会主义国家失败、中国发展社会主义前30年受挫，一定程度上与形成了高度集中的、僵化的、排斥市场经济的计划经济体制有关系。学习商品经济理论，可以形成这样的看法：市场经济产生的根本原因是私有制，但市场经济发展到一定程度可以与公有制相结合，最后由新的社会经济形态所代替。与自然经济相适应的原始社会末期，生产力发展，有了剩余产品，产生了私有财产，逐步产生了私有制，在私有制的驱动下，逐步形成了商品交换，有了商品和商品经济。但是在封建社会还是以自给自足的小农经济为主，虽然有市场、有商品交换，但还没有形成占主导地位的、健全的市场经济体系。资本主义大工业生产造成更多的剩余产品，商品交换不断扩大，市场不断扩大，随之产生市场经济。市场经济是资本主义的一大发明，一大贡献，然而市场经济最终又要走向消亡，但它必须经过与公有制相结合的市场经济的充分发展，才走向消亡。这是因为资本主义内部孕育新的社会化的大生产，市场经济则是社会化的经济，与社会化的生产力相匹配。在资本主义发展进程中，与社会化的生产力、市场经济相适应，形成了某些社会化的生产关系的萌芽，如股份制等，为市场经济与公有制结合创造了前提，造成了公有制与社会主义制度相结合的可能性，这种可能性被中国特色社会主义变成现实。然而，公有制最终是要与有计划的产品经济相适应，但是要经过很长很长历史过程，公有制高度成熟，生产力高度发展，市场经济才能逐步为有计划的、更高级的产品经济社会所代替，这就是未来的社会形态。中国共产党人对社会主义运动的一个大贡献，就是在理论与实践上把市场经济与社会主义制度结合在一起，走出了一条中国特色社会主义道路。在市场经济不发达、生产力很落后的条件下，社会主义革命成功的国家，必须大力发展生产力和市场经济，市场经济则是它不可逾越的自然历史过程。

第二，资本主义经济危机理论。

1. 商品经济基本矛盾是危机产生的总根源。资本主义私有制条件下商品的二重性矛盾的不可克服性，造成资本主义周期性的经济危机的恶性循环，资本主义在克服了、又爆发了的、持续的、阵发性的危机中，逐步走向灭亡。商品所内含的劳动二重性矛盾决定了价值和使用价值的二重性矛盾的进一步演变，表现为商品与货币的对立形式，进一步表现为实体经济与虚拟经济的对立形式，表现为货币的分离与独立、虚拟经济的分离与独立。由于商品生产是私人生产，商品是私有的，这就会使价值与使用价值、商品与货币、具体劳动和抽象劳动具有不可调和的对抗性质的分离和对立，在一定条件下，越来越激化，越来越背离，越来越独立。在资本主义长达几百年的历史中，货币越来越背离商品，虚拟经济越来越背离实体经济，这就构成了金融泡沫、金融危机乃至全面危机的内在成因。

2. 资本、金融资本的固有本性是金融危机产生的直接原因。资本在资本主义生产过程中，形成了三种资本形态：生产资本、商品资本和货币资本。它们是一致的，同时也是不断分离和矛盾对立的。随着货币资本的发展，逐渐独立，形成借贷资本、股份资本、银行资本、金融资本和信用制度，形成借贷资本市场、证券市场，有了股票、公司债券、国家公债、不动产抵押债券等有价债券及其市场，可以为所有者带来一定的利息收入，给人们一种钱能生出钱的错觉。在货币流通过程中形成赊购赊销，形成错综复杂的债务连锁关系。随着纸币化、证券化和信用制度的发展，逐步形成了虚拟资本和虚拟市场。虚拟资本同实际资本分离，而且虚拟资本的质和量也是背离的。据专家统计，美国虚拟经济资本的虚假财富高达400万亿美元，大大超过了美国实体经济资本的三十多倍。奥巴马新政提出要恢复美国的实体经济，也注意到了这个问题。随着资本的发展、垄断资本的形成、金融资本和金融寡头的产生，"它再生产出一种新的金融贵族，一种新的寄生虫，——发起人、创业人和徒有其名的董事；并在创立公司、发行股票和进行股票交易方面再生产出了一整套投机和欺诈活动"。① 金融资本的独立性、逐利性和贪婪性是形成金融危机的直接原因。《货币战争》这本书可以一读。

3. 资本主义危机具有周期性、阵发性、恶性循环性。资本主义进入大机器工业时期，从19世纪开始，由不可克服的内在矛盾所决定，资本主义世界每隔若干年就要经历一次经济危机，严重的经济危机导致全面的社会危机。经济危机是私有制条件下商品内在二重性矛盾不可克服的外部表现，每隔一段时间重复一次，是一种周期性出现的现象。1825年，英国第一次爆发经济危机，并引起全球范围的工业危机；1836年，英国又发生了经济危机，波及美国。1847—1848年，经济危机席卷英国、美国和欧洲大陆。然后，1857年、1866年、1873年、1882年、1890年，每隔几年就要爆发一次世界性经济危机，以1873年危机最为深刻，大大加强了资本和生产的集中，促进垄断组织的形成和发展，向垄断资本主义过渡。

---

① 《马克思恩格斯全集》第25卷，人民出版社1974年版，第496页。

20世纪初叶，1900—1903年和1907年爆发了经济危机。资本主义世界又经历了1920—1921年、1929—1933年和1937—1938年三次危机。1929—1933年危机是最深刻、最严重的一次，这次危机持续四年之久，整个资本主义世界工业产量下降44%，贸易总额下降66%。1933年失业人口达3000万人。

"二战"后，资本主义总危机进一步加深。美国1948年、1953年、1957年、1960年、1969年、1973年、1980年、1990年和2007年先后爆发九次经济危机。1957—1958年、1973—1975年、1980—1982年、2007年危机波及加拿大、日本和西欧主要国家，直至这次金融危机。

4. 周期性的经济危机，在资本主义发展过程中不断交替并反复出现，形成了资本主义在危机—缓解—危机中颠簸起伏的发展历程，最终走向灭亡。资本主义的一时繁荣，只不过是新的经济危机到来之前的预兆，资本主义会在周期性阵发的经济危机中逐步走向灭亡。在高涨时期，资产阶级大肆宣扬资本主义的"永久繁荣""千年王国"，而等危机到来，"永久繁荣"神话又像肥皂泡一样破灭。经济危机是资本主义制度对抗性矛盾的定期爆发，清楚无误地表明资本主义生产方式的历史局限性，已然爆发的危机深刻暴露了资本主义对抗性矛盾还会进一步加深，会更尖锐、更激化。

第三，关于世界金融危机的实质。

搞明白了马克思主义的商品经济理论和资本主义经济危机理论，就可以明白无误地得出如下结论：

1. 要从私有制条件下商品与商品交换的内在矛盾出发，来认识资本主义制度的不可克服的内在矛盾，进而认识危机产生的制度本质。商品经济的二重性矛盾潜伏着危机的可能性，资本主义私人占有制度使危机成为必然现实。资本主义私有制是形成金融危机的深层制度原因，现代资本主义危机产生的根本原因在于私有化制度，一方面生产力发展到高度社会化，资本也高度社会化，而另一方面生产资料和成果越来越为一小撮金融垄断寡头所有，这种生产的高度社会性同生产资料高度私人垄断性的资本主义基本矛盾，使商品经济内含的危机可能性转变成危机必然性。由此看来，经济危机是资本主义经济制度本身所造成的，是资本主义生产方式内在矛盾的产物。要消灭危机，就必须消灭资本主义制度。商品经济内在二重性矛盾只构成产生危机的可能，而资本主义私有制度使危机的产生成为现实。

2. 要从制度层面、从本质层面认识社会主义市场经济与资本主义市场经济的一致与差别，科学解决社会主义市场经济发生危机的可能性和有效规避风险的可能性和可行性。马克思对商品和商品交换内在矛盾，从而对市场经济内在矛盾一般规律和普遍特征的科学分析，适用于任何形式的市场经济，无论是资本主义市场经济，还是社会主义市场经济，概莫能外。然而同样的市场经济与不同的生产资料占有方式，即与不同的社会制度相结合，具有不同的性质和特点，可能会产生不同的结果。社会主义市场经济与资本主义市场经济的本质区别就在于与市场经济结合的生产资料占有方式不同，这种占有方式的不同决定了社会主义制度与资本主义制度的本质不同，从而决定了社会主义市场经济与资本主义市场经济的本质不同。资本主义市场经济的私有制本质决定了经济危机的最终不可避免性（当然一定条件下是可以缓解的），社会主义市场经济的公有制本质决定了经济危机的可规避性、可防范性。我国社会主义市场经济是与公有制制度相联系的市场经济，它既有一般商品生产的特性，一般商品生产所具有的内在矛盾，因而它也有一般市场经济内在矛盾引发的金融危机和经济危机爆发的可能性。如果对发生危机的可能趋势不重视，不采取措施加以规避和防范，也会影响社会主义制度的兴衰存亡。但另外，它又具有与资本主义市场经济不同的本质特性，它与公有制制度相联系，采取有效措施，是可以规避和防范一般商品经济的内在矛盾可能引发的金融危机和经济危机的。

社会主义国家发展市场经济，必须巩固占主体的社会主义公有制和占主体的按劳分配制度，加强国家调控和计划性，这是克服不利面的根本性、制度性措施。

3. 资本主义与新自由主义是两个层面的问题，一个是制度层面，一个是意识形态层面、治理操作层面。从制度层面看，资本主义制度是社会历史进程中的资本主义社会形态的根本标志，是资本主义社会本质的东西。而新自由主义是资本主义的意识形态，是维持资本主义制度的思想理念。从资本主义制度来说，也有两个层面，一是制度层面，即本质层面，一是非本质层面，即体制、操作层面。从制度层面看，资本主义制度是必然要灭亡的，但也要一分为二。就目前资本主义来说，它还有进一步容纳其生产力发展的一面，没有到最终灭亡期，还有生命力，它必然走向灭亡，然而是逐步灭亡，要经过很长的历史阶段，不是一下子就灭亡了。另外，从体制层面看，资本主义的具体体制、机制，包括具体管理、策略，有许多成熟的、先进的、有用的东西，需要我们吸收，当然也不能全盘接受。从新自由主义本身来说，一个是意识形态本质层面，一个是技术操作层面。新自由主义一方面作为当代资本主义的主流意识形态，是金融垄断和国际垄断集团的核心理念和价值观念，必须坚决批判反对。另一方面又是如何治理市场经济的理念，按照这种理念形成的运行模式，是体制、技术操作层面上的问题。自由主义作为治理市场经济的理念和操作方法，对市场运作有一定的可取之处。如何管理社会主义市场经济，我们可以批判地借鉴新自由主义一些有价值的认识和做法。从这个意义上来说，新自由主义又是技术操作层面、体制层面上的问题。

所谓新自由主义，是秉承了资本主义古典经济学家亚当·斯密的自由竞争理论，以复兴古典自由主义理想、尽量减少政府对经济社会的干预为主要经济政策目标的思潮。这种新自由主义又被称之为市场原教旨主义或资本原教旨主义，或"完全不干预主义"。新自由主义的代表理念体现为形成于20世纪80年代末90年代初的"华盛顿共识"。因其在20世纪70年代凯恩斯主义无法应付滞胀问题而兴起，在里根、撒切尔时代勃兴，因此，又称其为"里根主义"。新自由主义的特点，是高度崇拜资本主义自由市场力量，认为资本主义条件下的市场是高效率的，甚至是万能的。经济运行中的所有问题，都可以由市场自行调节和解决。主张彻底的私有化，反对国有化，放松政府管制，主张进一步开放国际国内市场，实行贸易自由化、利率市场化，将各个国家的经济纳入由世界银行、国际货币基金组织和世界贸易组织主导的经济全球化体系当中。新自由主义极力鼓励以超级大国为主导的全球一体化，着力强调要推行以超级大国为主导的全球经济、政治、文化一体化，即全球资本主义化。新自由主义本质上是反对社会主义、反对马克思主义的资本主义意识形态。

在第三次世界性历史转折过程中，资本主义不可一世。在西方有一帮新自由主义吹鼓手，认为新自由主义就是灵丹妙药，能够包治百病，认为市场经济"看不见的手"能够解决所有问题，而忽略了"看得见的手"，大力推崇自由市场经济治理理念和运作模式。就治理理念和模式来说，在市场经济活动中历来要讲"两手"，不能只讲"看不见的手"，不讲"看得见的手"。当然，调控到多少合适，这需要科学把握。市场经济不能只要市场不要计划，也不能只要计划不要市场。实践证明，在现有生产力条件下，只要计划不按市场规律办事是僵死的，只要市场不要计划调节也是不行的。放任"看不见的手"操控市场，必然放大市场经济的消极面，纵容资本的破坏性，使它逐利贪婪的本性无所顾忌，导致危机爆发。只有用"看得见的手"加以调控，才能去害兴利，促进市场经济的健康发展。当然，"看得见的手"对市场的干预必须建立在对规律的把握上，不能随心所欲，任意而为。对市场的调控不能影响市场作用的发挥，否则将把市场管死。只讲自由发展，放任不管，是另一种违背规律的表现。从撒切尔、里根开始实行新自由主义政策，对有管制的资本主义治理模式和体制实施改良，到现今，美国金融危机引发的全球性危机的爆发，已然证明新自由主义并不灵光。

4. 美国"次贷危机"不可遏制地蔓延为全球性危机，向世界再次证明马克思关于资本主义周期性经济危机和资本主义生产方式必然灭亡理论的真理性。马克思认为，资本主义周期性经济危机不可避免，"危机最初不是在和直接消费有关的零售商业中暴露和爆发的，而是在批发商业和向它提供社会货币资本的银行中暴露和爆发的"。[①] 只要不改变资本主义的私人占有制，商品的内在矛盾，资本主义内部固有的矛盾，就无法从根本上得到化解，其必然表现为周期性的世界性的经济危机。

关于美国次贷危机引发的全球性金融危机及经济危机产生的原因，对我国造成的影响和解救的措施，发表的见解已经很多了，其中不乏真知灼见。有的认为，美国居民消费严重超过居民收入，无节制的负债，无管制的市场，无限制的衍生金融工具，无限制的投机，无限制的高额利润和高收入是爆发金融危机的重要原因。有的认为，美国的消费模式、金融监管政策、金融机构的运作方式，美国和世界的经济结构等因素，是金融危机的基本成因。有的认为，房地产泡沫是金融危机的源头祸水，金融衍生品过多掩盖了巨大风险，金融监管机制滞后造成"金融创新"犹如脱缰之马，是金融危机爆发的真正原因。也有的认为，金融危机是某些金融大亨道德缺损所致。还有的认为，金融危机本质上是美国新自由主义市场经济治理思想和运行模式的严重危机。当然也有从资本主义弊病，从资本的逐利本性和金融资本的贪婪性来分析金融危机的成因，在一定程度上涉及资本主义根本制度问题。但是总的来看，目前形成的关于金融危机成因最普遍的解释许多还停留在现象层面、非本质层面

[①] 《马克思恩格斯全集》第25卷，人民出版社1974年版，第340页。

上，即技术操作层面、治理理念和运行模式、管理体制层面上，如什么超前过度消费、房地产泡沫、金融衍生品泛滥、金融创新过度、金融监管不严、新自由主义思想作祟，等等。运用马克思主义的立场、观点和方法，从本质上，从制度层面科学揭示危机的产生原因，预测危机的发展趋势，提出防范解救的措施，尚远远不够。

仅仅局限于从金融和金融危机现象本身来看待这场危机，不联系私有制条件下商品和商品交换的二重性内在矛盾，不联系金融资本逐利本性，不联系资本主义制度本质，难以回答像美国这样所谓"完美"的市场制度为什么没有能防止金融危机的爆发，难以看清危机的实质和深层原因，难以认清资本主义制度是造成危机的根本原因。

对于我国这样实行市场经济的社会主义制度国家来说，如果不更深一步地从根本制度上认识这场危机的成因、本质，就无法从根本上找到规避、防范、克服危机的办法和措施。不看到本质，不在根本病根上下药，治标难治本，很难建立防范危机于未然的制度性、长效性的规避防范体系。因而认清这场危机的本质，对于建立社会主义市场经济体系的我国，如何建立规避、防范、克服危机的制度保障和长效机制，无疑有着深远的现实意义。

5. 必须充分认识市场经济和资本的两面性，把公有制与市场经济相结合的社会主义，在运用市场经济和资本时，一定要注意这种两重性，发挥社会主义制度的优越性，发挥其积极性，遏制其消极性，规避市场经济和资本的消极面。市场经济是有两面性的，积极的一面是能够最有效地配置资源，最大限度地调动积极性，推动经济的发展；消极的一面是极大加强资本的逐利性和贪婪性，促成两极分化，引发经济危机。在资本主义私有制条件下，市场经济一方面发挥其强大的推动经济发展的拉力作用，在资本主义几百年的发展历程中创造了巨大发展成就。但另一方面，资本主义的私人占有性又使市场经济的消极面不断膨胀，带来拜金主义、个人主义等消极东西，不断背离积极面，使商品和商品交换固有的内在矛盾不断激化，引发一波又一波的经济危机。

市场经济是一把双刃剑。资本主义对人类社会最大的一个贡献是发明了市场经济，并且发展了市场经济。资本主义在发展进程中，既尝到了市场经济的甜头，又吃尽了市场经济的苦头。甜头是资本主义搞了几百年市场经济，产生了美国这样的超级大国，产生了日本、德国、法国、英国这样发达的资本主义国家，带动了整个世界全球化的发展。资本主义在发展过程中一共吃了四次阶段性的大苦头。第一次是资本主义自由竞争阶段。1825年开始，每隔十年就爆发一次经济危机。资本主义在自由竞争时期，在发展经济的同时，没有注意蛋糕的分配问题，导致了工人阶级和资产阶级矛盾激化，工资下降，绝对贫困，工人阶级壮大，阶级斗争愈演愈烈，导致1873年爆发了资本主义空前激烈的世界性危机，这场危机持续了五年。列宁曾说过，危机伴随着革命。爆发了1871年的巴黎公社革命和一系列激烈的工人运动。第二次是垄断资本主义阶段。列宁认为帝国主义是垄断的、腐朽的、最高的资本主义。资本主义由自由竞争阶段发展到了垄断阶段，形成垄断资本主义，即帝国主义，企图用垄断的办法来克服自由资本主义的矛盾，来克服市场经济的弊端，不但没有克服资本主义已有的矛盾，反而又加剧了资本主义的内在矛盾。资本主义用第一次世界大战，即国与国之间的战争来转移国内的阶级矛盾。帝国主义矛盾与战争引发了俄国十月革命。第三次是1929年到1933年资本主义世界性的总经济危机阶段。这是资本主义发展以来最大的一次危机，对资本主义有致命打击。结果爆发了第二次世界大战。工人阶级和资产阶级的矛盾相当激化。"二战"的结果是出现了一系列社会主义阵营。第四次是现代资本主义阶段。"二战"之后一段时间，资本主义又吃尽了苦头，陷入了空前的内在矛盾。20世纪五六十年代，日本工人运动、美国黑人运动、西欧工人运动风起云涌。此时，资本主义国家一些有远见的政治家，开始着手对资本主义内在的阶级矛盾进行调和。用二次分配的办法来软化和缓和工人阶级同资产阶级的矛盾，形成了今天庞大的中等收入阶层。资本主义的内在矛盾又相对缓和了。通过这个历史过程，可以看出，在市场经济发展过程中，一方面带来高效益，另一方面，如果不注意的话，也会带来高失业、高差别、高消耗、高代价。今天，我们在市场经济条件下搞社会主义建设，应该统筹兼顾地解决好分配差别问题，解决好城乡贫困问题，解决好社会就业问题，解决好经济社会协调发展问题。

市场经济所孕育出来的资本也具有与生俱来的两面性，一方面资本及其逐利性对调节市场、配置资源、调动积极性、推动经济发展具有积极作用；而另一方面，资本及其逐利性又会导致经济失衡，两极分化，造成严重的危机，对经济社会发展产生消极破坏性。在资本主义私有制条件下，资本的贪婪本性是无法最终受到遏制的。马克思认为，在资本主义生产方式中，"生产剩余价值或赚钱，是这个生产方式的绝对规律"。[①] 资本是带来剩余价值的价值，资本绝不会放弃对剩余价值的追求，其本性是逐利的。"一旦有适当的利润，资本就胆大起来。如果有百分之十的利润，它就保证被到处使用；有百分之二十的利润，它就活跃起来；有百分之五十的利润，它就铤而走险；为了百分之一百的利润，它就敢践踏一切人间法律；有百分之三百的利润，它就敢犯任何罪行，甚至冒着绞首的危险。"[②] 在资本主义发展史上，资本的这种逐利贪婪本性暴露无遗。从原始积累，到殖民剥夺，再到战争掠夺，"资本来到世间，从头到脚，每个毛孔都滴着血和肮脏的东西"。[③] 就当今世界发达资本主义各国来说，没有一个是靠民主制度发达起来的，都是靠剥削本国和他国工人阶级和劳动人民的剩余价值，用明火执仗的殖民剥

---

① 《马克思恩格斯全集》第 23 卷，人民出版社 1972 年版，第 679 页。
② 同上书，第 829 页注释 250。
③ 同上书，第 829 页。

夺和战争掠夺完成了原始积累，用劳动人民的汗水和鲜血筑起了资本主义的"繁荣国度"。当然，几百年过去了，资本明火执仗的剥削和掠夺方式已难以为继了，发展到国际金融垄断资本主义，改变了攫取剩余价值的方式，转换了剥削手法，借助金融创新，垄断金融市场，操控全球经济，把他国的财富通过金融创新转移到自己手中，通过金融诈骗掠夺维持自己的繁荣。美国就是利用金融手段这种圈钱、骗钱的游戏，确立了美元帝国，正像有人讲的："美国花钱，全世界买单。"正是金融资本的投机贪婪性，造成了今天的金融危机，只不过今天的掠夺和原始的掠夺形式不一样了。

社会主义市场经济与资本主义市场经济一个本质区别就是对资本的占有方式不同。在资本主义条件下，高度集中的私有制在当前突出表现为国际性金融资本的高度垄断，加重了资本的贪婪性和毫无顾忌的投机运作。决定了资本的贪婪和逐利本性的不可遏制性与高效运行的速度。当然，一旦资本的贪婪性发展到危害资本主义制度本身的程度，资产阶级内部就会产生一定要控制这种贪婪性的理念和操作，否则资本主义制度就要被毁灭。这就产生了对市场和资本加以管制的治理理念和模式，这就是保守主义，既有管制的市场经济治理理念，如凯恩斯国家干涉主义。而一旦情况好转，又会产生对市场和资本放任自流的治理理念和模式，这就是自由主义。在资本主义发展史上，由于危机—缓解—危机的交替运行，就形成了是有管制的和放任自流的两种市场经济治理理念的交替使用。特别是苏联解体后，西方一些人头脑发热，自视资本主义制度是千年不变的资本帝国，自认为完全放任的自由市场体制是成功的。于是新自由主义应运而生。

6. 美国金融危机及其引发的波及全球的危机既是资本主义金融危机，又是全面的社会危机，说到底是制度危机。从思想交锋角度看，必然引起资本主义意识形态危机，引起资本主义与社会主义两种意识形态、两种价值取向的较量。

五 马克思主义和社会主义的历史命运问题

2007年由美国次贷危机所引发的世界金融危机，进而诱使资本主义世界发生的全面危机，已经持续四年多了，尽管人们采取了种种救市措施，但它仍在顽强地发挥着负面影响，引发了欧洲主权债务危机、日本经济持续低迷、震撼美国连带整个西方世界的"占领华尔街"运动及多国罢工、游行、骚乱等一系列经济、政治、社会事变，强烈地冲击整个世界经济并改变着世界格局。以此为时间节点，以世界性危机现象为反光镜，向前追溯到19世纪中叶，马恩创立科学社会主义至今一个半世纪以来，社会主义与资本主义两大力量、两种历史趋势生死博弈的风风雨雨，充分印证了马克思主义经典作家关于资本主义必然灭亡、社会主义必然胜利的历史发展大趋势的科学论断是颠扑不灭的真理，雄辩地证明了社会主义、马克思主义的旺盛生命力，昭示了社会主义与马克思主义的历史命运。

1. 纵观一个半世纪世界历史进程，雄辩地证明社会主义的必然性和马克思主义的真理性。辩证法告诉我们：任何事物的发展都不是直线上升式发展，而是波浪式地前进、螺旋式地上升、曲折式地发展，社会历史发展也是如此。世界历史进程就是这一历史辩证法的铁定案例。社会主义运动正是遵循这一历史辩证法的逻辑在曲折中前进，虽有挫折与失败，但总体上是循时前行的，这一历史进程恰恰从实践角度检验了马克思主义颠扑不灭的真理性。

对社会历史规律的观察，历时越久、跨度越大，也就越看得明白，其判断也就越经得起实践检验。世界历史进入资本主义社会形态的发展阶段，即伴随着工人阶级与资产阶级、社会主义与资本主义两个阶级、两种社会制度、两大历史前途的博弈，其历史较量的线索、特点、规律与趋势，随着历史的发展、空间的变换、时间的推移，越发清晰，人们也看得越发清楚，其历史必然性越发显现，越发显示马克思主义的科学性。

回眸一观，可以清楚看到，从科学社会主义诞生以来，世界历史进程已经发生了四次重大转折，社会主义呈由低到高、再到低、再从低起步之势，标志着社会主义在斗争中、在逆境中顽强地生长。这一历史进程尽管曲折，有高潮，也有低潮；有前进，也有倒退；有成功，也有失败，但在总体上印证了马克思主义关于社会主义必然胜利的历史发展总趋势的判断是完全正确的，同时也说明社会主义战胜资本主义的历史进程不会是一帆风顺的，也绝不可能在短时间内实现，必须经过一个相当长的历史跨度、经过几十代甚至上百代人千辛万苦，甚至抛头颅洒热血的献身奋斗才能到来。既要看到历史发展的总趋势，坚信社会主义是必然要取代资本主义的，这是一个不可抗拒的，也不可改变的历史趋势；同时又要看到，社会主义代替资本主义是一个漫长的历史进程，充满曲折，充满斗争，甚至有可能出现暂时的倒退与挫折。既要反对社会主义"渺茫论"，又要反对社会主义"速胜论"。不能因为挫折和失败，就对实现社会主义丧失信念和信心，也不能因为顺利和成功，就对实现社会主义心存侥幸和性急。

四次世界性历史转折可以分前两次和后两次。前两次转折发生在20世纪初叶和中叶，即"二战"结束前后。社会主义运动从兴起到发展，资本主义则由资本主义革命兴起的上升期，经过19世纪矛盾四起的自由竞争资本主义时期和垄断资本主义时期，经过一系列经济危机和两次世界大战的折腾，逐步走向下降期。

第一次世界性历史转折发生在20世纪初叶，其标志是1917年爆发的十月社会主义革命。19世纪中叶，马克思主义经典作家创建科学社会主义，替代了空想社会主义，工人运动从此有了正确的指南，纳入了科学社会主义轨道，开创了世界工人运动和社会主义运动的新篇章。进入20世纪，科学社会主义理论指导的社会主义运动由轰轰烈烈的工人运动实践变成了社会主义制度实践。列宁成功地领导了十月社会主义革命，建立了第一个社会主义制度国家，这是20世纪初叶最重大的世界性事件，从此开启了人类历史的新纪元，社会主义运动开始走向阶段性高潮。

第二次世界性历史转折发生在20世纪中叶，其标志是1945年"二战"之后一系列国家社会主义革命成功，形成了一个社会主义阵营。矛盾激化引发危机，危机造成革命机遇。20世纪初叶爆发的第一次世界大战、20世纪中叶爆发的第二次世界大战，都是资本主义不可克服的内在矛盾激化的结果。由竞争资本主义由于其不可克服的内在矛盾而导致垄断，垄断资本主义代替自由竞争资本主义，不仅没有克服自由资本主义愈演愈烈的固有矛盾，反而进一步加剧了矛盾。早在自由竞争资本主义阶段，其固有矛盾不断激化，导致从1825年开始，每隔10年爆发一次经济危机，危机的累加加紧演变成1873年的资本主义空前激烈的世界性危机，这次总危机及之后不断叠加的危机，最终导致第一次世界大战的爆发。战争只能恶化危机、加重危机，"一战"之后旋即爆发了1929—1933年资本主义世界性大危机，资本主义步入严重的衰退期。面对这场空前的资本主义世界大危机，世人惊呼"末日来临""资本主义已经走到尽头"。危机的结果又要依靠战争来解决问题。战争是缓解资本主义内在矛盾、转嫁危机的外部冲突解决方式，但不能从根本上克服资本主义内在矛盾。垄断资本主义内在矛盾的进一步激化导致第二次世界大战爆发。第二次世界大战仍然是在帝国主义国家之间的争斗中始发的，西方资本主义制度是无法遏制战争的。当时只有社会主义苏联靠社会主义制度的优越性动员全体人民、联合世界上一切反法西斯的力量，战胜德国法西斯，赢得了战争。两次世界大战，标志着资本主义逐步走向衰落，资本主义败象显见。危机与战争给革命带来前所未有的机遇，"一战"期间，俄国率先从资本主义统治的薄弱环节突破，建立了社会主义制度。"二战"前后，正是苏联及一系列社会主义国家崛起之时。中国等一系列落后国家革命成功，从东方站立起来了，建立了一系列社会主义国家，形成了社会主义阵营，社会主义国家占全球总人口的15%，1958年，毛泽东同志有一句话："敌人一天天烂下去，我们一天天好起来。""不是西风压倒东风，而是东风压倒西风。"对形势总的估计虽过于乐观，但不乏反映社会主义高潮的一面。相反，"二战"后，资本主义社会矛盾和总危机进一步加深，连续爆发危机，并波及北美、日本和西欧主要国家，演变为世界性危机。资本主义整体实力下降，遭受重大打击。当然，在西欧资本主义国家衰落时期，优越的国际环境和国内条件，致使美国这一新兴的资本主义国家抓住了战争机遇迅速兴起，代替了老牌资本主义国家。"二战"后的一段时间，资本主义发展处于低迷状态，而社会主义发展却处于上升状态，社会主义运动出现阶段性高潮。

从国际走势来看，20世纪八九十年代至今的20余年中，又接连发生了后两次重大的世界性历史转折。社会主义运动由高潮到低潮，然而以中国特色社会主义为重要标志的世界社会主义却开始走出低谷。资本主义由低迷困境进入高速发展时期，美国金融危机却诱使现代资本主义濒入险境，呈衰退之势。

第三次世界性历史转折发生在20世纪末叶，其标志是20世纪80年代末90年代初的苏联解体、东欧剧变、社会主义阵营解体。社会主义进入低谷，这使世界形势发生了自"二战"以来最为重大的变化与转折。"二战"之后，20世纪上半叶，社会主义走上坡，资本主义走下坡。但世界进入20世纪下半叶，社会主义诸国却放慢了发展速度，甚至出现了停滞和负增长，导致社会主义诸国经济社会发展受挫，特别是苏联解体、东欧剧变。我国经济发展走了一段弯路，直到"文化大革命"爆发，社会主义面临举步维艰的境遇。现代资本主义吸取资本主义发展进程中的经验教训，同时也吸取社会主义国家发展的经验教训，展开资本主义改良，现代资本主义进入相对和缓发展时期。当然在资本主义相对和缓发展时期，危机也并没有中断，20世纪八九十年代美国就多次爆发波及世界的危机。这次转折表明，社会主义处于发展的低潮，现代资本主义处于相对缓和稳定的发展期。伴随着这个历史性转折，我国及国际上出现了一系列新情况、新问题，这对中国20世纪末叶至21世纪以来很长一段时间的社会主义发展进程产生着深远影响。中国艰难起步，坚定不移地推进1978年启动的改革开放，成功地开辟了中国特色社会主义发展道路。

第四次世界性历史转折发生在21世纪初叶，其标志是2008年爆发的世界金融危机。这对世界发展格局和中国特色社会主义建设将产生的影响仍无法估量。有句俗话"三十年河东，三十年河西"，短短二三十年时间，中国特色社会主义的成功使世界社会主义运动呈低潮中起步之势。从2006年到2011年，5年间我国国内生产总值（GDP）年均实际增长11.2%，比"十五"平均增速9.8%加快1.4个百分点，比世界同期水平快8个百分点。2009年我国GDP居世界的位次由2005年的第四位上升到第三位，占世界经济总量的比重达到8.5%，比2005年上升3.6个百分点。2010年我国GDP总量已达39万亿元，人均GDP达4000美元，经济总量居世界第二位。与此同时，2011年，我国外汇储备和财政收入分别达到3.181万亿美元和10.37万亿元，位居世界前列。钢、煤、水泥等主要工业产品产量稳居世界第一位。联合国发布的2009年世界经济报告指出，如果中国能够在2009年实现8%的经济增长，对世界经济增长的贡献将达到惊人的50%。这意味着中国经济当之无愧地成为2009年带动全球经济复苏的最强引擎。2011年，我国外贸进出口总额为36421亿美元，是2005年的2.56倍，世界排位从2005年的第三位上升到第二位，其中出口额从第三位上升到第二位。从2006年到2011年，城镇居民人均可支配收入从11760元增长到23979元，年均实际增长9.7%，比"十五"的平均增速加快了0.1个百分点。从2006年到2011年，农村居民人均纯收入从3587元增长到 6977 元，年均实际增长 8.9%，比"十五"的平均增速加快了 3.6 个百分点。

而美国金融危机却使美国以及其他西方发达资本主义国家陷入危险困境，美国独霸势态逆转下滑，资本主义整体实力呈下降态势。美国在 20 世纪 50 年代，发动了朝鲜战争，失败了，60 年代发动了越南战争，也失败了；20 世纪末 21 世纪初又发动了两场战争，一场是伊拉克战争，一场是阿富汗战争，两场战争花了 7 万亿美元，死了几千人，伤了上万人，伤兵要养一辈子，长远战争开支不小。2003 年 3 月 20 日发动的伊拉克战争拖了 7 年，阿富汗战争是 2001 年 10 月 7 日开战，现在还看不到尽头。战争使美国实力下降，内库空虚。美国正在做战略调整与修补。二三十年前的世界性历史事件爆发是此消彼长，社会主义力量暂时下降，资本主义力量暂时上升；二三十年后的今天，则是此长彼消，社会主义力量始升，资本主义力量始降。改革开放使中国经济大发展，1978 年至 1991 年进入中国的外资才二三百亿美元，2011 年超过 1160.11 亿美元。金融危机的爆发使世界力量对比发生戏剧性变化。

当然，这场危机并没有把西方资本主义摧垮，它还有实力，有一定生命力。比如这么严重的危机并没有导致出现革命的迹象。原因固然很多，其一在于它建立了比较完整的社会保障体制，比如，法国 GDP 的 46% 用于二次分配，搞社会保障，法国 GDP2 万多亿美元，人口六千万，有一个庞大的社会保障体系。西方资本主义还是有一定实力的，对于这次金融危机对西方的冲击也不能估计过头。应当说，建立社会保障体系是资本主义在失败和痛苦中总结出来的，在自由竞争和垄断资本主义阶段，残酷剥削造成严重的两极分化，工人阶级和劳动人民活不下去了，自然要闹事、要革命。"二战"后，从资本主义整体利益出发，为了使资本主义制度不至于灭亡，得到保全，资产阶级利益集团从资本利润中拿出相当部分，建立了完备的社会保障体系，保障工人阶级和劳动人民的基本生活。当然这个办法也不是资本主义自己发明的，而是从社会主义思想中得到启示。然而，西方的福利制度也愈发显示其弊端，例如瑞典是典型的"从摇篮到坟墓都有保障"的福利国家，几十年下来，一是政府债台高筑，陷入债务危机，二是人缺乏劳动积极性，政府一提出紧缩政策，就要罢工闹事，陷入循环往复性危机之圈。

2. 中国特色社会主义道路的成功开创，中国改革开放对国际金融风险的有效抵御，彰显了社会主义顽强的生命力。马克思主义经典作家创立了科学社会主义，开创了工人运动和社会主义运动的新格局。当时，他们把注意力和着眼点主要放在西方发达资本主义国家，根据当时的实际，曾设想社会主义革命将首先在生产力比较发达、工人阶级人数占多的资本主义国家发生，至少是几个主要发达资本主义国家同时发生才能胜利。而后的实践发展却超出了他们的具体判断，新的实践促使科学社会主义创始人开始注意并研究东方国家走社会主义道路的不同情况。19世纪末到20世纪初，当东方落后国家出现了社会主义革命的主客观条件时，马恩及时研究了东方社会主义革命的可能性问题，提出非资本主义国家走社会主义道路的可能性问题。马恩认为，东方非资本主义国家走向社会主义，在特定条件下，可以不通过资本主义制度的"卡夫丁峡谷"，而吸收资本主义制度所创造的一切积极成果，实现社会主义的跨越式发展。他们认为，社会主义力量有可能抓住这一历史性的机遇，走出一条"非资本主义"的发展道路。他们的设想为非资本主义国家进行社会主义革命、走上社会主义道路提供了理论依据。

"卡夫丁峡谷"典故出自古罗马。公元前321年，萨姆尼特人在古罗马卡夫丁城附近的卡夫丁峡谷击败了罗马军队，并迫使罗马战俘从峡谷中用长矛架起的形似城门的"牛轭"下通过，借以羞辱战败军队。后来，人们就以"卡夫丁峡谷"来比喻灾难性的历史经历。"可以不通过资本主义制度的'卡夫丁峡谷',而吸收资本主义制度所创造的一切积极成果,实现社会主义的跨越式发展"有两层含义:一是落后国家可以不经过资本主义的苦难,走出一条非资本主义的现代化成功之路;二是一切社会形态所历经的自然的、物质的、经济的历史过程是不可逾越的,但在一定条件下,社会制度、体制却是可以跨越的。

马恩最初关于社会主义革命在西方诸国同时胜利的结论,是建立在对社会历史一般发展规律的判断上。就一般发展规律来说,社会主义革命应当在资本主义生产力高度成熟,而资本主义生产关系再也不能容纳其生产力发展的条件下爆发,也就是说,走社会主义道路的国家,先要经过资本主义的成熟发展,然后经过社会主义革命,再进入社会主义。而现实是,社会主义革命的成功、社会主义制度的建立不是在西方发达资本主义国家,而是在资本主义尚不成熟,但具备一定历史条件的东方落后国家。马恩经过科学研究,分析了社会历史发展的特殊性,提出社会主义发展的非资本主义道路问题。列宁分析了帝国主义历史阶段经济政治发展不平衡的规律,提出社会主义革命可以率先在资本主义统治的薄弱环节突破的科学论断,成功地发动了俄国社会主义十月革命。俄国革命的成功也从实践上证明了马克思主义经典作家关于非资本主义道路的设想是科学的。然而,继列宁之后,斯大林建立的社会主义制度的苏联模式,所走的社会主义建设的苏联道路,尽管取得了伟大的成就,却忽略了苏联相对于西方诸发达资本主义国家落后的生产力,忽略了市场经济的必经性,超越国情,逐渐形成了高度僵化、高度集中的经济政治体制,束缚了生产力的发展,束缚了人民积极性的发挥,束缚了社会主义制度优越性的发挥。一系列革命成功的社会主义国家在社会主义建设实践中,在某种程度上忽略了更为落后的本国生产力实际,犯了照抄照搬别国模式的错误。在几十年的发展中,社会主义制度的优越性逐渐地被僵化的、不适当的经济政治体制所消耗，再加之客观原因和主观错误，致使社会主义诸国陷入了发展困局，东欧剧变就是这一历史演变的结果。20世纪90年代苏联解体、东欧剧变，既有资本主义西化、分化社会主义国家的外因，同时又有社会主义模式僵化、脱离本国实际、主观上犯错误，致使生产力发展上不去的内因。

社会主义革命成功之后，落后的国家到底怎样建设社会主义，必须从实践和理论上给予回答，中国特色社会主义道路的成功开创，破解了这一重大课题，走出了一条社会主义建设的成功道路。

按照马克思主义经典作家的"非资本主义"道路的理论设想，落后国家可以不经过资本主义充分发展而跳跃式地推进社会主义革命，建立社会主义制度。但是资本主义已历经的市场经济发展、生产力高度成熟的自然历史过程却是不可逾越的。中国共产党人总结了社会主义诸国家建设的成功经验和失败的教训，将社会主义制度与市场经济相结合，改革开放，建立与中国社会主义现阶段生产力状况相适应的、与发展市场经济相协调的经济—政治体制，回答了"在落后的国家，什么是社会主义，怎样建设社会主义"问题，一切从实际出发，不照抄照搬别国模式，走自己的道路，成功地开创了中国特色社会主义建设道路。在国际金融风暴的冲击下，西方资本主义一片混乱，前景黯淡，至今尚未走出困境，而中国特色社会主义在中国共产党的领导下，同仇敌忾，顶住了金融风险，再次显示了社会主义制度的强大动员力和战斗力。历史发展的现实辩证法再次证明了社会主义的必然趋势，可以有曲折、有低潮、有失败、有逆转，但总的历史趋势是不可以为人的主观意志所改变的。金融危机爆发以来，中国人民在中国共产党的正确领导下，成功地顶住了金融风暴的冲击，不仅实现了预定的发展目标，而且取得了显著成绩，这既要归功于党的正确领导和果断决策，更根本的是彰显了社会主义制度的政治优势，愈加证明了社会主义的生命力、中国特色社会主义的生命力、马克思主义的生命力。

3. 中国特色社会主义理论体系的创新，给马克思主义注入了新鲜的内容，显示了马克思主义的强劲创造力。中国共产党人在中国特色社会主义伟大实践中创新了马克思主义，赋予马克思主义以新的生命，创造性地推进了马克思主义的创造性发展。

当今世界正在发生全面而深刻的变化，当代中国也在发生广泛而深远的变革。国际上，美国"次贷危机"引发的全球性经济危机，已经并正在给全世界发展带来严重和持续的影响。一方面，使当代资本主义面临重大挫折，给当代社会主义、马克思主义的发展提供了难得机遇，国际力量对比继续朝着有利于世界和平发展的方向演变，朝着有利于中国特色社会主义和平发展的方向转变；另一方面，使当代社会主义、马克思主义面临着前所未有的挑战，也面临着严峻的局面。国际敌对势力对我实施西化、分化的战略图谋没有改变，资强我弱的态势没有改变，一场新的全方位的综合国力竞争正在全球展开。

世界局势乃至格局将发生重大变化，世界发展进程和历史也将发生重大转折。当前世界正处于前所未有的巨大变动之中，资本主义和社会主义两种历史趋势、两大力量、两种意识形态的较量出现了新的变数，激烈社会变化给当代社会主义、马克思主义提供了新的发展时空，提供了新的需求动力，又使其面对严峻复杂的局面。在国内，中国特色社会主义事业取得了伟大成就，中国发展道路与中国发展经验，已然成为当今世界的时代性标志，为人类文明的进步开辟了新的发展路径。这就为马克思主义意识形态发展提供了新的机会。国际风云变幻，透过世界金融危机和世界各种力量交锋的纷繁复杂的现象，可以认清，金融资本不过是资本的当代形态，我们所处的时代仍然没有超出马克思主义的理论视野，社会主义具有后发的生命力，当代资本主义无论采取何种形态，仍然逃脱不了马克思主义科学预见的命运。

马克思主义同中国实际相结合，实现中国化，产生两次历史性飞跃，形成了马克思主义中国化的两大理论成果。第一次飞跃的理论成果是被实践证明了的关于中国革命的正确理论原则和经验总结，当然也包括关于中国社会主义建设道路探索的正确的理论成果，即毛泽东思想。第二次飞跃的理论成果是中国特色社会主义理论体系。中国特色社会主义理论体系在新的历史条件下回答了新的课题，开拓了马克思主义新境界。中国特色社会主义理论体系集中回答中国特色社会主义这个主题。在回答该主题的历史进程中，在改革开放过程中，我们党始终面临并依次科学回答了四个大问题——"什么是社会主义，怎样建设社会主义""建设一个什么样的党，怎样建设党""实现什么样的发展，怎样发展"。最后归结为回答一个总题目，"什么是马克思主义，怎样坚持和发展马克思主义"，从而深化了对"三大规律"，即社会主义建设规律、执政党执政规律、人类社会发展规律的认识，赋予马克思主义以崭新内容和旺盛生命力。

4. 坚持马克思主义主流意识形态的指导，重视并加强党的意识形态工作。胡锦涛同志讲："经济工作搞不好要出大问题，意识形态工作搞不好也要出大问题。"① 这是极其重要的指示，必须坚决贯彻执行。

一是关于意识形态于我有利与不利局势的总判断。

国际金融危机所引发的世界格局的深刻变化，为加强和改进意识形态工作提供了有利的条件，当然也有不利的因素和严峻的挑战。

回顾20世纪八九十年代，第三次世界性的历史转折，社会主义陷入低谷，处于暂时劣势，资本主义反而上升，显示暂时优势，伴随该力量对比格局变幻，意识形态领域呈敌进我退之势，反社

---

① 《胡锦涛文选》第2卷，人民出版社2016年版，第527页。

主义、反马克思主义、反对共产党执政的声音甚嚣尘上，新自由主义应运而生，西方资本主义到处大力推销新自由主义理念，鼓噪一时，不可一世。

20多年过去了，这次金融风险造成的第四次世界性历史转折，一方面使资本主义遭遇前所未有的打击，陷入全面制度危机，呈衰退之势，新自由主义宣布破产。西方世界多数国家的经济2008年第三季度开始负增长，第四季度连续负增长，一直到2009年第三季度才开始出现正增长，经济危机的恢复却是低速的、乏力的，西方主要经济体恢复得并不好，处于整体低迷状态。欧洲失业率居高不下，西班牙2011年失业率为22.9%，近50%年轻人失业。美国全国经济研究所测定，始于2007年12月的美国经济衰退于2009年6月结束，历时18个月，为"二战"之后美国经历最长的经济衰退期，失去800万个就业岗位，吞噬美国人21%的实际财产，家庭、企业、地方政府、联邦政府欠大额糊涂债，蒸发掉4.1%的经济总量。美国经济学家持续不看好美国经济。美国危机后失业率为9.6%，危机前为5%，只有59%的20岁以上男性有全职工作，复苏前景并不乐观。对西方国家来说，对经济发展比较悲观，看不到新的增长点，发达国家人口减少、消费不足，发展动力不足，多个国家濒临破产，冰岛、澳大利亚、希腊政府领导人下台，西班牙、意大利陷入困境，"复苏似乎越来越像是一场漫长的长征"。另一方面，中国特色社会主义取得成功，并顶住金融风险，社会主义从低谷中走出。美国和欧洲2010年9月20日联合发表报告，认为中国经济总量仅次于美国，与欧盟并列第二，均占全球实力16%，美国为22%，印度第三，占8%，之后依次是日本、俄罗斯、巴西，均占5%，未来15年美国、欧盟实力持续下降。如果中国经济保持年均8%—9%的增长速度，再过17年经济总量可以赶上或超过美国。1978年，我国与美国经济总量差40多倍，2011年，美国GDP为15万亿美元，我国7.3万亿美元，相差约2倍，短短30年由40多倍缩小到约 2 倍。现在，批评新自由主义、资本主义的声音日渐增多，即使在资本主义内部，批评之声也不绝于耳，呼唤马克思主义、社会主义的声音愈发强烈，坚持和发展马克思主义、坚持和发展社会主义、坚持和发展党的领导底气足了。

对于这场"前所未有""有史以来最严重"的危机，资本主义政府大多将其归咎为"金融市场上的投机活动失控""不良竞争"或"借贷过度"，并希望通过政府救市，"规范"资本主义现行体制、机制，以达到解决危机、恢复繁荣的目的。而与之大相径庭的是，欧美一些资本主义国家的共产党人既看到了监管缺位、金融政策不当、金融发展失衡等酿成这场危机的直接原因，又反对将这场金融危机简单归结为金融生态出了问题，他们普遍认为危机的产生有其深刻的制度根源，危机标志着新自由主义的破产，是资本主义固有矛盾发展的必然结果。

法国共产党认为，世界经济危机源于金融机构过度的贪婪。这场金融危机归根结底是资本主义制度的危机。它不是从天而降的，不是资本主义的一次"失控"，而是资本主义的制度缺陷和唯利是图的本质造成的不可避免的结果。冲击全球的危机并非仅限于金融或经济领域，它同时也揭示了政治上的危机、资本主义生产方式的危机。从深层看，金融危机本质上是一场制度危机。美国共产党认为，金融化是新自由主义资本积累和治理模式的产物，它旨在恢复美国资本主义的发展势头及其在国内和国际事务中的主导地位。同时，它也是美国资本主义的弱点和矛盾发展的结果，使美国和世界经济陷入新的断层。德国共产党认为，这场金融危机具有全球性影响，它使得全球经济陷入衰退，并越来越影响到实体经济部门。危机产生的原因不是银行家的失误，也不是国家对银行监管失利。前者只是利用了这一体系本身的漏洞，造成投机行为的泛滥。投机一直是资本主义经济的构成要素。但在新的垄断资本主义发展阶段，它已经成为一个决定性因素，渗入经济政治生活的方方面面。英国共产党认为，不能把当前经济和金融危机主要归结为"次贷"危机的结果。强调根本在于为了服务于大企业及其市场体系的利益，包括公共部门在内的英国几乎所有的经济部门都被置于金融资本的控制之下。葡萄牙共产党认为，不应该把这场危机仅仅解释为"次贷"泡沫的破灭，当前的危机也是世界经济愈益金融化、大资本投机行为的结果。这场危机表明"非干预主义国家""市场之看不见的手""可调节的市场"等新自由主义教条是错误的。资本主义再次展示了它的本性及其固有的深刻矛盾。资本主义体系非但没有解决人类社会面临的问题，反而使不平等、非正义和贫困进一步恶化。希腊共产党认为，危机现象是资本主义不可避免的经济命运，任何管理性政策都不可能解决其固有的腐朽性。金融危机再次表明资本主义不可能避免周期性危机的爆发，也再次证明了社会主义替代资本主义的必然性。

20世纪30年代的大萧条和今天横扫全球的经济衰退，无不印证了马恩有关资本主义在自身难以克服的矛盾中不断调整自己又不断走入危机的预言。1997年，亚洲的金融风暴，让马克思回归到世界资本主义的中心地带华尔街；时隔十年，2008年，当人类的发展再次陷入衰退的泥沼，苦苦搜寻可以持续的答案时，《资本论》再次登上了最畅销经济类学术著作的排行榜，成为拯救人类精神家园的"圣经"。据报道，2010年1月，《资本论》在柏林一度脱销，相关论坛、讲座令马克思的故乡——特里尔这座因萧条而倍感冬之冷寂的德国小城显得热闹而红火。尤其值得注意的是，为数不少的德国青年认为，在危机笼罩的时刻，有必要重温马克思主义政治经济学经典著作。有的德国学者指出，正统的经济学往往对危机避而不谈，而马克思认为，危机是资本主义的有机组成部分。有的西方学者认为，现代西方经济学的历史是在国家与市场的争论中一路走来的。马克思主义政治经济学一度被作为"异端邪说"而被排斥于西方主流经济学之外。时至今日，"市场原教旨主义"已经丧失了市场，国家干预经济已成为西方各国的惯用手段。然而，无论是市场还是国家，抑或是国家和市场的结合，都不能避免危机重复发生且愈演愈烈。

形势的变化为我们党加强意识形态工作，做好知识分子工作，提供了极为有利的氛围、条件和机遇。当然，这种形势也越发促使西方资本主义更加运用两手策略，一方面，在经济上利用我们、拉拢我们、捧杀我们；另一方面，伴随在军事上加紧包围我们，在经济上加紧挤压我们，同时在意识形态领域加强进攻，大力西化、分化我们，使我们面对更加复杂、严峻的考验。

二是当前意识形态工作的主流态势和严峻问题。

当前，我国意识形态领域主流是好的，继续保持积极健康向上的良好态势。在充分肯定意识形态领域主流的同时，还要清醒看到，意识形态领域你来我往、你死我活，斗争十分激烈。西方诸国与我国在意识形态、社会制度、人权、民主等问题上的对抗、对立、争斗十分突出，思想理论领域呈现十分活跃、十分复杂的胶着状态，加强党的意识形态工作的任务更加艰巨繁重。特别是境内外敌对势力对我施压促变的一贯立场没有改变，通过各种途径、运用各种手段，对我在发展上遏制、思想上渗透、形象上丑化，企图迫使我国改变政权性质，接受西方价值观念和制度模式，意识形态领域内的斗争将是长期的、复杂的。意识形态领域始终是渗透与反渗透的重要战场，对敌对势力的攻击任何时候都不可掉以轻心、不可疏于防范。

意识形态工作是党的一项极为重要的工作，事关党和国家工作全局，事关中国特色社会主义事业顺利发展，事关社会和谐稳定、国家长治久安。要始终牢记胡锦涛总书记关于意识形态工作的重要论断，千万不要忘记意识形态工作，进一步增强政治意识、大局意识、责任意识，切实把加强意识形态工作作为提高党的执政能力、巩固党的执政地位的重要内容，认真贯彻落实中央一系列决策部署，不断提高意识形态工作的科学化水平，始终牢牢掌握意识形态工作的领导权和主动权。

三是坚持马克思主义指导，加强马克思主义中国化和马克思主义学习型政党建设。

通过上述分析，可以清楚地得出以下几个重要结论：

1. 马克思主义是党和国家的灵魂、指南，坚持和发展马克思主义是中国特色社会主义取得胜利的根本思想保证。

2. 坚持马克思主义指导，在当代中国，必须把马克思主义与中国改革发展新的实践相结合，不断推进马克思主义中国化，用不断创新的中国化的马克思主义指导实践。

3. 在意识形态领域，必须坚持马克思主义主导地位，坚持社会主义主流意识形态，加强意识形态工作，这是坚持中国走社会主义道路、坚持中国共产党领导的政治底线。

4. 必须用中国化的马克思主义武装全党，特别是武装中高级干部。党是关键，领导干部是关键。建设马克思主义学习型政党是一个伟大的战略任务。毛泽东同志讲，政治路线确定之后，干部就是决定的因素。现在，党的理论、路线已经确定，关键在于贯彻落实，贯彻落实的关键在于干部，在于干部的政治理论素质和理论联系实际的能力。毛泽东同志指出，"在担负主要领导责任的观点上说，如果我们党有一百个至二百个系统地而不是零碎地、实际地而不是空洞地学会了马克思列宁主义的同志，就会大大提高我们党的战斗力量，并加速我们战胜日本帝国主义的工作"①。毛泽东同志认为战胜日本帝国主义的一个关键在于理论武装党的高级领导干部。针对今天的情况来讲，如果我们党有一大批系统地而不是零碎地、实际地而不是空洞地掌握了中国特色社会主义理论体系的高素质的领导干部，将会大大提高我们党的战斗力，大大加快发展中国特色

---

① 《毛泽东选集》第2卷，人民出版社1991年版，第533页。

社会主义事业的进程。

5. 经过改革开放，中国特色社会主义取得了举世瞩目的成就，但时至今日仍存在一系列矛盾和问题，需要运用马克思主义立场、观点、方法加以认识，加以破解。苏轼在《晁错论》中有一段话很值得我们深思："天下之患，最不可为者，名为治平无事，而其实有不测之忧。坐观其变而不为之所，则恐至于不可救。"全党一定要树立忧患意识，通过改革创新，破解前进道路中存在的种种难题、矛盾和问题，在发展中国特色社会主义伟大事业中创建学习型政党，通过创建学习型政党推进中国特色社会主义伟大事业。

（该文为作者2010年10月19日在中央党校所作报告，后又在山西、山东等省省委理论学习中心组学习会议上作报告，并以《马克思主义与社会主义的历史命运》为书名由社会科学文献出版社于2013年5月出版）

中国对国际金融危机的有效抵御和中国特色社会主义的历史命运

王伟光

2007年由美国次贷危机所引发的世界金融危机，进而诱使资本主义世界发生的全面危机，已经持续两年多了，尽管人们采取了种种救市措施，但它仍在顽强地发挥着负面影响，强烈地冲击整个世界经济并改变着世界格局。全世界诸多思想家、政治家、专家学者等纷纷站在不同的立场上，从不同的世界观和价值观出发，分析、评论、预测这场世界性金融危机，试图说明其产生的原因、发生的影响，以及未来的走向，开出解救的处方。我们中国学界应当运用马克思主义的立场、观点、方法，对国际金融危机给予科学的说明，这是中国理论学术工作者不可推卸的历史责任。

第一，以这场世界性金融危机现象为反光镜，跨越150年追溯到19世纪中叶，纵观世界局势变化，可以看到，马克思和恩格斯创立科学社会主义至今一个半世纪以来，社会主义与资本主义两大力量、两种历史走势生死博弈的风风雨雨，充分印证了马克思主义经典作家关于资本主义必然灭亡、社会主义必然胜利的历史发展大趋势的科学论断是颠扑不灭的真理。

第二，我国有效抵御国际金融风险并取得了重大成就，雄辩地证明了中国特色社会主义道路的必然性和正确性，昭示了中国人民所选择的社会主义与马克思主义的旺盛生命力。

第三，国际金融风险促使世界格局发生重大而深刻的变化，中国特色社会主义发展正面临难得的大有可为的战略机遇，正处于全面建成小康社会的关键期，深化改革开放、转变经济发展方式的攻坚期，我们应当主动适应国际经济政治格局变动的新形势，抓住机遇，迎接挑战，把中国特色社会主义伟大事业继续推向前进，中国特色社会主义和中国化的马克思主义一定有更好的明天。

一　纵观一个半世纪世界历史进程，雄辩证明社会主义的必然性和马克思主义的真理性

辩证法告诉我们：任何事物的发展都不是直线上升式发展，而是波浪式地前进、螺旋式地上升、曲折式地发展，社会历史发展也是如此。世界历史进程就是这一历史辩证法的铁定案例。社会主义运动正是遵循这一历史辩证法的逻辑在曲折中前进，虽有挫折与失败，但总体上是循时前行的，这一历史进程恰恰从实践角度检验了马克思主义颠扑不灭的真理性。

对社会历史规律的观察，历时越久、跨度越大，也就越看得明白，其判断也就越经得起实践检验。世界历史进入资本主义社会形态的发展阶段，即伴随着工人阶级与资产阶级、社会主义与资本主义两个阶级、两种社会制度、两大历史前途的博弈，其历史较量的线索、特点、规律与趋势，随着历史的发展、空间的变换、时间的推移，越发清晰，人们也看得越发清楚，其历史必然性越发显现，越发显示马克思主义的科学性。

进入21世纪，回眸一观，可以清楚看到，世界历史进程已经发生了重大的历史性转折，社会主义呈由低到高、到低、再从低起步之势，标志着社会主义在斗争中、在逆境中顽强地生长。这一历史进程尽管曲折，有高潮，也有低潮；有前进，也有倒退；有成功，也有失败，但在总体上印证了马克思主义关于社会主义必然胜

利的历史发展总趋势的判断是正确的，同时也说明社会主义战胜资本主义的历史进程不会是一帆风顺的，也绝不可能在短时间内实现，必须经过一个相当长的历史跨度、经过几十代甚至上百代人千辛万苦，甚至抛头颅洒热血的献身奋斗才能到来。既要看到历史发展的总趋势，坚信社会主义必然要取代资本主义，这是一个不可抗拒的、也不可改变的历史趋势；同时又要看到，社会主义代替资本主义是一个漫长的历史进程，充满曲折，充满斗争，甚至有可能出现暂时的倒退与挫折。既要反对社会主义"渺茫论"，又要反对社会主义"速胜论"。不能因为挫折和失败，对实现社会主义丧失信念和信心，也不能因为顺利和成功，对实现社会主义心存侥幸和性急。

世界性历史转折一个重要标志是 2008 年爆发的世界金融危机。这对世界发展格局和中国特色社会主义建设产生的影响无法估量。中国特色社会主义的成功使世界社会主义运动呈低潮中起步之势。而美国金融危机却使美国以及其他西方发达资本主义国家陷入危险困境，美国独霸势态逆转下滑，资本主义整体实力呈下降态势。二三十年前苏联解体、东欧剧变的世界性历史事件爆发是此消彼长，社会主义力量暂时下降，资本主义力量暂时上升；二三十年后的今天，则是此长彼消，社会主义力量始升，资本主义力量始降。金融危机的爆发使世界力量对比发生戏剧性变化。

美国金融危机是资本主义制度性危机，具体的救市措施只能使危机得到暂时的缓解，但最终是无法克服的。当今资本主义金融危机与中国特色社会主义成功并存。社会主义市场经济与资本主义市场经济的本质区别是生产资料占有方式的不同。资本主义生产资料私有制决定了商品经济二重矛盾引发的危机最终是无法避免的。社会主义市场经济决定了商品二重性矛盾可能会产生危机，而为主体的社会主义生产资料公有制又决定了危机是可以规避和防范的，一旦发生是可以治理和化解的。社会主义市场经济具有市场经济的特性，在社会主义制度条件下，商品内在矛盾是不可改变的，但可以改变它的不可克服性。市场经济与社会主义制度相结合，使中国特色社会主义规避和战胜世界性金融危机成为可能。

中国人民在中国共产党的正确领导下，成功地顶住了金融风暴的冲击，不仅实现了预定的稳定发展的目标，而且取得了显著成绩，这既要归功于党的正确的领导和果断决策，更根本的是彰显了社会主义制度的政治优势，愈发证明了社会主义的生命力、中国特色社会主义的生命力、马克思主义的生命力。

二 中国特色社会主义道路的成功开创，对国际金融风险的有效抵御，彰显了社会主义的顽强生命力

马克思主义经典作家创立了科学社会主义，开创了工人运动和社会主义运动的新格局。当时，他们把注意力和着眼点主要放在西方发达资本主义国家，根据当时的实际，曾设想社会主义革命将首先在生产力比较发达、工人阶级占多数的资本主义国家发生，至少是几个主要发达资本主义国家同时发生才能胜利。而后的实践发展却超出了他们的具体判断，新的实践促使科学社会主义创始人开始注意并研究东方国家走社会主义道路的不同情况。19世纪末到20世纪初，当东方落后国家出现了社会主义革命的主客观条件时，马克思恩格斯及时研究了东方社会主义革命的可能性问题，提出非资本主义国家走社会主义道路的可能性问题。他们认为，东方非资本主义国家走向社会主义，在特定条件下，能够不通过资本主义制度的"卡夫丁峡谷"，而吸收资本主义制度所创造的一切积极成果，实现社会形态的跨越式发展。他们认为，社会主义力量有可能抓住这一历史性的机遇，走出一条"非资本主义"的发展道路。他们的设想为落后国家进行社会主义革命、走社会主义道路提供了理论

依据。

马克思恩格斯最初关于社会主义革命在西方诸国同时胜利的结论，是建立在对社会历史一般发展规律的判断上。就一般发展规律来说，社会主义革命应当在资本主义生产力高度成熟，资本主义生产关系再也不能容纳其生产力发展的条件下爆发，也就是说，走社会主义道路的国家，先要经过资本主义的成熟发展，然后经过社会主义革命，再进入社会主义。而现实是，社会主义革命的成功、社会主义制度的建立不是在西方发达资本主义国家，而是在资本主义尚不成熟，但具备一定历史条件的东方落后国家。马克思恩格斯经过科学研究，分析了社会历史发展的特殊性，提出社会主义发展的非资本主义道路问题。列宁分析了帝国主义历史阶段经济政治发展不平衡的规律，提出社会主义革命可以率先在资本主义统治的薄弱环节突破的科学论断，成功地发动了俄国社会主义十月革命。俄国革命的成功也从实践上证明了马克思主义经典作家关于非资本主义道路的设想是科学的。然而，继列宁之后，斯大林建立的社会主义制度的苏联模式，所走的社会主义建设的苏联道路，尽管取得了伟大的成就，却忽略了苏联相对于西方诸发达资本主义国家落后的生产力，忽略了市场经济的必经性，超越国情，逐渐形成了高度僵化、高度集中的经济政治体制，束缚了生产力的发展，束缚了人民积极性的发挥，束缚了社会主义制度优越性的发挥。一系列革命成功的社会主义国家在社会主义建设实践中，在某种程度上忽略了更为落后的本国生产力实际，犯了照抄照搬别国模式的错误。在几十年的发展中，社会主义制度的优越性逐渐地被僵化的、不适当的经济政治体制所消耗，加之客观原因和主观错误，致使社会主义诸国陷入了发展困局，中国的"文化大革命"和东欧剧变就是这一历史演变的结果。20世纪90年代苏联解体、东欧剧变，既有资本主义西化、分化社会主义国家的外因，同时又有社会主义模式僵化、脱离本国实际、主观上犯错误致使生产力发展上不去的内因。

社会主义革命成功之后，落后的国家到底怎样建设社会主义，必须从实践和理论上给予回答，中国特色社会主义道路的成功开创，破解了这一重大课题，走出了一条社会主义建设的成功道路。

按照马克思主义经典作家的"非资本主义"道路的理论设想，落后国家可以不经过资本主义充分发展而跳跃式地推进社会主义革命，建立社会主义制度。但是资本主义已历经的市场经济发展、生产力高度成熟的自然历史过程却是不可逾越的。中国共产党人总结了社会主义诸国家建设的成功经验和失败的教训，将社会主义制度与市场经济相结合，改革开放，建立与中国社会主义现阶段生产力状况相适应的、与发展市场经济相协调的经济—政治体制，回答了"在落后的国家，什么是社会主义，怎样建设社会主义"问题，一切从实际出发，不照抄照搬别国模式，走自己的道路，成功地开创了中国特色社会主义建设道路。在国际金融风暴的冲击下，西方资本主义一片混乱，前景黯淡，至今尚未走出困境，而中国特色社会主义在中国共产党的领导下，同仇敌忾，顶住了金融风险，再次显示了社会主义制度的强大动员力和战斗力。历史发展的现实辩证法再次证明了社会主义的必然趋势，可以有曲折、有低潮、有失败、有逆转，但总的历史趋势是不可以为人的主观意志所改变的。

三 中国特色社会主义理论体系的创新，给马克思主义注入了新鲜的内容，显示了马克思主义的强劲创造力

中国共产党人在中国特色社会主义伟大实践中创新了马克思主义，赋予马克思主义以新的生命。

当今世界正在发生全面而深刻的变化，当代中国也在发生广泛而深远的变革。国际上，美国次贷危机引发的全球性经济危机，既是一场严重的金融危机，又是一场深度的资本主义经济危机、意识

形态危机、政治危机和全面社会危机，已经并正在给全世界发展带来严重和持续的影响。在国内，中国特色社会主义取得了伟大成就，中国发展道路与中国发展经验，已然成为当今世界的时代性标志，为人类文明的进步开辟了新的发展路径。一方面，当代资本主义面临重大挫折，给当代社会主义、马克思主义的发展提供了难得机遇；另一方面，当代社会主义、马克思主义又面临着前所未有的挑战，面临着严峻的局面。机遇与挑战并存，机遇大于挑战。

世界局势乃至格局发生重大变化，世界发展进程和历史也会发生重大转折。当前世界正处于前所未有的巨大变动之中，资本主义和社会主义两种历史趋势、两大力量、两种意识形态的较量出现了新的变数，激烈社会变动给当代社会主义、马克思主义意识形态提供了新的发展时空，提供了新的需求动力。回顾20世纪八九十年代第三次世界性历史转折，社会主义处于前所未有的低谷，而资本主义处于暂时的优势，反社会主义、反共产党执政的思潮甚嚣尘上，鼓噪一时，不可一世，新自由主义应运而生，西方资本主义到处推销新自由主义。20年过去了，这场金融危机，一方面使资本主义受到前所未有的打击，新自由主义破产，资本主义意识形态再次受到严厉质疑；另一方面，中国特色社会主义通过改革开放取得成功并顶住了金融风险，社会主义从低谷中走出，批评资本主义、批评新自由主义的声音不绝于耳，为当代社会主义、马克思主义意识形态发展，为我们党加强意识形态工作提供了极为有利的条件。当然，这种局势的变幻，也使西方资本主义更加运用两手策略，一方面在经济上利用我们、捧杀我们，另一方面在军事上包围我们，在意识形态领域加紧进攻，使我们面对更加严峻的考验。国际形势风云变幻，透过世界金融危机和世界各种力量交锋的纷繁复杂的现象，我们可以认清，金融资本不过是资本的当代形态，我们所处的时代仍然没有超出马克思主义的理论视野，社会主义具有后发的生命力，当代资本主义无论采取何种形态，仍然逃脱不了马克思主义科学预见的命运。能否抓住机遇，克服困难，有所作为，有所发明，有所创新，有所发展，这一重大历史使命就摆在中国共产党面前。

马克思主义是不是过时了，马克思主义是不是没有生命力了？不是的，马克思主义是科学的，是具有旺盛生命的。马克思主义之所以永不枯竭，永远具有蓬勃的生命力，根本在于它的实践性。实践是理论的源泉，是理论正确与否的检验标准，是推动理论不断发展的动力。马克思主义始终与不断发展的实践相结合，才永葆蓬勃的生机和活力。马克思主义同中国实际相结合，实现中国化，产生两次历史性飞跃，形成了马克思主义中国化的两大理论成果。第一次飞跃的理论成果是被实践证明了的关于中国革命的正确的理论原则和经验总结，当然也包括关于中国社会主义建设道路探索的正确的理论成果，即毛泽东思想。第二次飞跃的理论成果是中国特色社会主义理论体系。中国特色社会主义理论体系在新的历史条件下回答了新的课题，开拓了马克思主义新境界。中国特色社会主义理论体系集中回答中国特色社会主义这个主题。在回答该主题的历史进程中，在改革开放过程中，我们党始终面临并依次科学地回答了四个大问题——"什么是社会主义，怎样建设社会主义""建设一个什么样的党，怎样建设党""实现什么样的发展，怎样发展"。最后归结为回答一个总题目，"什么是马克思主义，怎样坚持和发展马克思主义"，从而深化了对"三大规律"，即社会主义建设规律、执政党执政规律、人类社会发展规律的认识，赋予马克思主义以崭新的内容和旺盛的生命力。

四　主动适应国际金融危机引发的世界格局新变动，抓住机遇，发展中国特色社会主义伟大事业

综合分析国际国内形势，应该十分准确地判断，党做出的关于

我国发展处于重要战略机遇期的重大结论是符合实际、完全正确的。当前和今后一个时期，和平与发展的时代主题没有变，国际环境总体上有利于我和平发展总体态势没有变，我国发展重要战略机遇期存在的基本条件和我国发展机遇大于挑战的基本格局并没有因为国际国内形势新变化而发生根本性改变。

改革开放以来，大体上已经历了两个阶段，进入第三个阶段，即新阶段。第一阶段，1978—1992年，即从党的十一届三中全会到邓小平南方谈话。一是完成了拨乱反正，1978—1982年；二是进行了改革开放，1982—1992年。确立了党在社会主义初级阶段的基本理论、基本路线和改革开放的基本国策，发动了第一轮的改革开放，从农村改革到城市改革，从沿海开放到全面开放，开创了中国特色社会主义的正确道路。

第二阶段，1989—2002年，即从邓小平同志南方谈话开始到党的十六大以来。尽管遭遇了苏联解体、东欧剧变，但坚持党的基本理论和基本路线不动摇，成功地推进了改革开放，战胜了挫折，全面进行社会主义市场经济体制的改革和建设，进入工业化发展中期，实现了奇迹般的经济快速增长。

从党的十六大至十七大，我国进入改革开放发展新的第三阶段，即转折阶段，这五年发展速度更快。

目前，我国正处于经济社会发展的新的转折阶段，我国经济社会发展出现了一系列新的阶段性特征。一是经济社会结构变化呈现新特点。2009年，我国人均国内生产总值达到3700美元，2010年达到4000美元，"十二五"期间将向更高水平迈进。在这个阶段，随着人均收入水平继续提高，消费结构将持续升级，投资结构、产业结构也将随之调整变化，带动工业化、信息化、城镇化、市场化、国际化深入发展，为持续发展提供有力支撑。同时，在快速增长变动中，经济结构升级的约束增多，社会结构平衡的难度加大，前进中存在不少需要解决的矛盾和问题，经济社会管理亟待加强和改善。二是传统增长模式面临新挑战。现在，我国经济规模已位居全球前列，但经济发展的瓶颈制约也明显加大，传统的增长模式难以为继。主要表现在：能源资源和生态环境约束强化，节能减排任务艰巨。国际收支不平衡，外贸增长方式粗放。投资和消费关系失衡，消费率偏低。城乡和区域发展不协调，收入分配差距较大。产业结构不合理，农业基础仍然薄弱。科技创新能力不强，许多核心与关键技术受制于人。经济增长的内生动力不足，制约科学发展的机制体制障碍依然较多。三是人民群众对提高生活水平和质量有了新期待。群众的温饱问题基本解决后，对提高生活水平和改善生活质量的愿望明显增强。尽管我国社会事业有了很大进步，但总体上依然滞后于经济发展，仍是现代化建设中的一块"短板"。在就业、教育、住房、医疗卫生、环境保护、社会保障、收入分配等关系群众切身利益的领域，还存在不少难点和焦点问题，基本公共服务的可及性、公平性仍然不够。这些都与人民群众过上更好生活的新期待有较大差距。这些阶段性特征恰恰是社会主义初级阶段的基本国情在新的转折阶段的具体表现。

尽管在新的转折阶段，出现许多新的转折特征，但一是初级阶段的基本国情没有变，我国虽然进入新阶段，但仍然长期处于社会主义初级阶段；二是主要矛盾没有变，人民日益增长的美好生活需要和不平衡、不充分的发展之间的矛盾还比较突出；三是我国仍然是世界上最大的发展中国家的属性没有变，我国新阶段的特征服从初级阶段基本国情总的特点，如人口多、底子薄、生产力发展总体落后、农业滞后等。

改革开放新时期，一个最显著的成就就是实现了经济持续高速发展，走上了快速发展的轨道，成为世界第二大经济实体，完成了伟大的历史转折。

生产力发展了，国力增强了，人民生活水平提高了。总之一句话，蛋糕做大了。一方面，为全面建成小康社会、全面推进社会主义经济建设、政治建设、文化建设、社会建设和党的建设提供了强大雄厚的经济基础和财力支持，使我们有能力进一步解决人民群众最切身、最迫切、最现实的社会民生问题。

但同时另一方面，改革开放发展到今天，又遇到一系列新的矛盾和问题，我国经济社会发展正处于改革开放新阶段转折的关节点：一是由经济持续快速增长向在坚持经济增长的前提下实现经济社会全面发展转折；二是由效率优先向在追求效率的前提下全面追求社会公平正义的转折；三是由GDP的快速增长向坚持GDP快速增长前提下的实现经济、政治、文化、社会、生态"五位一体"建设任务转折；四是由经济增长方式向经济发展方式、实现国民经济又好又快发展转折。1995年党的十四届五中全会提出了转变经济增长方式，走集约化发展道路。经济增长主要靠工业来带动。这么多年过去了，在转变增长方式上取得很大成就，重工业在工业增加值中的比重迅速上升，凸显了我国处于工业人口加速发展阶段的一系列重要特征。但这种以扩大工业规模为主的增长模式，带来了一系列问题，如能源、原材料消耗巨大；资源、环境压力大；增长过度依赖投资和出口，拉动作用不断下降；农业生产方式落后；第三产业发展滞后，这就进一步提出经济发展方式转变的新的战略要求。

因此，我国社会目前所处转折阶段的一个显著特点，是由如何做大蛋糕向如何分好蛋糕转折，即由经济增长向经济社会和人的全面发展转折，既是发展的黄金期，又是矛盾的突发期。一方面发展快、形势好，但另一方面问题多、矛盾多。机遇与挑战并存、成绩与问题并存。主要矛盾和问题：一是经济增长快，但"一条腿长，一条腿短"，经济社会缺乏全面发展。二是社会财富大量积聚，但社会分配公平问题又极为突出。蛋糕做大了，但如何分蛋糕问题突出。三是经济增长迅速，但环境、人口、资源压力越发明显。四是原有经济增长方式已经严重制约科学发展。五是对外开放度越来越大，对外竞争力越来越强，但承担的国际性风险也越来越大。

以上分析表明,目前我国处于"十一五"的收官之年、"十二五"的开局之年,处于全面建成小康社会发展转折的关键期,处于深化改革、转变发展方式的攻坚期。因此,必须牢固树立机遇意识,适应国内外新形势新变化,顺应各族人民过上更好生活新期待,以科学发展为主题,以加快经济发展方式转变为主线,深化改革开放。一是要坚持以经济建设为中心,紧紧扭住发展不放松。二是要牢牢把握主要战略机遇期。三是要更加注重以人为本,大力保障和改善民生。坚持发展为了人民,发展依靠人民,发展成果由人民共享。四是要更加注重全面协调可持续发展,巩固和扩大应对国际金融危机冲击成果,促进经济社会长期平稳较快发展和社会和谐稳定,为全面建成小康社会、全面推进中国特色社会主义事业发展打下具有决定性意义的基础。

　　(该文为作者 2010 年 10 月 17 日在"中国马克思主义论坛"上的讲话,原发表于《理论视野》2011 年第 1 期)

国际金融危机孕育着社会主义的复兴

李慎明

马克思、恩格斯在《共产党宣言》中说,资产阶级首先生产的是它自身的掘墓人。那么,在这一历史进程中,国际金融危机的深化则直接孕育着它的对立面即社会主义的复兴。

一 西方政要、思想理论界对当今国际金融危机的反思值得关注和借鉴

2008年爆发国际金融危机以来,西方世界对西方经济、制度和价值观的反思,决不是"万绿丛中一点红",而是"日出江花红胜火"。当然,这里所指的"红",并不是特有的政治色彩,主要是指其数量。这里,仅举有代表性的三例:

一是2008年奥巴马在一次演说中引用了最为经典的"马克思式说法"——特别是"政治经济学的形而上学"一词,以此来批评美国长期热衷于运营虚拟经济而放弃实体经济发展的"错误发展观"。他说:"问题不在具体的某一项政策,问题在于一种根深蒂固的'经济哲学'。"这一经济哲学是什么呢?他在另一次演说中愤慨地说:"经济危机是贪婪和不负责任的直接后果,这种风气多年来一直主宰着华盛顿和华尔街。"

二是曾经得出"历史的终结"结论的美国著名学者弗朗西斯·

福山，在2009年接受日本一家杂志的采访时说："西方民主可能并非人类历史进化的终点。"2014年，他又在《美国利益》双月刊1—2月号上发文说，美国的"利益集团和游说团体的影响力在增加，这不仅扭曲了民主进程，也侵蚀了政府有效动作的能力"。

三是42岁的法国经济学家托马斯·皮凯蒂在其《21世纪资本论》中指出："从2007—2008年开始的全球金融危机被普遍视为是自1929年以来最严重的资本主义危机"，"如今已经是21世纪的第二个十年，那些曾经认为将会消失的贫富差距竟然卷土重来，当前贫富分化程度已经逼近甚至超越了历史高点"。

前些年，在国内的一些人中流行这样的观点：马克思主义不灵了，西方的理论、制度、价值观特别是新自由主义才是灵丹妙药。现在，这些人中，有的依然无视国际金融危机的窘境，迷恋于西方模式，但也有一些人开始与西方政要、思想理论界一道进行反思，其中有的学者的反思还相当深刻。当然，我们也清醒地知道，奥巴马、福山等人的反思，是为了改良并维护资本主义制度，并使其万古长青。我们对国际金融危机的关注，则是为了更好地坚持和发展中国特色社会主义。

二 这次国际金融危机，是典型的全球性的产品生产相对过剩、消费需求相对不足的经济危机

这次国际金融危机，是典型的全球性的产品生产相对过剩、消费需求相对不足的经济危机，是资本主义经济、制度和价值观的危机。当前仍未见底的国际金融危机的根源究竟是什么？

各种观点都在解读，如有的认为在于金融家的贪婪，有的认为在于银行监管制度的缺失，有的认为在于比黄金还重要的公众消费信心不足。诺贝尔经济学奖得主、美国普林斯顿大学教授保罗·克鲁格曼认为是美国消费方式和中国汇率与外贸政策的联姻，等等。

其实，马克思早在140多年前的《资本论》中就指出，一切真正危机的最根本的原因，总不外乎群众的贫困和他们的有限消费，资本主义生产却不顾这种情况而力图发展生产力，好像只有社会的绝对消费力才是生产力发展的界限。国际金融危机的爆发，充分证明马克思这一论断的强大生命力，充分说明马克思主义在当今世界不仅没有过时，而且远远高明于其他各种学说。这也是在当今世界，在全球范围内，人们重新呼唤马克思的根本原因所在。

现在，马克思上述经典表述，被当代经济学家换成另外的表述方式而风靡世界。如一时间风靡全球的畅销书《21世纪资本论》一书中，引用的让·布维耶等人的"只要科学调查仍然不能触及当代社会不同阶层的收入，就没有希望产生有益的经济和社会历史"这一句话。托马斯·皮凯蒂《21世纪资本论》一书中所揭示的资本主义基本结构的矛盾："资本主义的核心矛盾：$r>g$"，"即私人资本的收益率 r，可以在长期显著高于收入和产出增长率 g"。平均资本收益率往往有4%—5%，而"对于世界增长前沿的国家而言——没有足够的理由相信增长率在长期会超过1%—1.5%，不管采取何种经济政策都是如此"，从而揭示了300多年来资本主义贫富差距不断扩大的总趋势，等等。这不过都是140多年前马克思所揭示的危机根源的另外一种说法而已，但远不如马克思所揭示的彻底和明快，所开列的解决问题的方子也有着根本性质的不同。马克思的方子是逐步与传统的所有制和传统的观念实行最彻底的决裂，而托马斯·皮凯蒂开出的方子却是"向资本收入征足够重的税，把私人资本收益减少到低于增长率"。

托马斯·皮凯蒂让人尊敬，但他无疑仍是资本主义的改良主义者。他所开列的方子，仅仅是在资本主义生产关系框架内实行改良但绝不可能被实施与实现的乌托邦而已。把托马斯误读为马克思，并被一些资本主义原教旨主义者猛烈攻击，实在是冤枉了托马斯·皮凯蒂。但是，对马克思140多年前的关于经济危机原因的结论人们却很少提及,而托马斯·皮凯蒂的结论却受到关注,这是世界社会主义仍然处于低潮的反映。这也说明,不少人仍在"只有资本主义才能救世界"的思维框架内徘徊。

三 目前这场尚未见底的国际金融危机绝不是在短时期内所能摆脱的

我们把这次危机与1929—1933年资本主义世界爆发的空前的经济大危机相比较,其引发的基本矛盾无疑是共同的,即生产社会化和生产资料私有制之间的矛盾激化到一定程度。但也有所不同。

一是爆发的范围不同。1929—1933年那场危机主要爆发在发达的资本主义世界,而当前这场危机则是爆发在经济全球化这一大背景下。以美国为首的西方世界仍有将这场危机进一步向广大发展中国家转移的实力、手段与途径,这些转移仍在进行甚至在加速进行。随着国际垄断资本在全球范围内对资源和劳动的侵吞,这场危机将有可能通过经济全球化这一渠道,进一步点燃世界上几乎所有主要国家和地区。

二是引发的具体原因有所不同。1929—1933年那场危机主要发生于实体经济领域,表现为商品的供给规模严重超过了市场的有效需求,实体经济危机导致信用危机,并引起整个资本主义世界的经济大萧条;而当前国际金融危机主要发生于虚拟经济领域,它以美国次贷危机为诱因,引起金融市场的动荡。1991年苏联解体,美元又"化"进了原来的社会主义阵营。随着两大阵营军事对抗的结束,原来仅用于军事的因特网技术进入民用,全球开始进入信息时代,同时又开始进入真正的国际金融资本的垄断阶段。美国金融业利润在其国内总利润中所占比重越来越大,从20世纪80年代初的不足20%上升到90年代末的30%左右,并在2002年一度达到45%,在此次金融危机爆发前的2006年也高达30.56%,进而影响到实体经济。现在，全球国内生产总值为 70 多万亿美元，而债券市场则为 95000 万亿美元，是全球 GDP 的 1000 倍以上，各种金融衍生品的价值则达到 466000 万亿美元，是全球 GDP 的 6657 倍还多。现在的虚拟经济远远脱离了当今的实体经济，虚拟经济的泡沫还未破灭，并正在被进一步吹大。各国一轮又一轮的量化宽松政策就是明证。

三是政府应对危机的举措不同。1933 年，美国总统罗斯福上台后，即采取整顿银行与金融系统，防止国内盲目竞争引起的生产过剩，通过兴建公共工程等增加就业、刺激消费和生产，为民众直接发放救济金等措施。而 2008 年的国际金融危机爆发后，美国等西方国家所采取的主要举措是维持极低的利率，通过一轮又一轮的量化宽松、货币贬值和各种金融衍生品的泛滥，把危机转嫁到其他国家，很少直接投资国内的社会民生项目尤其是增加穷人就业这样很难收回成本的项目；世界上不少其他发展中国家则采用出卖国有资产以维持政府的正常运转的方法等，这些举措非但没有触动原有的财富占有和分配关系，反而进一步加剧贫富之间两极分化，这就为在全球爆发更大的经济和社会危机准备着条件。

在资本主义世界大危机的 1933 年，整个资本主义世界工业生产下降 40%，各国工业产量倒退到 19 世纪末的水平，资本主义世界贸易总额减少 2/3，美、德、法、英共有 29 万家企业破产。而目前这场国际金融危机则是资本主义世界推迟多年、推迟多次不得不爆发的危机，这些被推迟的巨大的破坏性能量，远未被完全释放出来。由于全球范围的贫富两极分化仍在加速拉大，有效需求仍在急剧缩小，所以更大的金融和经济危机还在后头。西方发达国家除非能调动其所有能量，运用种种手段，在可以预见的将来搞垮当今世界上现存的其他一两个大国，或是在其国内，采用壮士断腕的办法，在一定程度上均贫富，以较为明显地改善其国内广大民众的生活，或可能在一段时间内暂时推迟或缓和社会资本产能相对过剩和广大民众有效需求相对不足之间的这一根本矛盾，否则，他们将会在世界范围内（其中包括他们的国内）迎来人民革命的浪潮甚至是高潮。

四　科技革命拯救不了资本主义，而恰恰相反，却在加剧着资本主义的基本矛盾

目前，世界正处于生产工具大变革的前夜。以因特网领衔的包括机器人、3D技术、新能源、新材料、生物工程、探索外星等为标志的新的科技革命正在兴起。有人说，这为资本主义开拓了新的广阔的发展空间。而事实的发展将会恰恰相反。

这里仅谈谈机器人。在未来一些年内，资本为了追逐更高的利润，一批又一批的无人工厂将如雨后春笋般地在全球各地出现，劳动生产率无疑会得到极大的提高，社会产品也会极大地丰富，但资本主导的工厂都不雇佣工人了，工人失去了维持生计的工资，即使是物美价廉的产品又有谁来买呢？因此，"科学技术是第一生产力"是在社会主义生产关系框架内才能成立的真理，而在资本主义生产关系框架内，在一定时日内，也还可能成立，而一旦放入历史的长河之中，随着资本主义生产关系框架之内的科学技术的大发展，必然会出现"贫困比人口和财富增长得还要快"的现象，高度发达的现代生产力则必然反抗着给广大民众带来失业和贫穷的现代生产关系、反抗着作为资产阶级及其统治存在条件的所有制关系。而资本主义的生产关系和所有制及分配关系，则必然制约科学技术所体现的生产力的发展。从整体上说，生产力决定生产关系，但在一定条件下，生产关系则对生产力起着决定性的反作用。

我们还应十分关注的是《共产党宣言》中所说的"中间等级"即现在常说的"中产阶级"亦即"白领"。笔者不赞成"中产阶级"的提法，所谓的中产阶级的"产"，仅是指生活资料，而不是

生产资料。而马克思主义字典中"无产阶级"和"资产阶级"中的"产",则都是指生产资料。随着贫富两极分化逐渐加深,随着各国广大普通民众购买力逐渐下降到一定程度,大量企业逐渐破产到一定程度,当所谓"中产阶级"即广大的中等收入阶层大量被抛入绝对贫困行列之时,马克思、恩格斯在《共产党宣言》中所说的"正像过去贵族中有一部分人转到资产阶级方面一样,现在资产阶级中也有一部分人,特别是已经提高到从理论上认识整个历史运动这一水平的一部分资产阶级思想家,转到无产阶级方面来了"的现象就不会鲜见。

国际金融危机在深化,各国以中小企业主和中等收入阶层为主的所谓"中产阶级"队伍已经开始缩小,而广大发展中国家一个有新型特点的庞大的工人阶级队伍正在诞生。被抛入蓝领工人队伍的原有的中等收入阶层中的绝大部分年纪轻,学历高,掌握着各种高科技技术并能熟练地运用网络,他们与本来就处于贫困行列的"蓝领工人"阶层相结合,其斗争的反抗形式和效果便与以往有很大的不同。可以预见,在世界各国工人阶级和广大人民群众波澜壮阔的斗争中,必然产生一批又一批在本国和全球乃至在全人类历史上有着重大影响的政治家、思想家和理论家。富有阶层中的一部分资产阶级的思想家也必然会从新自由主义给全球造成的极大灾难中逐步觉醒,转而加入工人阶级和广大发展中国家人民争取阶级和民族解放运动之中,世界左翼和社会主义的复兴就会加快自己的脚步。

五 需要警惕以美国为首的西方世界为了摆脱这次危机而在特定条件下可能采用的硬实力,同时更应高度警惕其采用金融、意识形态和以"街头政治"为主要内容的"颜色革命"等软办法

希腊历史学家修昔底德有这样一句名言:"雅典和斯巴达的战

争之所以最终变得不可避免,是因为雅典实力的增长,以及这种增长在斯巴达所引起的恐惧。"现在,很多人都在谈论中美关系中的"修昔底德陷阱"问题。美国大战略家基辛格说,为了两国人民,为了全球福祉,美国和中国都应考虑到万一稍有不慎,庞大的机器失去控制迎头相撞会把世界变成什么样子。美国新崛起的著名中国问题学者兰普顿在他的著作《同床异梦:处理 1989 至 2000 年美中关系》中说:"我们各自的国家制度、利益、领导层和公众观点,以及我们两国人民的不同特征,令我们两国的梦想必然有很大的不同。"兰普顿认为,正是这种持续的斗争,为冷战结束之后的美中关系提供了"根本的动力",而且在未来将持续如此。毫无疑问,我们可以完全放弃"冷战思维",可以不以意识形态划线,但是如何有力、有效地说服并制约美国一些政要、战略家放弃"冷战思维"和以意识形态划线?这恐怕需要等到我国真正跨入发达国家并位居世界前列方可。另外,经济是基础,而政治是经济的集中表现。当经济领域本身的问题无法解决之时,国际垄断资本就会在政治领域寻找出路,而战争则是政治的最高手段。

2014 年 5 月 28 日,美国总统奥巴马在西点军校的讲话中明确表示:"我的底线是:美国必须一如既往在世界舞台上发挥领导作用";"为了保护我国人民、我们的国土、我们的生活方式,美国永远不需要征求别人的许可";"我对美国例外论深信不疑",但"美国的军事行动不能成为我们在每个场合发挥领导作用的唯一因素——甚至不是最基本的因素"。2014 年 5 月 31 日,美国防长哈格尔在"香格里拉"对话中说:"再平衡不是一个目标,也不是一个承诺或者一个愿景——而是一个现实。当国际秩序的基本原则受到挑战,美国将不会寻求其他方法来解决问题。美国还将继续致力于通过每年多达 130 次演习加强盟友和地区合作伙伴的能力建设。作为再平衡的一部分,美国正计划到 2016 年对整个亚太地区的外国军事资助增加 35%,军事教育和训练增长 40%;而到 2020 年,我们会实现我们的目标,我们的海军和空军的60%部署在太平洋。"

目前已有各种征兆显示,在我们这个地球上的某个角落里,某些人正在筹划着继续搞乱甚至肢解世界上一两个特定大国的计划。这一计划,以软实力即"颜色革命"为开路先锋和主力军,以军事硬实力为后盾,必要之时,不惜发动一两场较大规模的非正义战争。根据历史经验可以判定,战争的筹谋者自己不会首先卷入战争,它会千方百计挑动他国他人相互厮杀,而自己袖手静观甚至贩卖军火,待到他国他人国力消耗殆尽,必要之时它才会果断出击,以最后收获战果。这一软硬兼施的谋划将会有计划地先后实施,以对这特定的几个大国各个击破,最后达到称霸全球的目的。

列宁关于当今时代的判定没有过时,帝国主义就是战争。我们要警惕西方世界的"硬实力",但更应高度警惕西方世界的"软实力"。苏联这个大党大国的顷刻消亡的案例,使得国际垄断资本更为相信的是其"软实力"。美国战略家布热津斯基说:"要使全球80%被'边缘化'的人(发展中国家和东欧前社会主义国家的人)安分守己,20%搭上全球化快车的人(指发达国家的人)可以高枕无忧,就需要采取色情、麻醉、低成本、半满足的办法解除被'边缘化'的人的精力与不满情绪。"他还说:"公众们将会在不久的将来,失去自主思考和判断的能力。最终他们会期望媒体为他们进行思考,并作出判断。"

布热津斯基这一设想,在发展中国家包括中国,在多大程度上实现了呢?发展中国家的金融风险有的已经爆发,而有的却仍在继续酝酿集聚。以"街头政治"为主要内容的"颜色革命"接连在发展中国家上演;最近的香港"占中"也正是西方国家想在中华人民共和国的国土上大规模搞"颜色革命"的预演。从本质上讲,西方发达国家都是两脚走路的"经济人",他们的经济意识异常强烈与敏锐,往往要把资本主义政治经济学里的定理、定律运用到政治与国际关系领域。他们深深知道"软实力"投入少、产出多的道理，因此，西方世界今后会更多地采用其"软实力"，以维护并加强对广大发展中国家其中包括社会主义国家的遏制或盘剥。

六　国际金融危机孕育着世界左翼和社会主义的复兴

盛极而衰，否极泰来。这是历史的辩证法。当金融帝国主义者把全世界所有主要资源都货币化、数据化然后再装入自己的口袋里的时候，全世界各国人民最基本的生存权利被完全剥夺殆尽之时，世界上社会制度彻底变化这一个翻天覆地的伟大时代也就必然到来。我们应十分注意研究和把握这个新的伟大斗争的特点及其规律。只有这样，我们这个大党大国，才能在这一斗争中，由自在党和自在国，转为自为党和自为国。中国特色社会主义也必然有着无比光明灿烂的前程。

世界左翼和马克思主义思潮复兴，植根于全世界范围内财富占有与收入分配急剧两极分化的丰厚的经济沃土。国际金融危机的爆发带来的，一是马克思主义的学说在全球重新得到青睐；二是国际金融危机后，发达国家和发展中国家广大民众对资本主义普遍不满，罢工运动频起；三是各国共产党将马克思主义普遍原理与本国的具体实践相结合，积极开展对国际金融危机的研究和应对。大的复兴，当然尚需时日，但是，辉煌与苦难相伴。当今仍未见底的国际金融危机愈是深化，人们便愈是觉醒，社会主义便愈是复兴和发展，社会主义是人类发展的必然结果，后社会主义时代最终也必然如期而至。

（原载《红旗文稿》2015年第1期）

三

世界金融危机与新自由主义、资本主义的命运

从国际金融危机进一步认清新自由主义的危害

李慎明

2008年下半年,由美国"次贷"危机引发的金融危机迅疾向全球蔓延,不少世界著名的金融机构相继陷入困境甚至破产,全球经济蒙受重大损失。这是自20世纪30年代大萧条以来最为严重的全球性经济灾难。这次国际金融危机爆发的导火线是美国"次贷"危机,直接原因是金融监管不力。但从根本上说,它仍然是马克思主义创始人所揭示的生产社会化与生产资料私人占有这一资本主义基本矛盾所引起、所决定的,是资本主义发展的当代形态——国际金融垄断资本主义(制度)内在矛盾发展的必然结果。而国际金融垄断资本主义的理论基础就是以"华盛顿共识"为其完成形态的新自由主义。因此,联系当前正在发生的国际金融危机,站在马克思主义和科学社会主义的立场上,运用其观点和方法,深化对新自由主义的研究,进一步认清其本质及危害,十分必要也十分重要。

一 新自由主义的演变及其本质

属于新自由主义的各种流派及其代表人物的思想观点和政策主张虽然有不同程度的差别,但他们大多以自由的名义抵制对市场的计划调节和国家干预,以维护垄断资产阶级和金融寡头的根本利益。美国学者诺姆·乔姆斯基认为，新自由主义是20世纪30年代在亚当·斯密古典自由主义思想基础上建立起来的一个新的理论体系，它强调以市场为导向，主张贸易自由化、价格市场化、私有化。该理论体系也被称为"华盛顿共识"，它们由美国政府及其控制的国际经济组织所制定，并通过各种方式实施。美国学者罗伯特·W.迈克杰尼斯指出，新自由主义是我们这个时代明确的政治、经济范式。法国学者科恩·塞阿则认为，新自由主义是资本主义意识形态的理论表现。

我们可以这样来定义：新自由主义是在继承资产阶级古典自由主义经济理论的基础上，适应国家垄断资本主义向国际金融垄断资本主义转变要求的理论思潮、思想体系和政策主张。"华盛顿共识"的形成与推行，是新自由主义从学术理论嬗变为国际金融垄断资本主义的经济范式、政治纲领和意识形态的主要标志。其核心内容就是"私有化、市场化、自由化"和"全球经济一体化"（即美国化）。

一是从经济上看，新自由主义鼓吹贸易、金融、投资自由化、市场化，反对国家干预，是国际金融垄断资本进行全球扩张、攫取超额垄断利润的工具。新自由主义主张商品服务、资本、货币的跨国自由流动，要求发展中国家放松对资本和金融市场的管制。但英美等西方发达国家从来就没有完全实行过这样的政策，而是通过政府补贴、非关税壁垒，滥用反倾销措施和特殊保障措施等搞贸易保护主义。其根本目的就是维护当今以美国为首的发达国家或国际垄断集团的利益和国际金融寡头的利益，而让其他发展中国家任凭国际金融垄断资本去盘剥，掠夺和占有全世界的资源。新自由主义主张反对国家干预，但对于有利于国际金融垄断资本运行、有利于资本主义克服危机、有利于垄断资本攫取超额垄断利润的国家干预，新自由主义不仅予以保留，而且还不断加强。例如，在金融危机中，美国不惜出台高达8500亿美元的救市方案，其中有相当大的比例注入金融垄断企业，仅美国国际集团（AIG）就获得1700

亿美元。可见，美国所反对的是其他国家维护自己经济主权和经济利益的国家干预，反对的往往是有利于工人阶级的国家干预，例如，对劳动和社会保障等方面的干预。

二是从政治上看，新自由主义不仅仅是资本主义的理论形态，它同时又是资本主义的政治纲领，它极力维护私有制和资本主义制度，极力反对公有制，是资产阶级统治压迫广大人民群众的工具。新自由主义所谓规范化改革，其政治目的就是动摇社会主义的基本政治经济制度，企图用资本主义制度"规制"世界，用资本主义制度代替社会主义制度。美国新自由主义思想家弗里德曼强调，应该把资本主义移植到中央计划经济中去，对其进行资本主义改造。新自由主义的主要代表人物哈耶克，不仅主张把资本主义制度移植到其他非西方国家，而且强调把作为资本主义制度支撑和基础的思想和价值观念一同移植到这些国家。

三是从意识形态上看，新自由主义作为国际金融垄断资本主义主流意识形态，是维护国际金融垄断资产阶级对本国劳动人民以及广大发展中国家进行剥削和压迫的工具。西方国家并不是把新自由主义单纯地看作一个经济学派，而首先把它作为一种适应其政治需要的意识形态，要用这种意识形态来规范其他国家改革的政治和价值取向。美国学者詹姆斯说，西方统治阶级对人民的文化生活进行系统地渗透和控制，以达到重塑被压迫人民的价值观、行为方式、社会制度和身份，使之服从帝国主义阶级利益的目的。

二 新自由主义的危害

（一）新自由主义的推行必然导致金融危机和经济危机，加剧全球经济动荡，严重损害世界各国尤其是发展中国家的经济和金融安全

国际金融危机重创了世界经济。国际货币基金组织报告说，金融危机造成2008年第四季度世界经济下降了5%，预计2009年世界经济将下降0.5%至1.0%。全球各国折损预计将达到4.1万亿美元；全球资本市场市值蒸发超过50万亿美元，相当于2008年全球的GDP。在国际金融危机中，美国、日本、欧盟等发达资本主义经济体经济严重衰退，各新兴国家经济严重受创，本来就十分脆弱的发展中国家经济更是雪上加霜。

国际金融垄断资本的扩张和统治，使经济加速金融化、虚拟化、泡沫化，造成世界经济异化，增加了世界经济发展的风险和不确定性。金融资本垄断寡头利用金融作为现代经济运行的血液和命脉的特殊地位，逐步实现对实体经济的控制，并越来越多地占有超额垄断利润。近10年，整个美国金融行业所"创造"的利润竟占美国所有企业利润的40%左右。而在40年前，这一比例仅为2%左右。金融机构在追逐利润动机驱使下，不断推出规模庞大、结构复杂、透明度低的金融衍生品。有报告说，2007年全球实物经济10万多亿美元，GDP为近54万亿美元，全球金融衍生品市值为681万亿美元；全球GDP与全球金融衍生品相比则为1:13，实物经济与金融衍生品比值为1:68；美国实物经济与金融衍生品比值竟为1:91还多。而金融资本本身并不创造剩余价值，货币循环所能生出更多货币，全靠投机和高杠杆运作，虚拟财富如脱缰之马急剧膨胀。一旦泡沫破裂，就必然引发金融、经济危机，给全球各国经济造成极大灾难。截至2009年9月底，美国国债高达11.9万亿美元。另外，美国在医疗、社会保障等福利项目上的负债高达59.1万亿美元。美国现在的总负债已经超过69万亿美元。如果从2001年算起，截至2009年11月，美元兑西方一揽子货币比价贬值了约31%。这已经给其他持有美国国债的国家和美国的普通民众造成了巨大的损失。

这次国际金融危机削弱了发展中国家防范抵御国际金融垄断资本侵入和扩张的能力，加重了国际金融垄断寡头对其他国家和世界人民包括美国劳动人民在内的剥削和掠夺。在"次贷"危机爆发和蔓延的 2007 年，美国不仅不全力收缩资本应对本国金融危机，反而加快了海外扩张的步伐。据美国经济分析局统计，当年美国增持 3.56 万亿美元的海外"真金白银"和资源财富，为历年之最，以不断实现其增殖，使其海外总资产规模达到 19.46 万亿美元。与此同时，美国却诱使其他国家尤其是发展中国家大量增持不断贬值的美元和不断缩水的各种金融衍生品 3.43 万亿美元，也为历年之最。

（二）新自由主义推行彻底的私有制，反对公有制，颠覆社会主义制度，损害发展中国家的政治经济主权

新自由主义把资本主义的私有制视为唯一合理的制度，他们把集权主义和统制经济的一切弊端统统归之于社会主义和计划。他们向社会主义国家兜售新自由主义改革模式和政策，搞政治颠覆活动，瓦解、动摇社会主义经济基础和政治基础。20 世纪 80 年代末 90 年代初，在新自由主义的渗透和作用下，西方和平演变战略在东欧和苏联得手，该地区原有的 15 个社会主义国家中，有 10 个国家改变性质或不复存在。短短一年多时间，波兰、匈牙利、民主德国、捷克和斯洛伐克、保加利亚、罗马尼亚六国，政权纷纷易手，执政 40 多年的共产党或下台成为在野党，或改变了性质。世界社会主义运动步入空前低潮。

东欧剧变、苏联解体后，美国等西方强国在独联体国家通过灌输西方新自由主义意识形态，进行"颜色革命"，使权力掌握在其代理人和亲西方势力的手中，在目标国进一步清除共产党及左翼力量的影响。

新自由主义向广大第三世界国家推行自由化，严重削弱发展中国家的民族工业和本国市场的保护屏障，大大削弱这些国家政府控制本国经济和保证金融安全的能力，使其民族独立、国家主权不断弱化，为国际垄断资本控制、掠夺和盘剥广大发展中国家，推行霸权扫清障碍。

（三）新自由主义极力用西方的意识形态、价值观念"规制"世界，对社会主义国家进行思想文化渗透，威胁社会主义国家的意识形态安全

美国为谋求全球霸权，暗中策划"软战争"，涉及意识形态、政治经济和文化交流等各个领域，其中核心的是推行新自由主义的意识形态。

美国等西方国家向非西方国家特别是社会主义国家灌输新自由主义意识形态，造成了十分恶劣的影响。资产阶级自由化思潮泛滥，西方的所谓人权、自由、价值观侵蚀了人们的思想。如在新自由主义意识形态的长期渗透下，苏东共产党在意识形态领域失去了主导权，造成了十分严重的恶果——苏东共产党的思想被搞乱了，人民的思想被搞乱了，整个苏东共产党和党的领袖被妖魔化，而资本主义则成了人们心目中自由和富足的理想天堂。

（四）西方国家推行新自由主义在世界范围内造成工人大量失业、贫富两极分化、政府垮台、社会动乱等严重社会问题，尤其对广大发展中国家更是造成灾难性后果

新自由主义理论和政策在西方发达国家和许多发展中国家的强制推行，产生了经济增长迟缓、贫富分化加剧、社会矛盾激化等消极后果。现在，世界上最富有国家的人均收入比最贫穷国家的人均收入高出330多倍；世界南方欠世界北方的外债总额已经从1991年的7940亿美元猛增至目前的3万多亿美元。

在英美等发达国家，实行新自由主义所鼓吹的私有化、减税和削减社会福利等政策，导致消费需求不足，金融投机猖獗，虚拟经济恶性膨胀，收入差距进一步拉大。2000年美国贫困人口为3160万人，2008年为3980万人，2009年则达到4240多万人，占其总人口的14.13%。

国际金融危机使世界失业人口猛增。据国际劳工组织评估，世界失业人口从2007年的1.9亿人增加到2009年底的2.1亿人。世界粮农组织和粮食署报告显示,目前全世界人口约为67亿人。全球饥饿人口由2008年的9.15亿人,上升到2009年的10.2亿人,增加了11%。

但是,历史的辩证法是无情的。这场国际金融危机暴露了当代资本主义——国际金融垄断资本主义的腐朽性,以及国际金融垄断资本的理论体系——新自由主义的危害性,进一步加剧了其自身所固有的基本矛盾和主要矛盾,最终必将危及自身。在柏林墙倒塌20周年之际,英国广播公司(BBC)对27个国家、2.9万余人的调查显示,仅有11%的受访者认为自由市场资本主义运行良好,23%的受访者认为自由市场存在致命缺陷。而持自由市场存在致命缺陷观点的受访者在法国、墨西哥和巴西的比例分别为43%、38%和35%。法国总统萨科奇高呼"自由主义终结了",并提出要建立"新布雷顿森林体系+新资本主义",而英国首相布朗和德国总理默克尔也都支持。日本首相鸠山指出:美式自由主义,造成了日本贫富悬殊。斯蒂格利茨等学者和索罗斯等金融家都严厉批评新自由主义。连格林斯潘也公开承认:自由市场理论有"缺陷"。

三 警惕和抵制新自由主义的干扰,坚定不移地走中国特色社会主义道路

(一)巩固马克思主义在中国意识形态领域的指导地位,坚定正确的理想信念

马克思主义是中国社会主义意识形态的旗帜和灵魂,是我们战胜各种错误思潮的有力思想武器。从根本上说,无论新自由主义还是凯恩斯主义或是民主社会主义最终都救不了资本主义,也不能使中国快速发展。我们要坚持用马克思主义中国化最新成果武装头脑,使广大党员干部牢固树立坚定正确的理想信念,尤其是在世界社会主义处于低潮时是如此。只有这样,我们才能自觉坚持正确的

政治方向，分清理论是非，增强防范和抵御新自由主义以及其他各种错误思潮对我国意识形态渗透和干扰的能力。

（二）坚持公有制为主体、多种所有制经济共同发展的基本经济制度，坚定不移地走中国特色社会主义道路

基本经济制度是一个国家社会制度的基础。坚持以公有制为主体、多种所有制经济共同发展的基本经济制度，是社会主义的一项根本原则，是实现社会主义优越性和共同富裕的重要保证。我国所要发展的社会主义市场经济，是与这种基本经济制度结合在一起的，是与新自由主义反对公有制、主张私有化不相容的。只有坚持公有制为主体、多种所有制经济共同发展，才是振兴和发展我国经济的正道。任何否定公有制的主体地位，搞私有化，或者是回到过去单一的公有制，都偏离了中国特色社会主义正确道路，都会使我国经济社会发展步入歧途，我们坚决反对。

（三）坚持改革开放，确保改革开放的正确方向和健康发展

改革开放是推动我国经济社会发展的动力，推进中国特色社会主义事业，必须继续解放思想，坚持改革开放。在应对这次国际金融危机的过程中，我国对稳定经济所采取的重大举措，取得了明显成效，大多数发达国家经济都在负增长的时候，2009年我国GDP同比增长8.7%，这充分彰显了中国特色社会主义制度的优越性。这也充分说明，教育、卫生、收入分配、社会保障等重要领域，以及扩大内需、调整结构，乃至总量平衡等问题，都不能完全交给市场去自发调节。我们要坚定不移地坚持党的基本理论、基本路线、基本纲领、基本经验，勇于变革、勇于创新，永不僵化、永不停滞。要坚持高举中国特色社会主义伟大旗帜，警惕新自由主义等错误思潮对改革的干扰，坚持改革开放的正确方向，继续推进马克思主义中国化，把中国特色社会主义事业不断推向前进。

（原载《红旗文稿》2010年第6期）

西方金融危机的根源在于资本主义基本矛盾的激化

程恩富 侯为民

2008年以来的金融危机是资本主义经济危机在当代的主要表现形式。虽然当代金融危机在生成路径和结果方面体现出新特点，但并没有根本改变资本主义危机生成和演变的基本逻辑。资本主义经济危机的根源仍然是资本主义的基本矛盾，即生产的社会化与生产资料的资本主义私人占有之间的矛盾。而这一基本矛盾以及由此产生的四对具体矛盾在21世纪初的激化，只是当代资本主义在其生产关系允许范围内的局部调整而已。那种以为金融危机的主因在于"信心不足""操作失误""过于贪婪""监管不力"等观点，显然是片面和错误的。

一 寡头利益短期化激化了企业内部人控制与整体长远利益之间的矛盾

当代资本主义经济领域一个显著特征是股权的分散化。表面看来，股权分散化似乎可以缓和劳资矛盾，即让部分劳动者在名义上成为私人占有者，从而形成所谓的"人民资本主义"制度。但事实上，这不仅无法掩盖私人垄断寡头控制国民经济的实质，而且加剧了企业中代理人局部利益与企业整体风险之间的矛盾，在微观领域激化了资本主义内在矛盾。

　　一方面，股权分散化推动了资本集中程度的提高，增强了寡头资本的控制力。在西方发达国家，由于大企业特别是金融大企业的股权结构以法人资本所有制为基础，使个人股东的股权比较分散。如高盛集团的第一大股东持股比例只有1.74%。而在个人股权分散化的同时，法人股东的股权却高度集中，导致少数法人股东能轻易地掌握企业控股权。在美国，机构法人股东，包括年金基金、共同基金、人寿保险公司以及运用信托资金和年金的商业银行信托部等，其持有的股份比重不断上升，持有普通股股票比例从1981年的38%上升至1990年的53.3%。而法人股东的存在，又催生了一个高薪的代理人群体，使之成为垄断资本的工具，并加重了整个劳动大众的负担。

　　另一方面，在股份公司中私人资本所有者仍然是法人股东的最终所有者和最终委托者。虽然股份公司资本规模日趋庞大，但掌握控制权的寡头占股比例却相对较小，常常以损害全体股东利益为代价，而追逐私人利益或极少数人局部利益。同时，个人股权的高度分散性，不仅将职业经理人塑造成为企业经营管理活动的实际组织者和局部控制者，更导致私人大股东对企业的运行采取"理智的冷漠"态度和"搭便车"策略，从而弱化了对法人股东和经理人等代理人的监督和制约。而金融寡头实施的以股票期权计划为代表的薪酬体系和无风险的高额退职金，以及私人大股东控制的董事会与经理层"合谋"转嫁投机失败损失的连环证券化和国家救助制度，则大大诱发代理人和整个高管层的高风险短期套利行为。如作为金融危机起点的美国次贷危机，便是私人银行与私人房地产开发商"合谋"，向还款能力没有保证的中下阶层提供"次级贷款"，并依赖于风险转嫁制度所致。因此，股权分散化的私有垄断制及其企业管理模式，容易形成高管层为追求个人巨额收入极大化而追求利润极大化，日益采用风险较大的金融工具以及次贷方式，这就导致个别企业对短期利益的追逐和投机冲动与宏观上企业整体风险不断积累并存，使金融危机不可避免。

二 经济发展虚拟化激化了资本主义经济结构的内在矛盾

金融活动的高度社会化，是生产社会化在当代的一个重要特征。而信用的日趋独立化、体系化以及信用工具的不断创新，又是金融活动社会化的基础。在马克思看来，信用的扩张意味着货币在观念形态上的膨胀，与之相应的是虚拟资本在总量上的扩大。当代资本主义金融活动的高度社会化，正是以虚拟经济的片面发展和非理性繁荣为标志的。

种类繁多的金融衍生品是虚拟经济的主要载体。以美国为例，金融资本家打着金融创新的旗号，通过不断延长的证券化链条，创造了住房抵押贷款支持债券、担保债务权证和信用违约互换等衍生品。由于这些金融衍生品的疯狂生长，2008年次贷危机爆发以前美国的虚拟经济规模已远远超过其实体经济。有数据表明，2007年全球衍生金融产品市值达681万亿美元，是全球GDP的13倍，全球实体经济的60多倍。而美国的金融衍生品市值则高达340万亿美元，是其GDP的25倍，形成了大量的"有毒资产"。

生产和消费之间的失衡本来是资本主义社会再生产过程中的常态。但虚拟经济的过度发展，掩盖了资本主义的全面生产过剩，使之表现为隐蔽的相对生产过剩。据有关学者估算，1987年以后的短短20年间，国际信贷市场的债务翻了大约4倍，从近110亿美元猛增到480亿美元，远远超出了经济增长率。虚拟经济的发展，还加快了资本主义国家的去工业化趋势，使国际垄断资本尽量绕过产业资本而力图通过金融资本获取高额利润，并加快在全球的产业布局，将生产配置到生产成本较低的国家和地区。这种去工业化加剧了资本主义国家内部经济结构的失衡，并加剧了全球范围内产业资本间的失衡，使得虚拟经济与实体经济之间形成巨大的鸿沟。

经济发展虚拟化激化了实体领域和金融领域间职能资本的矛盾，使金融资本创造的利润越来越脱离实体经济中职能资本创造的剩余价值，从而体现出更强的掠夺性。不过，当实体领域资本以坏账和滞销商品的形式出现，并以资本的急剧贬值告终时，建立在其上且以信用和债务链条构筑起来的虚拟经济王国也就随之崩塌。虚拟经济发展过度超前于实体经济的"脱实向虚"状况，是当代资本主义基本矛盾在经济结构领域的具体表现，是经济运行风险不断积累并导致金融危机的现实缘由之一。

三　分配差距悬殊化激化了生产无限扩大与有效需求相对缩小之间的矛盾

生产资料私人占有的不平等是资本主义社会的制度基础，分配差距悬殊化则是必然结果。在当代，资本主义私人占有制不仅通过对现实生产过程中劳动者的奴役攫取财富，还利用国家力量压低收入和福利，增加劳动者负担，在国家和全球范围内加剧了收入和财富分配的两极分化。

发达资本主义国家通过以下几个途径使分配差距日益悬殊。一是打压工会力量，维持较高的失业率，直接压低工资水平。二是在劳动用工上推行灵活用工和弹性用工制，变相压低劳动者收入。三是推动社会保障体制的私有化改革，以压缩劳动者工资中可以用于消费和储蓄的份额，进而实现对家庭储蓄的控制。根据世界银行的数据，金融危机前的1991—2007年，美国收入分配的基尼系数从37.58%逐渐上升至41.64%。而最低收入组（10%）的收入份额从1.79%下降至1.24%，最高收入组（10%）的收入份额则从26.68%上升至30.55%。显然，占人口少数的收入份额占有比例不断上升，而占人口绝大多数劳动者及其家庭成员所拥有的收入占比日趋缩小，相应地会导致全社会的有支付能力需求进一步萎缩。

分配差距悬殊化则强化了对中下层劳动者消费信贷的依赖。然而，大众的消费信贷本质上是寅吃卯粮。由于这些大众消费是劳动力再生产所必需的，因而信贷消费本身就意味着资本对劳动者未来劳动力支出的透支和挤压，从长远看会更加压缩整个社会有支付能力的需求。同时，由于资本方这一信用扩张运动，又加快了资本本身的积累，促使资本主义生产经营在全球的扩大进一步加快，因而无形中加大了经济运行的整体风险。

就引发危机的次级贷款来说，劳动者收入的相对下降加剧了住房过剩，住房贷款虽可以在一定程度上缓解生产过剩，但分配差距拉大却会使之陷入更大的泥坑。事实也正是如此，限于降低中低收入阶层资质的需要，2001—2006年次级贷款占美国住房抵押贷款总量的比例本来就已经由5.6%上升至21%。但迫于金融资本虚拟化的要求，2006年美国新增的中级贷款和次级贷款更进一步急剧上升，分别占到了当年美国新增住房抵押贷款的25%和21%。显然，住房抵押贷款支持债券、担保债务权证和信用违约互换等金融衍生品的发展，只能转移次级贷款等金融资产的风险，而不能消灭风险。这种"债务经济模式"创造了虚假的需求泡沫，的确暂时缓解和掩盖了生产经营扩大和劳动者消费不足的矛盾。但一旦遇到利率上升、大量失业或还贷断供等经济事件时，必然会因债务违约产生全面连锁式的支付危机，成为引发金融危机的导火索。

四　经济调节唯市场化激化了个别企业有组织性与社会生产无秩序之间的矛盾

生产经营的高度社会化，需要有与之相应的国家调节，这是现代市场经济正常和持续运转的必要条件，而现代资本主义各国转向经济调节的唯市场化，必然激化个别企业内部生产经营的有组织性和整个社会生产经营无政府无秩序状态之间的固有矛盾。这也是导致资本主义金融危机反复发作的重要原因之一。

在一个计划性和组织性程度较高的社会中，社会生产遵循着按比例发展的内在规律，生产的社会组织与个别企业的生产计划就具有内在的一致性。少量的生产过剩只能是局部和偶然的现象，社会生产和经济运行是良性发展的。不过，资本主义私人占有制度决定了其企业内部的高度计划性和组织性，并不会转化为整个社会生产的按比例性。相反，私人垄断资本更愿意利用自身的强大组织和支配能力，以及社会生产的无秩序性，来达到在竞争中击败中小资本的目的。

近几十年来西方发达资本主义国家祭起新自由主义的大旗，在经济调节上强调唯市场化，其实质就是要放松国家对经济的调节与金融监管，强化私人垄断资本的统治。这必然导致发达资本主义国家内部去工业化进程加快、利率长期在低位徘徊，也促使其金融创新花样层出不穷，大量资本涌向虚拟经济领域。与此同时，也造成了发达资本主义国家内部的中小企业生存压力增加、劳动者收入增长迟缓、社会有效需求相对萎缩等一系列问题，从而为金融危机爆发埋下了导火索。

当代资本主义的经济调节唯市场化，不仅恶化了发达资本主义国家内部整体上的生产组织性和比例性，而且在国际层面激化了个别企业生产有组织性和社会生产无秩序之间的矛盾。在唯市场化名义下推动的非调控化、私有化、福利个人化等，加剧了劳资力量间的失衡和全球经济的失衡。在唯市场化名义下推动的资本自由化，则使大量资本向欧美发达国家回流，使发展中国家经济大幅波动，并在这种波动中遭受财富洗劫。换言之，金融危机不仅是发达资本主义国家内部国民经济按比例规律被打破的结果，客观上也成为全球社会生产体系恢复平衡的强制性的实现方式。简言之，私有制垄断集团和金融寡头容易反对国家监管和调控，而资产阶级国家又为私有制经济基础服务，导致市场和国家调节双失灵，从而酿成金融危机。

（原载《红旗文稿》2018 年第 7 期）

新帝国主义的白条输出

余斌

1916年春，列宁完成了《帝国主义是资本主义的最高阶段》小册子的写作。① 在这本小册子中，列宁指出，"对自由竞争占完全统治地位的旧资本主义来说，典型的是商品输出。对垄断占统治地位的最新资本主义来说，典型的则是资本输出"。自那时起，列宁的帝国主义论就成为人们认识世界政治经济局势的主要工具。现在，时间过去了差不多100年，世界上第一个社会主义国家诞生了，又夭折了，而帝国主义也发生了一些变化。21世纪初，英国首相的顾问罗伯特·库珀公开鼓吹世界需要一种"新的帝国主义"，引发了种种鼓吹和批判这一新帝国主义主张的理论。其实，早在20世纪70年代，作为帝国主义最后阶段的新帝国主义就已经初步成型，其标志是具有了与旧帝国主义不同的具有典型意义的经济特征——白条输出。

一　关于新帝国主义经济特征的论述

对于新帝国主义的经济特征，国内外有不少论述。

吴茜认为，与传统帝国主义不同，美国新帝国主义输出的不仅是资本，而且包括与资本有联系或为资本输出服务的资本主义的生

---

① 《列宁专题文集·论资本主义》，人民出版社2009年版，第97—213页。以下未注明出处的列宁观点，均出自此处。

产方式和上层建筑。在经济结构方面，美国大力发展高新技术产业和信息产业，抢占了全球高新技术产业的制高点，建立美国处于优势地位的新型金字塔式国际分工，夺得了全球生产领域的控制权；利用跨国公司在全球的生产一体化网络来垄断全球的经济资源和经济命脉；实行贸易自由化和资本自由化政策，通过取消部分金融业管制等促进国际双向投资的措施，推进了金融全球化，依托强势美元优势基本控制了全球金融流动，实现美国从"概念化的资金流动"中攫取其他民族国家财富的目的；以跨国公司投资扩张行为，逐渐达到控制东道国经济命脉，并促使其建立以私有制为核心的资本主义经济基础和与之相适应的上层建筑。[1]

杨承训认为，美国由金融资本从与实体经济结合蜕变为严重脱离实体经济的庞大金融经济体系，成了以虚拟经济为主体的经济泡沫酵母，进而扩展为整体的泡沫经济。这是一个利用金融—虚拟资本和泡沫经济操纵市场、控制世界大发其财、最终泡沫破灭的进程。自布雷顿森林协定签订以来，全世界各国都以美元为标准结算贸易，美元在全世界多数国家流通，并作为储备手段。在20世纪70年代美元同黄金脱钩之后，美国可以任意印发钞票，以此作为弥补贸易赤字和财政赤字的手段。换句话说，美国用印钞机的旋转换取世界各国特别是广大发展中国家劳动者的血汗，并将这笔超额的货币收入再转化为新的金融资本和军事实力，进一步压迫与剥削世界人民。在20世纪中叶之后特别是80年代以来，美国已经成为国际超级金融垄断资本主义，即把金融与工业的结合蜕变为脱离并统治实体经济的虚拟经济，而与高科技结合，进一步引发由经济泡沫酿成泡沫经济，彰显了美国为首的现代资本主义的新特征和新手段。[2]

---

[1] 吴茜：《"新帝国主义论"与美国的世界霸权战略》，《理论月刊》2006年第4期。
[2] 杨承训：《"虚拟—泡沫王国"：国际超级金融垄断资本——现代资本主义阶段性特征》，《思想理论教育导刊》2009年第2期。

邢文增也认为，除了武力干涉外，新帝国主义还具有传统帝国主义所不具备的一个优势，即"货币霸权"。在传统帝国主义时代，帝国主义对世界的控制主要是为了占有生产物质产品的资源和市场，而各国争夺的焦点也集中在控制国际贸易的流向上。而在新帝国主义阶段，随着美元在"二战"后取得"世界货币"地位，以及20世纪末以来欧元地位的提高，"货币霸权"已成为发达国家掠夺财富的一种有效手段。尤其是"货币霸权"与虚拟资本的结合，使得美国等国家除了在经常项下输出美元外，还可以从资本项下向国外大规模输出虚拟资产，从而为金融资本的对外扩张开辟了道路。在"二战"前，金融资本主要与工业资本相融合，组成大规模的垄断集团来获取垄断利润；而在"二战"后尤其是进入20世纪80年代以后，金融资本已越来越远离工业资本，通过资本的流动而获取利润。[①]

郎咸平认为，"新帝国主义"的"新"主要体现在：（1）垄断组织今天发展得更为强大，不仅仅通过控制全球的产业链，在经济生活中起决定作用，而且在政治文化上也起着某种程度的决定作用。（2）今天，帝国主义的金融寡头，已由传统的银行转变为现代的"投资银行"了，通过各种金融工具，控制产业资本和传统的银行资本。（3）今天已经不是简单的资本输出的时代，而是资本自由化的时代。资本自由流动的力量，已经今非昔比。（4）国际垄断组织已经形成强大的同盟，也就是说，通过产业链高效整合的形式，牢牢控制着某个行业或者产业。（5）今天最大的帝国主义大国，已经不满足于瓜分土地了，而是通过资本来瓜分世界市场。[②]

杨圣明指出，美国靠在全球发行美元、国债、股票以及大量金融衍生品这样的虚拟渠道，使全世界的实体资源（自然资源、劳动资源和资本资源）不停地流进美国。美国生产货币，其他国家生产

[①] 邢文增：《新帝国主义与金融危机》，《理论导刊》2009年第4期。
[②] 郎咸平：《郎咸平说新帝国主义在中国》，东方出版社2010年版，第2—3页。

商品。①

刘仁营认为，今天的财富权垄断在很大程度上开始摆脱资本产权这个前提，而体现为通过对世界货币发行权的垄断而直接操控财富权。换句话说，金融垄断和金融掠夺，特别是通过世界货币体系来实现的货币垄断和货币掠夺，已经成为当代帝国主义的新内涵。②

逯兆乾认为，资本主义经过500多年的发展，已经走过商品竞争、产业垄断阶段，发展到当今金融霸权阶段，用货币控制了世界的经济，从而以经济机制更加隐蔽、更加疯狂、更加高效地掠夺世界其他国家，成为新型的帝国主义和新殖民主义。③

郑文静则认为，新帝国主义与传统意义上的帝国主义并无本质的区别，只是在表现形式上进行了翻新，更具欺骗性。首先，在资本输出的同时，越来越多地利用自己掌握的高新技术优势和知识优势推行霸权主义。其次，国际垄断同盟规模日益扩大，竞争日趋激烈。在激烈的国际竞争中，跨国公司纷纷通过跨国兼并、收购、协定等各种方式实行强强联盟，结成超大型的跨国集团，成为西方大国推行霸权主义和强权政治的强大的经济后盾。最后，今天以美国为首的西方国家从经济上瓜分世界的同时，也用强行打开别国市场的手段代替直接的掠夺。④

美国学者哈维认为，由于避免了英国、法国和德国在"二战"时期遭受的经济和军事创伤，美国在1945年以后的一段时间里，无论在生产、金融还是在军事方面在资本主义世界中都处于支配地位。然而，这种情况在1970年前后开始出现变化。美国首先在生产领域遇到了来自联邦德国、日本的挑战，后者在制造业方面的仿

---

① http://finance.people.com.cn/GB/8381334.html.
② 刘仁营：《继承与发展列宁的帝国主义理论——兼析金融危机根源探讨中的庸俗性观点》，《探索》2009年第3期。
③ 逯兆乾：《新帝国主义——金融国际垄断阶段资本主义的特征与本质》，《红旗文稿》2012年第22期。
④ 郑文静：《从科索沃危机看当今世界的新帝国主义》，《理论探索》1999年第5期。

效竞争使它在生产领域失去了支配地位,这就截断了美国霸权的一个关键的支柱。为应对来自生产领域的威胁,美国力图以它的金融力量进行反击,以求维持其摇摇欲坠的霸权地位。然而,近些年来美国创纪录的国债水平、巨大的贸易赤字和频繁出现的虚拟资本投资的失败,这些又都使美国在金融领域的统治地位发生了动摇。哈维指出,美国之所以要发动对伊拉克的战争,其背后的原因是欧洲和日本,以及东亚和东南亚(现在尤其要加上中国)都严重依赖海湾地区的石油,而且它们都向美国在全球生产和金融体系中的支配地位提出了挑战,如果美国要挡住对手的竞争和维持它自身的支配地位,除了控制这些竞争对手所依赖的关键经济资源的价格、条件和分配之外还有什么更好的方式吗?哈维还指出,1973年之后出现的强大的金融化浪潮就其投机性和掠夺性而言是极其惊人的。股票促销、庞氏骗局、通货膨胀导致的结构资产丧失、通过合并和收购造成的资产剥离、债务责任程度的提高,这些使得大众甚至是发达资本主义国家的大众都陷入以劳役来偿债的境地,更不必说公司诈骗和通过操纵信贷和股市对财产的剥夺(使养老基金猛跌,以及因股市和公司破产而使它彻底毁灭)了。哈维认为所有这些都是当代资本主义具有的主要特征。而当代帝国主义的另一个特征,就是在国家的支持下通过金融的力量强迫发展中国家将以前抵制资本逻辑的领域私有化、商品化和市场化,来解决自身的资本过度积累的危机。哈维指出,军事干预只是帝国主义这座冰山的顶端,自由贸易和开放的资本市场才是其获取利益的主要方式。[①]

福斯特等人认为,20世纪后期和21世纪的新帝国主义的特点可以归结为:世界体系的上层被垄断金融资本控制,下层出现大量全球性劳动后备军。这一巨大的两极分化的结果便是,通过将工资低、受剥削程度高的工人整合进资本主义生产,从南方国家榨取的

---

① 段忠桥:《资本帝国主义视野下的美国霸权——戴维·哈维的〈新帝国主义〉及其意义》,《中国社会科学》2009年第2期。

"帝国主义租金"增加了。而后，这又成为北方国家劳动后备军规模扩大和剥削程度提高的一个杠杆。①

二 新旧帝国主义主要经济特征的对比

自从列宁判断出资本主义已经发展到帝国主义以来，帝国主义就一直存在和发展着。列宁所列举的旧帝国主义主要经济特征，不是削弱了，而是加强了。

列宁指出的旧帝国主义的五个基本特征是：（1）生产和资本的集中发展到这样高的程度，以致造成了在经济生活中起决定作用的垄断组织；（2）银行资本和工业资本已经融合起来，在这个"金融资本的"基础上形成了金融寡头；（3）和商品输出不同的资本输出具有特别重要的意义；（4）瓜分世界的资本家国际垄断同盟已经形成；（5）最大资本主义大国已把世界上的领土瓜分完毕。

对比一下：（1）如果说，旧帝国主义的卡特尔成了全部经济生活的基础之一，那么新帝国主义的比卡特尔垄断程度大得多的跨国公司更是在今天的经济生活中起着决定性作用。（2）新帝国主义的金融寡头不仅控制了银行和工业，而且控制了货币（纸币）的发行。如果说，当时的大部分利润都被那些干金融勾当的"天才"拿去了，那么今天金融衍生产品盛行，金融寡头的实力更为强劲，绝大部分利润都被那些干金融勾当的"天才"拿去了。（3）新帝国主义的跨国公司的资本输出同样是国际经济活动的主要因素。更为重要的是，如今的资本输出并不是旧帝国主义时代的真金白银形式的资本输出，而是以不兑现的纸币和国债这样的白条形式的资本输出。白条输出具有更为重要的意义。（4）旧帝国主义时代的资本家的国际垄断同盟已经升格为新帝国

---

① ［美］J. B. 福斯特、R. W. 麦克切斯尼、R. J. 约恩纳：《全球劳动后备军与新帝国主义》，张慧鹏译，《国外理论动态》2012 年第 6 期。

主义时代的由大企业、银行和政府联合起来的"公司王国"①，并正在向全球帝国推进。(5) 虽然社会主义革命和民族解放运动一度破坏了资本主义大国对世界上的领土的瓜分，但是，随着世界社会主义运动陷入低潮，资本主义大国及其集团加紧了对世界领土的争夺和瓜分，而且在旧殖民主义上还叠加了新殖民主义，开发了新的领土瓜分形式。

总的说来，新帝国主义区别于旧帝国主义的最重要的特征是以美元霸权为标志的白条输出。它既与金融寡头控制了纸币发行有关，又与全球帝国的形成有关，还涉及包括领土瓜分在内的势力范围的划分。也就是说，它与上述旧帝国主义五个特征中的四个有关。

三 白条输出的形成

第二次世界大战结束前夕，美帝国主义趁英法德等帝国主义削弱之机，建立了布雷顿森林体系，美元纸币与黄金挂钩，其他国家纸币与美元纸币挂钩，并确立了美元纸币在国际贸易结算中的垄断地位，从而使美元纸币窃踞了世界货币即黄金的货币符号地位，成为美元纸币这一白条输出的起点。

起先美国政府还有意维护美元纸币所代表的金量，即35美元纸币兑1盎司黄金。为此，甚至通过利息平衡税等措施来限制美国人用美元纸币购买外国证券或向外国贷出美元纸币，以致促成了欧洲美元市场的产生和发展。但是美帝国主义的掠夺本性使得美元纸币的白条性质终于暴露出来。越南战争的巨大开支很快就迫使美国政府和美国金融寡头联手滥印美元纸币来获取用于战争的物资。

"随着大量美元纸币投入美国市场，通货膨胀压力巨大，商品

---

① ［美］约翰·珀金斯：《一个经济杀手的自白·作者自序》，杨文策译，广东经济出版社2006年版。

价格攀升，大量进口变得有利可图，于是，过剩的美元就被源源不断地输送到国外换购相对廉价的进口商品，在向国外输出通货膨胀的同时，美国的国际收支自然出现大量逆差。实际上，不是美国的国际收支逆差引起了美元的贬值，而是美元的超量发行引起了美国国际收支逆差和美元贬值。"①

美元的贬值破坏了布雷顿森林体系，美元与黄金脱钩使美元彻底成了一纸白条。1盎司黄金的美元价格从35美元上涨到一度突破1900美元的地步。这意味着，美元的98%都已经被漂白了。

为了维护美元白条这一掠夺世界人民的工具，美帝国主义不择手段地迫使石油输出国组织只用美元进行石油结算，并提高了石油的美元价格，以此增加石油进口国对美元白条的需求。当伊拉克的萨达姆政权企图用欧元来结算出口石油时，美帝国主义就捏造事实，绕开联合国，悍然发动侵略战争，占领了伊拉克。美帝国主义的霸权行径，不仅使其可以继续输出美元白条，以美国的国际收支逆差形式白白获得别国的商品和物资，而且还可以用美元白条去进行所谓的跨国投资，去套购别国的资源、并购别国的企业，以白条的形式进行旧帝国主义的资本输出。

新帝国主义的白条输出与旧帝国主义的资本输出相比，具有更为强烈的帝国气息。这是因为，旧帝国主义输出的是自己的资本，凭借资本来获得剩余价值，得到别国的进贡。而新帝国主义首先迫使别国用自己的生产资本来换取新帝国主义的白条，得到第一重进贡收益，然后新帝国主义再把别国的生产资本作为自己的资本输出，去获得进一步的剩余价值，得到第二重的进贡收益。而白条的进一步贬值，还能使得新帝国主义获得第三重的进贡。

据测算，至2003年美国已累计获得白条输出的第一重进贡收益即传统意义上的铸币税约为4319亿美元。从1967年至2006年，

---

① 余斌：《美国金融危机与世界货币体系》，刘永佶主编《经济中国》（第6辑），中国经济出版社2010年版。

美国因白条输出而获得的第三重进贡收益即因减轻外债负担而获取国际通货膨胀税为2.7万亿美元,年均获益675亿美元。撇开白条输出的第二重进贡收益即在外投资收益,仅2003年美国通过白条输出获得的其他几重进贡收益约为2991亿美元,占美国国内生产总值(GDP)的2.7%,接近美国当年GDP的增长率3.1%。① 美国共产党经济委员会委员瓦迪·哈拉比认为,美国国际收支账户中,其中海外净收入2001年为6583亿美元,2003年为8426亿美元,比GDP增长还要高,这完全是掠夺,是帝国主义在索要贡品。②

四 白条输出的后续发展

美元纸币不仅是白条,而且是债务,它与早期的银行券一样,是发行它的金融机构——美联储的负债。美元的白条输出,也就是美联储和美国金融寡头的债务输出。如果说,旧帝国主义是以债权国的身份来剥夺其他国家,那么新帝国主义却还能够以债务国的身份来剥夺其他国家。而要可持续地做到这一点,新帝国主义就必须一方面迫使其他国家不能兑现白条,反而要大量储存白条;另一方面,新帝国主义也必须适当地回收一些白条,当然这种回收不是兑现,而是近似无偿收回。

而新帝国主义凭借其在国际经济、军事甚至思想领域的霸权地位是不难做到这些的。

第一,新帝国主义用另一种白条即国家债券来换回纸币白条。纸币白条是金融寡头自己的债务,而国家债券则是全体民众的债

---

① 程恩富、王中保:《美元霸权:美国掠夺他国财富的重要手段》,《今日中国论坛》2008年第1期。
② 舒展:《国际金融危机与"新帝国主义"的腐朽表现——兼评列宁的〈帝国主义论〉》,《马克思主义研究》2009年第2期。

务。金融寡头利用自己掌控的新帝国主义国家先是把自己的债务转嫁到全体民众的身上，然后新帝国主义国家再把换回的纸币白条以廉价的方式还给金融寡头，比如在金融危机中注资给金融寡头的银行进行救市，等等。

而其他国家之所以同意用美国国债换美元纸币，即拿不得不储备的美国纸币去购买美国国债，一方面是因为美国国债支付利息，存在蝇头小利，而美元纸币无利息支付。另一方面，则是新帝国主义的经济学家和思想家不断鼓吹美国国债的安全性和保值性。

其实，美国国债所支付的利息仍然是白条而已。而美国国债之所以"保值"，也是因为西方主流经济学故意低估了通货膨胀的水平。实际上，从布雷顿森林体系崩盘的 1971 年到 2010 年的 39 年中，1 盎司黄金的美元价格从 35 美元上升到 1278.5 美元，这意味着，在这 39 年中，美国通货膨胀的实际水平不低于 9.66%，只要美国国债的利息率的平均水平低于 9.66%，购买美国国债就不能做到保值，而是损失巨大，而美国国债的平均利率水平远低于 9.66%。

当年英国的东印度公司曾尝试在印度的加尔各答发行公债，但是遭到彻底的失败。印度人拒绝了这种不仅能靠印度资本恢复英国统治而且还能间接为英国商业打开印度宝藏的计划。[①] 然而，通过上述白条的转换，新帝国主义实现了当年大英帝国未能在其殖民地印度做到的事情。

刘仁营认为，这与传统帝国主义通过资本输出进行掠夺的方式不同之处在于，它可以直接利用债权国的"财富"占有债权国的财富，而这种占有又是永远不可能清偿的，因此这里的输出实质上是一种债务输出或债务转嫁。因为这种债务输出不仅是发行债务，而且是发行不能偿还的债务，所以这种输出完全等同于对他国财富的

---

① 《马克思恩格斯全集》第 12 卷，人民出版社 1962 年版，第 407—410 页。

直接掠夺。从列宁时代的资本输出到当今世界的债务转嫁或直接掠夺，这一转变的重大意义在于，完全地、彻底地暴露了帝国主义的赤裸裸的掠夺本质。① 而实际上，最大的债务或白条不是美国国债，而是美元纸币本身。

第二，新帝国主义利用自己掌控的国际金融市场，制造危机来回收美元白条。最典型的就是20世纪末由美国金融大亨索罗斯亲自发动金融袭击，制造东南亚金融危机，掏空了东南亚一些国家的美元储备。这样，不仅不用担心东南亚国家拿这些美元白条向美国索回失去的财富，而且迫使这些国家不得不事后向美国进贡更多的财富以便换些美元白条回去储备起来。

当然，危机不是经常能够制造出来的，需要因势利导。那么，在没有危机或没有大的危机的平时，新帝国主义就要靠操纵汇率市场和金融衍生产品市场来从中渔利，回收美元白条。值得注意的是，就在布雷顿森林体系解体不久，新帝国主义白条输出的特征形成之际，美国芝加哥期权交易所开张了，几乎同时，期权定价公式的理论也恰好出现了。就在东南亚金融危机的时候，新帝国主义的诺贝尔经济学奖颁给了期权定价公式的提出者。然而，打着回避或对冲风险名义出台的期货和期权等金融衍生产品从理论上来分析也恰恰是制造风险的工具。② 金融衍生产品的重要标的伦敦同业拆借利率（Libor）一直为新帝国主义的金融寡头所操控，使他们在与对手的交易中稳赚不赔。《起诉高盛——中国企业当直面金融欺诈》一书也揭露了美国金融寡头企业是如何利用金融衍生产品进行欺诈的。

第三，除了石油外，新帝国主义还垄断了世界上许多作为工业原料的大宗商品的定价权，并以美元白条定价。高昂的价格迫使需

---

① 刘仁营：《继承与发展列宁的帝国主义理论——兼析金融危机根源探讨中的庸俗性观点》，《探索》2009年第3期。

② 参见余斌《从美国次贷危机看金融创新的风险问题》，《经济纵横》2008年第12期。

要进口这些工业原料的国家不得不储备大量的美元白条。新帝国主义还把魔爪伸向了农产品,通过转基因技术及其垄断,控制农作物种子,迫使数千年来一直在农业生产上独立自主的国家,不得不进口农作物种子,不仅直接威胁了这些国家民众的生存安全,而且迫使这些国家不得不持有美元白条,以便用于进口这些物资。

第四,派出各种"杀手",使其他国家成为新帝国主义的债务国。首先是派出"经济杀手",通过夸大经济发展前景,诱使其他国家大量借以美元白条计价的外债搞巨大的超过实际需要的工程。而这些外债必须用美元白条来偿还。这不仅迫使这些国家为了还债而储备美元白条,而且还可以通过提高利率、压低这些国家出口商品的价格、限制其出口等操控手段来使得这些国家不能得到或不能充分得到偿债所需的美元白条,使其不能顺利还债,债务负担日益严重,对美元白条的依赖也日益增长。新帝国主义发放贷款不是为了获得利息,而是为了控制借债国,让其永远还不清债务。约翰·珀金斯先生正是在布雷顿森林体系解体之时被训练成"经济杀手"的。为了更好地履行职责,他还雇人开发了专门的计量经济学模型,以便以"科学"的名义进行欺诈。在"经济杀手"遇挫的时候就派出真正的杀手来排除障碍。如今"经济杀手"的这些职责,已经早就由世界银行、国际货币基金组织、各种基金会、国际组织和跨国公司的职员们分担了。

第五,迫使新帝国主义的债权国,不断增持新帝国主义的债务白条。美国尼克松政府的财政部长约翰·康纳利指出:"美元是我们的货币,但却是你们的问题。"威廉·塔布认为,美国的债权人考虑到美元贬值将对他们造成较大的损失(美元兑换价值越低,他们持有的美元资产能够购买到的东西也就越少),因此也不愿看到美元贬值幅度过大。美国的债权人将不得不继续借钱给美国人。①

---

① [美]威廉·塔布:《美国债务膨胀、经济泡沫与新帝国主义》,吴妮、付强译,《国外理论动态》2006年第11期。

美国海军学院教授托马斯·伯奈特指出：我们只用少量的纸币去交换亚洲地区丰富的产品和服务，我们也足够聪明地知道这一切并不公平，当我们送去这些纸币时，我们必须提供真正有价值的产品——美国太平洋舰队，这就是美国的"硬实力"。美国有足够的经济实力建立军事霸权，如果有谁怀疑美国模式，想另辟蹊径图真正的发展，美国就拿出大棒，以"无限战争"的战略给世界各国制造一种战争随时降临头上的可能性，强迫其接受美国的全部规则，进入现行世界体系。①

但是，对这些债权国来说，壮士断腕是自救的唯一出路。与其拿国内的物资去换美国的白条，支持美国的军备扩张，不如用这些物资造福国内民众，提升军备水平。越早减持新帝国主义的债务白条，损失越小。否则就一定会成为所谓温水里煮的青蛙，成为新帝国主义的牺牲品。

其中，我国为减少外汇储备的损失，应根据用汇需要相应地减持美元资产的比例，构建由黄金、石油、铜等重要基本商品和资源组合的"次级金本位"的外汇储备支付体系。②

第六，把其他国家拉下水，大家一起打白条。新帝国主义的经济学家强调黄金不是货币，黄金没有用，让人们不要再储备黄金。而新帝国主义自身却一点也没有放弃对黄金储备的控制。20世纪90年代初，中国的600吨黄金被运往美国保存。而当德国提出运回保存在美国的储备黄金时，被美国拒绝了。这些储备在美国的黄金应当已经荡然无存了。否则，美国金融危机发生后，美国一定会动用并出售这些黄金来维持美元的币值，使黄金的美元价格不至于飙升得这么快。而新帝国主义旗下的英国洛希尔银行在2004年突然

---

① 逯兆乾：《新帝国主义——金融国际垄断阶段资本主义的特征与本质》，《红旗文稿》2012年第22期。

② 程恩富、王中保：《美元霸权：美国掠夺他国财富的重要手段》，《今日中国论坛》2008年第1期。

要放弃伦敦黄金定价委员会主席的职位，就已经昭示了这一点。

新帝国主义这样做的目的，是使其他国家的纸币失去黄金储备的支撑或只有少量黄金储备的支撑，从而要么在规模上无法与美元白条抗争，要么同样成为一纸白条，进而在国际大宗贸易和国际投资中根本无法挑战美元白条的地位。事实上，布雷顿森林体系解体前后并自那时以来，通货膨胀已经成为一个世界性的问题。西方所有国家的纸币都成了白条。

五　新帝国主义的白条输出之争

列宁在批判考茨基的和平的超帝国主义论而谈到"国际帝国主义的"或"超帝国主义的"联盟时指出，在20世纪的历史上就有这种联盟的实际例子，如列强共同对付中国就是这样。列宁反问道，在保存着资本主义的条件下（考茨基正是以这样的条件为前提的），"可以设想"这些联盟不是暂时的联盟吗？"可以设想"这些联盟会消除各种各样的摩擦、冲突和斗争吗？

同样地，新帝国主义之间的摩擦和冲突，仍然存在并且发展着。一超独大的美国是新帝国主义的主要国家，但是欧洲的新帝国主义也在快速发展。"二战"之后，欧美发达资本主义国家联手对付东方的社会主义国家。随着苏联解体，欧美发达资本主义国家的矛盾也日益突出。"统一的欧洲正在变得越来越不像盟友，而是竞争对手。同时，美国也不可能与欧洲建立有效而长期的合作关系，美欧难以弥合政治上的分歧，这些利益冲突将令美国与欧盟渐行渐远。"[①]

库珀在将"合作帝国主义"作为他的理想模式时，对美国是否够资格成为这样的后现代国家持怀疑态度，因为"美国政府或国会

---

① 官进胜：《新帝国主义：历时与共时的视角》，《上海行政学院学报》2004年第6期。

尚未明确表现出需要和愿意接受与欧洲同等程度的开放、相互监督和节制干预"。美欧之间在重新安排世界的模式上有所不同，在其侧重点和重新瓜分世界资源及战略据点方面更是利害各有不同。①

日本学者也强调走出一条不同于英美式资本主义的日本式资本主义的道路。如果我们把生产场所向亚洲的转移时所带来的新的生产组织形式和金融组织形式以及以中国市场为代表的巨大市场轮廓纳入视野，那么力争在与亚洲的、不同制度相互渗透的共同生存中另辟途径，应当说是一个有远见的抉择。②

"美国盟友大多已经不会再信任美国并愿意与其绑在一起。"③而这些分歧与其说是政治上的或观念上的，不如说是经济上的。美国金融危机发生后，日内瓦国际学院经济学家维普洛斯在英国《金融时报》上撰文批评美国说，对于美元汇率不断下跌，美国人反而表现得根本不在乎。④

如今，能够输出纸币白条的国家和地区最主要的是以美国为核心的美元白条区和以欧洲大陆为核心的欧元白条区，其次是依附或夹缝在这两大区域之间的日本和英国。法德联合的欧元白条区的新帝国主义实力远超单独一个欧洲大国，其与美帝国主义之间的新帝国主义竞争的规模大大超过了"二战"前的旧帝国主义之间的竞争。

欧元的诞生刺激了新帝国主义国家重新瓜分白条输出势力范围的竞争。这场竞争也可以说是一场瓜分经济领土的竞争。在维护美元霸权的伊拉克战争中，法、德两国表现不积极，并不是由于什么观念上的差异，而是白条输出利益上的差异。美国金融危机引发世

---

① 中雷：《警惕"新帝国主义论"的危害》，《国家安全通讯》2002年第8期。
② ［日］野口真：《现代资本主义与亚洲工业化的动力》，刘晓明译，《中共中央党校学报》1999年第3期。
③ 逯兆乾：《新帝国主义——金融国际垄断阶段资本主义的特征与本质》，《红旗文稿》2012年第22期。
④ 转引自舒展《国际金融危机与"新帝国主义"的腐朽表现——兼评列宁的〈帝国主义论〉》，《马克思主义研究》2009年第2期。

界范围内的资本主义国家经济危机之后，法德新帝国主义集团试图加强欧元区的政治联合，以强化白条输出的势力范围，而美国则希望欧元区解体，并鼓吹一些国家应当退出欧元区。趁着美元疲软，原本在西藏问题上对中国极不友好的德国总理默克尔也主动到中国来商讨货币合作。而美国则利用日本和菲律宾在中国周边挑起事端予以警告。

新帝国主义之间的白条输出之争，给未来世界经济的发展和国际安全局势蒙上了阴影。要知道，正是当年的英法帝国主义集团与德帝国主义集团，以及日本帝国主义与美帝国主义的争斗引发了两次世界大战。

无论是在经济上还是在军事上，世界人民都应当对新帝国主义保持高度的警惕，并做好应对危险局势的准备。

（原发表于中国社会科学网2013年10月9日）

新帝国主义是帝国主义的最后阶段

余斌

一 "新帝国主义"主张甚嚣尘上

21世纪初,英国首相的顾问罗伯特·库珀公开鼓吹世界需要一种"新的帝国主义"。他将新帝国主义划分为三种类型。一种是"自愿帝国主义",这种帝国主义已经通过国际货币基金组织和世界银行等多边机构形成。第二种是"邻国帝国主义"。例如,在波斯尼亚和科索沃建立联合国主管的保护地。第三种是欧盟类型的"合作帝国主义"。美国《华盛顿邮报》专栏作家塞巴斯蒂安·马拉比对此回应道,治理国际社会无政府的混乱状态需要帝国主义。他认为:"经验表明:非帝国主义的选择、特别是外援和各种扶植政权的努力都是不可靠的。"[①] 马丁·沃尔夫也认为,"如果那些'失败国家'对世界其他国家的威胁变得无法容忍,那就可以想象一种防卫性的帝国主义"[②]。

印度作家阿伦达蒂·罗伊则指出,世界已经处于美国的新式帝国主义的控制之下,这种新帝国主义是旧帝国主义的改进版,它包

[①] 王宏伟:《"失败国家论"与"新帝国主义论"述评》,《国外理论动态》2002年第7期。
[②] 转引自李民骐、朱安东《新自由主义、全球危机与人类的未来》,《高校理论战线》2005年第8期。

括发动战争、媒体操纵、经济垄断、资源掠夺、经济封锁、培植代理人等内容。①

其实，早在20世纪90年代初，当美国共和党总统老布什在国情咨文中提出建立"世界新秩序"的构想，并宣称美国将承担起这项任务的领导职责时，英国前首相希思就指出："布什总统想把他选择的秩序强加于世界，那就是一种新帝国主义。"② 在科索沃事件后，美国民主党总统克林顿在一次演说中，曾经以历史上的罗马帝国、蒙古帝国、大英帝国等为例，声称为了"神圣的国家利益"，美国"将成为人类最后惟一的帝国"。③ 这表明，在美国轮流执政的两个政党是共同为新帝国主义服务的。

福斯特指出，美国的知识分子和政治精英正在以饱满的热情倡导美国必须履行赤裸裸的"帝国主义"或"新帝国主义"使命，不过，在美国的官方语言中，使用"帝国""帝国主义"这些术语都是极有"规则的"：其一，竭力强调美国的动机是"仁慈的"；其二，尽量避免涉及经济帝国主义，而是"谨慎地把帝国和帝国主义限制在军事和政治领域之内"；其三，回避"把帝国主义与资本主义和剥削联系起来"。这说明，美帝国主义确实害怕把帝国主义与经济垄断、经济剥削联系起来。④

威廉·塔布认为，美国似乎在重走过去的帝国主义国家曾走过的道路，从以工业生产作为核心活动到经济的金融化和以食利收入为主，然后因失去竞争力和维护帝国运行的成本过高而破产。但他又认为，在精英们看来，在国家衰落的时期搜括财富并维持权力的稳定对他们而言是较好的策略。因此，对精英来说，似乎并没有更

---

① ［印］阿伦达蒂·罗伊：《新帝国主义的主要特征》，苏宇摘译，《国外理论动态》2004年第7期。
② 王宏伟：《"失败国家论"与"新帝国主义论"述评》，《国外理论动态》2002年第7期。
③ 吴恩远、胡玉娟：《简析"新帝国主义"论》，《红旗文稿》2003年第7期。
④ 陈学明：《评 J. B. 福斯特论述"新帝国主义"的三篇文章》，《毛泽东邓小平理论研究》2005年第12期。

好的选择，即使最后是消极的结果。①

伊曼纽尔·沃勒斯坦认为，"新帝国主义论"者试图强化美国霸权来解决美国目前面临问题的观点是错误的，这个强大的帝国将如同其他从前的帝国一样，因过度向外扩张逞强而从内部坍塌。历史上的任何帝国主义，无论其经济和军事实力多么强大，由于失道寡助，逆历史发展的潮流和趋势而行，都免不了最后灭亡的下场。②

二 新帝国主义阶段的界定

在《帝国主义是资本主义的最高阶段》③一文中，列宁指出，只有在资本主义发展到一定的、很高的阶段，资本主义的某些基本特性开始转化成自己的对立面，资本主义才变成了资本帝国主义。在这一过程中，经济上的基本事实，就是资本主义的自由竞争为资本主义的垄断所代替。资本主义转化为帝国主义的时间，在欧洲是在20世纪初。列宁指出，资本主义的一般特性，就是资本的占有同资本在生产中的运用相分离，货币资本同工业资本或者说生产资本相分离，全靠货币资本的收入为生的食利者同企业家及一切直接参与运用资本的人相分离。帝国主义，或者说金融资本的统治，是资本主义的最高阶段，这时候，这种分离达到了极大的程度。帝国主义的特点，恰好不是工业资本，而是金融资本。因此，对自由竞争占完全统治地位的旧资本主义来说，典型的是商品输出。对垄断占统治地位的帝国主义来说，典型的则是资本输出。

列宁所说的帝国主义阶段一直延续到"二战"结束之后。这时，美国成为世界上实力最雄厚的帝国主义国家，趁着英、法、

---

① [美]威廉·塔布：《美国债务膨胀、经济泡沫与新帝国主义》，吴娓、付强译，《国外理论动态》2006年第11期。
② 吴茜：《"新帝国主义论"与美国的世界霸权战略》，《理论月刊》2006年第4期。
③ 《列宁全集》第27卷，人民出版社1990年版，第323—439页。

德、日等旧帝国主义国家的衰败，美国强化了其在帝国主义集团中的垄断和霸权地位，"标志性事件就是1944年7月的布雷顿森林会议，确定了美元霸权。二战结束后的1945年12月正式签订协议，形成以美元为中心的资本主义世界货币体系，建立了长期为美国控制的货币基金组织和世界银行"。① 布雷顿森林体系的要害是，将美元纸币与黄金挂钩，其他国家纸币则与美元纸币挂钩，并确立了美元纸币在国际贸易结算中的垄断地位，从而使美元纸币窃踞了世界货币即黄金的货币符号地位。②

但这时的美帝国主义仍然是旧式帝国主义，而由于存在与以苏联为首的社会主义国家集团抗衡的需要，欧美帝国主义国家之间加强了合作，矛盾冲突不像两次世界大战之前那么紧张，其他帝国主义国家借机得到了比美国更为快速的发展，影响了帝国主义国家之间原有的实力对比。在1970年前后，"美国首先在生产领域遇到了来自西德、日本的挑战，后者在制造业方面的仿效竞争使它在生产领域失去了支配地位，这就截断了美国霸权的一个关键的支柱。为应对来自生产领域的威胁，美国力图以它的金融力量进行反击，以求维持它摇摇欲坠的霸权地位"。③ 除了"发展不平衡"外，列宁还曾指出改变帝国主义之间实力对比的另一个因素，那就是"战争"。正是越南战争的失败和大量消耗给了美帝国主义以沉重的打击。

起先美国政府还有意维护布雷顿森林体系所规定的美元纸币所代表的金量，即35美元纸币兑1盎司黄金。为此，美国政府甚至通过利息平衡税等措施来限制美国人用美元纸币购买外国证券或向外国贷出美元纸币，以致促成了欧洲美元市场的产生和发展。但是

---

① 杨承训：《中国金融不能照搬美国自由化模式——国际金融危机的一条根本教训》，《金融理论与实践》2009年第4期。
② 一般而言，货币符号只在一国内部有用，在国际上通用的是世界货币即贵金属块。
③ 段忠桥：《资本帝国主义视野下的美国霸权——戴维·哈维的〈新帝国主义〉及其意义》，《中国社会科学》2009年第2期。

越南战争的巨大开支很快就迫使美国政府和美国金融寡头联手滥印美元纸币来获取用于战争的物资。

随着大量美元纸币投入美国市场和大量物资被战争所消耗，通货膨胀势不可挡，商品价格攀升，大量进口变得有利可图，于是，过剩的美元就被源源不断地输送到国外换购相对廉价的进口商品。这样，在向国外输出通货膨胀的同时，美国的国际贸易收支自然出现大量逆差。当出口美国的国家要求美国用黄金兑现过剩美元纸币时，布雷顿森林体系就维持不下去了。该体系在1973年解体，美元纸币与黄金不再直接挂钩，美国私有的中央银行——美联储也趁机摆脱了用黄金兑现美元纸币的责任。在西方经济学家看来，是美国的国际收支逆差引起了美元的贬值和布雷顿森林体系解体，但是按照通货膨胀的本意，纸币过多即美元的超量发行才是引起美元贬值、美国国际收支逆差和布雷顿森林体系解体的根本原因。

布雷顿森林体系解体之后，美元已经成为一纸白条。自那时以来，1盎司黄金的美元价格从35美元上涨到一度突破1900美元的地步。这意味着，美元的98%都已经被漂白了。但是，美元并没有随着布雷顿森林体系的解体而退出其所窃踞的世界货币符号地位。这是因为，美帝国主义不择手段地迫使石油输出国组织只用美元进行石油结算，并提高了石油的美元价格，从而成功地迫使石油进口国不得不储备美元白条并将其作为世界货币符号来使用。[①] 也正是在这个时候，一位美国青年约翰·珀金斯被培养成伪装为经济专家的"经济杀手"，派到世界各国去让其他国家陷入美国设下的经济陷阱。[②] 从此之后，"美国靠在全球发行美元、国债、股票以及大量金融衍生品这样的虚拟渠道，使全世界的实体资源（自然资源、劳

---

① 如今芯片美元已经超过了石油美元。
② 参见［美］约翰·珀金斯《一个经济杀手的自白》，杨文策译，广东经济出版社2006年版。

动资源和资本资源）不停地流进美国。美国生产货币，其他国家生产商品"。①

显然，这个时候的帝国主义出现了不同于旧帝国主义的具有典型意义的经济特征——白条输出。新帝国主义出现了。

美国学者哈维指出，1973年之后出现的强大的金融化浪潮就其投机性和掠夺性而言是极其惊人的。股票促销，庞氏骗局，通货膨胀导致的结构资产丧失，通过合并和收购造成的资产剥离，债务责任程度的提高使得大众，甚至是发达资本主义国家的大众都陷入以劳役来偿债的境地，更不必说公司诈骗和通过操纵信贷和股市对财产的剥夺（使养老基金猛跌，以及因股市和公司破产而使它彻底毁灭）了。②而1973年正是新帝国主义出现的时间。自那时以来，世界进入帝国主义时代的最后阶段即新帝国主义阶段。

三 新帝国主义的白条输出

新帝国主义的白条输出相比旧帝国主义的资本输出，具有更为强烈的帝国气息和掠夺性。这是因为，旧帝国主义输出的是价值相当的资本，凭借资本来获得剩余价值，得到别国的进贡。而新帝国主义首先迫使别国用自己的生产资本和商品来换取新帝国主义的白条，得到第一重进贡收益，然后新帝国主义再把别国的生产资本作为自己的资本输出，去获得进一步的剩余价值，得到第二重的进贡收益。

法国的波拿巴皇帝创办的动产信用公司，曾经想用发行自己的股票或其他证券而得来的资金去收购各种工业企业的有价证券，以

---

① 杨圣明：《美国金融危机的由来与根源》，http://finance.people.com.cn/GB/8381334.html，2014年6月24日。
② 段忠桥：《资本帝国主义视野下的美国霸权——戴维·哈维的〈新帝国主义〉及其意义》，《中国社会科学》2009年第2期。

使自己变成法国各种工业的所有者，并使皇帝本人变成最高董事。①旧帝国皇帝没能做到的事，新帝国主义的金融寡头们却以更为轻巧的无本万利的方式做到了。

美元纸币不仅是白条，而且是债务，它与早期的银行券一样，是发行它的金融机构——美联储的负债。美元的白条输出，也就是美联储和美国金融寡头的债务输出。如果说，旧帝国主义是以债权国的身份来剥夺其他国家，那么新帝国主义却能够以债务国的身份来剥夺其他国家。

为了维护美元白条的地位，使其他国家的纸币同样缺乏含金量，西方经济学家刻意强调黄金不再是货币，黄金没有用，不如房屋保值等，让人们尤其是其他国家不再储备黄金，而美国自身却一点也没有放弃对黄金储备的控制。

不过，要可持续地利用白条输出来掠夺世界各国人民，美国就必须一方面迫使其他国家不能兑现美元白条，反而要大量储存美元白条；另一方面，美国也必须适当地回收一些美元白条，进行重复性利用。当然这种回收不是兑现，而是近似无偿的收回。

而美国凭借其在国际经济、军事甚至思想领域的霸权地位是不难做到这些的。

第一，美国用另一种白条即国家债券来换回并掩护纸币白条。纸币白条是金融寡头自己的债务，而国家债券则是全体民众的债务。金融寡头利用自己掌控的国家政权发行国债回收纸币白条，再用救市的理由把纸币白条还给自己，进而把自己的债务转嫁到国内全体民众的身上。

对于其他国家，美国则利诱其购买美国国债，而这些国家之所以同意用美国国债替换美元白条，一方面是因为美国国债支付利息，存在蝇头小利，而美元纸币无利息支付。另一方面，则是西方经济

---

① 参见《马克思恩格斯全集》第12卷，人民出版社1962年版，第27页。

学家和思想家不断鼓吹美国国债的安全性和保值性，而这些经济学家和思想家的徒子徒孙也作为高端人才进入了其他国家的金融机构，掌握了主导权甚至控制权，使得美国的策略能够得到忠实的执行。

其实，美国国债所支付的利息仍然是美元白条而已。而美国国债之所以"保值"，也是因为西方主流经济学故意低估了通货膨胀的水平。实际上，从布雷顿森林体系开始崩盘的 1971 年到 2010 年的 39 年中，1 盎司黄金的美元价格从 35 美元上升到 1278.5 美元，这意味着，在这 39 年中，美国通货膨胀的实际水平不低于 9.66%，只要美国国债的利息率的平均水平低于 9.66%，购买美国国债就不能做到保值，而是损失巨大，而美国国债的平均利率水平远低于 9.66%。

当年英国的东印度公司曾尝试在印度的加尔各答发行公债，但是遭到彻底的失败。印度人拒绝了这种不仅能靠印度资本恢复英国统治而且还能间接为英国商业打开印度宝藏的计划。① 然而，通过上述白条的转换，美国在包括中国在内的一些国家实现了当年大英帝国未能在其殖民地印度做到的事情。

美国及其支持者同时还威胁恫吓持有美国国债的国家不得减持这些债务白条。例如，时任中国投资有限责任公司总经理高西庆曾说：中国现在拥有的巨额美国债券就像一颗原子弹，"如果政府把债券往市场上一抛售，美国的美元收益掉到零，什么都没有了，中国和美国都什么也没有了"。② 但是，中国持有这些债务白条本身就是什么也没有的。余永定在英国《金融时报》2012 年度高峰论坛的发言中指出："中国净资产差不多 2 万亿，也就是说你把钱借给世界各个国家了。按照道理我们每年应该收取利息，但是去年中国支付了 270 亿的利息给别的国家，就是债权人不但收不到利息，反

---

① 《马克思恩格斯全集》第 12 卷，人民出版社 1962 年版，第 407—410 页。
② 参见刘仁营《继承与发展列宁的帝国主义理论——兼析金融危机根源探讨中的庸俗性观点》，《探索》2009 年第 3 期。

而给债务人付利息。"① 按照金融学的相关理论，不能带来净收入反而要造成净支出的中国的债权债务组合只不过是字面上的净资产，而实际上则是净负债。美国通过让这些持有低利率的美国国债的债权国高息向其金融机构借债，形成债权债务的交错关系，而巧妙地使自己从账面上的债务国变成事实上的债权国。马克思指出："掠夺一个从事证券投机的民族就不能同掠夺一个游牧民族一样。"② 这种绝妙的"资产"组合式掠夺也只有在新帝国主义时代才是可能的。不过，即便没有美国国债，美元白条也使得美国成为全球最大的债务国。

为了强迫世界各国增持新帝国主义的国债白条，以掩护纸币白条的输出，美国利用自己操控的国际金融垄断机构——国际清算银行的"巴塞尔委员会"制定《巴塞尔协议》，将美国的国债白条"定义"为高流动性资产，以提高流动性比率的名义，强迫参与国际金融业务的各国商业银行增持美国国债白条。

第二，新帝国主义利用自己掌控的国际金融市场，制造危机来回收美元白条。最典型的就是20世纪末由美国金融大亨索罗斯亲自发动金融袭击，制造东南亚金融危机，掏空了东南亚一些国家的美元储备。这样，不仅不用担心东南亚国家拿这些美元白条向美国索回失去的财富，而且迫使这些国家不得不事后向美国"进贡"更多的财富以便换些美元白条回去储备起来。

当然，危机不是经常能够制造出来的，需要因势利导。那么，在没有危机或没有大的危机的平时，新帝国主义就利用投机，就要靠操纵汇率市场和金融衍生产品市场来从中渔利，回收美元白条。为此，美国向其他国家输出新自由主义，逼迫他国开放金融市场，以方便他们利用美元白条兴风作浪，甚至予取予夺地无偿收回白

---

① 《余永定：中国借钱给别人还要付利息》，http://finance.ifeng.com/news/special/flt2012/20121102/7245951.shtml，2014年2月14日。
② 《马克思恩格斯文集》第8卷，人民出版社2009年版，第22页。

条，使其白条输出具有可持续性。

在贵金属货币时期，各国货币的汇率主要由货币本身的贵金属含量直接决定，国际贸易差额不会影响这个决定。但是，在纸币白条时期，美国用美元纸币向别国投资，短期盈利后撤回时要求兑换为美元，就会引起汇率的波动，甚至造成别国的货币危机，给美国更大的可乘之机。举例言之，假如，美国商人在他国投资100万美元，按1∶8的比例，换取800万他国货币收购他国资产，而他国则相应地有100万美元的外汇储备。然后，这个美国商人在他国盈利25％，连本带利持有1000万他国货币。现在这个美国商人要撤回他在他国的投资，拿他手中的他国货币换回美元。但他国只有他当初投资时的100万美元。于是，要么他国货币贬值到1∶10，而美国商人只能拿走他当初投资的100万美元；要么他国对美国有25万美元的贸易顺差，从而能够保持1∶8的汇率，用125万美元换回美国商人手里的1000万他国货币。在前一种情况下，他国甚至可能会引发货币危机，而后续的其他美国商人可以用同样的100万美元获得更多的他国资产。在后一种情况下，虽然利益被美国商人获得，但美国会因为贸易逆差而指责他国，要求他国进一步开放利益给美国。

并非巧合的是，布雷顿森林体系刚刚解体，美国芝加哥期权交易所就开张了，同时期权定价公式的理论也恰好出现了。而在1997年东南亚金融危机的时候，新帝国主义的诺贝尔经济学奖也颁给了期权定价公式的提出者。然而，打着回避或对冲风险名义出台的期货和期权等金融衍生产品从科学的理论上来分析恰恰是制造风险的工具。① 张晓东所著的《起诉高盛——中国企业当直面金融欺诈》一书（中国经济出版社2011年版）揭露了美国金融寡头企业是如何利用金融衍生产品从中国企业的巨大损失中获得暴利。2007年5

---

① 参见余斌《从美国次贷危机看金融创新的风险问题》，《经济纵横》2008年第12期。

月在美国次级抵押贷款债券危机已经爆发的情况下，中国国家外汇投资公司即中投公司恰恰投巨资于美国黑石集团，不到一年即亏损近半。① 更为恶劣的是，新帝国主义在拿白条来套取中国的资产时，竟然还要再打折，以极低的价格也就是以极少的白条就能得到这些优质资产。例如，他们获得中国商业银行和国有大企业的股权时就是如此，他们的在华企业如果不是无偿地获得土地的使用权，也是以远低于国内企业的代价获得土地使用权。

第三，新帝国主义利用其对大宗商品及其定价权的垄断，以美元白条来计价，并以高昂的价格迫使需要进口这些工业原料的国家不得不储备大量的美元白条。当伊拉克的萨达姆政权企图用欧元来结算出口石油时，新帝国主义的美国就捏造事实，绕开联合国，悍然发动侵略战争，占领了伊拉克，并杀害了萨达姆。新帝国主义还把魔爪伸向了农产品，通过转基因技术及其垄断，控制农作物种子，迫使数千年来一直在农业生产上独立自主的国家，不得不进口农作物种子，不仅直接威胁了这些国家民众的生存安全，而且迫使这些国家不得不持有美元白条，以便用于进口这些物资。

第四，派出各种"杀手"，使其他国家成为新帝国主义的债务国。首先是派出"经济杀手"，通过夸大经济发展前景，诱使其他国家大量借以美元白条计价的外债搞巨大的超过实际需要的从而必然会亏损的工程。而这些外债必须用美元白条来偿还。不仅迫使这些国家为了还债而储备美元白条，而且还可以通过提高利率、压低这些国家出口商品的价格、限制其出口等操控手段来使得这些国家不能得到或不能充分得到偿债所需的美元白条，使其不能顺利还债，从而债务负担日益严重，对美元白条的依赖也日益增长。新帝国主义发放贷款不是为了获得利息，而是为了控制借债国，让其永远还不清债务。为了更好地履行职责，"经济杀手"还雇人开发了

---

① 《中投公司投资黑石亏损的教训》，http://finance.sina.com.cn/review/20080215/08354507014.shtml，2014年2月14日。

专门的计量经济学模型，以便以"科学"的名义进行欺诈。正是在这种"科学"的名义下，新帝国主义培训出了大量的经济学博士、教授和专家们来自觉或不自觉地分担"经济杀手"的职责。而在"经济杀手"遇挫的时候，新帝国主义就派出真正的杀手来排除障碍。① 为了达到自己卑劣的目的，高举人权大旗的新帝国主义者公然向"吃人肉"的叙利亚叛军提供武器。②

第五，迫使新帝国主义的债权国，不断增持新帝国主义的白条。美国尼克松政府的财政部长约翰·康纳利指出："美元是我们的货币，但却是你们的问题。"威廉·塔布认为，美国的债权人考虑到美元贬值将对他们造成较大的损失（美元兑换价值越低，他们持有的美元资产能够购买到的东西也就越少），因此也不愿看到美元贬值幅度过大。美国的债权人将不得不继续借钱给美国人。③ 美国海军学院教授托马斯·伯奈特指出：我们只用少量的纸币去交换亚洲地区丰富的产品和服务，我们也足够聪明地知道这一切并不公平，当我们送去这些纸币时，我们必须提供真正有价值的产品——美国太平洋舰队，这就是美国的"硬实力"。美国有足够的经济实力建立军事霸权，如果有谁怀疑美国模式，想另辟蹊径图真正的发展，美国就拿出大棒，以"无限战争"的战略给世界各国制造一种战争随时降临头上的可能性，强迫其接受美国的全部规则，进入现行世界体系。④

有人鼓吹这些白条（所谓外汇储备）是金融核武器，声称是这些债权国民众已拥有的，对西方实物资产的随时可以兑现的购买权，其未来的任何兑现即对海外产品或资产的购买，都是对债权国

---

① 参见［美］约翰·珀金斯《一个经济杀手的自白》，杨文策译，广东经济出版社2006年版。
② 《普京：西方不能向"吃人肉"的叙叛军提供武器》，http://world.people.com.cn/n/2013/0617/c1002-21868025.html，2014年2月14日。
③ ［美］威廉·塔布：《美国债务膨胀、经济泡沫与新帝国主义》，吴娓、付强译，《国外理论动态》2006年第11期。
④ 逯兆乾：《新帝国主义——金融国际垄断阶段资本主义的特征与本质》，《红旗文稿》2012年第22期。

既有通货膨胀的缓解。① 但是，中国想购买的西方高科技的实物资产，想收购西方的自然资源，想并购西方的一些企业，却被西方以种种理由拒绝，谈何随时可以兑现？而且，每当这些债权国想从西方购买些什么的时候，新帝国主义总会用更多的白条从这些债权国套取更多的资产。中国曾经数次减持美国国债，但每次减持都不持久，减持之后是更多的增持，就是生动的教训。

但是，尽管中国金融部门不断地增持美元和美国国债，美元白条的巨额输出仍然陷入了难以持续的境地。据报道，2014年7月15日，中国、巴西、俄罗斯、印度和南非在巴西福塔莱萨签署协议，成立金砖国家开发银行，建立金砖国家应急储备安排。这两个各拥有1000亿美元的金融机制之所以能够建立起来，正是与金砖国家手中的美元白条过多有关。它们的建立会大大减少发展中国家对美元白条的需求。而且，这两个金融机制的建立还会打破新帝国主义的另一个如意算盘。随着金砖国家金融机制的建立，中国的债权债务关系尤其是债务关系将会更多地转向新兴的金砖国家金融机构，以维护金砖国家金融机制的良性运转。这意味着，前面提到的那种绝妙的新帝国主义的"资产"组合式掠夺将会受到极大的冲击和削减。

显然，对于新帝国主义国家的债权国来说，壮士断腕是自救的唯一出路。与其拿国内的物资去换美国的白条，资助美国的军备扩张及其对各种反政府组织甚至暴恐组织的支持，使得自己的国家安全受到更大的威胁，不如用这些物资造福国内民众，提升军备水平。越早减持新帝国主义的债务白条，损失越小。否则就一定会成为所谓温水里煮的青蛙，成为新帝国主义的牺牲品。

具有讽刺意味的是，美国爆发金融危机后，美元白条相对于其他国家的纸币白条不仅没有贬值，反而升值。这一方面是因为，在

---

① 《孟凡辰：谁在害怕中国的4万亿外汇储备及其威慑力》，http://www.guancha.cn/Meng-Fanchen/2014_06_19_238569.shtml，2014年6月30日。

这场危机中，像旧帝国主义一样，美国也以破产的方式来"偿还"了不少美国所欠的世界其他国家以及普通民众的债务。其中，中国企业海外遭欠账千亿美元，美国成重灾区。① 这场危机也是新帝国主义的一次"自救"，根本不需要别国去救美国。另一方面是因为，美元白条窃踞了世界货币符号的地位，得以利用危机造成的货币荒所引起的对美元白条暂时性巨大需求而"坚挺"起来。但是，美元相对于真正的世界货币即黄金的大大贬值，充分说明美元白条的"坚挺"只是相对于虚弱的其他纸币白条而言，在真正的货币面前美元白条是极其虚弱的。②

四 新帝国主义的知识租权

旧帝国主义曾经利用发明专利权来谋求自己在产业方面的竞争优势。与旧帝国主义相比，新帝国主义有过之而无不及。即便专利技术能够降低生产成本，专利权也被用来抬高价格。曾经获得过诺贝尔经济学奖但有良知的美国学者斯蒂格利茨指出，当我们为医学试验室里发现导致女性乳腺癌的基因而欢呼时，那些病人会叫苦连天。这是因为当采取基因技术治疗这些患者疾病时，她们每次都要被收取专利费。当这些人不能承担因为专利而昂贵的药费时，显然会导致不必要的死亡。这些医药专利的申请者显然是剥削者。如果单独一方或者局部利益团体对知识使用拥有绝对的权力，这就人为地增加了垄断，垄断因素又扭曲了社会资源的分配，并最终抑制更多的创新。③

知识租权即通常所谓的知识产权，是指法律所许可的权利人对

---

① 《中国企业海外遭欠账千亿美元 美国成重灾区》，http://news.sohu.com/20080510/n256775700.shtml，2014年6月27日。
② 余斌：《45个十分钟读懂〈资本论〉》，东方出版社2011年版，第35页。
③ 《美著名经济学家：美知识产权体系不适合中国》，http://www.mingong123.com/news/26/2007-7-27/102623BJ423.html，2014年6月27日。

某种非物质形态的智力产物所享有的专有权利。授予并保护知识产权的所谓理由是，没有有效地保护措施就没有动力进行革新。对知识产权进行适度的保护，能促使潜在的发明者投身于研究与发展。① 西方法学界还把作为财产权的知识产权，视为人权。还有人认为，按照马克思的劳动价值论，劳动可以创造非物质形态商品即知识产品价值。但是，这些说法和理由都是站不住脚的，只是掠夺者的借口。

首先，把财产权视为人权是典型的物对人的统治。恩格斯早就指出，"利益霸占了新创造出来的各种工业力量并利用它们来达到自己的目的；由于私有制的作用，这些按照法理应当属于全人类的力量便成为少数富有的资本家的垄断物，成为他们奴役群众的工具。商业吞并了工业，因而变得无所不能，变成了人类的纽带；个人的或国家的一切交往，都被溶化在商业交往中，这就等于说，财产、物升格为世界的统治者"。② 可见，在资本主义社会里，作为财产权的知识产权，跟财产权一样，都只是奴役别人的工具。皮瑞曼也指出，知识产权的强化将加大阶级差别、损害科学技术发展、加速大学的公司化、出现大量法律纠纷以及减少个人自由。③

其次，今天的音乐人要求版权保护，但是，没有这种保护就没有音乐吗？难道不受知识产权保护的刘三姐就不唱她的反抗压迫、歌颂劳动的歌了吗？难道刘三姐要收版权费才允许别人唱她的歌吗？斯蒂格利茨指出，"大多数的重要创新——计算机、晶体管、镭射激光的基本理念，以及 DNA 的发现——都不是因为金钱的诱惑而诞生。这些都是对知识的渴求的产物"。④

---

① 金学凌：《知识产权国际保护的发展趋势研究》，《高科技与产业化》2008 年第 2 期。
② 《马克思恩格斯选集》第 1 卷，人民出版社 1995 年版，第 35 页。
③ 严海波编：《知识产权的政治经济学分析》，《国外理论动态》2004 年第 8 期。
④ 《斯蒂格利茨：知识产权加剧世界不平等》，http://www.guancha.cn/sidigelici/2013_07_17_158737.shtml，2014 年 6 月 27 日。

再次，劳动可以创造知识产品，但不创造知识租权。一个人发明并制造了一台新的机器，那么这台新的机器就是他创造的知识产品，但制造这台新机器的方法并不是什么产品，尽管法律可以无中生有地称其为产品，并授予他独占的权利，从而也剥夺了其他人同样利用自己智力的权利。马克思早就指出，科学根本不费资本家"分文"，但这丝毫不妨碍他们去利用科学。① 如果说，没有有效的保护措施就没有动力进行革新，那么为什么自然科学家比如物理学家爱因斯坦的现代物理学没有得到知识租权的保护，反而是利用爱因斯坦等物理学家的研究成果去进行核电站研发的人却可以获得核电站技术的知识租权？事实上，"在科学技术转化为知识产权的情况下，当代资本主义制定了赢者通吃的游戏规则，即产权制度赋予产权所有人拥有发明独享权，而且不需要向对此发明有过贡献的人给予任何补偿"。② 显然，这样的知识租权即使不是对所有人的掠夺，也至少是对有过贡献的人的掠夺。

而且，许多发明的知识租权的最大受益者并不是发明人，而是收购发明专利权的人。甚至有人在收购发明专利权后反而妨碍发明的应用。例如，列宁曾经提到，在旧帝国主义时代，"美国有个姓欧文斯的发明了一种能引起制瓶业革命的制瓶机。德国制瓶工厂主的卡特尔收买了欧文斯的发明专利权，可是却把这个发明束之高阁，阻碍它的应用"。而对于新帝国主义来说，他们甚至制造了一些没有实际用途或难以转化为现实生产力的发明专利，目的则是限制对手的发展，损人而不利己。

总之，"当大量的知识产权被掌握在极少数公司手中，与知识产权休戚相关的垄断必定提高价格水平。这样的体制将使数以百万计的人陷于贫穷，并且阻碍这些人对一般劳动的扩大发挥潜能。此

---

① 《资本论》第1卷，人民出版社2004年版，第444页脚注。
② [美] 迈克尔·皮瑞曼：《知识产权与马克思的价值理论》，靳立新摘译，《国外理论动态》2004年第8期。

外，追求知识产权对高等教育也产生很大的不良影响"。①

对于新帝国主义的金融寡头来说，他们作为食利者本来就完完全全脱离了生产，不接触生产过程，对生产不感兴趣，而知识租权恰恰给了他们一个不用生产就可以收租的好机会。随着新帝国主义的兴起，风险投资也兴盛起来，美国的苹果公司和微软公司都是金融寡头的风险投资培育起来的。而风险投资对于发明专利项目一直高度关注，他们通过对早期的研发工作进行少量的投资，就能掌握高科技公司的大量股权，一旦研究成果转化成熟，市场前景显露，就到各类股权市场上进行交易，获得暴利；有时也长期持有其股权以凭借其知识租权长期获利。

随着新帝国主义攫取知识租权，知识产权就成了国际事务中最为重要的因素。知识产权之争就从利益得失，上升为所谓正义与邪恶之间的较量。②新帝国主义凭借其政治、经济和军事实力，尤其是其所控制的巨大市场容量来强行推广其知识租权。知识产权最终与贸易挂钩，被纳入了乌拉圭回合谈判，最终形成了《与贸易有关的知识产权协议》，成为连斯蒂格利茨都加以指责的套在世界各国人民尤其是发展中国家人民头上的枷锁，扩大了发达国家与发展中国家的南北差距。而且新帝国主义在攫取知识租权的同时，还竭力破坏他国的自主创新能力，妨碍别国也拥有知识产权。例如，在中国汽车工业与金融寡头控制的外国汽车公司合资的过程中，中方的研发团队就曾经被迫解散。

在新帝国主义追逐知识租权和垄断销售渠道的情况下，"微笑曲线"悄然形成。高额的垄断利润向两头的研发和市场销售聚集，而中间的生产制造环节则利润微薄，并逐渐向发展中国家转移。我

---

① ［美］迈克尔·皮瑞曼：《知识产权与马克思的价值理论》，靳立新摘译，《国外理论动态》2004年第8期。
② 张网成：《知识产权或成西方备战中西文明冲突的工具？》，《中国软科学》2010年第3期。

国台湾学者佘日新指出,国际竞争现实下的微笑曲线对台湾产业的升级转型的努力无异于当头棒喝,智财法(即知识产权法)与竞争法无异于一支巨大的螯,紧紧地钳住亟待升级转型、卡位高附加价值区段的发展中国家产业。①

目前,知识产权已经与健康权、受教育权、自决权、发展权这些西方社会也承认的人权之间产生了激烈的冲突。② 正如马克思所指出的:"从人类精神的一般劳动的一切新发展中,以及这种新发展通过结合劳动所取得的社会应用中,获得最大利润的,大多数都是最无用和最可鄙的货币资本家。"③

最后,新帝国主义除了利用自身的知识租权收租外,还利用高科技手段窃取别国的政治经济军事信息和知识租权。当美国"棱镜门"泄密者斯诺登揭露了这一切后,为了捉拿他,欧美的新帝国主义肆意践踏国际法,迫降并搜查被怀疑藏有斯诺登的玻利维亚总统座机。

事实上,即使在新帝国主义内部,侵犯知识产权的事也时有发生,例如,美国 AMD 公司首席执行官鲁毅智(Hector Ruiz)就曾指责英特尔公司从 X86—64 技术就开始抄袭 AMD 的创新长达五年之久。但是,对于"赚钱才是硬道理"的新帝国主义者来说,他们并不介意牢牢占据龙头地位的英特尔公司是否有抄袭行为。④ 显然,他们更不会介意是否侵犯了别国的知识产权。

五 新帝国主义的碳贡赋

郎咸平指出,美国"碳计划"曝光,人的呼吸要缴税,排放的

---

① 佘日新:《挺进"微笑曲线"背后的隐忧》,《华东科技》2012 年第 4 期。
② 丛雪莲:《知识产权与人权之法哲学思考》,《哲学动态》2008 年 12 期。
③ 《马克思恩格斯文集》第 7 卷,人民出版社 2009 年版,第 119 页。
④ 《英特尔抄袭 AMD 五年》,http://business.sohu.com/20071204/n253776946.shtml,2014 年 6 月 29 日。

二氧化碳都要收费了。以后周迅、周杰伦开演唱会都要付碳排放钱,并且在几十年之后我们每个人都要付钱给美国人,为什么?碳减排。只要这个收费中心设在美国,美国就可以像开发互联网一样,设立各种名目收费,包括我们做电视节目也要付钱给美国。事实上这个市场已经建立起来了,欧洲不但建立起了市场,而且建得非常好,包括各种衍生性金融工具也都建立起来了。① 郎咸平的这个说法并不是危言耸听,而是已经并正在全面地成为事实。

2010年4月15日美国总统奥巴马在白宫接受澳大利亚电视台的专访时说:"如果超过十亿的中国居民也像澳大利亚人、美国人现在这样生活,那么我们所有人都将陷入十分悲惨的境地,因为那是这个星球所无法承受的。所以中国领导人会理解,他们不得不做出决定去采取一个新的、更可持续的模式,使得他们在追求他们想要的经济增长的同时,能应对经济发展给环境带来的挑战。"② 这是奥巴马在哥本哈根世界气候大会后针对中国的别有深意的隔空喊话。

其实,当时美国人过的是什么样的生活呢?是每5个美国人就有一个吃不饱。难道说,中国居民的奋斗目标就是至少有2亿人吃不饱吗?当然,奥巴马所说的美国人只是美国中产以上的阶级,底层的美国人是不入他的法眼的。而美国中产以上阶级的生活模式是建立在对资源环境巨额消耗上的。但是,奥巴马并没有反思这种不可持续的生活模式,反而要求中国人去采取新的、更可持续的同时也是在他眼里生活水平低下的模式。这其实是剥夺中国人与美国人和澳大利亚人的平等的生活权利,反映出资产阶级尤其是新帝国主义所谓"平等"的"普世价值"的虚伪性。在哥本哈根世界气候

---

① 郎咸平:《低碳美元大战:美国绑架全球经济的碳计划》,《全国新书目·新书导读》2010年第7期。
② 《奥巴马称中国人不应过美式生活 华人表示气愤》,http://news.sohu.com/20100514/n272123699.shtml,2014年6月29日。

大会上，由新帝国主义起草的丹麦文本中规定，到2050年，发展中国家人均温室气体年排放量须限制为1.44吨，而发达国家的人均年排放量为2.67吨，大约2倍于发展中国家。这显然对发展中国家是不公平的。[1] 这个文本自然为发展中国家所拒绝，这才有会后的奥巴马的隔空喊话，这一喊话的实质是进一步拉拢发达国家，打压以中国为首的发展中国家。但平等的发达权利才是真正的人权。

事实上，纸币白条的发行权和知识租权已经不足以满足新帝国主义的金融寡头们掠夺的胃口，他们试图拿人们的生存生活权作为他们最大限度地攫取利益的手段。而碳排放权就是生存生活权。

在世界气候变化谈判过程中，以美欧为主体的新帝国主义国家不仅拒绝为发达资本主义国家在过去数百年里肆意排放的二氧化碳承担责任，反而联手加大对中国等发展中国家的减排压力，试图通过限制发展中国家的碳排放，来限制发展中国家的发展。新帝国主义就像封建贵族对自己的子民规定初夜权一样，企图通过凭空规定这样一个权利，来迫使全世界人民为了生存生活而向掌握这种权利及其分配的新帝国主义者缴纳封建性贡赋，实现其全球帝国之梦想，最终全面建成新帝国主义。

实际上，吕永龙指出，目前说的全球变暖，在学界还有另外一种观点，但这种观点始终是被打压的，其科学论文也有很多，就是认为在历史上，至少是有历史记载以来，现在的温度未必是最高的，而且温度可能是周期性变化的。全球升温趋势形成的影响，它对公众，它在社会上形成的广泛影响，很大程度上是因为政治界的介入，像美国前副总统戈尔等不断做很多宣传性的工作，所以，大众普遍都持这种观点。[2] 丁一凡也指出，中国的历史记录说明，地球气候的变化不是随着人类的工业化和二氧化碳的增加而发生的。

---

[1] 周珂、李博：《哥本哈根会议与我国低碳经济的法制保障——以受试者的知情告知切入》，《法学杂志》2010年第7期。

[2] 吕永龙：《低碳经济是一把双刃剑》，《理论视野》2010年第2期。

我们有理由认为，碳排放问题实际上是国际舞台上一种新型的政治博弈，是一个新的国际政治游戏。①

而发达国家的政治界无不是为新帝国主义服务的。通过渲染全球变暖的危害，包括美国好莱坞电影的宣传，新帝国主义已经成功地将碳排放减排的义务强加到世界人民的头上，凭空造出一个数百亿欧元的市场。据预测，全球碳交易市场，有望超过石油市场，成为世界第一大市场，达到3万亿美元的规模。②

但是，与石油不同，也与土地甚至技术不同，二氧化碳并不是生产要素，而至多只是生产的副产品。让生产企业为排放二氧化碳付出成本，其实就是征收产品税。而如此巨额的产品税将对商品生产和国际贸易产生巨大的影响，成为生产企业和消费人群的巨大负担。这种碳税正是新帝国主义反对世界人民的措施，尽管它打着维护生态环境的旗号。

目前，新帝国主义已经设立了国际碳交易市场，这些市场给他们的金融机构带来了巨额的交易量和盈利，也活跃了他们的金融衍生产品的交易。随着碳减排的压力日益巨大，碳交易的规模也会增长，而这无疑增加了对金融寡头发行的纸币白条的需求，进一步增加了新帝国主义者的收益。欧元区的新帝国主义也指望借此来推动欧元的崛起，以便与美元争夺世界货币符号的发行权。

正是由于碳贡赋和碳交易市场关系到新帝国主义的切身利益，因此，新帝国主义的国际机构也不遗余力地推进碳交易。2010年12月9日，在联合国气候变化框架公约坎昆会议期间举行的一个启动仪式上，世界银行行长佐利克宣布建立"市场准备伙伴基金"。佐利克指出："这个新的伙伴基金联合了发达国家和发展中国家，

---

① 《丁一凡：要防止低碳成为新的金融投机的借口》，http://www.aisixiang.com/data/47677.html，2014年2月14日。

② 刘方昱、张梅玲：《基于国际比较的碳交易投融资模式研究》，《产权导刊》2010年第5期。

将帮助各国准备好建立国内交易体系和利用其他市场手段实现国家的减排目标。"①

而一旦碳交易被普遍实行，新帝国主义就可以凭借其金融实力来操控碳交易，哄抬碳排放权的价格，从而对世界各国的生产活动造成严重的干扰和破坏，以期从中牟取暴利。发达国家还可以通过国际投资和国际贸易，将碳排放难度大的项目向发展中国家转移，挤占发展中国家的碳排放空间，从而限制发展中国家的发展空间。

随着碳交易的普遍实行，碳排放的核查和监管也会成为至关重要的因素，而这最终会给新帝国主义掌控的国际组织到发展中国家进行经济核查的权利，从而也就给新帝国主义国家直接干涉和全面掌控其他国家的经济内部事务提供了契机，而这正是新帝国主义的全球帝国治理所必需的。正因为如此，新帝国主义的政府到处要求与别的国家加强在气候领域的合作，世界各国人民必须对此保持高度的警惕。

六 新帝国主义之争

列宁在批判考茨基的和平的超帝国主义论而谈到"国际帝国主义的"或"超帝国主义的"联盟时曾经反问道，在保存着资本主义的条件下，"可以设想"这些联盟不是暂时的联盟吗？"可以设想"这些联盟会消除各种各样的摩擦、冲突和斗争吗？

同样地，新帝国主义国家之间的摩擦和冲突，仍然存在并且发展着。一超独大的美国是新帝国主义的主要国家，但是欧洲和日本的新帝国主义也在快速发展。"二战"之后，欧美日等新帝国主义联手对付东方的社会主义国家。随着苏联解体，欧美日等新帝国主义国家之间的矛盾也日益突出。"统一的欧洲正在变得越来越不像

---

① 张君摘编：《世行成立新基金资助发展中国家碳交易》，《能源与节能》2011年第1期。

盟友，而是竞争对手。同时，美国也不可能与欧洲建立有效而长期的合作关系，美欧难以弥合政治上的分歧，这些利益冲突将令美国与欧盟渐行渐远。"①

库珀在将"合作帝国主义"作为他的理想模式时，对美国是否够资格成为这样的后现代国家持怀疑态度，因为"美国政府或国会尚未明确表现出需要和愿意接受与欧洲同等程度的开放、相互监督和节制干预"。美欧之间在重新安排世界的模式上有所不同，在其侧重点和重新瓜分世界资源及战略据点方面更是利害各有不同。②

日本也试图走出一条不同于英美式资本主义的日本式资本主义的道路。"如果我们把生产场所向亚洲的转移时所带来的新的生产组织形式和金融组织形式以及以中国市场为代表的巨大市场轮廓纳入视野，那么力争在与亚洲的、不同制度相互渗透的共同生存中另辟途径，应当说是一个有远见的抉择。"③

"美国盟友大多已经不会再信任美国并愿意与其绑在一起。"④这些分歧与其说是政治上的或观念上的，不如说是经济上的。美国金融危机发生后，日内瓦国际学院经济学家维普洛斯在英国《金融时报》上撰文批评美国说，对于美元汇率不断下跌，美国人反而表现得根本不在乎。⑤

哈维指出，美国之所以要发动对伊拉克的战争，其背后的原因是欧洲和日本，以及东亚和东南亚（现在尤其要加上中国）都严重依赖海湾地区的石油，而且它们都向美国在全球生产和金融体系中的支配地位提出了挑战，如果美国要挡住对手的竞争和维持它自身

---

① 官进胜：《新帝国主义：历时与共时的视角》，《上海行政学院学报》2004年第6期。
② 中雷：《警惕"新帝国主义论"的危害》，《国家安全通讯》2002年第8期。
③ ［日］野口真：《现代资本主义与亚洲工业化的动力》，刘晓明译，《中共中央党校学报》1999年第3期。
④ 逯兆乾：《新帝国主义——金融国际垄断阶段资本主义的特征与本质》，《红旗文稿》2012年第22期。
⑤ 转引自舒展《国际金融危机与"新帝国主义"的腐朽表现——兼评列宁的〈帝国主义论〉》，《马克思主义研究》2009年第2期。

的支配地位，除了控制这些竞争对手所依赖的关键经济资源的价格、条件和分配之外还有什么更好的方式吗？①

福斯特指出，由美帝国主义所控制的这个世界绝对不会是太平的。美国和其他大国之间的分歧即帝国主义之间的争斗是帝国主义的一个重要组成部分。当美国力图使自己在全球帝国秩序中取代世界政府之时，其他资本主义大国怎肯善罢甘休？帝国主义国家之间怎能相安无事？②

欧元白条的诞生刺激了新帝国主义国家重新瓜分白条输出势力范围的竞争。这场竞争也可以说是一场瓜分经济领土的竞争。在维护美元霸权的伊拉克战争中，法、德两国表现不积极，并不是由于什么观念上的差异，而是白条输出利益上的差异。

在这场美国引发的金融危机中，欧元和日元受到的冲击，远比美元更甚。这是因为，在经济全球化的国际贸易和国际金融活动中大量的信用货币都是以美元来计价的，于是，在美国金融危机打乱了世界信用机制之后，世界各国大量的信用货币都要转化为美元。因此，美元的需要量大增，许多国家纷纷抛售其他可兑换货币如欧元、日元等来换取美元，使得欧元和日元相对于美元更加贬值起来。而美元的发行者利用这场危机带来的美元货币荒，不仅摆脱了长期滥发美元导致的美元信用丧失的风险，还借机滥发大量的美元大大地赚了一笔，而且还获得了救市的好名声。③

痛定思痛，危机之后，欧洲新帝国主义国家试图加强欧元区的政治联合，以强化欧元白条输出的势力范围，原本在西藏问题上对中国极不友好的德国总理默克尔也主动到中国来商讨货币合作。而美国则希望欧元区解体，并鼓吹一些国家应当退出欧元区。同时，

---

① 段忠桥：《资本帝国主义视野下的美国霸权——戴维·哈维的〈新帝国主义〉及其意义》，《中国社会科学》2009年第2期。
② 陈学明：《评 J. B. 福斯特论述 "新帝国主义" 的三篇文章》，《毛泽东邓小平理论研究》2005年第12期。
③ 余斌：《45个十分钟读懂〈资本论〉》，东方出版社2011年版，第35页。

美国还利用日本和菲律宾在中国周边挑起事端，对中国予以警告。

如今，能够输出纸币白条的国家和地区最主要的是以美国为核心的美元白条区和以欧洲大陆为核心的欧元白条区，其次是依附或夹缝在这两大区域之间的英国和日本。法德联合的欧元白条区的新帝国主义实力远超单独一个欧洲大国，其与美帝国主义之间的新帝国主义竞争的规模大大超过了"二战"前的旧帝国主义之间的竞争。

英国曾经是旧帝国主义的老大，尽管已经没落，但是仍然不甘愿完全融入欧洲。而欧洲新帝国主义的发展趋势却正是日益融合，就像马克思时代的德国正日益融合一样。2014年6月27日欧盟成员国领导人正式提名卢森堡前首相容克为下届欧盟委员会（欧委会）主席。容克是欧洲一体化的设计者之一，还曾是首任欧元集团主席。这样一位主张扩大欧盟权力的联邦主义者，却遭到了英国首相戴维·卡梅伦强烈反对。卡梅伦甚至警告其他欧盟国家领导人称，如果推举容克担任欧盟最高职位将令英国公众更有可能投票脱离欧盟。[①] 尽管德国财政部长朔伊布勒表示，英国退出欧盟是"不可想象的"，德国政府将尽其所能，确保英国留在欧盟[②]，但这件事的后续发展，很可能像当年奥地利退出旧德国，而由普鲁士联合几个小公国成立新德国一样，英国最终退出欧盟。在旧帝国主义时代，德国就曾经想用"欧洲联邦对抗"美利坚合众国。[③] 随着欧盟内部一体化的加强，美帝国主义将面临一个强劲的竞争对手。

日本帝国主义是以军国主义为特征的，日本军国主义势力一直幻想着东山再起。由于服从于美国对抗社会主义集团的需要，日本

---

① 《英国可能退出欧盟 因不满容克被提名为欧盟主席》，http://sc.people.com.cn/n/2014/0629/c345461-21535865.html 和 http://sc.people.com.cn/n/2014/0629/c345461-21535865-2.html，2014年7月1日。

② 《德国财长：英国不应退出欧盟 德将尽力留住英国》，http://news.xinhuanet.com/world/2014-06/30/c_126689761.htm，2014年7月1日。

③ 《列宁全集》第54卷，人民出版社1990年版，第213页。

的经济实力在美国的许可下迅速成长起来，军事实力也有所加强。日本一度想成为联合国常任理事国，在国际舞台上，与其他帝国主义国家（中国和俄罗斯除外）平起平坐。但是，并没有反省军国主义"二战"罪行的日本的入常努力，自然遭到了中朝韩等国的反对。而美国为了挑拨日本与中韩关系，口头上支持日本入常，直到美国发现中韩等国的努力不足以阻止日本成为联合国常任理事国时，才出手干预，毁灭了日本的入常努力。

日本帝国主义知道美国不愿意增加其在帝国主义方面的竞争对手，对日本有所警惕，于是提出中国"威胁"论，利用美国遏制中国的企图，以及经济危机给美国造成的力不从心，争当挑起地区摩擦的急先锋，以此换取美国许可其发展军事力量，许可其解禁集体自卫权，就像希特勒利用当年英国的默许来恢复德帝国主义的实力一样。

虽然，美国在德国和日本都有自己的驻军，日本所使用的美国军火也有利于美国的控制。但是，"二战"前，英国对德国控制失败的教训尤在，一旦美国对日本控制失败，美国也会深受其害。

总之，随着新帝国主义的发展，各帝国主义集团的实力的变化，新帝国主义之间的争斗无可避免，这给未来世界经济的发展和国际安全局势蒙上了阴影。要知道，正是当年的英法帝国主义集团与德帝国主义集团，以及日本帝国主义与美帝国主义的争斗引发了两次世界大战。

七　新帝国主义的终结

日裔美籍学者福山于 20 世纪 80 年代末提出"历史终结论"，其实质就是认为人类社会形态会以当时如日中天的新帝国主义为终结。但是，美国金融危机前后的事态发展表明，面临终结的恰恰是新帝国主义。

威廉·塔布曾担心美国会因失去竞争力和维护帝国运行的成本过高而破产。斯蒂格利茨和哈佛大学教授琳达·比尔姆斯合著的《三万亿美元的战争》一书，通过详细的计算分析后曾认为，按照保守估计，美国在伊拉克战争的总开支将达3万亿美元，甚至可能超过美国在第二次世界大战中的5万亿美元（按通胀率折算）开支。如此巨大的成本，显然是新帝国主义不能承受之重。在被记者问及伊拉克战争是否是美国经济减速的原因时，斯蒂格利茨回答道："的确如此。"①

在与社会主义集团对抗时，（新）帝国主义曾经对本国工人阶级做了较大的让步，甚至采取了收买本集团内部工人阶级的政策，形成了所谓"福利国家"的模式。② 但是，苏联和东欧社会主义国家解体后，新帝国主义国家纷纷享受"和平红利"，大幅削减工人福利，收回曾经对工人阶级做出的一些让步。尽管如此，欧洲的主权债务危机表明，如今这种模式居然也成了新帝国主义不能承受之重。

马克思曾经指出："如果现代工业不是在周期性循环中经过停滞、繁荣、狂热发展、危机和极度低落这些彼此交替、各有相当时期的阶段，如果工资不是因这些阶段彼此交替而有高有低，如果厂主和工人之间不是进行着经常的、与工资和利润的这些波动密切联系着的战争，那末，大不列颠和全欧洲的工人阶级就会成为精神萎靡、智力落后、内心空虚、任人宰割的群众，这样的群众是不可能用自己的力量取得解放的，正如古希腊罗马的奴隶不能用自己的力量取得解放一样。"③ 显然，随着这场由美国金融危机引起的新帝国主义国家的经济危机和福利的大幅削减，新帝国主义集团内部的工

---

① 参见《斯蒂格利茨：伊拉克战争打击美国经济》，http://news.hexun.com/2008-03-04/104187462.html，2014年2月18日。
② 孟氧：《现代资本主义经济与工人阶级状况》，《经济理论与经济管理》1981年第5期。
③ 《马克思恩格斯全集》第9卷，人民出版社1961年版，第191页。

人阶级的反抗也会日益加强。

列宁曾经在谈到俄国革命形势时指出："在多数情况下，对于革命来说，仅仅是下层不愿象原来那样生活下去是不够的。对于革命，还要求上层不能象原来那样统治和管理下去。"[①]而就新帝国主义的上层而言，显然，"任何一个民族都不会容忍由托拉斯领导的生产，不会容忍由一小撮专靠剪息票为生的人对全社会进行如此露骨的剥削"[②]。事实上，美国所爆发的占领华尔街运动，就是新帝国主义内部以产业资本家和小资产阶级为主体的中上层民众对金融寡头统治的一次示威。

但是，指望以产业资本取代金融资本的统治，指望虚拟经济让位于实体经济，只不过是产业资本家的幻想。金融资本是产业资本自身的产物，虚拟经济的存在也延缓了实体经济的危机，而不废除产业资本就不可能废除金融资本，也不可能摆脱金融资本的统治，甚至连多少限制一下金融资本都极为困难。而且"每一个对旧危机的重演有抵消作用的要素，都包含着更猛烈得多的未来危机的萌芽"[③]。

美国金融危机和世界资本主义国家的经济危机表明，新帝国主义是帝国主义的最后阶段，也是资本主义的最后阶段，在这个阶段货币资本与生产资本进行了最彻底的分离。对此，人类社会只能往前走，只有积极否定已经过时了的不适合生产力发展的资本主义，迈向社会主义，才能彻底克服资本主义的内在矛盾，才能摆脱给数十亿人带来灾难的经济危机，才能最终得救。

虽然新帝国主义拥有强大的毁灭地球和人类的武器库，但这并不能阻止新帝国主义的终结。相反地，新帝国主义不得不把大量的财富用于军事工业，不断研发无人机等不用人或少用人参与战斗的

---

① 《列宁全集》第23卷，人民出版社1990年版，第313页。
② 《马克思恩格斯文集》第3卷，人民出版社2009年版，第558页。
③ 《资本论》第3卷，人民出版社2004年版，第554页脚注。

武器，恰恰表明新帝国主义的脆弱性，表明新帝国主义不敢相信和依托任何人。

在回顾20世纪的历史时，余学进和章康美也指出，50年代朝鲜战争，当时美国拥有世界上最强大的海、空军（陆军仅次于苏联）和绝对制空权，但中朝两国并肩奋战三年，终于击败了美帝国主义。70年代越南战争，美国仍拥有绝对制空权，美机在越南日夜轰炸，但越南人民团结一心、浴血奋战。在全世界人民支持下，终于把美国赶出了越南。这一切证明装备处于劣势的国家，只要紧密团结、英勇奋战是可以击败美帝国主义的。他们还指出，地处美国后院的古巴，挫败美国各种阴谋，坚持社会主义四十年，屹立未倒更是证明"帝国无敌论"神话的破产。在向古巴人民致敬的同时，我们应该信心百倍地迎接新帝国主义的挑战，争取战而胜之。①

既然新帝国主义时代所拥有的生产力已经不能再促进资产阶级的所有制关系的发展，反而生产力已经增长到这种关系所不能容纳的地步；既然新帝国主义已经阻碍生产力的发展，并当生产力一开始突破这种障碍的时候，就使整个新帝国主义社会陷入混乱状态；既然新的更高的生产关系即社会主义生产关系已经在资本主义世界中破土而出，并以自身的实践提供了正反两方面的经验；既然世界人民已经有了科学的马克思主义作为指导，那么，新帝国主义的终结和资本主义的全面灭亡就不仅是不可避免的，而且是并不遥远的。

---

① 余学进、章康美：《新帝国主义的产生、影响及应对策略》，《南昌航空工业学院学报》（社会科学版）2003年第4期。

美国金融资本主义的形成机制与现状

魏南枝

美国是资本主义立国的国家,并且在第二次世界大战之后成为资本主义体系的主导者。20世纪七八十年代以来,美国与跨国资本联合推动了经济全球化的发展,与此同时,美国实现了从工业资本主义向金融资本主义的转型,从一个制造业大国逐渐转向以服务业为主的后工业社会,虚拟金融资本在美国社会逐渐占据主导地位并实现了对社会经济的统治。在美国的带动下,当前整个资本主义世界体系呈现普遍化垄断、全球化垄断和经济金融化三大特征。① 本文将对当代美国金融资本主义的形成机制与现状进行分析。

一 美国金融资本主义的形成机制

西方资本主义已经有五百多年的历史,资本主义是一个包括政治、经济、社会、文化和意识形态等的全面的社会形态。"社会形态"是指处于一定历史发展阶段的社会。② 资本主义这一社会形态随着人类社会的发展演进可以区分为不同的历史阶段:工业资本主义、商业资本主义和金融资本主义等。

---

① 魏南枝:《资本主义世界体系的内爆——萨米尔·阿明谈当代全球化垄断资本主义的不可持续性》,《红旗文稿》2013年第11期。
② 《马克思恩格斯选集》第1卷,人民出版社1995年版,第585—586页。

但是，基于历史资本主义的观点，上述历史阶段不是一个线性的过程，也就是说，金融资本主义并不是资本主义的最高阶段或者最后阶段。相反，上述阶段更多是由于资本的积累和扩张所体现出来的"物质扩张"与"金融扩张"交替进行的周期性现象，因为"贸易和生产大规模地发展以后，经常爆发过度积累的普遍危机，世界资本主义因此作出的典型反应就是金融扩张"。但是，这种"金融扩张最终导致当时世界资本主义的崩溃"①。

2008年全球性金融危机的爆发源自美国这个资本主义核心国家内部，引发了全球权力的重新分配和全球秩序的失序失范，引起的讨论是：是否一个历史长周期的新循环正要展开？② 迄今为止，世界资本主义体系已经呈现出四个体系积累周期：热那亚周期（15世纪到17世纪初）、荷兰周期（16世纪末到18世纪后期）、英国周期（18世纪下叶到20世纪初）和美国周期（19世纪末至今）。③

与这种积累周期同时存在的是资本不变的本性，"资本作为财富一般形式——货币——的代表，是力图超越自己界限的一种无限制和无止境的欲望"④。为了满足这种欲望，为了突破价值生产的无限性和价值实现的有限性之间的矛盾，资本必须不断创造更大的流通范围、开拓世界市场，以实现资本主义世界体系的地理扩张。⑤ 为了"在一切地点把生产变成由资本推动的生产"⑥，以经济全球化等形式把资本主义的生产和生活方式席卷全球、"将世界变平"是资本的本能，例如西欧资本主义的发展与血腥对外殖民扩张是紧

---

① ［意］杰奥瓦尼·阿瑞基：《漫长的20世纪》，江苏人民出版社2011年版，第1页。
② 张昕：《金融化与全球资本主义的秩序之争》，《文化纵横》2018年第3期。
③ ［意］杰奥瓦尼·阿瑞基：《漫长的20世纪》，江苏人民出版社2011年版，第6—9页。
④ 《马克思恩格斯全集》第30卷，人民出版社1995年版，第297页。
⑤ ［英］大卫·哈维：《新帝国主义》，初立忠、沈晓雷译，社会科学文献出版社2009年版。
⑥ 《马克思恩格斯全集》第30卷，人民出版社1995年版，第388页。

密联系在一起的，因而绝非20世纪下半叶才出现的新现象。①

当前国际失序和失范的最重要原因就在于，美国周期已经进入危机。20世纪70年代，由于产能过剩和总需求的不足，美国的资本主义体系陷入停滞期，制造业利润率显著下降，产出、资本存量和实际工资增长率等都萎靡不振，资本从美国市场获得的回报率和盈利能力持续低迷。②此后，以美国为代表的发达资本主义国家的金融资本快速增长，为了应对以美国为代表的西方国家的消费萎缩，跨国金融资本将消费资料制造业转移到劳动力价格更低廉的发展中国家。加上信息技术革命等的推动，金融资本在经济全球化浪潮中实现了全球流动，极大改变了全球资本结构和产业结构，也极大地强化了金融市场在资源配置中的支配性地位。

但这种金融资本主义的垄断性地位的强化，并未解决过度积累的危机，只不过试图通过"时空方法"和"掠夺性积累"③来进行缓解，其实质结果是因为经济全球化浪潮的不断扩张而将资本主义体系过度积累危机向世界范围内蔓延，并且反噬了美国自身，导致其深陷美国周期的霸权危机之中。

尽管存在体系积累周期和基于追求超额利润本性而推进经济全球化等共性，不同的资本主义国家因历史、文化、国情等的差异，各自的发展模式、理念和组织形式等呈现出多样性，上述四个体系积累周期也各有其特点。

具体到美国，与英国建立的"日不落帝国"直接殖民体系不同的是，美国对世界并不采取直接控制的方式，而是通过制定一系列的规则和制度进行控制，并且其他国家很容易通过非正式的渠道参

---

① 这里的"将世界变平"不是让世界各地区变得平等，而是指资本突破不同资本主义模式、国家形态和国家监管等多重因素形成的障碍，不断开辟世界市场的覆盖面，使资本主导的资本主义世界体系覆盖全球。

② ［美］罗伯特·布伦纳：《全球动荡的经济学》，郑吉伟译，中国人民大学出版社2016年版，第5页。

③ ［英］大卫·哈维：《世界的逻辑》，周大昕译，中信出版社2017年版，第296—302页。

与到这些规则和制度的决策过程之中①,例如世界贸易组织、货币基金组织等。这种由美国主导的理想化国际秩序的前提条件在于,美国在政治实力、经济力量和军事霸权上拥有足够的优势,使其有能力推行维持这种秩序的相关规则。

二者更重要的区别在于,与英国在 17 世纪和 18 世纪的半政府、半企业性质的股份特许公司不同的是,美国霸权下"世界贸易的一个很大且在不断增长的部分,倾向于被纵向合并的大规模跨国公司'内在化',并归这些公司掌管……"而跨国公司在美国政府支持下所进行的爆炸式增长,使其"已经发展成为一种世界范围的生产、交换和积累体系,它不受任何国家权威的约束……"②这就产生了美国作为一个主权国家的权力追求和美国企业(机构)的跨国扩张之间的矛盾根源。

因为美国自身的金融资本主义化和世界的经济全球化二者几乎同步进行,上述美国"政治国家—跨国企业(金融机构)"之间的矛盾正在趋于激化:经济全球化使在全球自由流动的资本,特别是金融资本获得了前所未有的权力,金融资本逐渐从实体经济部门的支持者变为依靠自身交易就可以获得高额利润的"自赢利者"。③美国一方面因为自身的资本主义经济金融化,导致金融部门和广大发展中国家成为其过剩资本寻求更大增殖、摆脱滞胀危机的出路之一,反过来进一步加剧了美国内部的产业空心化和贫富两极化;另一方面,美国金融资本把大量剩余资本向金融领域和海外转移,全球性垄断资本对世界性生产进程的控制、垄断、集中程度在加深,推动了金融垄断资本主义向国际金融垄断发展,反过来增强了跨国

---

① G. John Ikenberry, "Illusions of Empire: Defining the New American Order," *Foreign Affairs*, Vol. 82, No. 2, 2004, pp. 144-154.

② [意]杰奥瓦尼·阿瑞基:《漫长的 20 世纪》,江苏人民出版社 2011 年版,第 81—82 页。

③ 杨典、欧阳璇宇:《金融资本主义的崛起及其影响——对资本主义新形态的社会学分析》,《中国社会科学》2018 年第 12 期。

资本,特别是金融资本摆脱包括美国政府在内的各种监管,甚至"有力量将国际体系中包括美国在内的每一个成员置于它自己的'法律'约束之下"。①

其结果是,不但美国的主权国家能力受到日益膨胀的资本力量的约束,而且美国的主权国家实力陷入下滑趋势,使得由美国主导的理想化国际秩序的前提条件处于前所未有的危机之中。

二 美国的金融资本主义的现状

美国的金融资本主义已经从企业的生产和经营领域扩展到整个经济部门,在取得了对工业贸易和商业活动的控制地位之后,又扩展到政府运行和普通人的日常生活之中。基本现状如下:

1. 金融资本全面控制美国的社会再生产过程。1978 年美国广义货币占 GDP 比重为 69.35%,资本形成总额占 GDP 比重为 24.78%,固定资本形成总额占 GDP 比重为 23.68%;1998 年美国广义货币占 GDP 比重为 65.27%,资本形成总额占 GDP 比重为 22.85%,固定资本形成总额占 GDP 比重为 22.15%;2018 年美国广义货币占 GDP 比重上升至 90.28%,资本形成总额占 GDP 比重下降至 19.69%,固定资本形成总额占 GDP 比重下降至 19.5%——显然存在虚拟经济膨胀与实体经济衰退并存的问题。②

实体经济的衰退具体表现为美国的产业空心化。产业空心化的进程肇始于 20 世纪 60 年代,欧共体和日本的经济复兴与美国的实体经济向外转移紧密相关。在 1980—2003 年期间,美国的第一产业占 GDP 的比重由 2.4% 下降到 1%,第二产业由 29.7% 下降到 18.5%,而第三产业由 68% 上升到 80.5%。2003 年至今,第三产

---

① [意]杰奥瓦尼·阿瑞基:《漫长的 20 世纪》,江苏人民出版社 2011 年版,第 82 页。
② 王俊:《论西方国家经济过度金融化及其对我国的启示——基于国际垄断资本主义全球产业链协作的视角》,《当代经济研究》2018 年第 9 期。

业的占比呈相对稳定状态。美国产业空心化使得其产业竞争力流失等问题日趋严重，美国为资本在全球流动过程中不断积累提供动力的能力趋于衰减。

2. 金融资本主义导致美国贫富悬殊和社会分裂恶化。由于美国已经从世界制造大国变为过度依赖海外财富的帝国，目前占美国 GDP 比重最大的行业为金融、保险、房地产与租赁业务等所代表的高端服务业，这些高端服务业体现出资本要素和智力要素密集度高的特征。尽管美国的大企业经营生产趋于恢复，销售业绩资本项支出都持续增加，但是美国本土的工厂在通过加速自动化，也就是以机器取代人和降低人员使用来提升生产效率，对于靠普通制造业生活的一般技能工人的就业形成根本性打击。

美国掌握了知识经济的很大部分核心资源，但由于经济结构所造成的结构性失业严重，中低层次劳动力的劳动参与率持续走低，美国国内劳动力市场状况逐年恶化，本土培养的制造业所需技术人才趋于萎缩。其结果是，美国劳动收入占总收入的比重显著下滑，资本收入在美国高收入人群总收入中所占份额迅速上升，而美国的所得税累进性却大幅下降，导致美国个人收入差距水平扩大。

收入不平等在财富分配方面体现出"雪球效应"：大部分收入被最高收入群体所赚取，这些人将收入所得进行投资或储蓄继而获得更大的资本收益，反过来进一步加剧财富集中。自 20 世纪 80 年代里根主义主导美国至今，美国所有实际税前收入中，超过 80% 流向了个人所得税缴纳额度最高的 1% 人口，美国的贫富差距正在以惊人的速度扩张。从家庭数量分析，美国中产阶级家庭的比重已经从 1971 年的 61% 萎缩为 2015 年的略低于 50%，不再占据社会经济结构的主体；低层阶级家庭比重从 25% 上升到 29%，而上层阶级家庭比重从 14% 上升到 21%。

贫富悬殊不但导致美国社会分裂的恶化，例如左翼向社会民主主义方向发展，而右翼以特朗普主义为代表，还导致美国社会危机的加重：1990年以来，美国富裕阶层的中年人死亡率持续下滑，然而学历为高中或者更低的非拉美裔白人中年人因自杀、药物过量和酒精中毒等而非正常死亡的比率经历了持续的增长：从1999年非正常死亡率比黑人低30%迅速增长为2015年比黑人高30%。①

3. 跨国金融垄断资本对美国政府决策的影响力日趋膨胀。在国民财富不断增长的同时，美国的公共财富总量却越来越缩水，例如2015年美国公共财富为负值（国民收入的-17%），而私人财富高达国民收入的500%。与此形成鲜明对比的是，1970年美国公共财富为国民收入的36%，私人财富为国民收入的326%，由此可见二者的此消彼长速度。

公共财富的贫瘠必然会限制一国政府进行经济调节、收入分配与遏制不平均水平攀升的能力，因而债台高筑的美国政府迫切需要增加公共财富以增强其缩减经济社会的不平等的能力。但是，1979年美国的债务与GDP之比仅为31.8%，联邦政府未偿还债务为8260亿美元；但到了2017年9月美国国债总额攀升至20.162万亿美元。2017财年联邦政府预算赤字为6657亿美元，而2017年10月通过的2018财年预算案允许税改在未来10年新增1.5万亿美元赤字。

美国政府的行为日益受到金融市场运作的影响，因为金融市场的波动很大程度上影响了美国政府的财政收支和各项公共政策实施。② 并且，由于金融资本实际上掌控着大多数资本和资源在全球的流动，限制跨国金融资本的政策可以轻松地被这些资本以"用脚投票"的方式化解，迫使美国政府的政策不得不更多体现金融资本集团的意志。特朗普政府废除了众多金融监管政策，并且出台系列

---

① Anne Case & Sir Angus Deaton, "Mortality and Morbidity in the 21st Century", https://www.brookings.edu/bpea-articles/mortality-and-morbidity-in-the-21st-century/, accessed Jan. 8, 2018.

② 杨典、欧阳璇宇：《金融资本主义的崛起及其影响——对资本主义新形态的社会学分析》，《中国社会科学》2018年第12期。

减税政策等，就是试图通过向跨国金融资本"让利"来换取经济和税收的增长。

据美国税务政策中心（TPC）测算，特朗普税改对富人和大公司的减税力度更大，并且减税必然给政府财政赤字带来更大压力，也必然迫使政府缩减公共开支，这无疑将进一步扩大美国的贫富分化。[①] 加上减税所带来的财政负担能否通过经济增速的提高得到补偿尚不确定，而财政收入下滑是确定的，人口老龄化带来的长期经济成本，以及攀升至历史高位的社保、医保支出等可能导致未来财政赤字进一步提高，都将限制美国政府通过政策手段来遏制贫富悬殊的能力。也就是说，金融资本主义决定了世界体系的绝大部分经济活动，正在改变美国作为政治国家的能力。

4. 华盛顿共识主导的经济全球化的最大受益者是跨国金融资本。美国的资本和生产力向其他国家和地区的不断流出，使得美国对外资产赢得了巨额受益，并且对外资产的收益率远高于对外负债的成本率，美国实际上通过货币和金融手段免费消费了包括中国在内的新兴经济体的实际资源。也就是说，美国高度依赖对廉价金融资源的占有来维持其过度消费，而在上述资源与资本流动过程中受益最大的则是跨国资本，特别是跨国金融资本。

由海外流入的巨额财富支撑着美国统治精英并加剧美国财富两极分化、瓦解美国国内中产阶级的生存空间和竞争能力。力量日益膨胀的跨国金融资本等通过干预美国国内选举政治，限制了美国进行产业调整的效果，导致其经济结构持续呈畸形发展。例如，尽管奥巴马和特朗普两任总统都致力于美国实体经济的恢复，但实际上，美国以工业体系残缺化为特征的去工业化过程仍在持续。

特朗普当选和上台后的各种政策，实际上是美国精英内部利用民主投票机制、使用"大众—精英"冲突口号实现的权力转移，是

---

① Howard Gleckman, "How the Tax Cuts and Jobs Act Evolved", http://www.taxpolicycenter.org/taxvox/how-tax-cuts-and-jobs-act-evolved, accessed Jan. 6, 2018.

以能源、军工等美国工业资本力量与部分金融资本力量的联合体对跨国金融和高科技等资本力量的成功挑战，标志着基于新自由主义、文化多元主义和世界主义的政治共识正在坍塌。

理解美国的金融资本主义一定要和新自由主义主导的经济全球化浪潮结合起来思考。由于金融资本主义下的"投资"具有强烈的"投机性"，为了追求高额利润而在全球范围流动并且具有明显的短期导向，不但对美国经济和社会产生了极大冲击，产生了不稳定性和高风险性；而且形成了美国经济社会不平等与政治回应不平等之间的恶性循环，并很有可能使得美国目前机会平等基础丧失的趋势变得根深蒂固和不可逆，最终损害到美国政治体制的正当性和有效性。

四

世界金融危机与国际局势的变化

国际金融危机与世界大发展大变革大调整

李慎明

2017年1月18日,中华人民共和国主席习近平在联合国日内瓦总部的演讲中明确提出:"人类正处在大发展大变革大调整时期。"① 这一判断十分重要,完全正确。

1962年1月30日,毛泽东《在扩大的中央工作会议上的讲话》中明确指出:"从现在起,五十年内外到一百年内外,是世界上社会制度彻底变化的伟大时代,是一个翻天覆地的时代,是过去任何一个历史时代都不能比拟的。处在这样一个时代,我们必须准备进行同过去时代的斗争形式有着许多不同特点的伟大的斗争。"②

习近平同志是党的十八大报告起草小组的组长。在报告起草过程中,他力主把"必须准备进行具有许多新的历史特点的伟大斗争"写入大会报告。党的十八大之后,习近平总书记又多次强调:"必须准备进行具有许多新的历史特点的伟大斗争。"这具有强烈的现实意义和重大的历史意义。

一 国际金融危机中的世界大发展大变革大调整

毛泽东主席所说的50年内外到100年内外,从国际上看,

---

① 《共同构建人类命运共同体——在联合国日内瓦总部的演讲》,《人民日报》2017年1月19日。
② 《建国以来毛泽东文稿》第10册,中央文献出版社1996年版,第32页。

1962+50大约等于2008。2008年，国际金融危机爆发，这是资本主义推迟多年、推迟多次不得不爆发的危机。从根本上说，这是中国特色社会主义最大的国际机遇，也是准备进行具有许多新的历史特点的伟大斗争的最为显著的特点。1962+100=2062。完全可以预言，随着国际金融危机的不断深化，到毛泽东所说的100年内外即21世纪中叶之时，必将是世界社会主义的又一个艳阳天。

为什么当今世界处于大发展大变革大调整时代？习近平总书记在作出这一判断之后，随即十分明确地指出："从现实维度看，我们正处在一个挑战频发的世界。世界经济增长需要新动力，发展需要更加普惠平衡，贫富差距鸿沟有待弥合。地区热点持续动荡，恐怖主义蔓延肆虐。和平赤字、发展赤字、治理赤字，是摆在全人类面前的严峻挑战。这是我一直思考的问题。"[①]

贫富差距鸿沟，这是世界经济增长缺乏新动力、发展缺乏普惠平衡、地区热点持续动荡、恐怖主义蔓延肆虐的经济基础，也是和平赤字、发展赤字、治理赤字的根本原因。

让我们来看看习近平总书记所一直思考的贫富差距鸿沟在当今世界究竟是一个什么样的状况吧。

从全球看，2017年1月17日，世界经济论坛在瑞士达沃斯召开之际，国际慈善机构乐施会发布报告：2016年"全球贫富悬殊已达历史最严重的地步，八大富豪身家竟等同于36亿贫穷人口的总财产，占全球总人口一半"[②]。根据国际劳工组织的数据，从全球看，2007年至2009年金融危机之前，薪资增长率为2.4%，而2017年的前5年，这一数字则减为2.1%。[③] 2017年9月16日，日本《朝日新闻》报道："从2005年开始，全球饥饿人口开始呈现减

[①]《习近平出席"一带一路"国际合作高峰论坛开幕式并发表主旨演讲》，《人民日报》2017年5月15日。

[②]《环球时报》2017年1月19日。

[③]《全球化退却：自由贸易究竟怎么了？》，美国《华尔街日报》网站2017年3月29日。

少趋势。但2016年却同比增加了3800万人。饥饿人口在全球总人口当中所占比例也同比增长0.4个百分点，达到了11%。"①

从美国看，2017年1月20日，美国新任总统特朗普在就职典礼上就坦承撕裂美国的无情社会现实："长久以来，我们国家首都的一小群人收获了执政的好处，却要人民来承受代价。"② 2016年8月，诺贝尔经济学奖得主约瑟夫·施蒂格利茨说："底层90%的人口收入停滞长达1/3世纪。全职男性劳动者的中位数收入其实比42年前有所减少。就底部而言，实际工资与60年前的水平相当。"③ 美国《外交》杂志2016年1—2月号刊登的《不平等与现代化》一文中说："1915年，美国最富有的1%人口的收入，占全部国民收入的18%左右，而2011年则掌握全国40%的财富。""1965年，美国350强从业的CEO的薪金，是普通工人的20倍，现在则是273倍。"2017年11月8日英国《卫报》报道，福布斯当年10月发布的财富报告显示，美国最富有的三个人——比尔·盖茨、杰夫·贝佐斯和沃伦·巴菲特三人加起来拥有2485亿美元（约合人民币16479亿元），相当于半数美国人口（即1.6亿人）的财富。报告称，美国最富有的400人，身家合计达2.68万亿美元（约合人民币13.3万亿元），超过了美国64%人口2.04亿人拥有的财富总和。这是100多年来前所未有的。

从发展中国家看，以印尼为例，国际慈善机构乐施会的研究报告说："2016年，印尼最富有的4个人的财富总和为250亿美元"，"这一财富数字比最贫穷的1亿人的财富总和还多。印尼总人口为2.55亿"。④

目前这场国际金融危机的总根源，就是东欧剧变和苏联亡党亡

---

① 《全球饥饿人口达8.15亿人》，日本《朝日新闻》2017年9月16日。
② 法新社华盛顿2017年1月20日英文电。
③ ［美］约瑟夫·施蒂格利茨：《全球化及其新的不满》，新加坡《海峡时报》网站2016年8月8日。
④ 法新社雅加达2017年2月23日电。

国之后全球范围内贫富两极的急剧分化。国际金融危机自爆发以来已经过去了整整九个年头。笔者认为，再有八年、十年，国际金融危机也走不出去。因为以"互联网+"智能机器人等为代表的新的高科技革命和新的生产工具的诞生和发展，极大地提高了全球范围内的社会生产力，但同时也加剧着全球范围内的财富占有和收入分配的贫富两极分化。这正如马克思所强调的：在资本主义社会，"文明的一切进步，或者换句话说，社会生产力（也可以说劳动本身的生产力）的任何增长，——例如科学、发明、劳动的分工和结合、交通工具的改善、世界市场的开辟、机器等等，——都不会使工人致富，而只会使资本致富"。① 这也就是说，在资本主义生产关系框架之内，从总体和本质上说，资本与劳动的各自致富，是一个跷跷板的两头，绝不可能是共富。资本愈是富有，广大劳动群众则必然愈是贫穷。广大劳动群众愈是贫穷，社会的有效需求则必然会愈加减少；以美国为首的西方资本主义世界为主导的经济全球化，必然使得全球范围内广大民众愈加贫穷，社会的相对需求急剧减少。我们还可以作出这样的预言：在未来二三十年内，在全球范围内，大量的智能机器人会更多地挤占现有的人工工作岗位，无人工厂会雨后春笋般地在世界各地涌现。这一进程，可能要比我们常人所想象的还要快得多；其覆盖面，可能比我们常人想象的还要更为广阔。但资本都不雇佣工人了，普通百姓都没有工资了，谁来购买这些物美价廉的产品呢？各垄断资本集团之间追寻高额利润的残酷竞争——引发新的高新科技发展特别是智能机器人的普及——导致新的工人大量失业——社会相对需求减少——引发更多工厂破产和工人失业——加剧减少新的社会相对需求——进一步触发新的工厂的破产。以上铁的逻辑必然形成一轮又一轮的恶性循环，不断加剧着全球范围内的贫富两极分化。2008年爆发的国际金融危机本质上

---

① 《马克思恩格斯全集》第46卷（上），人民出版社1979年版，第268页。

是资本主义的经济、政治和文化价值观的全面危机，是高度发达的社会生产力即生产社会化乃至生产全球化与现存的生产关系即生产资料被极少数私人占有这一资本主义基本矛盾的一次总爆发。历史已经反复证明，这一基本矛盾在资本主义生产关系的框架内根本无法摆脱。随着这一矛盾的不断发展和深化，可以断言，更大的金融灾难必将紧随其后在一些年内接连爆发。

美国石英财经网站2017年10月6日以"德意志银行预言：下一场金融危机即将到来"为题报道："德意志银行说金融危机发生的频率更高了，几乎变成了现代生活的配料"；"在后布雷顿森林体系时代，决策者可以灵活地印制化解金融危机所需的足够多的钞票"；"这也为下一次危机打下了基础"；当今"世界范围内的政府债务接近国内生产总值的70%，达到自二战以来的最高值，而上个世纪70年代时还不到20%"。[①] 世界各国几乎都在成倍地超发货币，美国三大股指数连创历史纪录。这极有可能应了华尔街的那句老话："在音乐停下之前，谁也不会停止舞蹈。"

中国的古代哲人老子有句名言："祸兮福之所倚，福兮祸之所伏。"当前正在深化的国际金融危机，本质上是资本主义经济、制度和价值观的危机。世界社会主义的光明前途则深深蕴含于资本主义的危机之中。

2017年，是开辟人类历史新纪元的伟大的十月革命一百周年。任何个人、政治派别或阶级政党都不能单凭自己的"意志"制造出一场革命。十月革命决不是列宁等无产阶级革命领袖强加给俄国的，而是资本主义内部矛盾发展的必然逻辑。由于十月革命前的俄国统治阶级的反动压迫，内部政治矛盾异常尖锐，外部帝国主义列强之间的矛盾激化，再加上第一次世界大战的爆发，造成了列宁所讲的那种革命形势："'下层'不愿照旧生活而'上层'也不能照

---

① 美国石英财经网站2017年10月6日。

旧维持下去。"① 结果使社会主义革命在俄国这个世界资本主义统治体系的"薄弱环节"中首先发生并获得了胜利。当然，任何革命，同时又是革命者顺应历史发展大势，发挥主观能动性的结果。革命导师列宁对推动十月革命的爆发和成功作出了卓越的贡献。

哪里有压迫，哪里必定有反抗，压迫者最终势必会被他们自己所造成的对立面所埋葬。这是一条必然的客观规律。任何事物包括任何社会的产生和发展，必然有其内在的动力。如果说当年十月革命的成功，是俄国内部矛盾发展的必然结果，那么，当今整个偌大的世界就像当年放大了的俄国。整个资本主义世界，颇像《红楼梦》中内囊空虚的贾府。今天全世界范围内的贫富两极分化，必然带来明天全世界各国人民的反抗，这是全球范围内的大变革大调整的根本动力；全球人类社会大变革大调整的结果，就必然推动着整个人类社会的大发展。

经济全球化，绝不仅仅是生产力的全球化。任何生产力都承载着一定的生产关系。讲到经济全球化的性质，主要是看哪种生产关系在主导。所以，从本质上说，在今后一些年内，若没有特殊情况的发生，社会主义中国必然巍然屹立于世界民族之林，以美国为代表的国际垄断资本所主导的贫富两极分化的经济全球化即将开启一个式微衰败的新时代，世界人民所主导的公平公正合理的新的经济全球化将会从此扬帆远航。

当今之世界，正处在大动荡、大分化、大调整、大变革、大发展的前夜。这颇应了罗贯中所著《三国演义》中的第一句话"分久必合，合久必分"那句名言。2016 年热闹非凡的美国总统大选标志着美国社会开始被严重撕裂：自 2017 年 9 月以来，多次发生美国橄榄球联盟球员"奏国歌时下跪"事件，以抗议美国政府种族歧视行为。2017 年 10 月 1 日晚美国拉斯维加斯枪击案表明，美国

---

① 《列宁选集》第 4 卷，人民出版社 1995 年版，第 193 页。

国内低烈度的战争甚至已经打响。英国"脱欧"谈判谈得艰难，与此相伴的是苏格兰寻求独立，也让英国当局分外挠头。在特朗普拒绝支持北约有关共同防务条款之后，德国默克尔总理也深有感触地说："我们能够彼此依靠的时代在一定程度上已经结束。"① 法国社会问题丛生。2017 年中国国庆长假期间，西班牙的加泰罗尼亚地区独立公投活动与其他大城市反对其独立的游行严重对峙。如何把控"特朗普风险"则是韩国总统文在寅必须要面对的一个难题。日本广大民众在修宪问题上尖锐对立。连中国台湾也在接连出现"去蒋化"的言行。这在过去几乎都不可想象。但全世界人民却明显开始出现觉醒和聚合的迹象，世界左翼和马克思主义思潮出现明显复苏之势。

这就有了 2016 年 4 月美国的"民主之春"运动，其矛头直指美国的金钱政治和被垄断资本操纵的各大舆论媒体。此次运动不持党派立场，120 余个组织、活动团体和工会参与了这次运动，超过 3500 人在组织者的网站注册。

这就有了起始于 2016 年 3 月底的法国"黑夜站立运动"。这一运动的缘起是抗议法国政府企图推出延长工作时间的劳动法修改草案，结果是直指其社会体系中存在已久的一系列弊病。法国有 70 多座城市出现类似运动。"黑夜站立"甚至向柏林、里斯本、马德里等欧洲其他重要大都市蔓延。2017 年 10 月 10 日，法国又举行了 540 万公务员参加的"全法公务员大罢工"，矛头不仅针对《劳动法》改革，更"是为了让政府听到自己对政改的深刻不满"。

这就有了 2016 年 9 月 5 日，印度共产党（马克思主义）领导下，为抗议薪资低、政府单边劳工政策改革和国有企业私有化等，有 1.8 亿工人包括煤矿、运输、银行等行业员工参加的大罢工。

这就有了近几年来，在"俄历史上最著名和最具影响力的人

---

① ［美］爱德华·卢斯：《美国的朋友和敌人如何适应特朗普时代》，英国《金融时报》网站 2017 年 6 月 22 日。

物"俄罗斯民意测验中，往往出现斯大林和列宁位居前列甚至榜首的情况。①

这就有了尼泊尔共产党（联合马列）、尼泊尔共产党（毛主义中心）和尼泊尔新力量党三个主要左派政党的大联合。2017年10月3日，上述三党在加德满都市政厅召开新闻发布会，宣布组成竞选联盟和合并协调委员会，待省议会和国家议会这两次选举结束后，三党将完成合并。

这就有了世界各国人民都欣喜看到的，中国各族人民正在以习近平同志为核心的党中央周围更加紧密地团结起来。有了以习近平同志为核心的党中央的坚强领导，社会主义中国必将巍然屹立于世界民族之林。这也从一个侧面可以说明，从根本上说，世界资本主义与世界社会主义，犹如一块跷跷板的两头：你的合，却是我的分；而你的分，却是我的合。

任何帝国都不是万古不变的，任何帝国的万古江山都只是写在浪漫的诗篇里。只有人民的江山才能万古长青。我们还可以作出这样的预测，今后一些年乃至21世纪整个上半叶，是资本主义世界和价值观开始撕裂和分裂的时代，是社会主义运动和价值观开始聚合的时代。这也是我们彰显中国特色社会主义的大好时机，是进一步赢得世界和平、发展、合作和共赢的大好时机，是建立世界公平、公正秩序的大好时机，是世界左翼和马克思主义思潮复兴和创新21世纪马克思主义的大好时机，同时也是有力推进构建人类命运共同体的大好时机。

世界上不同社会制度的各个国家，在共同遵守联合国宪章与和平共处五项原则的基础上，进行友好交往和贸易往来，当然有着共

---

① 2017年6月26日俄《消息报》报道，俄"列瓦达中心"针对1600人进行的最新民调结果显示，38%的俄罗斯人认为，俄历史上最著名和最具影响力的人物是苏联领导斯大林，位居榜首。在5年前进行的类似民调中，42%的人认为斯大林在国家历史上发挥了重要作用。在这次调查中，俄总统普京和诗人普希金并列第二，34%的受访者持这一观点。对普京来说，这是他首次在此类民调中进入前三甲。而居第三的是无产阶级革命导师列宁。

同的利益交汇点。但从根本上说，国际金融垄断集团与世界各国人民的根本利益却是根本相对立的，没有共同的利益。从根本上说，国际金融垄断集团所要主导的是一家独大和一家通吃的经济全球化。从长远和本质上说，世界各国人民其中包括广大发展中国家和各个发达国家的人民，要求兴起的却是公平、公正、合理的经济全球化。在我们国内，有着两种根本不同的改革观；同样，在世界上，也有着两种根本不同的全球化观。

从眼前和局部看，我们与美国经济贸易往来甚多，相互额度占比也相当之高。中美之间有着高度契合的共同利益尤其是经济利益，是你中有我，我中有你，是一损俱损，一荣俱荣。但从根本和长远看，以美国为首的资本主义的道路、理论体系、制度和文化则与中国特色社会主义的道路、理论体系、制度和文化是根本对立的。1991年前后的东欧剧变和苏联解体之时，资本主义世界则是觥筹交错、拊髀雀跃。这说明，社会主义的危，则是资本主义的机。同样，资本主义的危，则是社会主义的机。各国共产党和各国人民，抓住了目前正在深化的国际金融危机，就是抓住世界社会主义复兴的大好时机。

二 国际金融危机中的特朗普政府

1973年2月17日，毛泽东在中南海会见美国总统国家安全事务助理亨利·基辛格博士时，曾这样问基辛格："你是燕子，还是鸽子？"山雨欲来，燕子低飞，预示着战争要来。燕子代表着战争，鸽子代表着和平。基辛格回答："我们现在需要一个走向平静的过渡时期。"应该说，基辛格先生很诚实。因为那时是美苏两家争霸，苏联处于进攻态势，美国为了缓解其压力，不得不决定结束对中国的经济、政治封锁。中美关系正常化，有利于美苏争霸中的美国。

美国新总统特朗普当政了。从一定意义上讲，全球都在聚焦特朗普。那么，我们要不要问上这样两句话，一是特朗普是燕子还是鸽子？二是当年的基辛格所说的"我们现在需要一个走向平静的过渡时期"，当今的美国还需要吗？美国摆脱了20世纪二三十年代的经济危机，主要不是依靠罗斯福新政，而主要是依靠在第二次世界大战中两头兜售军火，自己大量赚取超额的军火利润。"二战"结束时，美国虽然只拥有全世界6%的人口和土地面积，却占有资本主义世界工业生产量的2/3，外贸出口额的1/3，并把世界上3/4的黄金收取到自己的囊中。当今的美国要最终摆脱当前的较为严重的经济危机，仅靠"一个走向平静的过渡时期"可能是远远不够的。或者是主要采用所谓的软实力即巧实力，而这种所谓的软实力已经采用了30多年，虽有一定的效果，但随着中国共产党十八大的召开和以习近平同志为核心的党中央的确立，美国在社会主义中国进行和平演变的希望越来越渺茫，这就有了美国军机军舰频繁出入我国南海这一硬实力即军事威胁的出现。

对于特朗普当局，笔者有如下不成熟的看法：

第一，从根本上说，特朗普现象的出现，是全球贫富两极分化及国际金融危机全面深化的结果，具体来说是美国所谓"中产阶级"日渐式微的结果。由于近些年美国的贫富两极分化，所谓的"中产阶级"数量锐减，加上贫困人口的增加，一些社会学家所主张和期待的"两头小，中间大"的橄榄型社会遭到严酷的寒流，美国整个社会的绝大多数人群迫切希望这一现状得到逆转。特朗普当选，实质上是美国右翼集团利用美国社会普遍存在的这一所谓的"民粹主义"兴起的结果。2007年美国的金融危机，标志其经济危机的到来；2016年美国大选，标志其政治危机到来；接着一些年内将是美国价值观危机的集中爆发。

第二，特朗普代表的是美国实业垄断集团的利益，但绝不排除在一定条件下美国实业垄断集团与金融垄断集团的联合。实业垄断集团的代表尼克松上台，是牺牲军工集团利益，拉拢金融垄断集团支持的结果；而特朗普则相反，出发点是寻求国内实业特别是军工集团支持。但在特定条件下，美国金融垄断集团与实业垄断集团完全也必然会结盟。特朗普当选，放松金融监管，股市大涨，就是一个有力的例证。因此，绝不能认定，特朗普与希拉里，共和党与民主党，军工集团与华尔街，在任何情况下都会势不两立。而恰恰相反，在其国内资本主义的政权遇到根本威胁之时，在国际上需要维护美国国家这个垄断资本总代表的根本利益之时，他们就恰如马克思在《资本论》第三卷中指出的那样："资本的每一个特殊部门和每一个资本家，都同样关心总资本所使用的社会劳动的生产率"；"我们在这里得到一个像数学一样精确的证明：为什么资本家在他们的竞争中表现出彼此都是虚伪的兄弟，但面对着整个工人阶级却结成真正的共济会团体"。①

第三，特朗普执政的理念，就是"做你自己"，"让美国再次伟大"，他要把美国长远根本利益与眼前局部利益紧密相结合相统一并实现最大化。特朗普在竞选期间曾有句名言："作为一个国家我们必须要更多令人难以捉摸。我们必须不可预测！"② 其实，特朗普在这里所说的不可预测仅是战略手段和策略手段，而不是根本目的。2017年1月20日，特朗普总统在就职演说中说："从这一刻开始，——只有美国优先——美国优先"；"我们将开始重新赢得胜利，赢得前所未见的胜利"。但他同时又说："我们将与世界各国和睦修好，但是基于以下共识：所有国家都有权以自己的利益为先。"③ 特朗普总统在这里所说的"美国优先"是根本目的，这是公开昭示于人的。但所说的"所有国家都有权以自己的利益为先"则是为掩饰其根本目的而服务的战略和策略手段。霸权主义和强权

---

① 《马克思恩格斯选集》第 2 卷，人民出版社 1995 年版，第 447、448 页。
② ［美］多伊尔·小麦克马纳斯：《穿越混乱的推文：特朗普的飞车袭击式外交政策》，美国《洛杉矶时报》网站 2016 年 12 月 25 日。
③ 法新社华盛顿 2017 年 1 月 20 日电。

政治者的优先，总是以广大弱小国家受欺凌为代价而支撑的。过去，我们常说资产阶级是虚伪的。在特朗普的就职演说中，在他宣称的"所有国家都有权以自己的利益为先"的所谓共识，又是一个明显的例证。其实，美国从来也没有实行过让世界上其他任何国家以自己的利益为先的先例，更不要说让所有国家都有以自己的利益为先的权力。

东欧剧变、苏联解体以后，美国资本垄断集团过高地估计自己的能量，胃口越来越大，并通过弗朗西斯·福山早早就宣布了"历史"已经完全终结于无比美妙的资本主义制度。为尽快实现这一目的，他们便首先加紧对现存的以中国为代表的社会主义国家的围剿，对俄罗斯继续肢解，对伊斯兰世界出兵"侍候"，对拉美加紧打压，对非洲加紧盘剥。从一定意义上讲，东欧剧变、苏联解体后，美国仅考虑了自己的长远根本利益，从而犯了"左"的急躁冒进的错误，结果使其手伸得越来越远，战线拉得越来越长，最终闹得捉襟见肘，力不从心，困难重重，甚至触发整个资本主义世界的国际金融危机。也正因如此，美国不得不推出全面战略收缩的新总统。特朗普上台后，即退出太平洋伙伴关系协定TPP，让日本、韩国、北约增加驻军费用，宣布德国是汇率操纵国，让墨西哥自己掏钱构筑美墨隔离墙，谴责澳大利亚的难民问题等。特朗普是一个出色的商人，也是一个出色的实用主义者。在当前，他会更多看重美国眼前的利益，但也一定会顾及美国的长远和根本利益。另一方面，特朗普仅是美国金融垄断集团的代表人物。特朗普当局会既讲求眼前和局部利益，又会把美国的眼前和局部利益与其长远和全局根本利益紧密、有机、有效地相结合相统一，并谋取其利益的最大化。

第四，特朗普很不靠谱，但又特靠谱。对中国战略，如果说希拉里是文火炖青蛙，特朗普则是想快火煮青蛙。一是特朗普与台独分子蔡英文通电话，打破了37年来的禁忌，并加强对台军售，声称在台部署"萨德"。二是加紧在韩国部署"萨德"。三是日美军事同盟进一步得到加强,并声称在日本布置"萨德"。日韩军事情报互换的背后是美国,并企图尽快形成亚洲"小北约"。四是指责中国是汇率操纵国,企图对我国进行贸易制裁,甚至声称:"只要提高进口关税或者中断贸易,中国在两分钟之内就会崩溃。"五是2017年美国军费高达6190亿美元,比2016年大涨10%左右,占世界总军费比例由以前的30%多回升到40%左右。而美国总统的前首席策略师班农更是预言,美中两国间5—10年内必有一战。特朗普当局上述举动,很是出人意料。所以有不少人说:"特朗普,不靠谱。"1960年1月17日,毛泽东在中共中央政治局扩大会议上说:"帝国主义的策略是可以灵活运用的,它的本性是不能改变的,这是从资产阶级的本性不能改变而来的。只要有资产阶级存在,战争是不可避免的,但是一个时期,一个相当时期能够避免,这是可能的。"[①] 1989年9月4日,邓小平同几位中央负责同志的谈话中说:"帝国主义肯定想要社会主义国家变质。"[②] 联系学习上述两段论述,我们可以清晰地看到,特朗普当局对华政策的一系列举动进一步充分说明,帝国主义即霸权主义和强权政治就是剥削,就是压迫,甚至就是战争的本质本性是不会改变的。对此,我们必须有足够的精神和物质准备。

第五,特朗普很任性,但又不可能太任性。任何代理人都要受到特定集团整体利益的制约,都不可能"太任性"。特朗普总统在2017年4月与习近平主席在美国的海湖庄园会晤,对华表现"友好",这充分说明美国企图再次称霸全球的力不从心。我们既要听其言,又要观其行。笔者个人认为,特朗普总统与习近平主席在海湖庄园会晤,其主要目的一是为了朝鲜半岛,二是要让中国买他的东西。但习近平主席柔中有刚,或说刚中有柔,该让的让,不该让

---

① 《毛泽东年谱(1949—1976)》第4卷,中央文献出版社2013年版,第310页。
② 《邓小平文选》第3卷,人民出版社1993年版,第320页。

的坚决不让，这就为延长我国战略机遇期又创造了一定的有利条件。

第六，朝鲜半岛是美国当局的全球战略中一个十分重要的环节。环顾当今的国际局势和中国的周边环境，很有必要重温一下毛泽东67年前一段发人深省的谈话。中国人民志愿军渡过鸭绿江的第八天即1950年10月27日，毛泽东在中南海与民主党派人士周世钊谈到朝鲜战争时说："现在美帝的侵略矛头直指我国的东北，假若它真的把朝鲜搞垮了，纵不过鸭绿江，我们的东北也时常在它的威胁中过日子，要进行和平建设也有困难。所以，我们对朝鲜问题，如果置之不理，美帝必然得寸进尺，走日本侵略中国的老路，甚至比日本搞得更凶。它要把三把尖刀插在我们的身上，从朝鲜一把刀插在我国的头上，以台湾一把刀插在我国的腰上，把越南一把刀插在我们的脚上。天下有变，它就从三个方面向我们进攻，那我们就被动了。我们抗美援朝就是不许它的如意算盘得逞。""打得一拳开，免得百拳来。"①

随着美国经济、政治、文化危机的逐步深入，极有可能加紧对中国的各方面其中包括军事方面的围剿。美国当局深知，我国已经把我国南海和东海列入国家的核心利益，知道这是我国周边安全战略的底线，知道我国在这方面绝不会让步，他们误认为我国有可能让步的唯一方向就是朝鲜半岛。基辛格的厚厚一本《论中国》，其结论中的一个核心和基本思想，就是"说服""动员"我国在朝鲜半岛要加强与美国的合作。毫无疑问，我们必须坚持朝鲜半岛无核化的主张，主张谈判解决一切争端的立场。但我们也深知，如果美国当局及日本、韩国在当今朝鲜半岛按照他们的意愿得手，美军就可能驻扎在我国鸭绿江边。接着他们就会在我国东海和南海继续和接连"要价"，制造各种事端，甚至联合其他盟国，采取更大的动

---

① 《毛泽东年谱（1949—1976）》第1卷，中央文献出版社2013年版，第230页。

作，使我国周边出现毛泽东 67 年前就担心的三把刀子同时袭来的局面。当然，即使是三把刀子同时袭来，美国的第一愿望也是企图使我国在事关领土主权、金融、规则规制、意识形态等安全方面作出重大的实质性的让步，让其不战而屈我之兵，使苏联在一片和平之声中亡党亡国的悲剧在我国重演。这是因为，我国是一个大国，并有着反侵略战争的光荣传统；对我国挑起一场现代化战争，对于美国来说，代价是实在太大了。即使美国要对我国动粗，也是设法挑起一场代理人的战争在先。对此，我们当然会高度警惕，又决不会让其得手。

随着事态发展的演进，中国在朝鲜半岛核武问题上的立场也越来越清晰并日臻完善、进退有度：一是坚持朝鲜半岛无核化原则；二是半岛和平机制谈判是"双规并行思路"和"双暂停"；三是保持与朝鲜的有关民生和人道主义的贸易往来；四是决不允许美国、朝鲜在我们自己的家门口生乱、生变、生战；五是坚决反对美国在朝鲜半岛部署萨德导弹；六是朝鲜半岛如此现状，主要责任不在中国，而在美国；七是朝鲜半岛的唯一出路是和平谈判解决。

应当看到，以上七点，相互联系，不可分割，但也不是并列关系，有些是手段，有的则是要达到的根本目的。美国在朝鲜半岛上如此咄咄逼人，一是想让我国完全停止与朝鲜的有关民生和人道主义的贸易往来，用经济制裁的办法摧垮朝鲜政权，然后把美军驻扎在鸭绿江边，这就可以在我国东海、南海进一步同时索要新的价码。这也就很有可能出现毛泽东在 67 年前所说"天下有变，它就从三个方面向我们进攻，那我们就被动了"的局面。二是想施压我国金融无度开放，在我国点燃内乱。笔者个人认为，以习近平同志为核心的党中央对此问题高度重视，十分清楚，并在这场错综复杂、波谲云诡的斗争中，指挥若定、气定神闲并取得最终的胜利。

三 国际金融危机中的中国特色社会主义

社会主义的中国在世界中所占的分量越来越重。中国在世界国内生产总值中的份额已从1990年的2%攀升至2016年的15%。环顾当今全球之局势，用"风景这边独好"的诗句形容，应该说是完全符合实际的。国际货币基金组织最新发布的报告，将中国2017年和2018年的经济预期分别上调0.1和0.2个百分点至6.7%和6.4%。这也是2017年该组织第三次上调中国2017年经济增长预期，进一步说明了中国经济发展的良好态势和为世界经济增长所作出的重要贡献。因此，谈到大发展大变革大调整的世界格局，就不得不谈到中国。

从中国国内来说，毛泽东所说的50年内外：1962 + 50 = 2012。2012年，我们党恰巧召开了十八大，产生了以习近平同志为核心的党中央；并在2020年全面建成具有中国特色的社会主义的小康社会，即中国共产党成立100周年前后。毛泽东所说的100年内外，就是1962 + 100 = 2062，也就是中华人民共和国成立100周年前后，也就是习近平总书记所说的实现中华民族伟大复兴之时的"第二个一百年"。

党的十八大产生的以习近平同志为核心的党中央，这是当今中国的政治上层建筑中最为重要的现象。邓小平在南方谈话中说："依靠无产阶级专政保卫社会主义制度，这是马克思主义的一个基本观点"[①]；"正确的政治路线要靠正确的组织路线来保证。中国的事情能不能办好，社会主义和改革开放能不能坚持，经济能不能快一点发展起来，国家能不能长治久安，从一定意义上说，关键在人"[②]。党的十八大之后，我国各个方面各个领域出现的重大的实质

[①] 《邓小平文选》第3卷，人民出版社1993年版，第379页。
[②] 同上书，第380页。

向好的方面转变，就是一个十分充分的例证。这是因为，经济是基础，经济基础决定上层建筑。但是，政治是经济的集中表现，并在一定条件下对经济基础和文化的上层建筑起着决定性的反作用。当然，放入历史的长河之中，人民群众无疑是决定性的力量，但在特定的历史时期，从一定意义上讲，政治的上层建筑中，党的领导核心和领导集团具有决定性意义，政治的上层建筑中这一具有决定性的因素，决定着党的性质、宗旨、指导思想和为纲领奋斗的实然的各种状况，并进而决定着我国的经济、政治、文化以及科技、教育、外交、军事等各个领域的状况。全党必须牢固树立政治意识、大局意识、核心意识、看齐意识，与以习近平同志为核心的党中央坚定地保持高度一致，充分发挥政治的上层建筑中党的领导核心和领导集团对经济基础和文化上层建筑的反作用和决定性作用。

我国的改革开放已经进行了近 40 年，取得了令人瞩目的巨大成就。在物质层面，主要表现为国内生产总值占世界第二位；在制度层面，主要表现为找到一条实现中华民族伟大复兴中国梦的中国特色社会主义道路；在精神层面，主要表现为用社会主义核心价值观引导凝聚全体人民；在党的建设层面，主要表现为坚持全面从严治党，始终站在人民的立场上，在任何情况下都坚持全心全意为人民服务的根本宗旨，永葆党的先进性和纯洁性；在对外关系层面，秉持人类命运共同体的理念，既坚持走和平发展道路，又决不吞下损害我国主权、安全、发展利益的苦果。

我们也清醒清晰地认识到，改革开放以来，也出现了不少新情况。目前急需解决的一是金融安全，二是意识形态安全，三是粗放式的经济发展方式亟待转变，四是财富占有和收入分配的进一步拉大，五是党和政权内部及社会上的一些腐败现象严重，六是国家治理体系和治理能力尚须全面积极稳妥推进，七是一些干部特别是一些中高级干部的正确理想信念严重缺失和马克思主义理论水平还亟待提高，等等。除此之外，世界格局和我国周边安全形势也出现不少新的情况。党的十八大之后，在以习近平同志为核心的党中央坚强正确领导下，上述问题已经开始着手解决，各方面都取得了十分明显的成效。但由于多年的积累，其中一些问题的彻底解决尚需时日。

我们党、国家和民族已站在新的历史起点上。完全可以说，中国共产党和中华人民共和国的机遇前所未有，挑战世所罕见。只有从无比广阔的国际国内背景下，才能更加认清必然准备进行具有许多新的历史特点的伟大斗争的重大意义。这也为我们在广阔的国际舞台上，纵横捭阖开展具有许多新的历史特点的伟大斗争提供了坚实的客观条件。

四 准备进行具有许多新的历史特点伟大斗争的中国共产党

党的十八大之后，习近平总书记作了一系列重要讲话。这些讲话，不仅坚持、丰富和发展了中国特色社会主义理论体系，而且坚持、丰富和发展了马列主义、毛泽东思想。如何在国际金融危机中准备进行具有许多新的特点的伟大斗争？通过学习习近平总书记系列重要讲话精神，笔者有如下一些体会：

第一，始终坚持用辩证唯物主义和历史唯物主义的立场、观点和方法看待形势。习近平总书记2017年7月26日在省部级主要领导干部研讨班上的讲话中明确指出：全党同志特别是各级领导干部要"增强忧患意识，做到居安思危、知危图安。分析国际国内形势，既要看到成绩和机遇，更要看到短板和不足、困难和挑战，看到形势发展变化给我们带来的风险，从最坏处着眼，做最充分的准备，朝好的方向努力，争取最好的结果"。①

---

① 《高举中国特色社会主义伟大旗帜 为决胜全面小康社会实现中国梦而奋斗》，《人民日报》2017年7月28日。

当今中国，机遇与挑战并存。关键在于如何认识。如果看不到机遇，就会丧失信心；如果看不到挑战，就会在暖风吹得游人醉中丧失执政地位。

第二，始终坚持把马克思主义的普遍真理与中国具体实践相结合。如果说中国共产党在基本原理层面对马克思主义有所贡献的话，笔者认为，这就是：更加自觉地坚持把马克思主义的普遍真理与各国各民族的具体实践相结合。2017年9月29日，习近平总书记在十八届中央政治局第43次集体学习时明确指出："时代在变化，社会在发展，但马克思主义基本原理依然是科学真理。尽管我们所处的时代同马克思所处的时代相比发生了巨大而深刻的变化，但从世界社会主义500年的大视野来看，我们依然处在马克思主义所指明的历史时代。这是我们对马克思主义保持坚定信心、对社会主义保持必胜信念的科学根据。"[①] 这是以习近平同志为核心的党中央在党的十九大即将召开之前，又一次郑重地向世人宣示坚持马克思主义基本原理毫不动摇的坚定信心和坚强决心。毛泽东在1959年至1960年年初读苏联《政治经济学教科书》时说过一段很重要的话，"马克思这些老祖宗的书，必须读，他们的基本原理必须遵守，这是第一。但是，任何国家的共产党，任何国家的思想界，都要创造新的理论，写出新的著作，产生自己的理论家，来为当前的政治服务，单靠老祖宗是不行的。"[②] 1961年4月19日，毛泽东在会见古巴文化代表团时指出："在我国，我们接受了马克思列宁主义思想，但光靠马列主义是不行的。光读马列的书不等于接受了马列主义的思想，必须要与本国具体情况相结合。"[③] 习近平总书记在"5·17"讲话中说："这是一个需要理论而且一定能够产生理论的时代，这是一个需要思想而且

---

① 《人民日报》2017年9月30日。
② 《毛泽东文集》第8卷，人民出版社1999年版，第109页。
③ 《毛泽东年谱（1949—1976）》第4卷，中央文献出版社2013年版，578页。

一定能够产生思想的时代。"① 习近平总书记在十八届中央政治局第 43 次集体学习时还明确表示，要"深入总结中国特色社会主义实践，更好实现马克思主义基本原理同当代中国具体实际相结合，同时也要放宽视野，吸收人类文明一切有益成果，不断创新和发展马克思主义"。② 这同时也向世人表明了中国共产党人保持与时俱进的理论品格，使马克思主义放射出更加灿烂的真理光芒的坚强决心。中华人民共和国成立后到今天，或者说冷战结束后到今天，无论在国际还是国内，在实践上都给我们提供了正反两方面的十分丰厚的经验教训。中国是个大国，中国共产党是个大党：不仅是世界上最大的发展中国家，而且是最大的社会主义国家；经济规模是世界第二；人口是世界人口的 1/5 强。从一定意义上讲，新民主主义革命和中华人民共和国成立后，我们党正是在认真总结"左"和右的错误中吸取经验而不断前进的。从一定意义上讲，党的十八大使我国步入一个充满希望的新的历史阶段，这不是天佑中华，而是实践认识之必然。在当今中国，只要全党上下，坚持以人民为中心的发展思想，解放思想、实事求是地认真总结各方面的经验教训，着眼新的无比波澜壮阔的丰厚实践。在以习近平同志为核心的党中央的坚强领导下，我们完全有条件创新和发展 21 世纪的马克思主义和当代中国的马克思主义，我们也一定能够完全实现毛泽东主席关于中华民族为人类作出更大贡献的宏伟遗愿。

第三，始终坚持以人民为中心的发展思想。习近平总书记在中央政治局 2016 年 12 月 26 日至 27 日召开的民主生活会上明确指出："人民立场是马克思主义政党的根本政治立场，人民是历史进步的

---

① 《结合中国特色社会主义伟大实践 加快构建中国特色哲学社会科学》，《人民日报》2016 年 5 月 18 日。
② 《深刻认识马克思主义时代意义和现实意义 继续推进马克思主义中国化时代化大众化》，《人民日报》2017 年 9 月 30 日。

真正动力，群众是真正的英雄，人民利益是我们党一切工作的根本出发点和落脚点。"① 为着人民和依靠人民，相互依存，互为前提，高度统一于党的全心全意为人民服务这一唯一的宗旨和人民这一立场，同时也贯穿于习近平总书记系列重要讲话、治国理政和"四个全面"战略布局之中。只有为着人民，才能最大限度和最充分地调动广大人民的积极性、主动性、创造性；只有依靠人民，才能达到为着人民这一唯一的目的。正因为如此，习近平同志反复强调："要学习和掌握人民群众是历史创造者的观点，紧紧依靠人民推进改革。人民是历史的创造者。要坚持把实现好、维护好、发展好最广大人民根本利益作为推进改革的出发点和落脚点，让发展成果更多更公平惠及全体人民，唯有如此改革才能大有作为。"② 中国共产党是为民族、为人民谋利益的政党，其本身就是人民的一部分，除了人民的利益之外，绝无其他任何私利。从根本上说，我们绝不是靠也绝不能仅靠技巧执政，根本是靠相信人民，依靠人民，为了人民这一本色执政，这就必须坚持以人民为中心的发展思想，舍此别无他途。

第四，始终坚持党的领导和全面从严治党。党的建设是统筹推进"五位一体"总体布局和协调推进"四个全面"战略布局，坚持"五大发展理念"的灵魂和根本保证。在建设中国特色社会主义宏伟事业中，我们为什么反复强调坚持中国共产党的领导呢？一是坚持党的领导是我国历史发展的必然和人民的选择。二是坚持党的领导在于党的宗旨是全心全意为人民服务。党除了人民的利益之外，决没有自己任何的特殊利益。三是中国共产党是中国特色社会主义事业的领导核心，处在总揽全局、协调各方的地位。现在有一种观点

---

① 《对照贯彻落实党的十八届六中全会精神 研究加强党内政治生活和党内监督措施》，《人民日报》2016年12月28日。
② 《推动全党学习和掌握历史唯物主义 更好认识规律更加能动地推进工作》，《人民日报》2014年12月5日。

认为，在革命时期要取得革命的成功需要党的领导，在建设特别是改革时期，只要有一套健全的政治体制并依靠依法治国这一方略，人民就可以当家作主了。这是一种极大的误解。国际共产主义运动的历史已经证明，坚持党的领导不仅是无产阶级夺取和掌握国家政权的首要条件与普遍规律，同时也是社会主义建设和改革的首要条件与普遍规律。这正如习近平总书记在"7·26"讲话中所说："管党治党不仅关系党的前途命运，而且关系国家和民族的前途命运，必须以更大的决心、更大的勇气、更大的气力抓紧抓好。"[①]

第五，始终坚持走和平发展和合作共赢道路，又坚定地维护国家核心利益。党的十八大之后，习近平总书记提出关于人类命运共同体理念，这就把握住了时代潮流，顺应了天下大势，反映了一定历史阶段中国的世界观与国际关系基本理念，也蕴含着中国的外交战略与政策。从一定意义上讲，构建人类命运共同体，就是最后解放全人类的思想。其最终实现的现实道路，就是坚持和发展毛泽东关于三个世界划分的理论。我们要尽最大力量与美国合作。但它是第一世界。欧盟，包括德国、英国、法国、日本等都是第二世界。而中俄则是最为重要的第三世界即发展中国家。正因为如此，金砖五国、上海合作组织、20国集团、不结盟运动（亚非拉）、联合国等，这都应是我们外交活动的广阔舞台。我们不仅要与各国政要、各国政党打交道，同时也要和左翼政党与共产党打交道，要与各国人民打交道。寄最终希望于各国人民，才能进一步从根本上赢得和平、发展、合作的力度、时间和空间，构建人类命运共同体才有着无比光明灿烂的未来。

毫无疑问，我们当然希望建设一个和谐美妙的世界，我们也必须与世界上一切国家进行全方位的外交，并尽最大气力争取与以美国为首的西方国家的合作。但随着我国国力的不断壮大，以美国为

---

① 《高举中国特色社会主义伟大旗帜 为决胜全面小康社会实现中国梦而奋斗》，《人民日报》2017年7月27日。

首的少数西方发达国家随着自身经济、政治和文化的全面危机的逐步到来，必然会抱着"冷战思维"不放，会采取历史上采取过的甚至从来没有采取过的各种软硬手段，企图搞垮我国。我们要准备进行具有许多新的历史特点的伟大斗争，也必须首先着眼这一最基本的特点。

美国"软实力"主要体现在意识形态、金融、规则规制、科技和经济制裁这五个霸权上。军事霸权是其以上五种软霸权的后盾；美国当局企图运用军事这一硬霸权进一步形成威慑和控制其他国家人们心理的精神霸权。这就是当今美国军舰军机频繁出入我国南海的直接目的所在。

2016年12月27日，习近平总书记在中央政治局召开的民主生活会上坚定地指出："在维护国家核心利益上敢于针锋相对，不在困难面前低头，不在挑战面前退缩，不拿原则做交易，不在任何压力下吞下损害中华民族根本利益的苦果。"这掷地有声的"四不"，既是对中华民族优秀文化传统中"威武不能屈"精神的继承，更是对中国共产党人不怕鬼、不信邪精神的光大。我们当然要努力与美国全方位地合作共赢，但也要准备应对世界霸权主义和强权政治者挑战我们的底线。从一定意义上讲，国内外敌对势力在我国布局已经多年。当我们要坚决捍卫我们国家的核心利益之时，他们就可能集中一切力量进行战略收网。先以软实力为主，主要是意识形态、金融等领域，然后是鼓动街头政治，搞颜色革命等，也绝不排除在我国周边生事，唆使其仆从国在我国边境挑起局部战争。因此，我们必须充分做好必要的军事斗争准备，扼住企图挑战我国主权、安全甚至分裂我国领土的侵略战争的喉咙。

（本文是作者于2017年10月14日在北京召开的由中国社会科学院主办的"第8届世界社会主义论坛：大发展大变革大调整的时代特征与中国特色社会主义"上的发言，原发表于2018年1月1日由社会科学文献出版社出版的《李慎明论金融危机》一书）

当代国际形势下中国面临的
双重压力与挑战

魏南枝

走中国特色社会主义发展道路,必须顺应世界大势。全球化是21世纪的世界大势、是人类历史发展的必然趋势,中国将坚定不移推进改革开放。但21世纪的人类社会又处于一个大发展大变革大调整的时代,全球化进程与"反全球化""逆全球化"等潮流同时存在,各种新老矛盾和冲突交织在一起,国际社会力量对比发生深刻变化,自近代以来主导国际格局的西方国家地位不断削弱,国际秩序面临重组重构、全球治理面临巨大挑战,全球治理体制变革也因此处在历史转折点上。上述两个方面给中国形成了双重压力与挑战,中国对自身道路的探索与前行也因此处于这些压力与挑战所共同构成的双重挤压之中。

一 全球化是人类历史发展的必然趋势

数千年来,不同人类群体都是在与其他群体的联系、交往和互动中存在和发展的,不同文明形态和文明体系之间自古就有各种形式的交往和联系。其中不同人类文明体之间的经贸往来等所构成的经济全球化,是一个长期存在的历史现象;经济全球化所带来的文化交流、社会流动等,共同构成了广义的全球化。

但是，真正将世界上大部分国家纳入同一全球化进程之中，大体在15世纪末欧洲人的地理大发现和血腥开拓殖民地之后，是世界资本主义经济体系不断膨胀的产物。

纵观人类历史，全球化并不当然等于西方化，但是近现代以来的全球化进程的确是以西欧和后来的美国作为中心向外推进的，并且深刻地受到西方资本主义经济周期的影响。例如，19世纪的两次工业革命极大促进了经济全球化的发展，但经济全球化非但未能克服资本主义经济周期，反而将一国范畴内的资本主义经济危机扩展为世界性的资本主义经济危机。如《共产党宣言》所说，"资产阶级，由于开拓了世界市场，使一切国家的生产和消费都成为世界性的了"①。20世纪上半叶的两场世界大战本质上是资本主义世界经济危机的结果，将跨国贸易从19世纪末占全球GDP的16%左右、下降到第二次世界大战结束前仅占全球GDP的5%左右，是典型的"去全球化"现象。

《共产党宣言》指出："过去那种地方的和民族的自给自足和闭关自守状态，被各民族的各方面的互相往来和各方面的互相依赖所代替了。物质的生产是如此，精神的生产也是如此。"②与世界资本主义经济体系不断膨胀同时发生的是，西方世界在对外扩张的时候，不仅依靠商船和战船，还有大量的传教士，肩负着精神生产的扩张使命。

西方世界不仅在物质生产方面处于强势地位，在精神生产方面进行强势扩张：通过宗教、媒体、知识等各种传播方式和信息渠道抢占人类文明的制高点，将欧洲和后来的美国（西方）进行理想化和抽象化，用野蛮、专制或威权等标签来界定非西方世界，然后使用"西方—非西方""先进—落后""现代—传统"等将世界进行二元区隔。这种二元区隔的实质内涵是西方中心主义，赋予了按照

---

① 《马克思恩格斯选集》第1卷，人民出版社1995年版，第276页。
② 同上。

西方的需要和要求将非西方世界进行改造、特别是精神层面的改造的合理性，也赋予了他们进行对外扩张、殖民和实施霸权的正当性，还变相赋予了他们摧毁其他千年文明的合法性！

从上可知，所谓地理大发现本质上是"资本的大发现"，之后在全球化的浪潮席卷之下，资本的力量渗透到物质、政治、军事甚至精神各个方面。欧洲和后来的美国基于以先进文明的名义对落后民族行使征服权的信念，改造非西方世界并成为世界中心的进程，与近现代以来的全球化历程二者基本上是一致的。

第二次世界大战之后，以美国为领导所建立起来的国际经济秩序和治理规则，推动了欧美经济的快速复苏和全球化的再一轮高度发展，建立起了一套以"中心—边缘"作为基本关系的世界体系：该体系的"中心"是以美国为代表的发达资本主义国家以及与这些国家形成紧密利益联盟的西方跨国资本力量，它们牢牢把持着制定国际规则的世界权力；赢得了民族独立的广大亚非拉国家，形式上主权独立、实际上处于经济依附体的地位，其主权事实上受到"中心—边缘"世界体系的种种限制，许多边缘地带的国家难以独立完成国家现代化的目标。

20世纪80年代特别是"冷战"结束以来，随着以美国为代表的西方国家将政治利益与跨国公司的资本利益相结合，加上信息革命与各种相关技术的进步，极大地推动了这一轮经济全球化的迅猛发展，将世界上绝大部分国家和地区都卷入到全球化浪潮之中。到20世纪末，已经在世界上绝大部分国家和地区之间形成了多层次的利益交汇点，并在此基础上形成了"你中有我、我中有你"的利益共同体。

21世纪以来，尽管"反全球化"运动的热点从边缘性国家转向中心国家，例如特朗普当选美国总统、英国"退欧公投"、欧洲多国极右翼政党兴起等；但是，全球价值与生产链所形成的复杂联系，现代交通技术和信息通信技术的发展极大便利了人类在世界各地迁徙，促进了科学技术的不断扩散和资本等的迅捷自由流通，任何行为体或国家都不可能脱离经济全球化进程而孤立发展，自身也因为参与到全球化进程之中而在塑造着全球化进程。因此，全球化是难于逆转的，是当前人类历史发展的必然趋势。

虽然全球化目前具有不可逆转性，但是，全球化根本的结构性弱点在于政府是每个国家的，市场却是全球性的。① 这一弱点随着全球化带来的全球治理主体的多元性而更加凸显并难于解决，使得全球治理变革处于历史的转折点上。全球化的这种不可逆转性和结构性弱点导致了各种不确定性和矛盾冲突的存在与爆发，从而构成了当代国际形势下中国所面临的第一重压力与挑战。

二 全球治理变革处于历史转折点上

所谓"全球治理"，是指在没有世界政府的情况下，国家（也包括非国家行为体）通过谈判协商，权衡各自利益，为解决各种全球性问题而建立的自我实施性质的国际规则或机制的总和。②

对全球治理的理解应当从三个层次入手：作为基础的国家内部的治理、全球治理的主体（行为体）、国际规则或机制。

（一）国家内部的治理

经济全球化最根本的是资本要素的全球自由流动，在当前经济全球化的大背景下，资本的国际流动的自由度、广度和速度都是前所未有的。中国等新兴经济体国家抓住了经济全球化机遇，在推动全球经济增长中的比重日益增强，世界经济中心在 21 世纪被认为已经从大西洋地区转移到亚太地区，也就是说，曾经的"中心—边缘"体系正在静悄悄地发生变化。

---

① 陈德铭："全球化下的经济开放与改革"，第四届"复旦首席经济学家论坛"主旨演讲，2018 年 10 月 20 日。
② 张宇燕：《全球治理的中国视角》，《世界经济与政治》2016 年第 9 期。

美国和西欧国家等发达经济体是这一轮经济全球化的力推者，却因此先后出现了产业空心化的问题。资本天然地追求更高利润因此主张资本全球性自由流动，这些发达经济体国家的中下阶层民众却不但缺乏全球性自由流动的可能，还要被日益缩小的本国劳动力市场所排斥。其结果是越来越严重的社会分裂，既给处于"中心"区域的国家和地区的经济与社会治理带来挑战，又促进了民粹主义的兴起和精英政治、大众民主都陷入困境等。

隐藏在上述国家间消长关系背后的是卷入经济全球化浪潮的所有国家面临的共同挑战：超大型跨国企业实现了世界规模的生产和交换过程，世界金融市场也在日益超国家化发展，迫使包括美国在内的各主权国家逐渐不得不为了争夺流动资本而竞争，对资本的监管能力和意愿都趋于衰减，世界上很多国家政治系统的自主性已经被市场经济的力量所局限。经济表现成为衡量政治权力正当性的标准，政治权力本身受到资本权力的掣肘越来越大。这就使得一方面自由市场机制主导地位的扩张在不断加重个人的社会脆弱性，因而对社会保护的需求增加；另一方面，政治国家的经济主权被经济全球化所削弱了，同时也弱化了其保护社会的能力，因而产生了政治—资本—社会三种权力的结构性失衡，其结果是国家内部治理陷入各种困境之中。

（二）全球治理的主体

"在这个多样化和不发达深化的阶段，就出现了新的统治和依附的机制。那是文化上、政治上、也是经济上的技术依附以及受跨国公司的统治。"[1] 获得了前所未有的自由流动性的资本试图"将地球变平"。在20世纪80年代以来的这一轮全球化进程中，跨国公司是主要推手，约占七成的跨国投资是由跨国公司完成，三分之二的国际贸易是在跨国公司内部进行的，一批跨国公司的经济体量

---

[1] 黄平：《全球化：一个新的问题与方法》，《中国社会科学》2003年第2期。

已经超过世界上大部分主权国家。

全球价值链逐渐形成的同时，全球治理的主体不再局限为主权国家，跨国公司和一些非政府组织的影响力迅速上升，跨国资本和各种形式的非政府组织等从"边缘"走向"中心"，例如主权国家的首脑们纷纷将资本巨头待为上宾；不仅联合国等国际组织将各种头衔恭送给资本巨头们，而且报纸、电视等传统媒体和自媒体、网络媒体等新媒体都越来越陷入资本掌控之中；以达沃斯论坛为代表的国际场合中，各国首脑和资本巨头们坐在一起就代表着这一发展趋势。

全球治理的主体日趋多元化与国内治理的多重困境相结合，使得一方面"自由市场"被赋予高度政治正确性而忽视其必然加剧社会经济不平等性；另一方面全球治理的各主体都在选择性无视或者掩盖当今世界最根本的矛盾——资本的无限无序扩张与劳动者的无限无序被压榨，反而用"机会平等"和"个人责任原则"等说法对个人的失败进行解读，将市场不承担社会责任所造成的结构性失业和贫富悬殊等推脱给了个人的不努力或者主权国家政府的无能——经济全球化进一步深化背景之下，全球治理和国内治理之间的张力在扩大。

（三）国际规则或机制

美国领导的"中心—边缘"世界体系所产生的各种变化、全球治理和国内治理之间的张力和其他各种因素错综复杂地交汇在一起，形成了原有国际秩序所不可承受之重，引爆了从美国这一"中心"爆发并向"边缘"区域蔓延的2008年的国际金融危机，并且世界经济迄今未实现真正复苏，反而逐渐滑向"失向""失序"和"失范"的危险领域。因此，既有的国际规则或机制面临进行结构性调整的三重现实压力：

第一，二十国集团（G20）代替八国集团成为国际经济合作与协调的首要全球性论坛，实现了世界体系从"中心"向"边缘"

的巨大扩张，这既是国际经济格局与全球治理架构持续演变的结果，也表明国际规则或机制事实上已经处于深度调整的进程之中；

第二，世界经济危机已经不再被认为是周期性危机，而是越来越有结构性危机的特点，因而需要调整结构以应对和解决危机，给国际规则或机制的调整提供了巨大可能性；

第三，资本"将地球变平"的努力与美国维护其居于世界体系中心地位的要求之间是存在张力的，特别是当美国为资本积累提供的能力趋于萎缩的时候，给国际规则或机制的调整提供了现实基础。

全球治理变革处于历史转折点上，但这种转折与演变绝不是一个简单的线性过程，而是充满了博弈、较量甚至反复，因此构成了当代国际形势下中国所面临的第二重压力与挑战。

三　中国发展所受到的双重压力与挑战

中国所期待的世界政治格局的变化是走向多元化，而西方世界的国际关系理论认为，均势必然导致战争、霸权可以维持和平。并且，这种多元化方向意味着西方中心主义的结束，意味着整个西方国家对世界领导权的减退。英美之间的权力移交是西方领导者内部的事情，一旦非西方世界有可能与西方世界因多元而平等，这绝不是"移交"二字所能够概括的，是世界体系的颠覆性变化，是人类历史几百年来的一次大变革！

因此，当代国际形势下中国所面临的双重压力与挑战，使中国的发展处于挤压之中，需要对下述两个问题进行思考：

（一）中国的发展与由美国主导的资本主义世界体系的关系

如诺贝尔经济学奖得主阿玛蒂亚·森所分析的，资本主义所取得的经济繁荣往往是源于多种机制的结合，例如社会保障功能以及公共部门提供的学校教育和医疗等，而非仅仅依赖追求利润最大化的市场经济。自由竞争的市场机制运行良好只是一种假定的理想状态，市场机制的力量非常强大但没有内在的道德品质。为了积聚财富，市场机制会把环境成本传递给社会、形成经济社会不平等，甚至会虐待工人、形成道德危机。

第二次世界大战结束到20世纪60年代，美国依靠军事胜利和经济实力建立起包括关贸组织、布雷顿森林体系、世界银行、国际货币基金组织和联合国等一整套的全球制度体系，逐渐形成了以美国为主导的资本主义世界经济体系，开始全面主导全球化历史进程。

但是，随着美国变成了金融立国的国家，进入了虚拟资本主义的发展阶段，美国的霸权地位逐渐趋于衰落。特别是2008年国际金融危机以来，美国利用美元的世界贸易结算货币地位，通过量化宽松的方式消化金融"有毒资产"、化解金融风险，并将成本转嫁给世界其他国家。美国政治道义资源因为伊拉克战争等损耗极大；加上其内外部多重矛盾的积累导致特朗普政府上台，以及2017年以来美国的一系列"美国优先"政策和"退群"行为……美国仍然是对世界上绝大部分事务有绝对影响力（震慑力）的国家，但已经不再是以引领为标志的霸权国家。

美国自身的上述变化给由美国主导的资本主义世界体系带来了诸多根本性改变，具体体现为前文所述的全球化面临的危机和全球治理所面临的结构性调整。与此同时，亟待回答的是，中国进一步的发展与这一世界体系的关系应当如何定位？

中国今天成为经济全球化的有力推动者，经济全球化迄今为止带给中国的正面效应高于其负面效应。但"接触"和"融入"美国主导的资本主义世界体系和经济全球化之后的中国，对未来走向的判断会自觉不自觉地把自己纳入该体系竞争框架之内，也就是说，因为市场规模、劳动力素质和基础设施等多种因素决定了中国在为争取流动资本进入本国市场的竞争中占据优势，但这种优势不能掩盖在该体系之内主权国家相对越来越强大的资本力量的相对被动地位——中国也一定程度上处于这一陷阱之中。

面对这一陷阱,我们在强调进一步推进全球化和扩大对外开放之际,就需要反思,对外开放的底线是什么?又或者,改革开放下一步的目标是什么?因为目标决定底线所在。如果目标只是经济数据所体现的国家富强,那么社会主义方向能否坚守?中国共产党的领导所具有的政治自主性和独立性如何维护?接下来就是,未来中国的发展与美国之间的竞争大于合作,主要着力点在于管控分歧。这种竞争的性质,究竟是社会主义与资本主义的竞争,还是同一个资本主义世界体系内两个不同民族国家围绕主导权的竞争?

目前讨论中美关系、中日关系等,都是基于这些国家都处于同一个世界体系的市场分工之下的基本框架,然后讨论中国应该以及如何提升自己的地位。即使中国最后争取到了对这一世界体系的主导权,但同时以中国完全融入这一世界体系为前提,那就是反过来资本力量对中国的彻底改造,这是中国在当代国际形势下面临的第一重挑战。

(二)中国道路的核心诉求已经从"赶超"转为"明确方向"

20世纪80年代,中国实行改革开放是一个主动与美国主导的资本主义世界体系进行"接触"的过程,并且在经济基础、意识形态和社会结构等多个方面产生了革命性的变化。但是,中国共产党在政治体制上却未能如美国所愿进行美式民主化改革,始终没有放弃"社会主义"这四个字。

如果没有毛泽东时代建立的强大的政治领导机器、扎实的国防基础即核大国地位和完整的工农业基础,中国在这一场主动从"接触"到部分"融入"的历程中就很容易失去主动性和自主性,真正陷入拉美国家的依附地位困境之中;如果没有在此基础上进行的改革开放切实给予了普通民众生活改善的获得感,在东欧剧变、苏联解体之际,中国共产党也难于逃脱厄运;如果没有及时保留和发展自己的多元化产业体系，中国也很难熬过20世纪90年代初美国领导的西方世界对中国的多重包围。

加入世界贸易组织后，中国仍然在较多领域坚持了"以我为主"，是结合毛泽东时期艰苦奋斗搞基础工业化和农田水利建设的老底子，悄然建立起自己的多元化产业体系，突破了欧美国家将中国作为生产链条低端"世界工厂"的预设。在无数次"中国崩溃论"之声的伴奏中，中国成为拥有39个工业大类、191个中类、525个小类、全世界唯一拥有联合国产业分类中全部工业门类的国家，从而建立起了一个举世无双、行业齐全的工业体系，中国的储蓄率、工业产值等都超过了美国，中国是当前世界上最大的货物贸易国和投资目的国等。

这一切都充分说明，中国在主动"融入"资本主义世界体系之后实现了一定程度上的"突围"，而这一艰难过程是自1949年以来一以贯之、坚持不懈的努力成果。中国道路取得成功的重要决定性因素就是中国共产党这一主导性政治力量所具有的相对于资本权力的政治自主性。这是中国没有和其他很多亚非拉国家一样沦为西方经济依附体的最根本原因，这也是中国经济崛起的态势与西方世界的预期不一致的原因所在。

然而，毕竟中国的经济基础和社会结构发生了变化，文化形态也受到多元冲击，中国的政治制度岂能独善其身？随着西方世界的各种问题错综复杂甚至难于解决，西方跨国垄断资本特别是金融垄断资本集团寻找更安全更优质的栖身之所的动力在增强，中国当然是重要选项之一。为此，改造中国的政权以符合这些资本集团的利益是他们的现实需求。另一方面，随着中国各种形态的资本力量迅猛成长，意味着这批资本参与政治的意愿和能力都在增强。

上述两个方面的结合决定了，21世纪的今天，中国道路的核心诉求不应当再局限于物质层面的"超英赶美"，而是应当从道路论出发来"明确方向"，突破僵化的"西方＝先进"和"非西方＝落后"的二元论，将西方标准规定的现代性改变为世界不同文明体百花齐放的多元现代性，探索一种区别于欧洲和美国的更具有可持续性、更符合大多数人利益的发展的可能，这是目前中国实现中华民族伟大复兴的中国梦对于世界的最大意义所在！

经济危机十周年回顾

万相昱

一 经济危机的起因

(一) 经济危机的爆发过程

2008年的经济危机始于美国次贷市场泡沫的破灭,次贷危机主要是由信用扩张带来的过度需求引起的。当资本市场的信用产品通过金融衍生品工具不断扩大,最终导致货币信用供给与消费者的支付能力之间产生巨大缺口,信用产品的需求与现实之间就会产生严重偏离,当这种偏离通过某种关系传递到金融系统的各个领域时,这种局部矛盾向全局矛盾演进,无法避免地会带来金融危机。而当金融危机逐渐蔓延到实体经济,便会产生供需脱节,形成大量生产剩余,就变成了经济危机。可以说次贷危机是经济危机的导火索,金融危机是经济危机的过程,而经济危机本身是最终的呈现。

1. 次贷危机的爆发

20世纪90年代,美联储主席格林斯潘为加快经济增长速度,提供更多就业岗位而大力推行低利率政策,这导致美国的信贷市场迅速扩张,民众普遍选择贷款买房,进而推动房地产市场蓬勃发展。在美国,民众可以通过商业银行或抵押贷款公司完成住房抵押贷款,这些公司会对购房者的信用状况以及偿还能力展开尽职调查,给符合规定的申请者发放贷款,通过信用审核可以将违约率控制在一定范围内。但是商业银行以及贷款机构不会一直持有这些抵押贷款合约，出于回流资金以及分散风险的目的，他们会将抵押贷款卖给一些金融机构，如房地美、房利美以及投资银行等，然后这些机构以资产证券化的方式把住房抵押贷款打包成债券，并将这些资产支持证券（Asset Backed Security，ABS）合约在资本市场上进行出售。初期这些住房抵押贷款的购房者都是信用普遍较高的优质客户，发生违约风险的概率相对较低。当然，一份住房抵押贷款债权一般包含大量的住房抵押合约，经过华尔街金融天才们的组合，一支住房抵押贷款债权发生违约的概率几乎为零，所以国际评级公司标普、惠誉与穆迪在住房抵押债券的信用评级上都是3A级，相当于美国国债。这导致很多海内外的保险机构、养老基金以及各种投资机构闻风而动，住房抵押债券市场前景良好。就这样，购房者按时还款，商业银行、贷款机构、投资银行、债券购买者，整个金融链条都获得了收益。

然而，资本家普遍具有贪婪的共性。当他们尝到甜头时，总想着继续将这个做大。市场上对住房抵押贷款债权的需求源源不断，但美国符合条件的购房者却越来越少，于是贷款机构逐渐将贷款购房的门槛降低，这也是次级贷这个名称的由来，借钱给高信用有偿还能力的购房者是优质贷款，而借钱给不一定有偿还能力的人的行为是赌博，这种贷款被称为次级贷。华尔街的金融家们将住房抵押贷款分为三个等级，处于最上层的是优质贷，第二层是没有那么优质的贷款，这样组合一下也能合成一份3A评级的债权，而处于最底层的贷款由于风险高往往很难直接销售出去，于是华尔街做出了一个"天才"的设计，他们将这些垃圾债权重新组合在一起，生成了所谓的担保债务权证（Collateralized Debt Obligation，CDO）并说服评级机构相信，这些债券的相关性很低，发生同时违约的概率很低，就这样基于不会同时违约与房价不会下跌的绝对假设下，评级机构居然给出了这些垃圾债券3A评级，这些垃圾债券也很快销售一空，就这样人们对住房抵押债券的需求越来越大，贷款机构只能一次又一次下调抵押贷款的门槛，到最后甚至街头的乞讨者都能贷款购房。

市场已经变得疯狂。在这样疯狂的市场里，依旧有一群"理智的人"，他们发现这个依靠脆弱信用搭建起来的市场潜伏巨大危机，于是他们开始做空各种次级住房抵押贷款。他们发明出一种叫作信用违约掉期（Credit Default Swap，CDS）的产品，CDS本质上是一种保险，当发生债券违约时，购买者可以获得理赔。针对不同等级债券的CDS费率也不同，标准化的CDS可以自由买卖，投机机构又开始加入到买卖CDS中。金融家们继续将CDS与CDO合成新的证券产品，然后利用新的证券产品生成新的证券产品，最终已经没有人搞得懂这些金融衍生品到底是什么东西了，大空头们预料到了整个信贷市场即将崩溃，他们手中持有的标准合约无法被赔付，于是在市场坍塌之前卖出所有的CDS，但是一大批的商业银行、投资银行家们手中还握着大量的CDS与住房抵押贷款债券。

而随着美联储利率的回升，市场流动性收窄，房地产市场中的投机性资金开始撤离，房价失去上涨的资本；而随着利率的上升，购房者的还贷压力越来越大，很多穷人纷纷放弃养房，选择信用破产，这又导致房价下降，民众不得不放弃房子。至此所有以次级贷款为依托的金融链资金纷纷断裂，整个金融系统陷入流动性危机，金融危机产生了，而通过对实体经济需求的影响，最终形成了经济危机。其实美国抵押贷款风险从2007年年初就已经初现端倪，2007年2月13日，汇丰控股增加了在美次级贷业务的18亿美元的坏账准备[①]，而美国最大的刺激房贷公司Countrywide Financial Corp也逐步减少放贷规模；2007年4月2日美国第二大次级抵押贷款公司New Century Finance申请破产保护，并大量裁员；7月10日，标

---

① 李扬：《危机后的新世界——读〈聚焦新秩序——国际金融热点精述〉》，《中国金融》2013年第16期。

准普尔评级公司下调次级抵押贷款债券评级，造成市场的大震荡；8月2日，德国工业银行由于参与美国次级抵押贷款项目而出现巨额亏损，德国央行召集所有商业银行共同探讨拯救工业银行的一揽子计划；同月，美国第五大投资银行贝尔斯登旗下两支基金宣布倒闭，总裁沃伦－斯佩引咎辞职，其称美国信贷市场呈现20年来的最差状态，美股全线暴跌；隔日，由于美国次级贷款的恶性影响，法国巴黎银行不得不宣布冻结旗下的三支基金，此举造成欧洲股市大震荡，大宗商品市场受到严重波及；由于美国次贷危机的不断蔓延，各国金融机构受损严重，各国央行纷纷出手相救，2007年8月11日，在24小时内各国央行注资超3000亿美元救市，美联储一天之内三次向商业银行注资380亿美元以稳定股市。此后，日本央行和亚太央行纷纷注资，推迟加息，但是全球股市依旧低迷，8月16日，美国最大的商业抵押公司濒临破产，美国次级债危机持续恶化，亚太股市面临"9·11"以来最严峻挑战；为了缓解当时紧张的局势，各国央行增加了救市的力度，不断注入新的资金，美联储接连降低贴现率，布什政府承诺会采取积极措施拯救次贷危机，美国、加拿大、欧洲、英国和瑞士五国的央行达成共识，并宣布联手救市，包括短期标售、互换外汇等。① 尽管如此，美国成屋销售量持续下滑，个人破产申请记录同比增长23%，各国商业银行发生巨额亏损，陷入现金流枯竭。

市场崩溃，次贷危机变成金融危机。美国次贷危机爆发的根本原因在于资本市场的信用产品通过金融衍生品工具不断扩大，最终导致货币信用供给与消费者的支付能力之间产生巨大缺口，次贷市场对信用产品的需求与现实产生严重偏离，当这种偏离通过某种关系传递到金融系统的各个领域时，这种局部矛盾向全局矛盾演进，无法避免地会带来金融危机。

---

① 张鹏：《美国次按危机及其风险性分析》，硕士学位论文，西南财经大学，2009年。

2. 次贷危机发展成金融危机

原本次贷危机的影响范围有限,但是在美元全球化的大背景下以及美国开放性的金融市场和投资环境,吸引了来自全世界的投资者,此次次级贷的主要持有者不仅包括美国的商业银行、投资银行,还包括了大量来自欧洲、亚洲地区的商业银行和投资银行,全球性金融危机在此时已初现端倪。

金融危机会导致金融领域所有或绝大部分金融指标的急剧恶化,会影响相关国家和地区经济的稳定及发展,其一般包含以下特征:(1)股票市场的暴跌是国际金融危机的主要特征;(2)正常的银行信贷关系被破坏,并伴随出现银行挤兑、银行流动性紧缺以及大量金融机构破产等现象;(3)居民以及企业出现偿债困难;(4)资本外逃,大量投资者撤资;(5)官方现金储备大量减少,货币出现大幅度贬值或通胀。

2007年9月英国银行遭遇现金流危机;10月,日本最大的券商——野村证券宣布季亏损达到6.2亿美元;欧洲瑞士银行第三季度出现5年来的首次亏损,亏损超过8.3亿瑞郎。2008年次贷危机影响不断扩大,根据美国银行数据,成屋成交价格持续下跌,消费者违约逾期现象达到7年内最高水平,金融机构大量裁员,美国官方历史上第一次给出经济衰退预期;国际评级机构预估次贷风暴使投资者损失约50%的资产,IMF称整个市场损失高达1万亿美元。2月,英国将诺森罗克银行收归为国有银行,德国州立银行陷入次贷危机,3月欧洲货币市场流动性再次陷入危机。与此同时,各国政府推出了一系列刺激方案,意图将次贷危机的影响降到最低,美联储继续采取宽松政策,联合各方金融巨头向市场注资,提振市场信心,降息为1980年以来最大幅度。2008年9月15日,美国第四大投行雷曼兄弟深陷次贷危机,谈判失败后宣布破产保护,标志着已经酝酿已久的金融危机正式到来,股市大跌,投资者恐慌性撤资,多国企业受到牵连,多家投资银行面临破产。2008年9月

25日，美国最大的储蓄及贷款银行——华盛顿互惠公司（Washington Mutual）宣布倒闭，随后被美国联邦存款保险公司（FDIC）接管。到了29日，由于美国众议院否决了7000亿美元救市计划，道格琼斯工业指数急剧下跌，暴跌777点，单日点数跌幅达到历史之最。为了再次重振市场信心，10月8日，各国（地区）央行（美联储、欧洲央行、加拿大央行、瑞士央行、瑞典央行、英国央行、澳大利亚央行、以色列央行、韩国央行、日本央行、中国香港、中国台湾、印度尼西亚）纷纷出手，对金融市场动荡做出明确反应，接连宣布降准降息，采取宽松的货币政策。但是各国央行救市的行动，并没能阻止金融危机的扩散。到2009年年初，北美最大的电信制造企业——北电网络公司宣布破产；3月2日，美国道格琼斯工业指数低于6763.29点，创下了自1997年4月以来的历史最低收盘价，这也表明在次贷危机影响下，美国股市在短短一年半时间内市值已经缩水一半，受美国股市的影响，欧洲和亚洲股市也纷纷暴跌，日本日经指数在3月3日创下泡沫危机后的历史最低点，中国沪深股市日跌幅达到1.05%，香港恒生指数日跌幅2.3%。

3. 金融危机演变成经济危机

金融危机演变成全球性的经济危机，有学者指出金融危机是一种过程危机，而经济危机则是一种结果危机。经济危机一般是由于供需脱节产生大量生产剩余（传统意义上的经济萧条），而此次危机主要是由信用扩张带来的过度需求引起的。

由于金融危机的全面爆发，美国的实体产业首先受到冲击，据相关报道显示，2008年8月以来，美国失业率攀升至2003年9月以来最高水平，新华社数据显示，占美国经济总量大头的消费者支出出现下滑，社会零售总额连续三个月下降，工业指数创下34年来最低记录，欧洲经济出现明显下滑趋势，投资、消费及进出口同时下降，进而出现经济负增长的现象；亚洲地区出口增速放缓，经济逐渐下行，资本大量外流，日本极可能迎来新一轮的衰退，二季度 GDP 环比下滑；WTO 预测当年的全球贸易增长可能为 2002 年以来最低水平。以上这些数据完全可以证实金融危机已经入侵到了世界各地的实体经济发展，随着危机的蔓延，世界经济下滑趋势明显，新一轮全球性的经济危机已经来临。

在此次金融危机中，汽车行业所受影响最为显著，包括通用汽车、福特汽车和克莱斯勒汽车在内的汽车公司危在旦夕。有人说它们是整个金融风暴中最无辜的公司，它们并没有像华尔街金融家们去触碰那些危险的地雷，却在这场风暴中落得个破产重组的下场。这主要是因为：（1）销售量下降。汽车和房子在很多方面具有相似属性，当时在美国很多汽车也都是通过抵押贷款方式完成销售的，由于住房信贷市场已经崩溃，导致汽车信贷市场也一片萧条，没有商业银行、消费者愿意再次承担风险。并且由于失业率的飙升，美国预测新增失业人口 75 万人，失业率由 2008 年年初的 4.7% 上升到了 6.1%，居民消费能力直线下降。这就导致 2008 年 9 月美国汽车的乘车销售量同比降低 27%，创下 1991 年以来的最大月降幅量，大型汽车公司为了削减开支大量裁员。（2）融资渠道堵塞。因为次贷危机的出现，信用体系已经摇摇欲坠，信贷市场基本被冻结，各商业银行、投资机构都自顾不暇，根本没有钱借给通用这样的公司，如果企业日常过度依赖金融市场，一旦金融市场出现震荡，无法及时补充资金，企业面临资金链断裂的风险，随时会步入破产的深渊。因此，过度依赖外部金融市场是很多实体企业在本次金融危机中得到的教训。（3）内忧外患。美国国内经济环境恶劣，产品卖不出去，银行借不到钱，没有新的投资者入股，政府因为次贷危机已经焦头烂额，没有足够的人力财力帮助渡过危机了；对外由于其他国家受到经济危机的牵连，经济也是一片萧条，进出口都急速下降，全球需求都严重不足，产品根本卖不出去，外资为求自保，也纷纷撤离。①

---

① 陈雨露、庞红、蒲延杰：《美国次贷危机对全球经济的影响》，《中国金融》2008 年第 7 期。

(二) 经济危机爆发的直接原因

一个大错误都是由若干个小错误组成的。而在此次危机中，各个环节、各个部门都存在这样那样的漏洞。从消费者到银行家到投资者再到监管者、政策制定者都应该为此次经济危机爆发承担责任。

1. 超前消费

龙永图[①]和林毅夫[②]等经济学家认为经济危机产生的原因之一是超前消费，虽然所有的人都在咒骂那些可恶的金融家们、监管者们、资本家们，认为他们是导致经济危机产生的罪魁祸首，但是绝不可忽视消费者们在此次危机中犯下的错，经不住诱惑，过度消费、超前消费是他们犯下最大的错。超前消费是指消费者当前收入无法负担现在所需的产品或服务，通过分期付款或预支等方式进行消费。美国是最喜欢超前消费的国家之一，在过去很长时间内，它喜欢从中国、日本甚至全世界借钱消费，造成虚假繁荣的假象，并导致石油、钢材、矿石等资源的价格一路飙升。住房抵押贷款是最典型的超前消费行为，当时那些买不起房子、还款能力差的人，发现通过抵押贷款分期的方式可以像疯狂透支信用卡一样，实现超前消费，不仅买得起房了，还可以买很多房子，小房换大房，这样无效需求就会转变成有效需求。但这转换的有效需求中很大一部分为虚假有效需求，在住房抵押最火热的时候，甚至摘草莓工人、餐厅服务员手中都拥有多处房产。过度消费和超前消费极大地推动了市场需求的增长，同时伴随着需求拉动型的通货膨胀。有需求就会驱动生产力的发展，房地产商会疯狂地造房子，投资者会疯狂砸钱到房地产行业中，这样投资冲动、利益驱动以及超前消费、过度消费累计到了一定程度时，在其基础上形成的泡沫经济必定会破灭，我们无法指望着所有那些领着微薄薪水的美国工人能够供得起手里持

---

① 龙永图：《直击华尔街风暴》，http://ishare.iask.sina.com.cn/f/35i6EYQWHxx.html。
② 詹硕：《生产过剩引发全球金融危机?》，《魅力中国》2009 年第 15 期。

有的多处房产。当这些虚假的有效需求再次转化为无效需求时，正常的资金供给链就会断裂，这样就会爆发严重的信用危机，通过连锁反应再蔓延到整个金融行业，最终造成实体经济产能严重过剩。虽然超前消费所创造出来的有效需求是虚假的，但是房地产商们创造出来的房产却是真实的，大量房地产砸在房地产商、商业银行等金融家手里，根本无法销售，房产严重过剩。这导致大量企业破产，很多工人失业，有效购买力下降，供需不平衡问题变得更加严重，陷入恶性循环。

超前消费容易形成膨胀式的非理性需求，这种膨胀的非理性需求的存在不仅会导致产业失衡阻碍经济增长，而且当需求回归理性时市场需求会迅速疲软使生产得不到刺激，经济发展放缓，乃至出现停滞。

2. 金融监管过松

美国纳斯达克 OMX 集团首席策略官傅迪娜曾表示全球金融市场动荡的根本原因之一就是美国金融市场的金融产品定价的透明度和监管度过低。[①] 有人认为美国次贷危机的产生源于他们过早地放弃格拉斯—斯迪格尔方案中规定的金融分业经营原则。[②] 20 世纪 30 年代美国同样爆发了严重的经济萧条，银行业的混业经营是它的罪魁祸首之一，为了限制银行业的经营，美国国会在 1933 年出台《格拉斯—斯迪格尔法》方案。在国家资本管制下，金融机构不能按照自己的意愿自由地追逐利润，它们被分成不同类型，只能从事特定的业务，中央银行和政府迫使金融资本流入实体经济领域。但是 1980—1982 年间，美国国会通过了两个重要法案，废除了对金融机构资本管制的限制，并于 1999 年正式废除了《格拉斯—斯迪

[①] 夏和平、毛成涛：《对我国金融创新与监管关系的法律思考——以美国次贷危机爆发为背景》，《贵州大学学报》（社会科学版）2011 年第 3 期。

[②] 豆军：《基于演化博弈的金融监管与金融创新研究》，硕士学位论文，大连理工大学，2015 年。

格尔法》,金融机构开始自由追逐利润最大化,越来越多的金融机构被高额回报率吸引从事投机性业务。银行重新开始混业经营,以传统信贷和零售业务为主的商业银行和以交易为主的影子银行又重新混在一起,形成利益共同体,它们在短短几年之内,就创造出了类似住房抵押贷款、COD这样的成千上万种金融衍生品,直接成为此次次贷危机和欧债危机的凶手之一。2008年以后为了重新对金融行业加强监管,制定了新的《多德—弗兰克华尔街改革和个人消费者保护法案》,其中最核心的就是《沃克尔法则》,这将禁止银行自营业务,并将禁止银行投资特定的工具,如对冲基金和PE。

美联储的宽松货币政策也是本次危机的重要成因,国家采取宽松的货币政策,会使市场流动性过剩,进而产生泡沫,随后在"投机—价格"的交互作用下越来越大,泡沫的破裂最终就会导致金融危机和经济萧条。2000年前后,美国由于科技股泡沫和"9·11"事件的影响,经济增长遭受很大压力,为了防止经济衰退,2000年5月美联储开始下调利率,到2003年6月利率仅为1.00%,这样超利率时间整整持续了一年,直到2004年6月,利率才开始逐渐回调。也就是说美国有将近三年时间是处于超低利率的状态,这导致市场流动性泛滥,房价不断上涨,所有人即使是无法负担起房价的"穷人"也疯狂地进入房市,大量购买房产获取增值收益,而当时的布什政府为了提高住房自主率的政治目标,乐于看见人们争相购买房产,并刻意制造相关优惠政策,为那些穷人购买房子提供便利。当然,如果房价一直上涨,这样的处理没有任何问题,借钱给穷人还是富人没有任何区别,因为即使穷人还不上款,银行也可以将房子收回来再高价卖出去,整个链条继续延续下去。美国利率长期保持在较低水平,随着美联储逐步上调利率,到2006年利率已经上涨到了5.25%,市场流动性急剧收缩,房价无法继续上涨,而穷人的还款成本越来越高,最终无力承担,信用破产,放弃房子。这样依托次级贷款的整个金融链的资金链纷纷断裂,金融危机爆发了,并通过对实体经济需求的影响,造成经济危机。

3. 纷繁复杂的金融产品

在整个金融链条中,借款人隐瞒自己真实的收入情况,超前消费;房贷机构、商业银行道德缺失,以各种优惠条件诱惑低收入阶层或资信不足的劳动者大力举债,然后将风险转移给投资银行。信用评级机构没有履行自己的职责,没有给出客观公正的信用评级,故意抬高垃圾债券的信用评级,误导投资者;而那些早已洞悉了一切的大空头们更是利用市场泡沫、投资者的非理性情绪大肆"收割韭菜"。而投资银行、保险机构趁机设计很多复杂的证券化产品,将这些根本没有人弄得懂的金融衍生产品推销给不知情的投资者。因此,在很多人看来,次贷危机产生的导火索便是过于复杂的金融衍生品,毕竟藏在重重迷雾后的金融产品遮盖住了现实情况。原美国财政部副部长大卫·麦考密克曾表示次贷危机就是一次在高度金融化系统里和高度金融衍生化市场里,由金融创新所引发的,由于金融监管不当以及过度宽松货币政策所引起的系统性混乱。

白暴力、梁泳梅认为,金融市场的本质是一个人为创造的市场,① 在这个市场里人们创造出的各种纷繁复杂的产品又掩盖了经济发展的矛盾,使矛盾不断被推迟被激化,矛盾积累的时间越长,产生的后果越严重。在金融市场中,一般将金融产品分为两类:第一种是为了处理实体经济运行过程中存在的问题而创造的金融产品,次级抵押贷款、分期付款在本质上均属于此类。这类金融产品在市场有效需求严重不足或生产剩余时可以在短期内解决需求不足问题,但是本质上并不能改变生产剩余与有效需求不足问题,如果运用不得当,反而会制造虚假需求,改变生产结构,进而产生经济泡沫。与此同时,另一类金融产品的功能为转移或者分散风险,正如此次次贷危机中出现大的各种金融衍生品,它们本质上也不能解

---

① 白暴力、梁泳梅:《当前世界金融—经济危机的原因与后果——资本主义经济基本矛盾的总爆发》,《经济学动态》2008 年第 12 期。

决有效需求不足的问题，并且还会将风险不断地转移和扩大。纷繁复杂的金融衍生品不仅投资者难以弄懂，就连监管者也摸不着头脑，经济矛盾被隐藏起来了，生产结构不平衡，缺乏理性，最终有效需求不足的矛盾被揭露，生产严重过剩，经济发生停滞。当生产过剩以及有效需求严重不足矛盾逐渐暴露并尖锐化时，那些试图用于掩盖主要矛盾的金融衍生品工具必定出现问题，由此引起金融混乱，无论哪一种金融产品都不能真正解决生产过剩和有效需求不足的矛盾，他们所做的只是掩盖、推迟以及转移矛盾，随着内部矛盾的不断深化、尖锐，最后便是火山爆发式的大危机。

除此之外，导致经济危机产生的深层次原因还有虚拟资本的无限扩张，美国是世界金融中心，虚拟经济是其一大特点，它通过虚拟经济不断循环创造利润。马克思曾经在《资本论》中讨论过实体经济和虚拟经济，他认为虚拟资本本身不具备任何价值，不能被兑现的股票就是废纸一张，虚拟资本其实就是资本的纸质权利证书。虚拟资本一般以有价证券的形式存在，能够给投资者带来预期收入或资本增殖，一般情况下，有价证券作为虚拟资本的价值是不易被人们察觉的，但是一旦有价证券的价格急剧下跌，有价证券的虚拟性就会被完全体现出来，它会变成一张废纸，什么也干不了。因此，虚拟经济价值的实现是建立在实体经济发展的基础之上，没有实体经济的支撑，虚拟经济便是投机经济，最终催生泡沫经济，泡沫破裂后，又回归本身价值。

4. 新自由主义的资本主义

19世纪时，美国推行完全自由主义市场经济，那个时候大概每十年都会爆发一次比较严重的经济危机。到了20世纪30年代，美国爆发了严重的经济危机，这直接导致了美国的自由主义市场经济体系崩溃，凯恩斯的市场干预经济逐渐成为主流。美国正式在1945—1973年间实施了管制的资本主义，不仅在美国，在全世界政府管制的经济制度都占据主流地位，这种管制资本主义制度的典型特征包括：（1）政府对经济和金融系统实行严格把握，主动对经济发展进行引导；（2）以低失业率作为主要的宏观目标实行经济调控，将失业率控制在一个较低水平；（3）为了保证低收入群体的日常生活资料需求，国家强制实施了一系列的社会福利政策制度；（4）在国际贸易和资本管理上会受到国家控制，资本在国际间的流动率较低。（5）国家会强制干预大型企业之间的恶性竞争，保证市场经营环境处于良好水平。在国家管制经济的这段时间，美国真的没有发生过大型的经济危机，但是到了80年代后期，受国际经济形势的影响，新自由主义经济制度逐渐取代了国家管制经济制度。新自由经济主义坚信市场是有效的，认为私有经济和竞争性市场具有内在调节功能，无须外部干扰，市场经济就会趋于一般均衡和充分就业。于是政府不再主动干预市场经济运行，国家放松了对金融系统的管控；允许自由经济的存在，国家宏观调控的首要目标改为低通货膨胀率而不再是低失业率；社会福利水平也急剧下降，这加速了社会贫富两极化程度；不再限制企业之间的竞争，大型企业之间开始了自由、残酷和竞争，并且形成了一些超大型企业，这些企业在次贷危机事件中扮演了重要角色；最重要的是国家对于国际贸易和资本不再严格管制，资本开始可以在全世界范围内流动，这也使美国成为世界上最开放的金融市场之一，吸引与聚集了来自全世界范围内的资本，这也给次贷危机事件扩散埋下了危机的种子。

5. 互联网泡沫的历史遗留问题

如果仅仅只是次贷危机的爆发，还不足以给美国造成如此严重的金融危机，2008年美国金融危机的爆发还有更深的渊源。有人认为："阻止一场泡沫的破裂只会导致一场更大泡沫的产生。"

1991年，美国经济开始复苏，实现了连续108个月的增长。从1993年起，美国失业率稳步下降，就业缓解得到极大改善，在1998—2000年间美国的就业状况更是达到20年内的最佳状况。20世纪80年代里根政府和老布什政府大力实施减税政策，企业税收负担大大减弱，企业积极性和创造性也极大地提高了，通货膨胀率和物价水平也被控制在合理范围内，这些都为20世纪90年代科学技术信息产业的发展提供了充分的条件。美国一直以来对于信息技术产业的发展高度关注，随着微软、IBM、因特尔等超大型科技企业的发展，以及国际互联网技术的普及，以信息技术为代表的高新技术产业成为美国经济增长的重要支柱，信息技术产业占GDP的比重，从5.2%上升到了8.2%，美国对产业结构进行调整；并且高新技术产业的发展极大地提高了劳动生产率，因此，美国在国际市场上的竞争力得以增强。①

另外，受到1997年亚洲金融危机的影响，大量资本急切需要寻找新的投资渠道，而美国"新经济"所带来的高回报以及高增长预期，使得大量国际资本纷纷流入美国。大量的资金疯狂涌入美国不仅会带动美国产业的发展，还为股市的疯狂注入了充裕的资金基础。当时所有的主流媒体都在吹捧以科技为引导的"新经济"模式，唾弃以传统制造业为核心的"旧经济"模式，在互联网新经济浪潮的影响下，大部分投资者都被上市企业勾画的美好蓝图所吸引，认为这次肯定不一样，投资者为了追逐利益，放弃对传统制造业的投资转向对科技型企业的投资。这就造成一大批科技公司如雅虎、亚马逊、思科等在纳斯达克上市，上市当中股价马上暴涨五六倍，甚至几十倍，思科当时的市场价值高达6000亿美元，但思科至今市值还没有回归到6000亿美元。其他已经上市的传统工业企业为了搭上高科技的顺风车，在不改变主营业务的情况下，只通过更换公司名称使其听起来更像高科技股，就可以比同行业其他公司的股票价值高出120%。

面对经济长期的繁荣状况以及"新经济"时代的到来，投资者盲目乐观，以至于过分高估未来收益，从而导致了以网络股为代表

---

① 黄奇帆：《美国政府债务的演变格局和风险含义——金融危机十周年反思》，《探索与争鸣》2018年第11期。

的高科技股泡沫的形成。纳斯达克指数也从 1997 年 7 月 11 日的 1500 点涨到了 1999 年 12 月 29 日的 4000 点，到了 2000 年 3 月 10 日纳斯达克股指更是高达 5132 点。但是好景不长，随着各互联网企业财务状况不断恶化，财务造假等消息接连被曝出，互联网泡沫开始破裂。2000 年 4 月 3 日，官方对微软垄断案进行宣判，显示备受资本宠爱的"新经济"模式存在违法的可能，随后纳斯达克市场开始出现踩踏行为，由于投资杠杆作用，纳斯达克市场泡沫开始加速破裂。思科的股票直接下跌了将近 90%，纳斯达克指数在短短 30 个月内，更是缩水 75%，这场股灾也使无数投资者倾家荡产，超过一半以上的上市企业直接退市或者通过合并寻求出路。

网络经济泡沫的破裂促成了房地产泡沫的形成。耶鲁大学经济学家罗伯特·希勒在 2005 年曾指出，股市一旦出现下跌，那么房地产将成为股市释放投机热潮的主要出口。除此之外，在互联网泡沫破裂过程中，当时的美联储主席格林斯潘采取很多措施阻止泡沫经济的破裂，确实也在一定程度上阻止了互联网泡沫事态的扩大，但是这些挽救互联网泡沫的举动成为日后房地产泡沫堆积的原始推手。

（三）经济危机爆发的本质原因

1. 经济危机的本质是相对生产过剩

经济危机在资本主义世界的频繁发生，使得很多经济学家试图找到经济危机爆发的根源，想从根本上解决经济危机对资本主义世界发展的困扰。亚当·斯密最先关注到经济危机本质问题，他认为经济危机实质就是一般生产过剩危机。[①] 恩格斯也曾指出："傅立叶将第一次危机成为 Crise Plé thorique［多血性危机］，即由过剩引起的危机时，就中肯地说明了所有这几次危机的实质。"[②] 世界上长期存在的粗放型经济增长方式发展到一定阶段时必定会出现产能过

---

① 乔榛、徐龙：《马克思收入分配理论及现代启示》，《河北经贸大学学报》2014 年第 2 期。
② ［德］恩格斯：《社会主义从空想到科学的发展》，人民出版社 1997 年版，第 68 页。

剩。西斯蒙第和马尔萨斯在研究资本主义危机现象时发现居民储蓄过多，有效需求不足便是产生经济危机的根本原因。凯恩斯将有效需求分为消费需求和投资需求，在有效需求不足的前提下，他曾指出："一个典型的恐慌往往不是因为利润上涨引起的，而是资本的边际效率突然急剧下降"，由于资本边际效率的下降，导致投资减少，生产减少，最终引发经济危机。熊彼特从技术创新方向对经济危机根源进行过解读，他认为经济危机是由创新所引起的旧均衡的破坏向新均衡的过渡，社会进步就是在这种旧均衡向新均衡的过渡中产生的。虽然经济学家们从各种角度解读过经济危机，但是主题始终离不开供给与需求这个基本矛盾，对经济危机的解读始终是围绕这一基本矛盾进行的。经济危机从狭义上说就是生产过剩，即社会生产能力远远超过有支付能力的需求，出现生产力过剩的现象；而从广义上说，经济危机不仅表现为生产与需求不匹配，更涉及贸易、信用、能源等各个层面，经济发展陷入长期停滞状况。

马克思曾指出："在再生产过程的全部联系都是以信用为基础的生产制度中……乍看起来，好像整个危机只表现为信用危机和货币危机。而且，事实上问题只是在于汇票能否兑换为货币。但是这种汇票多数是代表现实买卖的，而这种现实买卖的扩大远远超过社会需要的限度这一事实归根到底是整个危机的基础。"[①] 实际上，回顾本次次贷—金融—经济危机的演进过程以及从房屋卖不出去—次级住房抵押贷款产生—次贷危机—金融危机—经济危机的链条可以发现，本次危机与以往所有资本主义所经历过的经济危机别无二致，都是因为生产过剩、有效需求严重不足的矛盾无法得到彻底解决。

从资本主义制度存在以来，世界已经爆发了无数次经济危机，这也暴露了资本制度一个天然的矛盾：购买力不足，产需不平衡。如果商品都放在资本主义社会进行生产的话，必定会出现一个问

---

① ［德］马克思：《资本论》第3卷，人民出版社2004年版，第555页。

题——产出远大于销售，因为存在剩余价值，存在剥削，工人工资买不光所有商品，必须加入资本家所有的利润，产销才可以保持平衡。但是资本家是万万不会将所有利润换成商品的，所以长期下来，经济危机就开始出现了，所以资本主义制度的典型特征之一就是会周期性地爆发由于产品过剩所带来的经济危机。19世纪的英国作为世界上最强大的工业国，纺织品严重过剩，为了将剩余生产力倾销出去，开始扩大贸易范围，其他国家由于生产力落后无法与其竞争，因此只能接受其贸易倾销，这样资本主义顺利度过了早期的经济危机。而随着国家间贸易的逐渐深入，其他国家也不是傻子，很快就学会了机器生产，英国等国家生产的产品又卖不出去了，即使缩减了一半以上的工业规模也没有从根本上缓解产需不平衡的矛盾，1847年又爆发了严重的经济危机，这次危机使得所有进入资本主义社会的国家受到严重波及，大量工人失业，钢铁行业基本崩盘，政治格局混乱。19世纪50年代，世界各地陆续发现很多金矿，这使得世界刮起了一股淘金热，很多工人放弃工作当上了淘金工，这一方面使得产出下降，另一方面工人的收入大涨，消费能力增强，购买力增加，产出不平衡问题有所缓解。除此之外，西方发达国家发现了最大的金矿——东方，他们凭借自身的军事优势，暴力打开通往东方的大门，中国首当其冲，鸦片战争之前，中英贸易一直处于顺差的地位，源源不断的资本从英国流向中国，但由于鸦片的输入，中国积累的资本又全部倒流回英国，虎门销烟挡住了英国鸦片倾销后，英国人直接用大炮强迫中国接受倾销，这在一定程度上加快了中国近代史的进程。金矿和殖民地使得资本主义在19世纪中后期继续繁荣，但殖民地是有限的，每个国家瓜分一点，他们很快发现原本的殖民地资源赶不上他们工业发展的步伐了，资本家剥夺的利润没有地方可以去了，为了稳定经济，他们不得不将剩下的钱用来投资。投资什么？投资技术，为了继续保持技术领先，不被别人抢占市场，资本家们用剩余利润进行技术投资，这不仅解决了供需不平衡矛盾，还带动了资本主义国家科技的进步，技术投资再一次挽救了资本主义，马克思至死也没有亲见资本主义的灭亡。但技术进步是有限的，当技术发展到一定阶段，研发难度加大，科研成本增加，而产出却是有限的。资本永远是逐利的，资本不可能源源不断地投入，所以技术进步也没能解决资本主义的根本缺陷，只能在一定程度上延缓其生命。20世纪30年代，全球经济危机彻底爆发，其破坏力是空前的，美国大量银行破产，工业水平后退了几十年，作为传统工业强国的德国更是深陷危机，失业人口达到总就业人数的一半以上，大家以为这次资本主义要完蛋了，结果出来了凯恩斯与希特勒。社会已经没有需求，他们便从资本家手里借来资金创造需求，国家大力发行债券，资本家们的利润并没有被剥削，只是变成了有利息的国债，而国家用这些钱进行投资创造就业岗位，这样的做法实质上只是渡过眼前的难关，将危机推迟而已。到了21世纪，金融管制的放松，资本可以在市场上自由流动，由于实体经济行业的报酬率较低，更多资本流入了回报丰厚的金融领域，这一方面使得实体经济缺乏足够的资金来源，只能从金融市场融资，过度依赖金融市场，另一方面大量资金涌入金融房地产市场，造成大量泡沫，引发实体经济生产结构偏转，与现实需求严重脱轨，等到供需不匹配的矛盾被揭露时，经济危机就产生了。

2. 生产过剩的本质是资本主义剥削制度

美国资本主义经济的发展总是伴随着危机的周期性爆发，200多年来，以7—10年的小周期，10—25年的中周期，50—80年的长周期形式，生产过剩的危机在世界经济发展中从未停止过。它暴露了资本主义经济的固有矛盾，是资本主义生产方式历史局限性的根本表现。正如马克思曾在《资本论》中尖锐指出的，"资本主义生产的真正限制是资本本身"。①

---

① ［德］马克思：《资本论》第3卷，人民出版社2004年版，第278页。

资本主义的本质是追求剩余价值，为了攫取更多剩余价值，资本家们尽可能地扩大生产。而随着生产的逐渐扩大，归于资本家的生产资料和劳动产品越来越多，而劳动者只能通过出卖劳动力换取自己生活所需的物质资料，这种分配方式使得社会上大多数人的消费需求被缩小到一个相当狭窄的范围，并且这个需求还要受到渴望积累的原始欲望的限制以及受到扩大生产规模欲望的限制。资本主义积累的结果就是社会生产能力不断扩大，生产剩余逐渐增多，资产阶级获得的利润相对也会更多，社会财富愈发的掌握在少数人手中，低收入阶层收入占社会总财富的比例在不断下降，社会贫富差距越来越大，社会购买力与生产增长之间的缺口日益增大，这体现了资本主义无限扩大生产趋势与受剥削劳动者日渐缩小购买力之间的天然经济矛盾。

　　自"里根革命"开始，国家不再干预市场经济运行，工人与工会在与资本家博弈过程中处于劣势地位，社会缺乏为工人提供援助的相应政策和计划，这也导致资本家们掠夺了广大劳动者的生活福利，使劳动者去除通货膨胀后的实际工资越来越低。根据1999年美国《芝加哥论坛报》的相关报告，在过去20年的时间里，几乎所有工人阶级的实际工资都呈下降趋势，但工人年工作时间却不断变长，相比1980年整整增加了83个小时，增幅达到4%。21世纪以后，随着科学技术的发展，社会生产率水平不断提高，社会的财富两极化现象也越来越严重。到了2005年，美国最富有的百分之一以及千分之一人口所拥有的社会财富更是达到了1928年以来的最高值，最富有1%人口所拥有的财富相比1980年已经翻番了。在1999年，最富有的1%人口占有的财富与最贫困的50%人口几乎相当；最富有的1%人口只有30万人，但最穷的50%人口高达1.5亿人。

　　社会财富严重两极分化带来的后果就是，源源不断增加的产品由谁来购买？因此美国出现了一系列的资产泡沫，并由此引发了一系列的金融问题。《非理性繁荣》的作者罗伯特·希勒曾说过资产泡沫就是一个没有人操纵的、自然的庞氏骗局，只要有人不断加入，人们就可以不断赚钱。[①] 美国经济之所以没有过早崩溃的原因之一就是美国经济的相对快速增长，居民消费随着生产力的提高也快速增长，但这种增长方式并不是以可支配收入的增长为支撑的，美国的消费增长主要依靠债务，包括内债和外债。内债方面，在2002—2005年间，通过增加政府与家庭的负债、多次下调利率以及积累泡沫等方式得以暂时解决，这种方法与互联网泡沫引发的投资热潮和消费热潮阻止了生产过剩，和格林斯潘通过降息和鼓励消费等方法努力阻止泡沫的方法相似。外债方面，美国是世界上最大的债务国，目前美国的外债规模已经达到了20万亿美元，相当于25个苹果公司市值、50个阿里巴巴市值，平摊到美国公民头上，大约每人6万美元。过去十年，美国外债规模增长了近10万亿美元，利用这种强盗式方法，掠夺全世界的财富，为美国扩大消费、解决生产剩余提供资金支持，同时这种方式也造成了全球货币金融体系的不稳定，全球性金融风险不断加大。但是长期以来，美国实体经济早就是入不敷出的状况，包括国防军工在内的高科技产业多数并不是依靠知识和产品销售的良性循环赚取利润，而是由大量资本堆积出来的繁荣。

但是真相可以被推迟暴露，绝不可以被掩盖。进入21世纪以后，美国工薪家庭的收入水平一直停滞不前甚至下降，所以很多人不得不将房子作为抵押商品以借贷维持生活。而次级贷的出现说到底还是生产过剩，资本家们清楚地知道被严重剥削的劳动者们现在的工资水平是完全负担不起房子的，也就是他们的消费水平跟不上他们的扩张速度了，这会使很多商品卖不出去，企业生产率下降，自然回报率就会下降，于是他们希望通过分期付款、抵押贷款等方

[①] ［美］罗伯特·希勒：《非理性繁荣》（第2版），中国人民大学出版社2008年版。

式提前透支劳动者未来收入，帮助他们清理库存。资本家们联合银行为没有支付能力的劳动者开设消费贷款进行买房买车，使劳动者的消费速度跟得上他们资本扩张的速度。在资本主义剥削下，社会实际支付能力低下，在导致工业产能过剩的同时，也令银行资金出现过剩。而通过分期付款、抵押贷款等方式可以将银行冗余的资金盘活，获得更高的回报，因此银行也愿意大搞特搞住房贷款等。

刚开始时，资本家们主要对还款能力较好、收入状况相对较好的阶层发放贷款，但这些阶层劳动者的数量有限，并不能帮他们清空库存，并且在进入21世纪以后，美国中产阶级的数量越来越少，为了不让商品空置，他们只能发放贷款给那些收入状况、还款能力较差的劳动者，资本家们即使冒着极大的风险也要挖掘底层阶级人民的消费潜能，因为只有这样才能带动房地产市场，并带动冶金、家电、建材等市场的扩大，资本家们希望这样能缓解越来越严重的生产过剩状况。

所以，资本主义制度下的这种住房抵押贷款、消费贷款现象实质上体现了很多社会经济矛盾。首先，是资本主义社会生产无限扩大趋势与受剥削的底层劳动者日益缩小的消费能力之间的矛盾，资产阶级以及为资产阶级服务的商业链为了解决这种天然有效需求不足的矛盾，开发出了各种各样的贷款，资本刺激消费者将钱挪到现在使用，虽然扩大了现在的消费，但是本质问题并没有解决，消费者没有足够的收入可以偿还以后的房贷、车贷，在未来某个时期，生产过剩危机总是会爆发的，说到底，次级贷款只是将现在的生产过剩不断推迟。在2002—2007年间，美国房地产市场出现非常严重的投机现场，房价上涨速度非常迅速，房地产市场堆积了大量泡沫，据有关机构计算，2007年年初美国房地产市场的房屋价值高达21万亿美元[1]，其中有将近40%是投机性价值。而在经历过长期低

---

[1] [美]大卫·科茨:《美国此次金融危机的根本原因是新自由主义的资本主义》，《红旗文稿》2008年第13期。

利率时期后，2004年利率开始上涨，这使得拥有房贷家庭的债务负担达到前所未有的水平，到2006年房屋销售量开始下降，工薪家庭发现他们欠的债务比他们房屋的价值还要高，很难通过正常途径偿还贷款。到了2007年，越来越多的人无法按时偿还房贷，房价泡沫已经到达最高点，在随后一年的时间里，旧金山房价下跌了17%、洛杉矶下跌了19%、迈阿密下降了22%，最终导致超过10%的房屋拥有者的房贷要高于其房屋价值。次级贷市场资金链的断裂造成了很多金融企业以及其相关企业出现大量亏损，大规模的破产引发全面的金融危机。这表明，用超过个人可支配收入增速的消费支出的增长来推动经济发展的过程，也逐渐达到极限。住房贷款、消费贷款等不能从根本上解决资本主义消费市场扩大远赶不上生产的扩张的问题，并导致生产过剩危机的爆发。

（四）两次经济危机起因对比

人类社会的历史确定无疑地告诉我们，泡沫都会破灭，但是每次破灭的方式都是不一样的。近百年来，美国历史上爆发过两次大规模的经济危机——20世纪30年代与2008年，2008年发生的经济危机从规模、波及范围以及各国政府采取的措施以及所产生的影响完全可以与20世纪30年代那场经济危机相提并论。虽然两次经济危机的历史背景、发展进程以及产生原因都不相同，但二者之间也存在高度相似处，它们都是美国经济高度自由化发展的必然产物，是资本主义制度内在的先天矛盾。

1. 两次危机产生的背景

1929—1933年的经济大萧条可以称得上是资本主义世界目前为止爆发的最全面、最深刻、最持久的一次周期性经济萧条。在爆发之前，美国经济一片繁荣，股市接连飘红，1923—1930年短短7年时间，纽约证券交易所的成交额翻了4倍，股价也翻了近3倍。这是因为第一次世界大战后世界政治环境比较稳定为经济增长提供了优良的外部环境，除此之外技术革新和政府的自由经济政策也极大地推动了经济的发展。然而，经济的繁荣只是一个表象，其背后生产过剩的危机随时都会爆发。而2008年经济危机的爆发主要源于美国次贷市场泡沫的破裂，在21世纪初，经历过互联网泡沫与"9·11"袭击事件的美国，为了刺激经济发展，开始了长期降息低利率政策，在短短两年时间内，美联储持续降息13次，低利率政策使得美国房地产产业迅速发展，房产抵押贷款市场也迅速扩大，很多不具备购房条件的底层劳动者也纷纷抵押买房，房产泡沫开始累积，但随着2004年美联储的加息政策，使得很多拥有房产的屋主无法偿还贷款，房价下跌，大量偿还不起贷款的人出现，房贷公司遭受沉重打击。随后，一连串金融事件频发，美国金融危机彻底爆发。

虽然这两次危机看似发生在完全不同的历史环境当中，但是两者也存在着很多共同点：（1）两次危机爆发前，美国经济都处于一片繁荣当中，经济呈现投资不断增加、社会生产不断扩大、股价成倍上涨的局面，最大的萧条对应最灿烂的繁荣。（2）两次危机爆发前，经济表面上呈现一片繁荣，实际上都存在严重的产业结构失调，社会贫富差距过大以及股市充斥着大量投机性资金，这些矛盾的积累最终导致经济危机的产生。（3）在两次危机爆发前，美国政府都采取了极为宽松的扩张性经济政策，加速了经济自由化程度，同时意味着对经济的监管能力变弱。（4）持续时间长。两次危机从爆发到结束都经历了漫长的时期，20世纪经济危机从1929年开始到1933年结束，经历了两三年全面萧条以后经济才开始慢慢恢复，而2008年经济危机，从2008年正式爆发，到2009年才开始慢慢恢复，而恢复到健康状态则需要更加漫长的时间。

2. 两次危机发生的状况

20世纪30年代的经济危机始于"黑色星期四"，1929年10月24日纽约证券交易所股价暴跌，它引发了全世界范围内的恐慌，由于其表现凶猛、持续时间长、波及范围广以及破坏力强等特点，被称为"经济大萧条"。在整个经济萧条过程中，美国工业总产值直接下降了46.2%，贸易总额下降了70%，失业率不断升高，工人们生活得不到保障，大量生产设备处于闲置状态。与此同时，农业危机也相继爆发，农产品市场发生断崖式暴跌，众多的贫农、中农走向破产，美国农业生产者的人均收入从1929年的223美元降到了1933年的90美元，降低了60%；失业人数达1300多万，至少14万家企业倒闭。实体经济出现危机的同时引发了严重的信用危机，美国投资者在证券交易所内一周损失100亿美元。美国的这次经济危机波及的范围和持续的时间都创下了空前纪录，整个资本主义世界的工业生产下降了44%，失业人数达到5000万。[①] 而2008年的经济危机以次贷危机为导火索，股市出现大跌，众多金融机构纷纷倒闭，2008年9月15日美国第四大投资银行雷曼兄弟宣布破产，也正式标志着金融危机的到来，此次危机具有以下特征，第一是美国国内投资银行、商业银行以及其他金融机构之间相互串联，业务相互交织，牵一发而动全身，一旦其中一环资金链出现问题，整个金融体系都会遭受打击；第二是随着经济全球化的不断深化，各国金融业之间的交往也逐步加深，美国作为世界金融的中心，吸引了来自全世界各国的资本，并将金融风险转移到其他国家，一旦美国发生金融危机，风暴就会顺着藤蔓延伸到各个国家，对全球金融市场造成冲击。

两次危机发生的状况各有不同，20世纪30年代的危机从实体经济领域向金融领域蔓延，表现为商品的严重过剩，由实体经济危机导致信用市场危机，并引发了全世界规模的经济大萧条，而2008年的经济危机主要源于信贷市场的崩溃，蔓延到金融领域，最后再传导到实体经济领域。另外，资本主义世界的这两次危机也具有很多相同的状况：（1）危机传播速度快。两次危机一经爆发在短时间

[①] 胡毓源:《二十世纪三十年代国际关系中的经济战》，《上海师范大学学报》（哲学社会科学版）1986年第4期。

内便传导至各行各业，资本主义国家陷入经济大萧条。（2）危机传播范围广。这两次危机都是发源于美国，最后通过美国迅速蔓延到世界各个国家，形成全球性经济大危机，造成全球资本市场大震荡，在世界经济发展的历程上留下浓墨重彩的一笔。（3）危机破坏力强。这两次危机"声名远扬"的原因就是它们给世界经济发展带来了灾难性的破坏，两次危机发生时，社会生产力迅速萎缩，大量工人失业，金融资产跳楼式缩水，工业产值急剧下降，有效需求持续萎靡，经济出现下滑。

3. 经济危机爆发原因

在上文我们详细分析了 2008 年经济危机爆发的原因，包括直接原因与根本原因，通过分析可以发现 20 世纪 30 年代经济危机形成的原因，与 2008 年的有不同之处，也有很多相似点。

对于 20 世纪 30 年代的危机，给人留下深刻印象的画面就是很多农场主宁愿将牛奶倒进河里，也不愿意分给无家可归的流浪工人们，马克思经济理论学说其实已经深刻揭示了此次危机的幕后元凶——生产相对过剩。马克思认为资本主义经济危机的本质就是生产相对过剩，是实体经济内部不均衡发展的外在表现。资本主义竞争规律和剩余价值规律的存在，使资本主义本身具有一种盲目提高生产能力和无限扩大生产规模的趋势，生产的社会化为扩大生产提供了物质基础，但是资本主义的剥削本质会使受剥削工人的消费能力限制在一个狭小的范围内，不断扩大的社会再生产与不断缩小的消费能力之间存在天然的矛盾。如果从根源上说，马克思认为资本主义制度是一切资本主义经济危机的本质，经济危机是资本主义发展的必然产物。2008 年经济危机除了在实体领域内存在过剩，资本证券化而盲目扩大的虚拟资产同样过剩，但是这个过剩比较隐蔽，一般人察觉不了，导致虚拟经济完全脱离现实经济和有效需求，产生大量资产泡沫。资本是能够带来剩余价值的价值，在实体经济领域它表现为不断扩大的社会再生产，在虚拟经济领域表现为虚拟资产的无限量发行，这种跨越了制度约束和道德界限的无限扩张，使得实体资本或虚拟资本的"过剩"最终必然爆发危机。

通过对美国近百年发生的两次大规模经济危机的比较研究，可以认识到实体经济才是经济发展的基础，社会生产必须与社会需求保持一个相对稳定的比例关系，除此之外，虚拟经济可以为经济发展注入新鲜血液，也能为实体经济发展提供有效的筹资渠道，但虚拟经济必须以实体经济发展为支撑，保持协调的发展趋势，一旦虚拟经济完全脱离现实环境，就会催生泡沫，引发经济危机。最为重要的是，经济危机是资本主义发展的必然结果，虽然每次危机爆发的原因多种多样，但追根溯源都是资本主义制度，剥削与被剥削会导致社会贫富差距越来越大，最终一定会导致不断扩大的社会再生产与日渐缩小的消费范围之间的矛盾，出现生产过剩，引发经济危机，在资本主义社会里，危机只能被推迟，而无法避免。

2008年经济危机爆发距今已有10年时间，在这10年里我们一直在思考经济危机爆发的本质是什么，我们想要弄清楚经济危机产生的原因，并吸取教训，努力避开它。对2008年经济危机进行深度剖析，可以发现此次经济危机始于美国次贷市场泡沫的破裂，而次贷危机主要是由信用扩张带来的过度需求引起的。当资本市场的信用产品通过金融衍生品工具不断扩大，最终导致货币信用供给与消费者的支付能力之间产生巨大缺口，信用产品的需求与现实之间就会产生严重偏离。当这种偏离通过某种关系传递到金融系统的各个领域时，局部矛盾向全局矛盾演进，无法避免会带来金融危机。而当金融危机蔓延到实体经济，产生供需脱节，形成大量生产剩余，就变成了经济危机。可以说次贷危机是导火索，金融危机是过程危机，而经济危机才是最终结果。一个大错误要由无数个小错误组成，如此大规模经济危机的爆发，所有相关者都应该为其负责，无论是根本没有支付能力，却因为膨胀的欲望和诱惑超前消费的劳动者们；还是为了刺激经济增长、达到经济目标、维护政治目的，对风险视而不见，努力创造条件的监管者们；或者是为了追求暴利，丧失道德底线，坑蒙拐骗的金融家们。但是究其本质原因还是由于资本主义制度所带来的生产相对剩余，马克思早在《资本论》中就深刻揭示过经济危机爆发的本质，其写道"资本主义生产的真正限制是资本本身"。

在资本主义制度中，社会生产的目的是获得剩余价值，为了追求更多的剩余价值，资本家们会无限扩大生产，而随着生产的逐渐扩大，归于资本家的生产资料和劳动产品越来越多，而劳动者只能通过出卖劳动力换取自己生活所需的物质资料，这种分配方式使得社会上大多数人的消费需求被缩小到一个相当狭窄的范围，并且这个需求还要受到渴望积累的原始欲望的限制以及受到扩大生产规模欲望的限制。资本主义积累的结果就是社会生产能力不断扩大，生产剩余逐渐增多，资产阶级获得的利润相应增加，社会财富愈发地掌握在少数人手中，低收入阶层收入占社会总财富的比例不断下降，社会贫富差距越来越大，社会购买力与生产增长之间的缺口越来越严重，这体现了资本主义生产趋势无限扩大与受剥削劳动者购买力日渐缩小之间的天然经济矛盾。傅立叶将第一次危机称为 Crise Pléthorique，即由过剩引起的危机，世界上长期存在的粗放型经济增长方式发展到一定阶段时必定会产生产能过剩，造成市场有效需求饱和，供给严重过剩。

虽然说经济危机人人都想避免，但是我们也必须正确认识经济危机。市场经济的周期性是经济运行最基本的规律和现象，并且是推动技术进步和产业升级的重要内在动力，每一次经济危机的爆发都是社会进步的推动力，如果没有经济危机的压力，我们可能还停留在油灯照明、马车运输、用长矛大刀对抗洋枪洋炮的自给自足的小农经济时代。小农经济时代和计划经济时代不会发生生产过剩的经济危机，但是却会发生供给短缺、饥饿贫困的生存危机。

二　经济危机十年进程

（一）美国经济危机

2007年4月，以美国第二大次级抵押贷款机构新世纪金融公司申请破产保护作为标志，美国次贷危机正式拉开帷幕。此后，危机蔓延程度不断加深，大量从事次贷业务的机构出现破产，大型金融机构均发生巨额亏损，国际金融市场剧烈动荡。市场预计，全球与次贷相关的损失将达到1.5万亿美元。2008年以来，美国已破产倒闭13家商业银行。以美国五大投行为例，贝尔斯登被摩根大通收购，美林被美洲银行收购，雷曼兄弟申请破产保护，摩根士丹利和高盛也转变成为银行控股公司。①

1. 美国经济危机爆发

（1）美国经济危机背景

伊拉克战争虽然暂时化解了美国国内的危机，但未能从本质上改变美国资金流失的现状，经济下滑的命运难以避免。打伊拉克时，美国的战争预算是500亿—600亿美元，预期战争很快就能结束。但事实上美国花了整整6年时间来对付伊拉克，战争费用超过8000亿美元。伊拉克战争使美国国债、财政赤字和贸易赤字放大，这就是美国所面临的十分紧迫的形势。这一历史重任落在了美国的房地产上，美国政府在2000年开始号召民众买房。美联储逐步采取宽松的货币政策，通过不断降息的方式使贷款利率保持在较低水平，以此鼓励民众贷款买房。此举表面上使美国经济继续保持繁荣，但实际上却是制造了一个更大的泡沫填堵之前泡沫经济留下的黑洞。美国3.5亿人口中，还有很多人并未买房。先把有房的富人搜罗一遍，让他们最好再去买别墅，让住小房的中产阶级换大房。

---

① 王莉娜：《当代经济危机的马克思主义阐释》，《时代金融》2017年第17期。

与此同时再鼓励无房住的蓝领们买房，那么就创造了更大的市场需求。因此，次贷就这样一步一步产生。

第一，商业银行放出次级贷款。开始是信用级别高的人买房，后来优质客户越来越少，生意不好做，商业银行放宽了条件，让信用级别不那么高的人也能买房，把款贷出去就有钱赚。但是商业银行的规矩还在挡着。怎么办？做假！只要贷款人同意买房，虽然信用很差，但商业银行可以把他的信用记录填成优良，这就可以办理抵押贷款了。只不过商业银行贷给优质客户的利率是5%，而贷给信用级别低的人，利率是10%。这样的利差对商业银行就很有赚头。商业银行给买不起房的人说，花30万美元买一套房子，交3万美元的首付就可以入住。如果几年后的房价上涨到50万美元，此时卖掉房子，还银行的本利30万美元，还有剩下20万美元的赚头。如果首付30%付不起，那就20%，或者10%，实在不行零首付也行。如果没有收入或收入不高，还不起月供，三年后再开始也行，只是利息要高些。这样买不起房的人就能买得起房子了，买房的人多了起来，房价就往上涨。买房的人很高兴，既可以住房，还可以等待房产增值。卖房人没有风险，因为商业银行用贷款已经替买房人支付了款项。

二是商业银行把次级债卖给投资银行。此时，无论是买房者还是卖房者都毫无风险，毕竟所有风险都转嫁到商业银行。而一旦房价下跌，买房人还不上钱，房子也不值钱了，银行就会面临巨大的亏损。这样商业银行就把所有的房贷集中在一起，形成了一种按揭证券（MBS），平常按揭利率是5%，次贷利率是10%，可以按6%利率卖给投资银行，可赚余下的4%。经过以上操作，次级贷的风险又从商业银行转嫁到投资银行。

三是投资银行打包再卖给全世界。投资银行购买回这些按揭证券后，就开始设计金融衍生产品，他们也打了一个包，变成次级债券——债务抵押债券（CDO），银行存款利率只有1%，规定次级债的利率为10%，卖给投资银行这样的大客户。经过一系列运作，次级债就逐渐卖向全世界。

四是为次级债上保险。为了打消投资者购买投资银行次级债券的担心，投资银行就设计了一款新产品——信用违约掉期（CDS），这样买次级债的投资者如果担心风险的话，还可以买信用违约掉期，让保险公司承担一部分风险。如一个投资者买了50万美元的次级债券，他到保险公司去买信用违约掉期，交了3%的保险费后，如果这边出问题，那边保险公司就负责包赔损失。如果不出问题，保险公司就大赚了一笔。这样次级债就大大方方地卖向了全世界。①

（2）美国经济危机重大事件

2007年4月4日，新世纪金融公司宣布破产。2007年7月16日，华尔街第五大投资银行贝尔斯登关闭了手下的两家对冲基金，爆出了公司成立83年以来的首次亏损。2007年8月6日，美国第十大抵押贷款服务提供商美国住宅抵押贷款投资公司申请破产保护。2008年3月，美国联邦储备委员会促使摩根大通银行收购了贝尔斯登。2008年9月7日，美国财政部不得不宣布接管房利美公司和房地美公司。2008年9月15日，美国第四大投资银行雷曼兄弟控股公司申请破产保护。2008年9月15日，美国银行突然宣布，愿意收购美国第三大投资银行美林公司。2008年9月16日，美国政府向美国国际集团（AIG）提供了850亿美元的短期贷款。2008年9月21日，面对华尔街投资银行相继破产的局面，美联储发表声明，将高盛集团和摩根士丹利这仅存的两家投资银行改制成商业银行，以便通过吸收存款破除困境。2008年10月3日，布什政府签署了总额高达7000亿美元的金融救市方案。美国金融危机的爆发，使美国包括通用汽车、福特汽车、克莱斯勒三大汽车公司等在内的实体经济受到很大的冲击，实体产业陷入危机。

---

① 缪延亮：《次贷危机十年反思》，《商业观察》2019年第Z1期。

(3) 美国经济危机全球影响

美国次贷危机是因次级抵押贷款机构破产、投资基金被迫关闭、股市剧烈震荡引起的风暴，它导致全球主要金融市场出现流动性不足的危机。2006年春季，美国次贷危机有爆发的苗头，2007年8月已经成为全球性金融危机。美国次级抵押贷款市场通常采用固定利率和浮动利率相结合的还款方式，即购房者在购房后头几年以固定利率偿还贷款，其后以浮动利率偿还贷款。随着美国住房市场的降温尤其是短期利率的提高，次级抵押贷款的还款利率也大幅上升，购房者的还贷负担大为加重。这种局面直接导致大批次级抵押贷款的借款人不能按期偿还贷款，"次贷危机"由此爆发。

美国作为世界上唯一的超级大国，其次贷危机的爆发瞬间就影响了全世界的金融中心以及一些周边国家，其影响范围不仅包括次贷危机，更是覆盖了整个金融系统。尽管美国经常项目赤字一直在下降，但其仍占GDP约6%，因为其消费的产品远超过自身生产的产品，美国依旧是世界其他国家最大的输出市场之一，其需求的急剧下降极大地影响了其他地区的经济，曾一度引发世界各地的恐慌情绪。①

2. 美国经济危机的根源

总资产高达1.5万亿美元的世界两大顶级投行雷曼兄弟和美林相继陷入困境，雷曼兄弟宣告破产，而美林被美国银行收购；总资产高达1万亿美元的全球最大保险商美国国际集团（AIG）也难以为继，美国政府在选择接管AIG以稳定市场的同时，却对其他金融机构"爱莫能助"。如果说上述种种现象只是矛盾的集中爆发，那么问题的根源则在于以下三个方面：

(1) 不当的房地产金融政策

"居者有其屋"曾是所谓美国梦的一部分。在20世纪30年代

---

① 王子凤：《自由道路社会主义组织视野中的美国经济危机》，《南方论刊》2018年第10期。

的大萧条时期，美国内需萎靡不振，为有效刺激内需，罗斯福宣布设立房利美，以便帮助国民买房。1970年，为解决民众住房融资难题，美国在房利美的基础上新设立房地美。"两房"虽是私人持股的企业，但却享有政府隐性担保的特权，因而其发行的债券与美国国债有同样的评级。从20世纪末期开始，在货币政策宽松、资产证券化和金融衍生产品创新速度加快的情况下，"两房"的隐性担保规模迅速膨胀，其直接持有和担保的按揭贷款和以按揭贷款作抵押的证券由1990年的7400亿美元爆炸式地增长到2007年年底的4.9万亿美元。"两房"在扩张自身业务的进程中，盲目追逐发展规模，而忽视了资产质量，这就成为次贷危机爆发的"温床"。

（2）金融衍生品的"滥用"

金融衍生品的"滥用"，使得金融交易链条被动拉长，进一步助长投机行为。"两房"通过购买商业银行和房贷公司流动性差的贷款，通过资产证券化将其转换成债券在市场上发售，吸引投资银行等金融机构来购买，而投资银行利用"精湛"的金融工程技术，再将其进行分割、打包、组合并出售。在这个过程中，最初一元钱的贷款可以被放大为几元，甚至十几元的金融衍生产品，进而使金融交易链条被拉长，最后的结果就是没人再关心这些金融产品的基础价值，这就进一步助长了短期投机行为的发生。但投机只是表象，贪婪才是本质。比如说雷曼兄弟，其金融研究能力和创新能力均属世界之最，没有人比他们更懂风险的含义，然而自身却最终难逃轰然崩塌的厄运，其原因就在于雷曼兄弟管理层和员工持有公司大约1/3的股票，以至于他们只想着投机赚钱，而忽视了其他股东的利益。

（3）货币政策推波助澜

面对2000年前后网络泡沫走向破灭的局面，2001年1月至2003年6月，美联储连续13次下调联邦基金利率，该利率从6.5%降至1%的历史最低水平，而且在1%的水平停留了一年之久。低利率促使美国民众将储蓄拿去投资资产、银行过多发放贷款，这直接促成了美国房地产泡沫的持续膨胀。而且美联储的货币政策还"诱使"市场形成错误的预期：只要市场出现低迷，官方必然选择救市。因此，整个华尔街弥漫着投机气息。然而，当货币政策连续收紧时，房地产泡沫开始破灭，低信用阶层的违约率首先上升，由此引发的违约狂潮开始席卷一切赚钱心切、雄心勃勃的金融机构。

3. 美联储应对危机的措施

由美国次贷危机引发的大规模信贷紧缩，使市场信心遭受极大打击，虽然美联储通过调低联邦基金利率、降低再贴现率等一系列货币政策手段挽救危局，但是美国经济增长放缓、国际金融市场剧烈动荡局面依然愈演愈烈。面对如此困境，美联储开始实施一系列非常规措施，以此增强市场流动性的供给，进一步扩大信贷规模，以求逐步恢复市场信心。[①]

（1）新的流动性管理手段

一是调整贴现窗口贷款政策。自 2007 年 8 月起，美联储数次宣布调整贴现政策，以此鼓励资金周转的商业银行向美联储进行借款。2007 年 8 月 17 日，美联储甚至将贴现率直接下调 50 个基点，此时的贴现率与基金利率之差从之前的 100 个基点减少到 50 个基点，而且其贷款期限也放款到 30 天，在特殊情况下还可以申请展期。2008 年 3 月 18 日，美联储再次下调贴现率 75 个基点，使其贴现率与联邦基金利率进一步缩小至 25 个基点，贷款期限延长至 90 天。

二是启用新的融资机制。美联储在 2007 年 12 月 12 日首次推出对合格存款类金融机构的创新融资机制（TAF）。在新启用的创新融资机制中，美联储通过拍卖的方式提供为期 28 天的抵押贷款，

---

① 梁立俊、黄慰宏：《扭曲、矫正与金融危机防范——美国次贷危机 10 周年的反思及启示》，《理论视野》2018 年第 9 期。

每月进行两次,具体利率由竞标结果决定,而且每次的 TAF 都有固定金额,抵押品与贴现窗口借款相同。由于 TAF 事前确定数量并采用市场化的拍卖方式,既能有效解决银行间市场的流动性问题,又不会导致银行准备金和联邦基金利率管理的复杂化。为有效缓解 3 个月期短期融资市场上资金出现紧张的状况,2008 年 7 月 30 日,美联储又推出 84 天期的 TAF,作为对 28 天期 TAF 的补充。2008 年 9 月 29 日,美联储又表示计划将于 11 月推出两次总额为 1500 亿美元的远期 TAF,时间和期限将在与存款机构协商后确定,以确保年底前市场参与者资金充足。此后,又于 2008 年 10 月 6 日将总规模扩大至 3000 亿美元。

三是启用新的融券机制。2008 年 3 月 11 日,美联储宣布一款新的创新流动性支持工具(TSLF)。TSLF 是由美联储以拍卖方式用国债置换一级证券交易商抵押资产,到期后换回的一种资产互换协议,有效期为六个月。TSLF 的交易对手仅限于以投资银行为主的一级证券交易商,交易商可提供的合格抵押资产包括联邦机构债券、联邦机构发行的住房抵押贷款支持证券和住房抵押贷款支持证券(MBS)等。

四是启用一级交易商信贷工具(PDCF),向一级交易商开放贴现窗口。贝尔斯登事件使金融市场的状况进一步恶化,为有效缓解短期向下的压力,2008 年 3 月 17 日,美联储决定利用其紧急贷款权力,启用 PDCF,其实质是向符合条件的一级交易商开放传统上只向商业银行开放的贴现窗口,从而提供隔夜贷款业务。

五是推出资产支持商业票据,即货币市场共同基金流动性工具(AMLF),通过支持货币市场共同基金的方式间接支持商业票据市场。2008 年 9 月 19 日,针对雷曼兄弟倒闭引发华尔街震荡、大量投资者纷纷从货币市场共同基金撤资的形势,美联储表示推出 AM-LF,以贴现率为基准向储蓄机构和银行控股公司提供无追索权贷款,以便其有能力从货币市场共同基金(MMMF)购入资产抵押商业票据。同时，美联储还计划直接从一级交易商手中购买房利美、房地美和联邦房屋贷款银行等发行的联邦机构贴现票据，以进一步支持商业票据市场的顺利运行。

六是推出商业票据融资工具（CPFF），直接支持商业票据市场。2008年10月7日，美联储宣布创建CPFF，运作机制是通过特殊目的载体（SPV），直接从符合条件的商业票据发行方购买评级较高且以美元标价的3个月期资产抵押商业票据（ABCP）和无抵押的商业票据，为美国商业票据的发行方提供日常流动性支持。

七是向商业银行的准备金付息。按照惯例，美联储及其他国家的中央银行都不会为商业银行的法定存款准备金和超额准备金支付利息。但是在次贷危机的冲击下，为了保证商业银行有充足的可贷资金，2008年10月6日，美联储正式表示向商业银行法定存款准备金和超额准备金支付利息。其中，向法定准备金支付的利息比准备金交存期的联邦基金目标利率均值低10个基点，向超额准备金支付的利息初定为比准备金交存期的最低联邦基金目标利率低75个基点。

（2）对金融机构的直接救助

一是救助投资银行贝尔斯登。2008年3月14日，美国第五大投行——贝尔斯登出现了流动性危机，为了援助贝尔斯登，美联储紧急批准了JP摩根与贝尔斯登的特殊交易，即纽联储通过JP摩根向贝尔斯登提供应急资金，以缓解其流动性短缺问题。贝尔斯登以流动性较差的300亿美元资产为抵押标的，纽联储通过JP摩根向其提供为期28天的等额融资。从20世纪30年代美国经济"大萧条"算起，这是美联储首次公开向非银行金融机构开放贴现窗口。

二是救助房利美和房地美。2008年7月13日，美联储和美国财政部联合宣布对陷入财务困境的"两房"提供救助。其中，美联储将允许"两房"直接从纽联储贴现窗口借款，条件是美联储将在两家企业的资本充足率监管和其他审慎性监管中发挥咨询作用。在9月7日美国政府接管"两房"方案中，纽联储成为美国财政部向

"两房"提供信用贷款的财务代理人。

三是救助美国国际集团（AIG）。美国次贷危机爆发以来，由于市场违约风险急剧上升，作为全球信用违约掉期市场主要卖方的AIG受到严重影响。2008年9月16日，美联储宣布向AIG提供850亿美元的高息抵押贷款，前提是美国政府需获得AIG全部股权的79.9%，并拥有拒绝向其他股东分红的优先选择权。2008年10月8日，美联储再度声明，此前向AIG提供的850亿美元贷款额度已用尽，允许AIG以投资级固定收益证券作抵押，美联储将再度给予AIG378亿美元的贷款额度。

四是采取国际联合救助行动。2007年12月12日、2008年3月11日和9月18日、10月8日和10月13日，为了应对不断恶化的金融危机冲击，美联储先后与欧洲中央银行、英格兰银行和日本银行等进行了大规模的国际联合援助行动。主要内容包括：（1）各主要国家中央银行通过公开市场操作等渠道向本国货币市场注入流动性。（2）美联储与主要国家的中央银行建立临时货币互换安排，并根据形势发展调整互换的期限和规模。为配合其他国家的救市措施，自2008年10月13日起，美联储宣布暂时上调与欧洲中央银行、英格兰银行、瑞士国家银行和日本银行的美元互换额度至无上限。（3）2008年10月8日，美联储、欧洲中央银行、英格兰银行、加拿大中央银行、瑞典中央银行和瑞士国家银行等联合宣布降息50个基点。

4. 美国财政部应对危机的措施

2007年上半年，美国次贷危机刚刚发生时，美国财政部采取了常规性政策措施进行应对。但是随着金融危机的逐步升级，美国的经济形势也在不断恶化，为有效解决此次危机，美国财政部不得不出台一系列非常规措施。

（1）一揽子财政刺激计划

2008年1月4日，美国国会宣布实施1500亿美元的一揽子财政刺激计划。根据这一计划，美国家庭将得到不同程度的税收返还，商业投资第一年可以享受50%折旧，中小企业还可以享受到额外税收优惠。另外，房利美和房地美证券化限额被临时上调，联邦住房委员会的担保额也相应增加。

（2）援助并接管"两房"

2008年7月13日，美国政府宣布，美国财政部和美联储将联手对深陷困境的"两房"进行援助。一是将"两房"在财政部的贷款额度提高。二是为确保"两房"能够获得足够的资本，财政部将拥有在必要时收购其中任何一家公司的股份的权力。三是允许这两家公司直接从美联储的贴现窗口借款。2008年7月22日，当全世界仍在争论是否有必要救助"两房"时，美国众议院突然批准总额3000亿美元的住房援助法案。这一法案的出台表明财政部有权向"两房"提供援助，而且能够直接帮助那些陷入困境的房贷户。根据这一法案，联邦住房委员会可以向约40万个面临丧失抵押品赎回权风险的房贷户提供上限为3000亿美元的再融资担保，帮助他们将目前利率较高的按揭贷款转换为利率较低的30年固定利率贷款。2008年9月7日，由于"两房"形势进一步恶化，美国政府宣布这两家公司的四步走计划：一是联邦住房金融局牵头接管"两房"；二是财政部与"两房"分别签署高级优先股购买计划；三是为"两房"和联邦住房贷款银行建立一个新的、有担保的借贷工具；四是推出购买政府资助企业按揭抵押证券的临时计划。

（3）推出大规模的金融救援计划

2008年10月3日，美国总统布什批准了《2008年紧急经济稳定法案》，推出有史以来最大规模的7000亿美元的金融救援计划。主要内容包括：一是授权美国财政部建立受损资产处置计划（TARP），在两年有效期内分步使用7000亿美元资金购买金融机构受损资产；二是建立受损资产处置计划后，允许财政部向金融机构受损失资产提供保险；三是成立金融稳定监督委员会和独立委员会对法案的实施进行监督；四是对接受政府援助企业的高管薪酬做出限制;五是与国外金融监管部门和中央银行合作;六是突出保护纳税人的合法利益;七是帮助丧失抵押品赎回权的房贷申请人。

(4) 金融监管体制改革

从某种意义上看,美国金融监管体制改革是此次金融危机中美国政府采取的意义最为重大、影响最为深远的非常规应对措施。在以往的金融危机中,美国政府主要是采取包括财政政策和货币政策在内的多种宏观经济政策组合来应对。

2007年春天,美国财政部长亨利·保尔森呼吁重新检查美国的金融监管体系,以便更好地处理保护投资者与增强市场竞争性的关系。2007年秋天,保尔森宣布美国财政部将设计金融监管体制改革方案。2008年3月31日,美国财政部公布了长达218页的美国金融监管体制改革蓝图。

美国金融监管体制改革细分为短期、中期、长期三个目标。一是短期目标:落实总统金融市场工作组的责任,并将银行监管者纳入小组;美联储加大贷款渠道的扩展力度;设立全国统一的抵押贷款标准;为各州对抵押贷款市场参与者颁发执照设定统一的最低标准。二是中期目标:合并储蓄机构监管署(OTS)和货币监理署(OCC);美联储负责监管支付和结算体系;设立新的联邦保险监管体系,由全国保险管理署具体管理联邦保险监管体系;合并美国证券管理委员会(SEC)与商品期货交易委员会(CFTC)。三是长期目标:建立健全三大金融监管体系,即美联储担当"市场稳定监管者"的角色,维护美国金融市场稳定;成立"金融诚信监管者",负责对银行业的监管;成立"商业行为监管者",主要职责为规范商业活动以及保护消费者利益。

(二) 欧盟经济危机

1. 欧盟经济危机的原因

(1) 沉重的社保负担

欧洲国家长期受社会民主主义思潮影响,国家福利模式以社会保障制度为基础。欧盟国家社会福利开支达到 GDP 的 30%，远高于美国的 16% 和日本的 19%。高昂的福利费用扩大了公共支出，推高了公共债务水平，造成高税收和高成本，使其在全球化竞争中逐渐失去优势。同时，挤占了科教文卫等公共管理的投入，以至于创新乏力，进而导致经济增长放缓，而且还消磨了企业和社会的创新进取精神。

（2）残缺的欧盟机制

欧盟机制有个软肋，货币主权和财政主权分属欧洲央行和各成员国，各成员国的财政政策与欧洲央行的货币政策经常存在冲突甚至错配，以致其经济政策执行效率低下。由于将货币主权让渡给欧洲央行，因此欧元区各成员国无法独立使用利率、汇率等货币政策来应对，只能更加倚重财政政策，容易造成赤字和债务负担普遍超标。欧洲央行的政策目标是平抑通胀，以便维持欧元对内币值的相对稳定，而无暇顾及各成员国的经济状况，而欧盟各国经济差异性较大，景气状况不一致，这令实施单一货币政策的欧洲央行常常首尾难顾。欧元区财政赤字问题凸显了欧元区财政、货币政策二元性的矛盾。①

（3）人口结构老龄化

经过工业化的快速发展，民众的生活水平得到显著提高，平均寿命也显著延长；与此同时，因为抚养成本越来越高，人们生育孩子的愿望日益降低，生育率出现快速下滑；两者相加，使欧洲诸国在完成工业化与城市化后出生率一直处在较低的水平，大多陷入人口老龄化的困境。"二战"以来人口结构变化更加剧烈，从 20 世纪末开始欧洲大多数国家的人口结构都进入了快速老龄化的阶段。老龄化使生产人口下降，消费人口增加，慢慢入不敷出，最终出现了危机。

---

① 周华：《欧洲经济内忧外患 路在何方》，《第一财经日报》2018 年 12 月 17 日（A10）。

（4）房地产等资源泡沫

其实，社保负担和人口老龄化带来的负面影响可以由科技进步带来的正面效应抵消，财政和货币政策的不统一也只是外部因素，都不足以造成危及国本的债务危机，根本原因是实业衰落和土地等资源泡沫膨胀的同步到来。房地产经济存在大量泡沫，这也说明投资于房地产会得到更高的投资回报率。面对泡沫经济，巨额资金集聚于房地产行业，市场出现大量投机活动。泡沫经济时期大企业的高额利润许多来源于土地投机和股票投机带来的营业外收益，结果放松了对本企业的经营和管理，造成企业素质的普遍下降。大量的资金向房地产业流动，意味着生产性企业缺乏足够的资金，或者说难以用正常的成本获得生产所必需的资金。

2. 欧盟各国应对措施

（1）积极应对债务危机

①希腊。2009年，希腊政府赤字占GDP比例超过13%，欧盟各国拒绝财政援助。2010年3月4日，希腊政府公开发行50亿欧元国债。2010年5月，为帮助希腊应对债务危机，国际货币基金组织以及一些欧盟国家分期贷给希腊1100亿欧元。

②爱尔兰。2009年，爱尔兰政府财政赤字占当年GDP的比值达到10.75%。2010年9月，预计当年财政赤字会骤升至国内生产总值的32%，这一比例远远超过希腊，实属史上罕见。2010年11月，爱尔兰向欧盟和国际货币基金组织申请援助。2010年11月28日，欧盟和国际货币基金组织出台爱尔兰救援方案，共计斥资850亿欧元，平均贷款利率为5.8%，高于希腊获援助时5.2%的利率。

（2）实行紧缩性财政政策

①希腊。2010年5月2日，希腊政府宣布今后3年内将削减300亿欧元的财政预算，预计2014年将财政赤字控制在占GDP的3%以内。为达目标，政府将削减在职和退休公务员的收入，削减福利，提高增值税及消费税的征收比例，同时，将女性的退休年龄

延长至 65 岁，与男性一样。

②意大利。2010 年 5 月 25 日，意大利政府出台 250 亿欧元财政紧缩计划。

③西班牙。2010 年 5 月 27 日，西班牙政府决定今后两年将缩减财政支出 150 亿欧元。具体措施包括 2010 年削减公务员工资 5%，2011 年冻结政府部门的工资以及部分养老金。

④葡萄牙。2010 年 5 月 13 日，为在 2011 年年底将财政赤字削减到 4.6%，葡萄牙政府公开宣布实施更为严厉的节支和增税措施，不仅上调增值税、个人所得税、部分企业税，而且冻结里斯本新机场等建设项目，同时削减政府人员薪水。2010 年 11 月，葡萄牙政府提出了 15 年来最苛刻的财政紧缩计划。为实现 2011 财年财政赤字由目前的占国内生产总值 7.3% 下降至 4.6% 的目标，公职人员工资将下调 5% 至 10%，同时工人的养老金将被冻结，并重新审查住房及教育等领域的税收减免情况等。

⑤英国。2010 年 6 月 22 日，英国宣布将在 2015 年至 2016 年实现财政平衡，并实现一定的财政盈余。这一目标的 80% 将通过财政紧缩措施来实现，另外 20% 依靠增加税收来完成。为此，在削减开支方面，英国政府通过裁减公职人员、冻结工资、减少教育投入、削减社会福利开支等途径，计划每年削减 320 亿英镑的政府开支。在增加财政收入方面，计划从 2011 年 1 月起将增值税从目前的 17.5% 增加到 20%。英国此次紧缩财政开支的措施，无论是力度还是范围，都属历年之最。

⑥法国。2010 年 6 月 16 日，法国政府宣布退休制度改革计划，将退休年龄逐步从 60 岁提高到 62 岁，以减轻财政负担。

⑦德国。2010 年 7 月 7 日，德国政府出台 4 年期的财政紧缩计划，预计将节省 800 亿欧元。

⑧爱尔兰。为了获得国际货币基金组织和欧盟的金融援助，爱尔兰政府于 2010 年 11 月 24 日发布削减财政赤字的计划，预计 4 年

内将财政赤字削减 150 亿欧元。如果该计划顺利实施，爱尔兰于 2011 至 2014 年间在削减 100 亿欧元公共开支的同时，还需要增加 50 亿欧元的税收。计划提议新增财产税和水税，爱尔兰眼下自来水免费；2013 年将增值税税率从 21% 提高至 22%，2014 年提高至 23%；在 2008 年削减计划的基础上再减少 2.4 万个公共部门岗位，而且新进公职人员的薪酬也要被削减 10%；将最低工资标准每小时 8.65 欧元减少 1 欧元至 7.65 欧元。根据这一计划，政府将扩大个人所得税征税范围，更多低收入家庭将缴税，一些中产家庭年缴税额可能增加 3000 多欧元。政府同时将削减养老金等社会福利。12 月 9 日，爱尔兰议会通过一项削减社会福利法案。方案涉及对失业者、单身父母、儿童、盲人、残疾人等超过 30 万人减少 4% 的补贴，该方案可以直接将财政预算减少 5.3 亿欧元。

(3) 加强与东方国家的合作

2010 年 7 月 16 日，德国总理默克尔访华。中德两国发表联合公报全面推进战略伙伴关系，中德签署涵盖财政、环保、文化等领域的十项合作协议。2010 年 4 月 28 日，法国总统萨科齐抵达西安，开始对中国进行为期 3 天的国事访问。世界上只有一个中国，台湾、西藏都是中国的一部分，法方自 1964 年法中两国正式建交以来，始终坚持这一政策，不会发生任何改变。2010 年 11 月 4 日至 7 日，时任中国国家主席胡锦涛应邀对法国和葡萄牙进行国事访问。中法将签署自经济危机以来的首串高额订单。包括与空客公司签署订购百架飞机的 80 亿美元合同，法国最大的核能集团阿海珐与中国广东核电集团签署金额高达 30 亿美元的合同。2010 年 7 月 28 日至 29 日英国首相卡梅伦对印度进行访问，双方签署了印度从英国购买价值 11 亿美元的 57 架教练机的协议。2010 年 12 月 4 日至 7 日，萨科齐对印度进行为期 4 天的访问，此次访问过程中，法方表示支持印度"入常"，在此基础上，法印双方签署了价值近 150 亿欧元的合作协议。

3. 欧盟危机尚未消除

欧盟及各债务国采取的一系列措施在一定程度上稳定了金融市场。通货膨胀率、预算赤字等一系列经济指标在欧元区内有好转趋势，市场投资者的信心也在逐步恢复。特别是 2011 年出台的欧元稳定机制（ESM）填补了欧元区救助机构上的缺失，该救助机制的实施对增强国际市场信心起到了关键作用。一些国际评级机构也对此做出了 AAA 级的最高评价。同样，欧洲央行的"无限购债计划"推出后，市场反应趋于良好，使得陷入债务危机的一些国家，如西班牙和意大利等国的融资压力得到显著缓解。2013 年 12 月，爱尔兰在接受救助 3 年后，宣布正式退出救助，这也是第一个退出救助的欧元区国家。爱尔兰的债务危机至此终于暂时告一段落。面对爱尔兰局势的好转，有不少人甚至认为"欧债危机拐点"已经到达。事实上，欧债危机虽然暂时摆脱了"坠崖"风险，但是其潜在风险依然存在。[①]

（1）临时性救助治标不治本

欧盟及各债务国采取的一些措施是临时性的救助措施，没能根本上解决问题。以欧盟和 IMF 为主的救助贷款等为欧洲的金融体系注入了流动资金，但这些资金并没有真正进入实体经济，没有拉动经济的增长。临时性的救助措施只是暂时延缓了债务违约的时间，并没有从根本上解决欧债危机。

（2）财政紧缩计划面临阻力

虽然以希腊为代表的危机国均出台了相对严格的财政紧缩计划，但其中增税减支、冻结养老金、减薪裁员和提高退休年龄等措施因为会损害到既得利益者的利益，进而导致国内民众出现剧烈反弹。2010 年希腊首先遭遇罢工潮，其他欧洲国家相继爆发大规模罢工游行，因此实施紧缩财政政策面临不少阻力。另外，财政紧缩的措施还会暂时性地抑制一国经济的增长。财政紧缩导致短期经济下

---

① 滑冬玲：《欧债危机及其对欧盟经济的影响》，《商》2013 年第 13 期。

滑，失业率进一步上升，迫使紧缩计划的执行难度又被加大。

（3）统一欧元债券难以操作

虽然欧盟有25国已经就财政联盟达成初步一致，也在2012年3月正式签署《稳定、协调与治理条约》。但从细节来看，新的《稳定、协调和治理条约》中所说的结构性财政赤字概念比较模糊，没有较好的可测量性。而且，短期内发行统一的欧元债券不具备可操作性。因为欧元债券表面看是欧元区国家相互担保，而实际上是信用好的国家为信用差的国家做担保。这在一定程度上提高了法德等国家的融资成本，进而遭到核心国的抵制，而且需要统一的发行机构和立法程序才能发行欧元债券，欧元区各国都需要一段较长的时间来进行准备。

综上，欧盟当前所采取的一系列措施都只是缓解了欧债危机的压力，没有触及危机的根本。要从根本上解决欧债危机尚需欧元区国家建立某种程度的财政联盟，使财政政策和货币政策形成统一。需要通过对经济体系、劳动力市场和税收体制等问题进行改革，以求缩小区域间的发展差异，从而促进经济的良性发展。①

4. 欧盟经济现状及展望

欧盟经济增长速度持续放缓，但其基本面仍然保持良好状态。其中，内需拉动效果明显，劳动力市场状况良好，投资需求逐步增长，消费者信心保持高位。当然，在经济出现好转趋势的同时，潜在风险因素也在悄然增多，流动性收缩、贸易冲突、金融资本市场波动等多重威胁都将对欧元区经济带来下行威胁。

（1）经济运行的利好方面

劳动力市场及通胀水平均呈现罕见乐观表现。2018年以来欧盟劳动力市场和物价水平延续向好格局，其中，失业率降至6.7%的低位，通胀率保持在2%目标区位以上，劳动力与商品市场呈现出

---

① 宋学红：《欧债危机对欧盟经济的影响与启示》，《经济纵横》2012年第4期。

历史罕见的良好态势，有效地支撑起实体经济的发展。在就业状况持续改善、汇率贬值、薪资上涨和能源价格传导等多元因素的影响下，欧元区核心通胀水平很大可能会保持在目标区间，这不仅有助于改善欧盟的经济环境，更有助于提升经济增速。

在美国单边主义的背景下，中欧深化合作的进一步推动，将有助于欧盟稳定外需并进一步扩大产出。2008年6月25日第七次中欧经贸高层对话会成功召开，7月16日，李克强总理与欧委会主席容克及欧洲理事会主席图斯克在京举行第二十次中国欧盟领导人会晤。在贸易战及全球市场波动风险加大背景下，中欧双方均"呼吁和支持经济全球化"，有意进一步深化经贸多领域合作及加强政策协调，会议成果包括推进"一带一路"倡议与欧洲发展战略对接，加强数字经济、气候变化、金融业、农业和循环经济合作，争取在第二十次中欧领导人会晤期间交换中欧投资协定清单出价等，显示出向好的深化合作意向。当前中欧关系稳定发展，必然有利于双边互利合作，进而在稳定市场的同时相互扩大贸易投资。

（2）经济运行的下行风险

欧美贸易等领域摩擦加剧，外部风险上升。特朗普在经贸外交等对外领域继续奉行"美国优先"政策，2018年以来美欧冲突有进一步扩大趋势。6月1日起，美国开始对欧盟输美钢铁加征25%的关税，对铝产品加征10%的关税。不仅如此，特朗普还威胁欧盟对汽车加征关税。作为报复，欧盟也迅速制定加征关税的贸易产品清单，总价值达到64亿美元。在外交上，特朗普置欧洲盟友于不顾，一意孤行宣布退出伊朗核协议，此举严重冲击了欧盟国家在中东地区的战略利益及欧洲企业在伊朗的经济利益。种种迹象表明，特朗普政府过度倾向单边主义，美欧关系及利益格局逐步发生改变，相互间开放合作存在诸多不确定性风险，对欧盟，尤其是欧元区国家产生极大的负面影响。

意大利财政预算的问题愈演愈烈，盲目制裁可能会导致区域性经济动荡。意大利政府计划将2019年的预算赤字设定为2.4%，远超过欧盟对上一届意大利政府规定的1.6%。根据欧盟《稳定与增长公约》规定，若意大利政府在规定时间内未按要求做出修改，可由欧盟理事会牵头、欧盟委员会审议确定启动"超额赤字处理流程"（Excessive Deficit Procedure，EDP），程序启动后意大利将面临持续的财政监督，过渡期内若改进措施不符合欧盟的标准将面临不同程度的制裁。现有迹象表明，启动EDP对欧盟与意大利的关系造成剧烈冲击，财政负担过重及EDP的巨额罚款会成为意大利退出欧元区甚至欧盟的理由。意大利政府与欧盟在预算问题上的冲突，在未来将继续使欧元承受贬值和波动冲击。

英国脱欧进程进入最后阶段，对欧盟经济的影响还存在很大不确定性。英国与欧盟于2018年11月13日就脱欧协议草案达成一致，脱欧进程正式进入关键阶段。按既定流程，草案需经过英国内阁、保守党及议会的"三重审查"，最终形成英国议会批准的脱欧方案，欧盟于11月25日召开特别峰会，对方案进行讨论，此后形成的脱欧协议再经欧盟各成员国议会批准后将最终生效，预计脱欧进程将于2019年3月最终完成。目前看，英国脱欧协议生效内容仍存在多重不确定性，随时可能释放出不利信息，市场避险情绪浓厚。一方面，英国脱欧使区域一体化格局被打破，欧盟经济复苏可能会遭受打击。英国在欧盟内是仅次于德国的第二大贸易主体，英国脱欧不仅对欧盟贸易一体化进程造成影响，更会严重影响TTIP的谈判前景，与此同时，英国脱欧也会对部分与英国贸易关系密切的欧盟成员国带来难以估量的影响，欧盟经济复苏进程很可能被推迟。另一方面，英国脱欧给欧盟资本市场环境带来巨大影响，很可能拖累投资扩张的态势。欧盟正在着力打造的资本市场联盟，该联盟旨在为公司和投资者清除障碍、灵活撬动资本、疏通投资渠道，为基础设施项目和企业（尤其是中小企业）提供所需资本以促进增长和提高就业。英国是欧盟资本和金融市场的重要部分，欧盟股市一半资本通过英国资本市场筹集。英国"脱欧"对欧盟资本市场一体化带来打击，提高投融资成本并造成渠道受限，或将影响当前较为强劲的投资扩张进程。

(三) 日本经济危机

2008年9月以来，源自华尔街的国际金融危机给日本经济以重创。在很短时间内，各项主要经济指标迅速出现"二战"后少有的急剧下滑，2008年GDP增长率下降3.5%，出现"二战"后最严重的衰退。但经过大半年时间的艰苦努力，从2009年5月起，日本经济的主要指标逐渐回暖，6月政府正式宣布"触底"。日本经济何时复苏？之后金融危机走向如何？对世界经济以及中日经贸关系将产生很大影响。

1. 日本经济危机的影响

(1) 实体经济打击沉重

国际金融危机对日本金融机构的直接打击有限，但对实体经济打击沉重。2008年第4季度的GDP增长率直接下降到14.4%，创下"二战"后以来的新低。2009年第一季度延续下滑态势，降到14.2%。不仅如此，其他主要经济指标均开始出现雪崩式下滑。美欧市场的萧条迫使日本贸易出口迅速下降，2008年度的贸易出口额同比下降16.4%，贸易顺差减少90%。2009年第一季度，出口下降26%。日本在摆脱长达十几年经济萧条的过程中，出口扩大带动起到决定性作用。突如其来的国际金融危机给日本整个出口企业沉重一击，而汽车企业首当其冲，受害最重。出口产业受挫，引起工业生产迅速下降、设备投资下滑、企业经营恶化，生产产品的减少和企业效益的下降反过来又进一步恶化就业形势，经济危机的特征十分明显。因此，日本并不是陷入金融危机，而是陷入经济危机。[1]

---

[1] 郑鸿捷：《再议日本经济危机》，《金融市场研究》2019年第1期。

值得注意的是，日本经济急剧下滑，且比震源地的美国以及其他欧洲主要发达国家更严重，其主要原因在于，日本经济是在旧伤尚未痊愈的情况下，进入新一轮的周期性衰退，再加上国际金融危机的重创，因此表现出比美国和欧洲主要发达国家更严重的症状。

（2）实施紧急经济对策

为有效应对此次金融危机，日本政府在2008年8月、10月和12月先后采取了"紧急综合对策""生活对策"和"紧急经济对策"措施，被称为"三级火箭助推"。三次政策措施共投入财政资金12.4万亿日元，相当GDP的1.9%，预计将带动75万亿规模的事业投资。

三次经济对策主要包括支付定额消费补贴金（2万亿日元），下调高速公路收费，改善就业政策，住宅减税，实施医疗、看护、社会福利政策等措施。同时，为了加强金融系统的稳定，出台了中小企业的融资对策（担保规模扩大到30万亿日元）、增加政府对金融机构的公共注资（12万亿日元）、成立银行等金融机构持有股票回购机构等。

在货币政策方面，日本银行主要采取以下措施：向短期金融市场大量供给资金，通过公开市场操作向金融市场提供美元流动性，两次下调无担保隔夜拆借利率的诱导目标，2008年10月从0.5%下调至0.3%，12月从0.3%下调至0.1%。2008年12月，又实施购入长期国债、购买一般企业商业票据（CP）等特别措施。直到2009年6月，日本银行一直维持0.1%的低利率不变，继续增加货币的流动性。①

鉴于2008年第四季度以来经济恶化速度加快，日本政府又于2009年4月决定出台新的"追加经济对策"，新增财政投资额度达

---

① 赵泽东：《日本泡沫经济危机的货币政策因素》，硕士学位论文，辽宁大学，2015年。

到 15.4 万亿日元，相当于日本当年 GDP 的 3%，预期将带动 56 万亿日元的事业规模。据预测，该项政策可以将 2009 年的 GDP 增长率提升 2 个百分点。

上述一系列扩张性财政金融政策初见成效。2009 年 5 月份以后，日本的某些经济指标开始出现好转的趋势，节能汽车减税及绿色补贴、定额消费补贴金等对策的效果已经初步显现。据预测，如果不实施经济对策，2009 年度实际 GDP 将为超过 -5% 的负增长，然后在实施经济对策之后，日本当年的 GDP 维持在 -3% 的水平。

（3）后金融危机时期

虽然此次金融危机严重冲击了日本的实体经济，但并未对日本金融体系和社会结构造成实质性影响，而且日本企业的核心竞争力依然强劲。正因为如此，日本的经济危机呈现出"来得快，走得也快"的特征。2009 年 5—7 月，日本银行与政府双双连续三个月对经济运行做出上行判断。日本银行在 6 月"金融经济月报"中指出：日本的经济状况正在持续改善。7 月的"月报"进一步指出：经济逐渐好转。内阁在 6 月份"月例经济报告"中时隔 7 个月首次取消了"恶化"二字，认为经济已出现部分改善，虽然不能说复苏，但也已触底。7 月的"月例经济报告"明确指出，虽然当下形势依旧严峻，但经济状况已经获得大幅改善。在发达国家中日本第一个宣布"触底"。这意味着日本经济已从危机阶段进入后金融危机的疗伤阶段。

2. 经济复苏的有利因素

（1）经济实力雄厚

日本经济实力雄厚，特别是国内金融系统仍然稳定，不良债权早已处理完毕，其经济基本面表现良好。与此同时，日本在金融创新以及发展金融衍生工具上始终持谨慎态度，政府对金融机构的监管远比美国严格，这也是日本金融系统在这场国际金融危机中免遭重大直接损失的主要原因。再者,日本刚刚经历长期萧条,积累了丰富的经验与教训,具有较强的抗风险能力。事实上,目前美国所采取的扩大公共投资、零利率政策和宽松货币政策也都借鉴了日本的经验。

(2) 周期性衰退接近尾声

从战后日本出现的 13 次景气循环来看,衰退期平均为 17 个月。第 14 次景气循环从 2007 年 11 月开始进入衰退期,至 2009 年 7 月出现回暖迹象,期间长达 20 个月,经过长期调整,新一轮经济周期即将来临,加之前两个季度跌幅较大,第二季度止跌反弹在情理中。

(3) 库存减少,生产回暖

自去年秋季以来,出口锐减,企业减产,大量积压的库存开始减少,到 2009 年 3 月库存已接近正常水平。加之美国市场有好转趋势,作为日本最大贸易伙伴的中国经济保持相对高速增长,3—5月,日本出口连续保持降幅缩小态势,工矿业生产指数也分别出现 1.6%、2.3% 和 5.7%,连续 3 个月的正增长势头有效提升了企业信心指数。

(4) 政府的紧急对策效果显露

如前所述,面对国际市场恶化和日元升值,日本政府自 2008 年秋季以来先后出台了四次紧急经济对策,累计财政支出规模超过 GDP 的 5%。发放到每位居民手中的定额消费补贴金和 2008 年财年补充预算以及提前执行的 2009 年度公共投资等均在第二季度产生效果,支撑经济持续好转。日本央行抓住机会适当下调利率,为短期金融市场提供充足资金,与此同时,日本央行还采取回购长期国债、回购民间企业发行的 CP 等非传统金融手段,企业融资环境获得极大改善。

(5) 国际经济环境的有利变化

为共同应对此次金融危机,国际社会同时出手、相互协调,一系列对策在 2010 年上半年已经展现不错效果，全球经济出现好转趋势。另外，国际油价、粮价的大幅下降对日本经济回暖呈现利好，有效降低企业生产成本、改善交易条件，但前一时期这种利好为金融危机的强烈冲击波所淹没，经济触底后，这一利好就会逐渐显现。

3. 日本经济运行存在的不利因素

（1）设备投资短期难以恢复

据日本内阁的调查预测，设备投资增长的机械设备（除船舶、电力外）订货金额将会连续四个季度大幅下滑，说明半年乃至一年后的设备投资还会持续下跌。内阁的研究表明，2009 年度的设备投资会大幅下降 15.9%。设备投资约占日本 GDP 的 15%，设备投资从需求和供给两方面对经济发展产生重要作用，设备投资的下降，将对扩大内需带来巨大阻力。

（2）失业状况继续恶化

受金融危机的影响，十几万的"派遣临时工"在 2009 年 3 月底失去自己的工作，而正式员工的情况也在随之恶化。从失业率来看，2008 年 1 月仅为 3.8%，2009 年 1 月上升为 4.1%，5 月又攀升至 5.2%。同月有效求人倍率（有效求人数/有效求职数）下降至 0.44，为"二战"后最低点，失业人口总数高达 347 万人。估计未来一段时间，失业率还将上升。失业率的暴增会逐步恶化为严重的社会问题。

（3）个人消费增长困难

日本 GDP 的 56% 为个人或者家庭消费，对自律性经济复苏影响巨大。日本陷入经济危机的重要特征之一就是消费疲软，在 20 世纪 90 年代个人消费基本处于停滞或负增长状态。2002 年 3 月以来的 69 个长期景气过程中，由于收入未能增加，个人消费也基本处于微升和停滞状态。国际金融危机爆发以来，不仅收入没有增加，反而出现大量失业人口，压迫社会总收入上升，其结果导致个人消费更加疲软。

(4) 财政状况日趋恶化

如前所述，到2008年度末，日本中央政府和地方政府的长期债务余额达860多万亿日元，接近GDP的1.8倍。在此之前，因为政府部门对国债发行额进行严格控制，财政状况曾一度有好转迹象，但突遭金融危机袭击，被迫再次运用凯恩斯主义方法，选择扩大发行国债，使财政再陷深渊。倘若危机长久持续，筹措到"第五次经济对策"资金似乎都很困难。

(5) 政局将持续动荡

据媒体预测，在野的民主党获胜可能性较大，但即便民主党顺利掌权，也难以保证政局的长期稳定。日本政治动荡期、彷徨期还将持续一段时间，至少短期内政局持续动荡。现在政党的变化仍然很乱，民主党的支持率持续走低；但自民党也没有重新崛起，而且内部出现分裂。政局的动荡难以保证经济政策的连续性，不利于紧急经济对策的推行。

4. 日本经济发展走势

(1) 短期走势

由于日本外需依存度较高，如果美国经济不复苏，世界经济也不复苏，那么日本期待实现V字形复苏的梦想是不可能实现的，但也可能会呈现U型复苏。日本这次经济衰退，出口下降、生产减少、设备投资骤减、就业形势恶化以及个人消费减少等萧条特征在很短的时间内几乎同时出现。来势凶猛，触底也很快，但恢复到危机前的水平，并继续走向复苏，尚需时日，由于美国经济、世界经济尚未恢复以及经济下滑惯性等因素的影响，日本经济在2009年依然衰退3.3%左右。

世界经济逐步出现若干复苏的端倪，在强有力的扩张性财政金融政策刺激下，日本经济在2009年第二季度出现正增长，在继续持续一段正增长后，到2010年第二季度前后，随着经济对策效果的减弱或消失，设备投资和个人消费等民需又难以跟进，因此再次出短期波动，亦即出现双底的 W 型变化。2010 年下半年以后美国经济和世界经济出现复苏，日本经济也随之复苏，2010 年度转为 1% 左右的正增长。

（2）中长期走势

这里的中长期是指后金融危机时期。这一阶段是对金融危机后遗症进行处理、疗伤的阶段。由于设备投资低迷、失业压力还在增大、个人消费持续疲软、财政困难以及外需环境不稳定等不利条件的存在，日本经济在后金融危机时期很难出现较高增长。

日本财政咨询会议把近中期经济发展划分为 3 个阶段，第一阶段为"危急阶段"，大体在 2009 年。这一阶段的对策是将金融危机与实体经济相互隔离，要强化内需的支撑作用，提前实施公共投资计划项目，扩大就业。目前这一阶段的目标已基本实现。第二阶段为"触底阶段"，大约在 2010 年前后。为了改善经济状况，第二阶段应当加大航空港、港口等基础设施的建设力度，以保持经济的稳定增长。第三阶段为"恢复和增长阶段"，大约在 2011 年以后。[①]

虽然日本经济在 2008 年出现了大衰退，但由于日元升值，按美元计算的实际 GDP 反而比上年出现大幅度上升（从 4.3 万亿美元上升至 4.9 万亿美元），继续保持世界第二位的经济规模，而且世界金融大国、债券大国的地位也未发生变化。虽然还存在很大挑战，但日本的经济实力、企业的创新能力依然强劲，经济再生的基础条件尚属扎实。因此，日本经济大概率不会陷入类似 20 世纪 90 年代的长期萧条。特别值得注意的是，在有望成为下一个经济增长点的绿色经济、节能环保领域，日本具有压倒性优势，占据着制高点，加之支持力度又在加大，很有可能持续成长。财政困难、社会

---

① 徐璐：《危机后日本经济刺激政策的退出》，《边疆经济与文化》2017 年第 2 期。

保障问题以及少子老龄化问题属于长期和超长期结构性问题,对近中期日本经济的影响有限。

综合各种不利与有利因素,2010年以后,日本开始抛弃凯恩斯主义政策,重新选择改革财政结构的方式,做好后危机收口工作。政府官方曾明确表明,2010年度的财政预算规模将明显小于上年度,国债发行额度也会进一步缩小。日本在2011年以后逐渐提高消费税,并择机再次解除零利率,使金融政策回归常态。在美国经济、世界经济回暖的大前提下,后金融危机时期,日本可望保持与潜在经济增长率相应的1%—1.5%左右的稳定增长。①

(四)经济危机对中国的影响

1. 中国经济状况发展走势

(1) 中国各项经济指标概况

为客观研究我国经济状况长期发展趋势,本部分选取国内生产总值、GDP增长率、人均可支配收入、货物进出口总额、固定资产投资、固定资产投资增长率等经济指标对我国经济状况进行定量分析。各项经济指标统计数据如表1所示:

表1　　　　　2003—2017年中国各经济指标数据

年份	国内生产总值(亿元)	GDP增长率(%)	人均可支配收入(元)	货物进出口总额(亿美元)	固定资产投资(亿元)	固定资产投资增长率(%)
2003年	137422.0	10.0	/	8509.9	55566.6	27.7
2004年	161840.2	10.1	/	11545.5	70477.4	26.6
2005年	187318.9	11.4	/	14219.1	88773.6	26.0
2006年	219438.5	12.7	/	17604.0	109998.2	23.9
2007年	270232.3	14.2	/	21737.3	137323.9	24.8

---

① 仇立:《试述日本经济长期低迷的原因及展望》,《中国管理信息化》2014年第19期。

续表

年份	国内生产总值（亿元）	GDP增长率（%）	人均可支配收入（元）	货物进出口总额（亿美元）	固定资产投资（亿元）	固定资产投资增长率（%）
2008年	319515.5	9.7	/	25632.6	172828.4	25.9
2009年	349081.4	9.4	/	22075.4	224598.8	30.0
2010年	413030.3	10.6	/	29740.0	278121.9	23.8
2011年	489300.6	9.5	/	36418.6	311485.1	23.8
2012年	540367.4	7.9	/	38671.2	374694.7	20.3
2013年	595244.4	7.8	18310.8	41589.9	446294.1	19.1
2014年	643974.0	7.3	20167.1	43015.3	512020.7	15.2
2015年	689052.1	6.9	21966.2	39530.0	561999.8	9.8
2016年	743585.5	6.7	23821.0	36855.6	606465.7	7.9
2017年	827121.7	6.9	25973.8	41071.6	641238.4	7.0

数据来源：2004—2018年《中国统计年鉴》。

通过表1可以看出，国内生产总值、人均可支配收入、固定资产投资均呈现出逐年增长的状态，说明我国宏观经济基本面良好，但也要注意到货物进出口总额中间年度出现较大波动，说明国际经济形势依然严峻，我国经济发展仍存在不稳定的国际因素。另外，GDP增长率、固定资产投资增长率均呈现出下滑趋势，说明我国经济发展即将步入瓶颈期，亟待调整产业结构，从发展经济规模向提升经济质量转变。

（2）国内生产总值增长趋势

2003—2017年国内生产总值变化情况如图1所示，通过图1可以看出，我国国内生产总值在2003年为137422.0亿元，在2008年为319515.5亿元，短短五年间增长1.33倍。自2008年经济危机爆发，国内生产总值从2008年的319515.5亿元增长到2017年的827121.7亿元，九年时间才增长1.59倍，说明

四 世界金融危机与国际局势的变化

2008年经济危机对我国经济长期发展造成不小冲击，经济增长速度放缓。

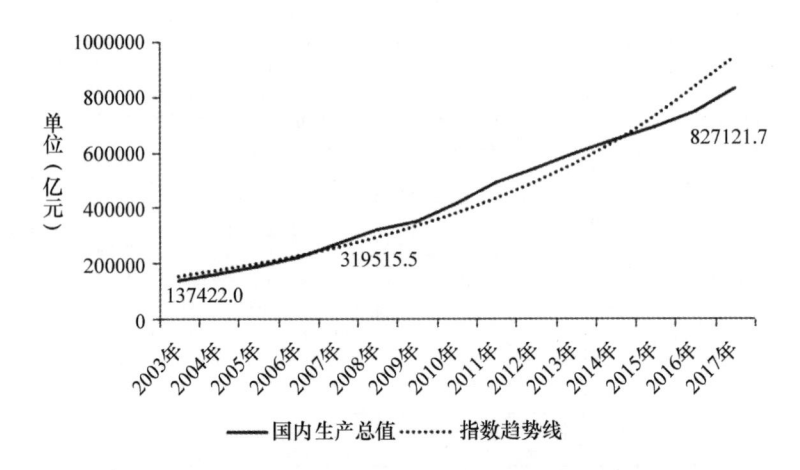

图1 2003—2017年国内生产总值增长趋势

2003—2017年国内生产总值增长率变化情况如图2所示，通过图2可以看出，在2008年之前，我国GDP增长率均保持在10%以上，且呈现逐年上升的趋势；自2008年经济危机之后，除2010年

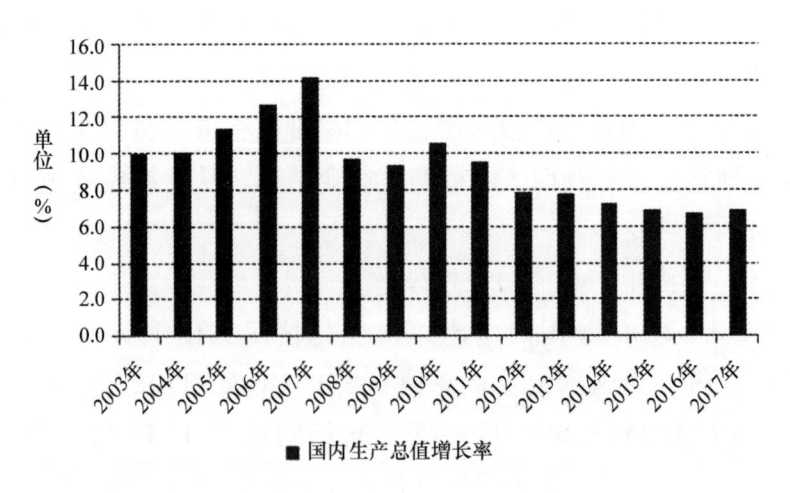

图2 2003—2017年国内生产总值增长率

GDP 增长率为 10.6% 外，其余年度均低于 10%。不仅如此，在 2010—2016 年间，GDP 增长率呈现逐年递减的趋势，2017 年虽有小幅拉升，但从长期趋势上看，我国经济增长速度依然不容乐观。

（3）人均可支配收入增长趋势

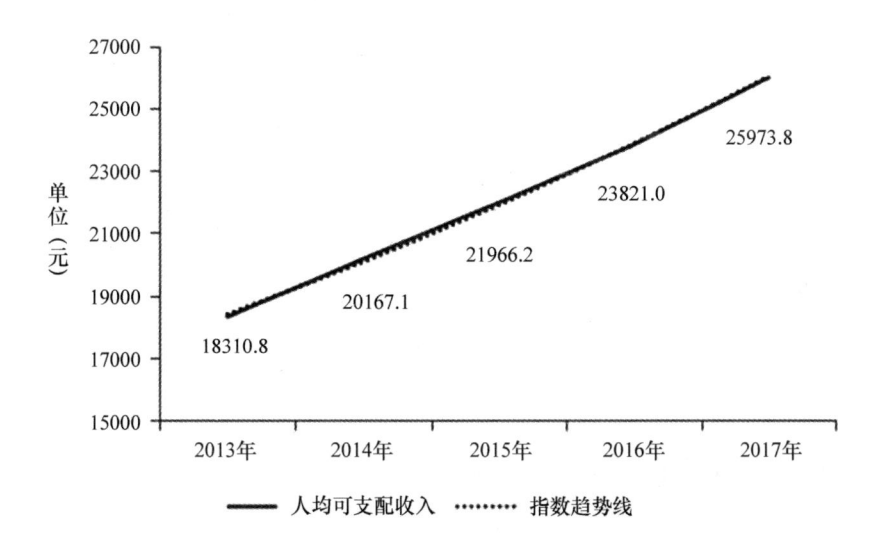

2013—2017 年人均可支配收入增长趋势如图 3 所示，通过图 3 可以看出，我国人均可支配收入从 2013 年的 18310.8 元增长到 2017 年的 25973.8 元，短短五年间增长 42%，说明经济危机虽然对我国宏观经济造成冲击，但对我国民众的生活水平造成的影响较小，且人均可支配收入曲线与趋势线几乎重合，也进一步说明我国民众的生活状况受经济危机的影响有限。

图 3　2013—2017 年人均可支配收入增长趋势

（4）货物进出口总额变化趋势

2003—2017 年货物进出口总额变化情况如图 4 所示，通过图 4 可以看出，在 2008 年之前，货物进出口总额呈现逐年上升的趋势，从 2003 年的 8509.9 亿美元到 2008 年的 25632.6 亿美元，短短五年间增长超过 2 倍，说明在经济危机之前，我国对外贸易成果显著。自 2008 年爆发经济危机以来，我国对外贸易呈现波动局面，2014 年货物进出口总额达到历史最高点 43015.3 亿美元，但在以后年份未能保持下去，依旧出现下滑现象。虽然从长期趋势上，我国货物进出口总额呈现增长状态，但中间年份的波动现象时有发生，说明国际经济形势不容客观，我国对外贸易依然存在较大的系统性风险。

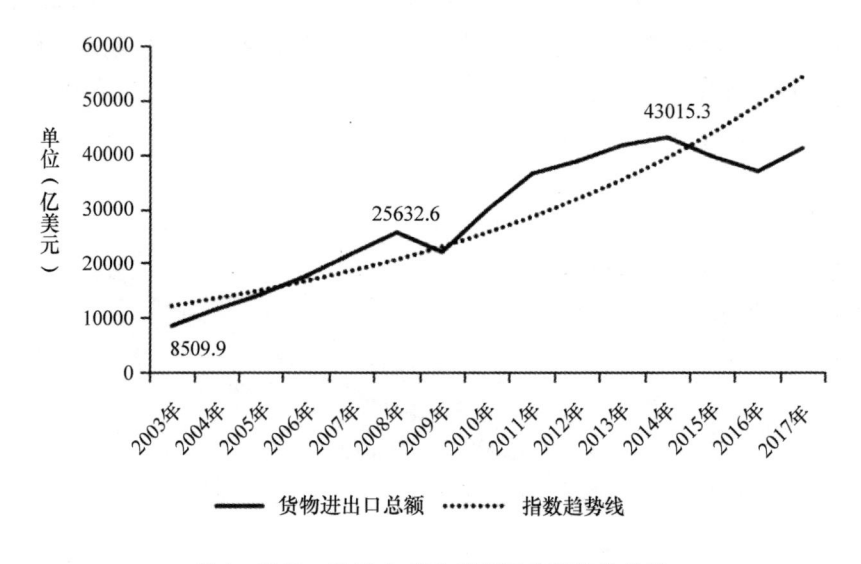

图 4　2003—2017 年货物进出口总额变化趋势

（5）固定资产投资增长趋势

2003—2017 年固定资产投资增长趋势如图 5 所示，通过图 5 可以看出，我国固定资产投资规模呈现逐年增长态势，这也比较符合我国经济社会快速发展的实际状况。我国固定资产投资规模在 2003 年为 55566.6 亿元，2008 年为 172828.4 亿元，短短五年间增长 2.11 倍；2017 年为 641238.4 亿元，九年时间仅增长 2.71 倍。另外，从图 5 也可以看出，2013—2017 年我国固定资产投资增长规模逐年减少，且增长势头出现明显下滑趋势。

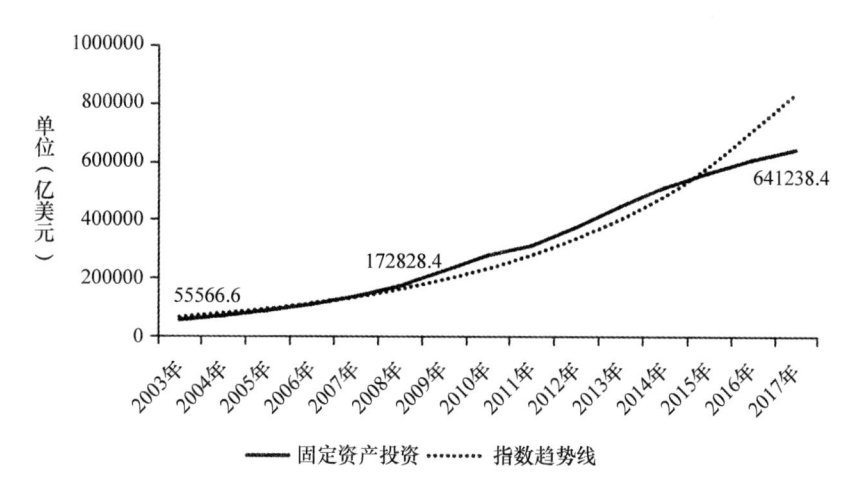

图 5 2003—2017 年固定资产投资增长趋势

2003—2017 年固定资产投资增长率变化情况如图 6 所示，通过图 6 可以看出，我国固定资产投资增长率在 2009 年达到历史最高点 30.0%，以后年份逐年下滑，2017 年达到历史最低点 7.0%。一方面，2008 年经济危机对我国经济发展造成冲击，经济整体状况不

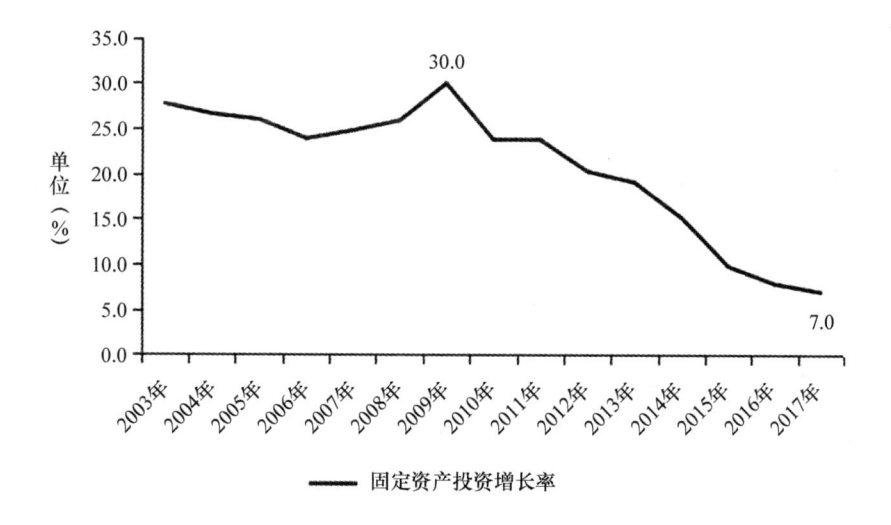

图 6 2003—2017 年固定资产投资增长率变化趋势

容乐观，固定资产投资相对也被削减；另一方面，固定资产投资增长率的下降也说明我国已经逐步转变经济发展模式，从以往的依靠固定资产投资拉升经济发展，到现如今的实施供给侧结构性改革，我国政府已经越来越重视提升经济发展质量，实现可持续发展。

2. 中国应对经济危机的举措

（1）金砖银行建立（2012年）

建立金砖银行于2012年提出，2014年正式宣告成立，中国在其建设中发挥了重要的积极推动作用，实现了从在原有国际金融机构建设中的"追随者"到在金砖银行建设中的主要"建设者"的角色转型。具体而言，中国在创建金砖银行的提出倡议、谈判、正式落成等各个环节都发挥了积极的推动作用。

一方面，金砖国家之间亟待加强相互合作，以满足各自的利益需求。而中国作为金砖国家中最大的新兴经济体，具有雄厚的经济实力和日益增长的国际影响力，中国的积极推动是合作顺利达成的重要因素。世界银行前董事多梅尼科·隆巴尔迪认为，金砖国家都非常需要基础设施投资，也对世界银行的贷款政策存在不满，因而在此基础上进行合作具有很大可能性。具体而言，金砖国家具有如下共同的利益基础。第一，金砖国家普遍存在基础设施建设滞后及融资缺口问题，亟待拓宽原有融资渠道。金砖国家大多还处于城市化进程中，不仅对新的基础设施的需求巨大，还面临老旧基础设施的改造问题。而制约其建设水平的重要原因就是资金的缺乏。国际金融机构提供的数百亿美元贷款，难以满足金砖国家数万亿美元的融资需求。第二，金砖国家不断扩大的外汇储备缺乏安全有效的投资渠道。金砖各国，尤其是中国具有较大的外汇储备规模，且其构成多为美国国债，因此本国的金融安全和稳定受到美国的牵制。而金砖银行的建立可为金砖国家的外汇投资提供新的渠道。第三，金砖国家对现有的国际经济体制有共同的改革诉求，特别是对在国际货币基金组织和世界银行中话语权较小深感不满，对进展缓慢的国际经济体制改革感到失望。由新兴国家自己主导建立的金砖银行有助于提升金砖国家在国际金融治理中的话语权,有助于倒逼着西方发达国家主导的现行国际金融机构改革。

另一方面,金砖国家之间的竞争性关系使得其对中国角色的形成有所限制。相比其他金砖国家,中国在经济规模和实力上具有较大优势,因此其他金砖国家非常担心金砖银行会被中国主导,沦为中国的外交工具。巴西总统曾直接公开宣称"我们不希望看到美国主导,但也不希望中国成为主导"。

(2)"一带一路"倡议(2013年)

"一带一路"倡议自2013年提出,2014年便成为国家三大战略之一,2015年完成顶层规划设计,2016年以来,"一带一路"倡议已经进入全面落实阶段。

2013年9月,习近平总书记首次提出围绕"丝绸之路经济带""21世纪海上丝绸之路"为核心的"一带一路"倡议;2013年11月,十八届三中全会正式确立"一带一路"为国家战略;2014年12月中央经济工作会议将"一带一路"与京津冀协同发展、长江经济带建设共同列为国家三大战略;2015年3月国家发改委、外交部、商务部三部委联合发布《推动共建丝绸之路经济带和21世纪海上丝绸之路的愿景与行动》,《愿景与行动》是"一带一路"首次公布的总体的顶层设计和战略规划;2016年3月列入"十三五"时期主要目标任务和重大举措。政策逐层演进,由理念到框架,由框架到战略规划,由战略规划到深入实施。

"一带一路"倡议提出以来,中国在国内外层面取得了一系列重要的政策进展。国内方面,"一带一路"顶层设计已经出台,中央和部委层面各项具体推进措施不断出台,大部分"一带一路"省市已经出台"一带一路"专项政策,国务院、发改委、商务部等13个部门及香港特区政府均已设立"一带一路"专门机构。国外方面,习近平主席在2013年9月至2016年8月访问了37个国家

（亚洲18国、欧洲9国、非洲3国、拉美4国、大洋洲3国），到2016年9月的时候，我国已经和70多个国家、地区和国际组织展开战略合作，达成联合声明、双边协议/合作协议、合作备忘录/谅解备忘录、中长期发展规划和合作规划纲要等成果。马来西亚、新加坡、联合国等均已设立"一带一路"相关机构。

2013年11月，十八届三中全会顺利通过《中共中央关于全面深化改革若干重大问题的决定》。《决定》提出"建立开发性金融机构，加快同周边国家和区域基础设施互联互通建设，推进丝绸之路经济带、21世纪海上丝绸之路建设，形成全方位开放新格局"，"一带一路"正式被提升为国家战略。

2014年12月，中央经济工作会议提出优化经济发展空间格局，重点实施"一带一路"、京津冀协同发展、长江经济带三大战略。"一带一路"又成为国家三大战略之一，其中"一带一路"为对外战略。

2016年2月，香港特区政府设立"一带一路"督导委员会及专项办公室，负责推动研究工作，统筹协调相关政府部门及贸发局、旅发局等机构，以及与中央部委、各省市政府、香港的业界、专业团体和民间团体联络。

2017年1月，国家发改委同外交部、环境保护部、交通运输部、水利部、农业部、中国人民银行、国资委、林业局、银监会、能源局、外汇局以及全国工商联、中国铁路总公司等13个部门和单位共同设立"一带一路"PPP工作机制。PPP模式的大力推广，鼓励中国企业"走出去"，以便在基础设施建设等领域与沿线国家展开互利合作，进而加快相关基础设施项目落地进程。

（3）亚投行成立（2015年）

从中国首次提出创建亚投行的倡议到2015年亚投行正式成立，中国在亚投行的倡议发起、协调谈判、正式落成的各个阶段和环节都积极主动地展现出一个领导者的角色。倡议的发起是国际制度形成的关键环节。如果倡议中所包含的理念和原则能灵活地照顾多方的利益需求，则通常会获得比较广泛的响应。中国在亚投行建立中的领导作用，首先就体现在率先提出关于建立亚投行的倡议，并获得了各方的积极响应和众多国家的追随。在发起倡议并得到响应之后，倡议国需要同有意向的国家进行磋商，以加快推动共识的形成。

首先，在得到积极响应之后，中国迅速启动了亚投行的正式筹建工作，正式成立了专门的筹建工作组以加快推进筹建工作。按照"先域内、后域外"的步骤以及多、双边并举的方式，组织开展了广泛的磋商。从 2014 年 1 月到 9 月，共进行了五轮多边磋商会议和一次部长级工作晚餐会，就亚投行的具体制度安排中的关键问题做了充分的沟通。

其次，在签署《筹建亚投行备忘录》以后，中国又牵头组织各意向国进入正式谈判阶段。从 2014 年 11 月开始，为筹建亚投行，共举行八轮首席谈判代表会议。会议不仅就亚投行制度设计中的核心问题，例如出资比例和投票权分配、理事席位、行长人选进行了反复协商，并最终达成共识，而且继续深入细致地审定了有关亚投行投入运行的相关政策文件。

最后，前文所述的历次多边磋商会议以及正式谈判会议都离不开中国的积极组织，并承担了大多数组织成本和人力资源成本等。例如，中国专门组建了亚投行筹建小组负责每一次相关会议的具体安排、草案的草拟、人员的安置以及成员间的沟通联络等。更为重要的是，中方通过组织主持每一次磋商、谈判会议，获得了议程进度的安排和议题的选择方面的主导权。

（4）上合组织青岛峰会（2018 年）

上合组织青岛峰会于 2018 年 6 月 9 日至 10 日举行，这是继 2012 年北京峰会后上合组织再次回到它的诞生地中国，更是中国在 2018 年进行的又一重大主场外交活动。正如习近平主席所说，"上海合作组织成立近17年来，走过了不平凡的发展历程，成为具有广泛影响的综合性区域组织。成员国全面加强在各个领域的互利合作，并在国际以及地区事务中发挥显著性的建设作用，树立了相互尊重、公平正义、合作共赢的新型国际关系典范"。

17年来，上合组织从初创走向成熟，在安全、政治、经济、人文、对外交往、机制建设等领域合作稳步推进，为维护地区稳定和繁荣发挥了重要作用，在构建人类命运共同体道路上迈出日益坚实的步伐。经过十几年的快速发展，上合组织目前已成为世界上人口最多、面积最大的区域性国际组织。

上合组织从安全领域的互信起步，倡导新型安全观，以合作促安全，从一开始就彻底摒弃冷战思维、强权政治；坚持开放交流的原则，各成员国之间不结盟，也不会建立军事政治同盟，更不会针对第三方；强调无论国家大小一律平等的原则，求同存异，互利共赢，完全迎合了冷战以后各国、各地区求和平、谋发展的核心诉求。

上合组织正处于伟大的发展机遇期。中国积极倡导构建新型国际关系和人类命运共同体，不仅使"上海精神"催生鲜活的时代内涵，更有利于上合组织的可持续健康发展。上合组织青岛峰会，是上合组织成功扩员之后的第一次盛会，将成为上合组织发展的新起点和重要里程碑。作为上合组织轮值主席国的中国，在尽最大努力向世界呈现一次精彩、圆满的国际盛会。

3. 中欧关系发展及双边经贸合作

（1）中国与欧盟双多边关系稳定发展

在很长一段时间里，中欧关系呈现积极良性发展，各个领域间的合作也在不断深入。2018年是中欧领导人会晤机制建立20周年和中国欧盟全面战略伙伴关系建立15周年。中欧双方在多个领域展开互利合作，已成功建立起近70个磋商和对话机制，涵盖政治、经贸、人文、科技、能源、环境等领域。2018年7月16

日,李克强总理同欧洲理事会主席唐纳德·图斯克、欧盟委员会主席克洛德·容克在北京举行第二十次中国欧盟领导人会晤。李克强总理同容克主席共同出席了第 13 届中欧企业家圆桌会。在双方的支持下,中欧经贸高层对话机制在 2008 年顺利搭建,该机制是中欧经贸领域最高级别的对话机制。2018 年 6 月,刘鹤副总理与欧盟委员会副主席卡泰宁在北京共同主持第七次中欧经贸高层对话。双方还建有经贸混委会、贸易政策、知识产权、竞争政策等对话机制。

(2) 双边互为重要的贸易投资伙伴国

欧盟不仅是我国最大的贸易伙伴以及进口来源地,更是我国第二大出口市场。我国是欧盟第二大贸易伙伴、第一大进口来源地、第二大出口市场。2018 年前三季度,中欧贸易额达到 5067.4 亿美元,同比增长 12.7%。其中,出口额达到 3015.4 亿美元,进口额达到 2052 亿美元,增长速度分别为 11.6%、14.4%。中国输欧产品主要为机电、纺织品及原料、杂项制品等;中国进口欧盟产品主要为机电、运输设备、化工产品及精密仪器等。

我国对于欧盟的直接投资在近年来呈现出快速增长的趋势。2014 年,中欧双方正式对投资协定展开谈判。近年来,我国企业对欧盟投资加速增长,据贝克·麦坚时律师事务所数据显示,在 2017 年中国对外投资整体下降三成的背景下,中国对欧洲的投资规模为 810 亿美元,增长速度达到 76%。2018 年上半年,中国对欧洲并购交易额已经超过 220 亿美元,超过北美地区对欧洲并购交易额的 9 倍。分地区来看,我国对欧洲的投资主要集中在英、法、德、意等国,对部分国家的投资并购呈现出激增态势。中国企业在 2017 年对英国的直接投资额达到 208 亿美元,为历年之最;中企对德国的直接投资额也在加速增长。

(3) 中欧多领域合作不断拓展

在科技方面,中欧积极开展项目合作,涉及能源、生物技术、农业、健康医学、自然资源、环境等诸多领域，欧盟是我国目前最大的技术引进来源地。① 2012 年 9 月第十五次中国—欧盟领导人会晤宣布建立全面的年度创新合作对话。第三次对话于 2017 年 6 月在布鲁塞尔举行。文教方面，目前中国高校已开齐欧盟全部 24 种官方语言课程，截至 2017 年年底，中国在欧盟国家的留学人员总数约 30 万人，欧盟国家的来华留学人数已经超过 4.5 万人。2017 年中欧往来人员总数约 711 万人次。此外，中欧在财政、金融、工业、农业、交通、信息技术、环保、水利、新闻出版、社会、卫生、司法、行政等领域也开展了富有成效的对话与合作。

4. 全球经济危机给中国的启示

面对全球化日益加快的趋势，我国始终持谨慎态度，所以此次金融危机对我国经济的冲击仍在可控范围内。当然，我国经济也存在不少类似于美国金融危机爆发的"病因"，在未来的发展过程中仍要逐步改革。②

（1）增强金融机构运作透明度

首先，虽然我国国有大型金融机构的改革取得了很大进展，但鉴于我国特殊国情，我们也许无法解决政府对大型金融机构的隐性担保问题，然而这并不代表置之不理。相反，政府部门仍要致力于加强国有金融机构运作的透明化建设，从根本上防范金融机构的过激行为，比如说过度放宽信贷标准。

（2）加强金融衍生产品监管

金融衍生产品是把双刃剑，它能够发挥活跃交易、转移风险的功能，也能凭借杠杆效应掀起金融波澜。因此，在创新金融衍生品的同时，政府部门更要加强监管，以保证金融衍生产品在监管范围之内适时推出，坚决防范金融衍生产品沦为投机客扰乱市场经济的工具。

---

① 姚铃：《欧债危机扩散下的欧盟经济及中欧经贸合作》，《对外经贸实务》2011 年第 12 期。
② 江涌：《国际金融危机十周年的反思与启示》，《现代国际关系》2018 年第 9 期。

(3) 货币政策要兼顾资产价格波动

在宏观调控过程中，央行往往为了稳定预期而表示坚决执行某项政策，如反通胀等。但货币政策的"偏执"在很大程度上引发股市以及房市价格的剧烈波动。20世纪末的日本经济危机、亚洲金融危机以及当下的美国金融危机，都是资产价格泡沫急剧破裂惹的祸。因此，货币政策应兼顾资产价格波动，政府更要多管齐下消除不稳定产生的制度根源。

三 经济危机深层次内涵

(一) 经济危机的演变机制

在主流经济学家观点中，2008年的全球经济危机源于次贷问题的发酵。次贷即"次级抵押贷款"，美国的银行在对贷款者信用记录以及还款能力做评估时，将还款能力差，信用记录不良的贷款者列为次级贷款者。银行向次级贷款者发放的贷款即次级抵押贷款。次级贷款以高风险、高收益为特征。

美国金融业分布集中，势力庞大，垄断性强。核心的业务集中分布于：五家投资银行（摩根士丹利 Morgan Stanley、雷曼兄弟 Lehman brothers、高盛 Goldman Sachs、美林 Merrill Lynch 以及贝尔斯登 Bear Stearns），两家金融机构（摩根大通 JP Morgan、花旗集团 Citigroup），三家证券保险公司（美国国际集团 AIG、美国城市债券保险 MBIA、安巴克金融集团 AMBAC）以及三大信用评级机构（穆迪公司 MOODY'S、标准普尔 STANDARD & POOR'S、惠誉 FITCH）。通过一条金融创新产业链，以资产证券化的形式，这些机构合力将全美数万亿美元的抵押贷款及各种贷款的还款风险转嫁给投资人。

传统模式中，银行通过赚取存贷差获利，借款人的还款能力将直接影响银行的收益情况，所以作为贷方的银行会对借款者的还款能力进行谨慎的评估，进而决定是否向其发放贷款。

资产证券化的运作模式中，投资银行将来自不同借方、不同金额、不同用途的按揭及其他贷款组合成为复合型金融衍生品——担保债务凭证（Collateralized Debt Obligation），这些担保债务凭证在信用评级机构进行估值评级后出售给投资者。这条在美国运作的融资链条其实有潜在风险。在这种模式下，银行的按揭贷款已经出售给投资银行。在发放贷款时，银行作为贷方，已经不再担心借款方是否具有充裕的还款能力，越多的贷款即意味着越多的利润，这使得银行不停地放出高风险的贷款。同理，投资银行也不会过多关注按揭贷款的质量，反而更倾向次级贷款，因为质量更低的贷款能获取更高利息。同时，作为担保债务凭证的发行者，投资银行则会选择能够出具信用评级等级的信用评级机构，从而使产品更吸引投资者。

信用评级机构的付费模式是采用发行人付费模式，机构间的服务同质化现象明显，竞争性较强，并且信用评级结果出现错误并不会使信用评级机构受到惩罚。以上因素决定信用评级机构倾向于给出更高的投资等级（通常都是"AAA"），以便于获取更多业务。仰仗较高信用评级结果，这种复合型金融衍生品获得了更多投资者的接纳。至此可以看出，这条证券化链条上，所有参与者都不再关注借款人是否有能力偿还贷款，转而专注于扩大贷款总额从而从中抽取更多酬金。次级贷款风险由银行转到投资银行，通过信用评级机构加以粉饰最终转嫁给投资者。

最终，无监管的次贷问题导致任何人都能轻易获取贷款，美国按揭贷款总额自2000年起至2003年由1万亿美元跃升至近4万亿美元，其中次级贷款占所有贷款比例由7%不断增长，截至2005年已经增至20%。房地产以及股票为首的资产价格飙升、资产交易量暴增，形成巨大泡沫。2008年9月15日，全球最大投资银行美国雷曼兄弟公司宣告破产，全美最大保险公司美国国际集团紧随其后，美股跳水引发的悲观预期弥漫整个市场，借助全球化的放大作用逐步扩散升级，美国金融危机辐射全球，引发亚洲股票板块狂跌，席卷全球的国际经济危机正式形成，进而形成全球性经济危机。

（二）经济危机的深度内涵

1. 美国霸权主义导致经济危机

美国的霸权主义对经济危机的产生主要体现在两个方面：美元霸权以及军事霸权。

美元霸权促使美元失信。"二战"后美国通过建立布雷顿森林体系确立了美元在国际货币体系中的特权位置，获取了巨大利益。尽管20世纪70年代初，尼克松总统宣布美元与黄金脱钩，美元不再承担充当世界货币的协议责任，布雷顿森林体系解体，但由于世界性通货的缺乏，美元仍旧是国际货币体系最主要的本位货币。因而，当今美元实际上充当的是世界货币，美国利用美元的霸权地位获取大量的铸币税收益，并通过美元贬值逃脱和减轻国际债务，同时远离外汇风险和外债危机的伤害。美国还通过向外国输出国债等金融产品，吸引美元回流，填补巨额财政和贸易赤字，为美过度消费提供支撑。而且，为解决财政赤字问题，美国通过"美元本位制"控制国际货币体系，滥印美元，放任美元贬值，减轻外债负担，转嫁风险进而直接导致全球性的信贷泡沫、美元流动性泛滥。而重新流入美国的资本如同注入银行体系的高能货币一般催生了美国金融行业疯狂的金融投资与信贷创造，直至形成经济泡沫。

美国的军事霸权催化金融危机爆发。在今天政治经济一体化的时代，政治问题需要经济化的解决方式，经济问题也需要政治化的解决方式，2008年的经济危机印证了这一观点。"冷战"以后，美国发动了多场战争，1991年的海湾战争，1999年的科索沃战争，2001年开始的阿富汗战争、伊拉克战争。美国为维持其军事霸权，在国防上的开支比其他国家军费开支的总和还多。2001年至2008

年，其军费增加绝对数高达 12387 亿美元，相当于 2008 年 10 月美国用于救市的 7000 亿美元资金的近两倍。据美国会研究部提供的数字，按 2009 年美元价格计算，美国国防预算 2008 财年为 4930 亿美元，比 2001 财年 3810 亿美元增加 43%，若加上伊拉克、阿富汗的战争补充预算，2008 年美国军费开支达 6870 亿美元，比 2001 年增长 80%。战争不仅消耗了美国大量的财力，而且催生了国际石油价格的飙升，从 2004 年 8 月每桶 20 美元涨到 2008 年 8 月的每桶 140 美元。一方面美国国内出现经济繁荣的假象，人们投资金融业，催生大量的金融泡沫；另一方面，为了支付高昂的军费开支，美国助力金融业的发展，来提供更多的资金保证国防开支。金融业过度发展加之为应对通胀，美联储又提高利率，正是因为利率升高还不起贷款的消费者点燃了此次次贷危机的导火线。

2. 资本主义制度缺陷

就 2008 年经济危机的根源而言，现代主流经济学者往往将它归咎于次贷问题带来的冲击，又将次贷危机归咎于资产价格的飙升、汇率的波动以及监管部门的不作为，然而并不尽然。克拉克曾经提出："真正的理论问题也不是要解释这一次或那一次危机的特定原因"，而是要剖析其中的固有矛盾和基本发展趋势。

早在 1998 年 5 月，美国商品期货交易委员会（CFTC）已经提案对金融衍生品进行监管，这一举措在规避潜在风险的同时会限制银行家的利益。资本主义银行家实力雄厚，资金富足，对于政治系统进行了充分渗透，民主党、共和党内都有涉足。于是当时的克林顿政府利益早已与银行家牢牢绑定，政府和国会选择偏袒资本家的利益，迅速对提案做出了否定。当时的美国证监会主席亚瑟·莱维特（Arthur Levitt）随即发布声明，谴责美国商品期货交易委员会（CFTC）妨碍了金融衍生品市场自由化，并且提案发布法律保障金融衍生品免于监管。此后提案获得通过，伴随着巨大的风险和诱人的收益，金融衍生品在美国如同一匹脱缰野马失去控制，而其他资本主义国家纷纷效仿。终于经过仅十年的发酵，发展成为波及全球的经济危机。由此可以得出，资本对于政府监管的操控使得应有的风险监管无法正常发挥作用。与其说是美国政府和其金融监管机构没有认真审视金融创新对金融体系稳定性的潜在威胁，不如说是资本主义制度的内在缺陷中蕴含了导致经济危机的必然性。这些只是这次经济危机的触发因素而非危机的根源，只要根源不除，即使没有这些触发因素，也会存在其他因素最终将这种潜在的危机激发出来。

从马克思经济学的观点来看，经济危机是资本主义制度运行过程中的必然产物。恩格斯认为：经济危机的直接表现就是生产过剩，而这种现象的成因在于群众的购买力不足所导致的"有效需求不足"，以及产业结构的"生产比例失调"。其中，有效需求不足是指商品的需求增长速度低于商品的供给能力的扩大。虽然基础假设不同，但仅从结果上看，这一观点同西方经济学的"信息不对称""厂商谋求垄断利润"导致供给增速高于需求增速的观点殊途同归。而"生产比例失调"则是指资本主义制度倡导的完全自由市场的无管控的生产状态，导致有些部门增长速度相较于其他部门过快，从而导致社会再生产无法按比例进行。

造成有效需求不足的罪魁祸首是收入差距过大。格林斯潘认为，这次危机迟早都会发生。从根本上说，欧美之所以会出现因房价飙升引发的次贷危机，根本内因就是收入差距的持续拉大。自20世纪70年代西方社会逐渐为新古典自由主义学说所支配，推出了一系列的自由放任政策，如放松管制、降低税收等。例如，作为新古典自由主义发源地和输出地的美国，里根、布什政府就稳步地降低税收，如企业利润税（包括联邦政府、州和地方政府征收的）占GDP的比重从1967年的3.3%下降到1997年的2%。在经济危机爆发之前，经济危机的发源地美国近年来的基尼系数就在有条不紊地攀升，金融危机爆发的前一年——2007年，美国的基尼系数达到了 0.41 的高水平。同时，2007 年美国社会最上层的 0.1% 的家庭所拥有的收入是社会底层 90% 家庭平均收入的 220 倍，最富有的 1% 人群拥有的财富超过国家财富的 1/3。[1] 同时，我们还可以比较更多的经济危机时期的收入资料：日本在 1980 年以前一直被神化为"增长且平等"的典范之国，它的基尼系数稳定在 0.26 左右；但在 1983 年以后，日本的基尼系数开始恶化，在 1991 年危机爆发时基尼系数达到了创纪录的 0.38。而且，与收入分配差距拉大的事实相对应，日本房地产价格也处于历史峰值，中产阶级为了购买房产不得不节衣缩食，而经济"泡沫破灭"后的 3 年内日本房价下跌幅度达到了 40%。同样，中国香港地产达到峰值的 1997 年也是其基尼系数的高峰期 0.53，而在危机爆发后的 3 年内房价整体性跌去了 70%。Baker 就指出，尽管美国的 GDP 自 1980 年到 2005 年以平均 3.1% 的增长率增长，但增长的收益主要为最富裕的 10% 家庭所享有，而且尤其不成比例地集中在 1% 的家庭。

马克思写道："社会消费力既不是取决于绝对的生产力，也不是取决于绝对的消费力，而是取决于以对抗性的分配关系为基础的消费力；这种分配关系，使社会上大多数人的消费缩小到只能在相当狭小的界限以内变动的最低限度。这个消费力还受到追求积累的欲望扩大资本和扩大剩余价值生产规模的欲望的限制。"[2] 显然，现代经济危机的根源依然如此，皮凯蒂就指出，美国最富裕 10% 人群的国民收入比重在 20 世纪两次达到峰值：一次是 1928 年（1929 年的"大萧条"前夕），另一次就是 2007 年（2008 年金融危机前夕）。[3]

资本主义社会中，生产的社会性和资本主义私有制之间的矛盾

---

[1] ［美］约瑟夫·E. 斯蒂格利茨：《不平等的代价》，机械工业出版社 2013 年版，第 166 页。
[2] ［德］马克思：《资本论》第 3 卷，人民出版社 2004 年版，第 273 页。
[3] ［法］托马斯·皮克蒂：《21 世纪资本论》，巴曙松译，中信出版社 2014 年版。

无法得到有效解决。资本家占有生产资料，长期榨取劳动者的剩余价值，使得资本和劳动间的收入分配不公，长期积累必然产生收入差距不断加大、社会两极分化的趋势，两极分化导致劳动者购买力不足和富人储蓄过度，劳动者占人口比重更大，由此引发消费需求不足，生产相对过剩，生产相对过剩的长期扩散就产生了经济危机。

资本主义生产的逐利性决定其生产方式无序性。资本主义生产的根本目的是为了谋取更多利润，是资本主义生产的目的和动机，是资本主义生产的实质。资本的本性就是在不断的运动中实现价值的增值。资本主义生产的特征不仅要生产使用价值，而且要生产价值；不仅要生产价值，而且要生产剩余价值。马克思说：剩余价值的生产"是资本主义生产的直接目的和决定性动机"，"决不能把这种生产描写成它本来不是的那个东西，就是说，不能把它描写成以享受或者以替资本家生产享受品为直接目的的生产。如果这样，就完全看不到这种生产在其整个内在本质上表现出来的特有性质"。① 这就是说，在本质上，资本是要生产资本的；但只有生产剩余价值，它才生产资本。正是剩余价值的生产，才使资本主义的剥削方式同奴隶制和封建制的剥削方式区别开来，并且具有极大的隐蔽性；因此，剩余价值规律决定着资本主义生产发展的一切主要方面和全部过程。资本家即是人格化的资本，他的灵魂就是资本的灵魂；追逐更多的剩余价值，就成了资本家一切经济活动的出发点和归宿。在资本主义制度下，生产什么，生产多少，怎样生产，都以利润的多少为转移。

资本主义的市场无序竞争状态使得生产者只能通过预测购买者的需求进行生产，生产者会不约而同地选择高于其预测市场需求的供给，追加的生产破坏既有的比例关系，导致行业整体利润率下

---

① 《马克思恩格斯全集》第25卷，人民出版社1974年版，第272页。

降。而西方经济学的观点证实了其中观点,理想状态下来看完全竞争市场的厂商长期边际成本等于长期边际收入,即长期利润为零。进而生产者会选择加大产量从而保证利润,如此恶性循环引发存货滞胀问题与普遍危机。

事实上,引发本次全球经济危机的次贷危机,根本上是由于收入差距过大导致的"有效需求不足"。无论是"有效需求不足"或是"生产比例失调",都是资本主义运行过程中的必然产物,均源于资本主义制度的内在缺陷。因此,如果说"消费需求不足"和"生产比例失调"是产生经济危机的直接原因,那么经济危机的根本原因就在于资本主义生产方式及其内在的根本矛盾。

3. 资本主义弥补制度缺陷尝试的失败

经济危机从历史视角来看,可以归结为资本主义国家为了弥补资本主义体制缺陷而做出尝试并且失败的产物。资本主义制度因自身缺陷原因,必然出现收入差距过大导致的"有效需求不足"的问题,资本主义国家通过不断调整政策试图使其维持稳定运转从而稳定赚取剩余价值。然而,生产社会化与生产资料私有在资源配置效率上的不协调的基本矛盾没有改变的前提下,政策的变更只能部分缓解或是延缓危机的爆发,并且伴有不可避免的"副作用",这也是每次经济危机表现都不尽相同的原因。

西方经济学已经对于资本主义体制缺陷导致经济危机有了一定的认识,并将其归纳为消费不足论。消费不足论指关于资本主义经济危机发生原因的一种解释。认为经济危机的根源在于人们对消费品的需求跟不上消费品的生产。与可以投资的数量相比,富人或节俭的人得到过多的收入,因而造成整个社会消费不足,不能结清市场上的商品。该理论在西方经济学中由来已久,拥护者甚多,最著名的有西斯蒙第、马尔萨斯以及激进经济学家舍尔曼等人。他们分别从不同的角度对这个问题进行了阐述。西斯蒙第指出了资本主义条件下生产和消费的矛盾以及经济危机的必然性。批判了李嘉图学派和萨伊否定经济危机的理论。马尔萨斯因袭西斯蒙第的消费不足论，断言过快的资本积累，势必会因商品生产增长的速度超过为购买它们所必需的购买力的增加，并因地主阶级"有效需求"的相对缺乏而形成商品的普遍过剩。

为了弥补这一体制缺陷，西方国家曾经做出多次尝试。20世纪二三十年代的经济大危机使西方国家充分意识到有效需求不足对经济发展的影响，正是为了解决这一缺口，凯恩斯经济学就应运而生了，它力图通过引入政府消费来弥补私人消费的不足。西方国家试图通过凯恩斯经济学政策来弥补自身制度缺陷，但到了20世纪70年代，凯恩斯政策逐渐引发出了"滞胀"危机，宣告本次尝试的失败。

为了继续完善体制缺陷，并解决本次尝试的遗留问题，西方国家开始转向了新古典宏观经济学的政策主张，包括实行低税率的财政政策和单一规则的货币政策。显然，这种低税率政策带来了"收入差距扩大"和"财政收入紧张"的不良后果。

较低的税率大大减轻了资本收益的负税，加快了"资本赚取更多资本"的过程，导致社会收入差距不断拉大，从而使得消费与生产进一步脱节。自20世纪70年代迄今美国的公共政策持续偏向有钱人：国会一再为高所得者减税、放宽资本利得及其他投资所得的税负；结果，美国经济上的鸿沟正在扩大，美国收入不平等的程度比任何先进的民主国家都要严重。[1]

低税率政策在降低政府财政收入的同时又无法有效降低政府的支出，反而为了弥补私人消费不足，政府需要增加政府购买加大支出，从而导致财政赤字不断扩大。为了弥补财政赤字，政府就不得不大量举债：政府债券发行开始主要是面向国民，但随着大多数国民因收入差距的不断增大，逐渐无力购买国债，政府债券的买主就

---

[1] Walter Lippmann. Liberty and the news. *New Bunswick and London*, 1995, 15: 8.

逐渐转向外国居民和外国政府。到2009年，美国政府的国债已经超过了11万亿美元，维持现在的养老金和医疗保险水平政府至少还欠40万亿美元，而美国一年国民生产总值约为14万亿美元。意即，美国政府的欠债已经超过国民生产总值的3.5倍了，这还不包括美国50个州政府的债务以及包括"两房"债券在内的各类直接或间接由政府担保的债务。① 同时，在美国国债的结构上，美国财政部的统计显示，2006年末，在"公众持有"的国债中，44%由外国投资者持有，而当中的66%是其他国家的中央银行（尤其是日本银行和中国人民银行）所持有。

显然完全依靠政府购买已经让美国政府债台高筑，但依旧无法完全抵消"有效需求不足"带来的购买力低下问题。于是，美国政府试图通过信用体系来刺激大众消费。美国政府日益重视市场机制的作用，不断放松对金融、资本市场的管制，从而导致金融衍生品不断推新。表面上看，各种金融衍生品和债券，几乎都有助于刺激"透支消费"，如分期付款、贷款消费、信用卡购物、次级房贷、汽车贷款等。不过，尽管美国人往往宣称美国经济的发展是基于国民消费，但是，这种国民消费并没有坚实的经济基础，而是具有明显的过度消费性质。

这次美国政府对于体制缺陷的补救尝试方法可以大致归结为"政府举债增加政府购买"以及"通过信用系统刺激个人消费"，这两种方法对解决有效需求问题都是治标不治本的，都隐藏了严重的问题。"通过信用系统刺激个人消费"其实就是"透支消费"，毕竟是靠透支"未来"来支撑"今天"，它并没有从根本上解决整体有效消费不足问题，只是在回避"生产过剩"问题的掩耳盗铃之举，只是把当下不断潜伏的小危机累积起来而延迟到未来爆发，但是积累后的爆发只会更加剧烈。同样，依靠国债发行和赤字的政府

---

① 周星：《认清美国过度消费的债务规模》，《第一财经日报》2009年3月13日。

支出毕竟是要还的,它并不能解决长期的总需求不足的问题,从而也只能推迟而不能解决总社会需求不足问题,并由此掩盖了本国经济扩张与有效需求不足的矛盾。尤其是,不断出新的金融工具往往会引发新的危机:(1)透支消费产生的幻觉效应使得个人消费越来越不理性,并导致居民的消费总量超过其实际的消费能力,从而埋下信用危机的种子;(2)举债支出产生的免责效应也迫使政府只能不断地通过借新债来还旧债,最终导致政府的举债总额超过未来收入能力,从而积蓄了债务危机的风险。

一般而言,收入差距越大的国家,信用体系越发达,爆发个人信用危机的可能性也越大。2008年全球经济危机直接由美国所触发,原因在于美国的收入差距在主要发达国家中是最大的。此外,产业结构越是空心化的国家,政府举债的能力和经济实力越无法匹配,爆发由政府举债支出引起的债务危机的可能性也越大。2008年经济危机中遭受严重债务危机的就是以希腊、葡萄牙、西班牙、意大利、爱尔兰为代表的欧洲国家,这些国家凭借欧盟的信用进行大规模举债,债务规模巨大已经远超其当期收入能力。同时,凭空获得的资金也使得国家整体安于享乐,发展重心逐渐偏离实体经济,限制了其未来收入能力。截至危机爆发时,这些国家已经完全丧失了20世纪积累的制造业优势。

事实证明,"政府举债增加政府购买"以及"通过信用系统刺激个人消费"依旧无法跳过收入差距问题提高社会有效需求,这些措施是治标不治本的,它们的作用充其量只是推迟了经济危机爆发,无法完全避免经济危机。更糟糕的是,有效需求不足的问题一直在不断积累,使得生产与消费之间的矛盾变得更加尖锐,最终产生强度更高、波及更广的信用危机和债务危机。这就引起我们对资本主义制度本身的反思。现代资本主义国家一方面高度重视消费对经济的推动,试图借助现代信用机制来改变消费结构,弥补消费与生产之间的脱节问题,然而从结论上看,信用消费只是延缓了经济危机的爆发,当"一个接一个的支付的锁链和抵消支付的人为制度"遭到破坏的时候,① 信用危机就必然会导致经济危机的全面爆发。与此同时,现代资本主义国家也积极引入国家干预来弥补市场机制的盲目性,通过政府支出来弥补私人消费的不足;但问题是,只要这种干预没有真正改变收入分配结构,那么,就不可能消除经济危机,最多只是改变经济危机爆发的时间和形态。

因此,此次经济危机,一定程度上可以理解成资本主义制度的危机。尽管现代主流经济学宣称自由市场经济能够自动调节,但此次经济危机却使得人们重新审视自由市场的内在缺陷,认识到资本主义制度下经济危机的不可避免性。事实上,尽管福山等曾在 20 世纪 90 年代初苏联解体之际宣称:资本主义制度已经终结了历史,人们从此步入了平稳和持续的发展道路;但是,这一臆想很快就为现实所粉碎,随后的十几年里整个世界的摩擦不断生成和加强,以致福山在 2006 年重新出版了《十字路口的美国:民主、实力和新保守主义遗产》一书,开始收回了早期观点。尤其是,2008 年爆发的这场经济危机更进一步地促使人们重新审视并质疑资本主义经济制度的运行机制,以致"资本主义向何处去"的疑问在资本主义国家不断蔓延。② 相应地,越来越多的经济学人开始重新审视自 20 世纪 70 年代以来甚嚣尘上的新自由主义思维和政策。

(三) 经济危机造成的影响

1. 经济危机造成的影响的评价方法

鉴于全球经济危机的持续性和复杂性,全世界受波及国家数量庞大,每个国家的情况均不相同,受到的影响方面众多,要评价经济危机对于世界可以选择的评价角度也多种多样。为综合体现全球

---

① [德] 马克思:《资本论》第 1 卷,人民出版社 2004 年版,第 161 页。
② 张宇:《资本主义向何处去》,经济科学出版社 2013 年版,第 22 页。

经济危机对于世界各国的影响,需要选取具有代表性国家的具有代表性的指标进行比对,进而得出结论。

本文选取国家包括:中国、美国、日本、希腊、伊朗、冰岛、俄罗斯、泰国、南非、法国、英国、澳大利亚、巴西,共计13个国家。选择这些国家对全球经济危机的影响进行评价,是因为这些国家具有典型性、代表性。从地域来看,这些国家分布于东亚、南亚、西亚、北美、南美、欧洲、澳洲,能够覆盖全球绝大多数区域。从发展阶段上区分,这些国家包括了部分发展中国家以及部分发达国家。从社会制度角度进行区分,这些国家包括多个资本主义国家及一个社会主义国家。从经济政治实力角度进行划分,这些国家涵盖了当今世界前三大经济体,以及各个地域具有较强话语权的国家,并且包括资源输出型国家、技术输出型国家以及劳务输出国国家。这些国家的全球化程度更高,信息相对透明,数据具有可获得性。并且对于中国来说,与这些国家保持良好的国际关系对于世界形势稳定具有重大意义,探寻这些国家在经济危机中受到的影响对未来我国政策制定具有一定参考作用。

时间选择上,主要截取2006年至2018年的数据进行分析,时间线涵盖了经济危机爆发前到危机爆发的后续10年,从而对经济危机爆发之前、爆发过程中以及后续的持续影响作出客观总结。数据来源主要是国际货币基金组织。鉴于部分国家部分年份的部分数据不可取得,文章在部分指标对比时会进行省略。

2. 经济危机造成的影响

(1) 经济危机对经济的影响

为反映经济危机对全球经济的影响,我们调查了部分国家的国内生产总值增速。为了更清晰地体现数据中反映的问题,我们将所选国家2006年至2017年的国内生产总值增速做成下文图7。

表2　　　　　　　　　　国内生产总值增速表　　　　　　　　单位：%

年份 国家	2006	2007	2008	2009	2010	2011	2012	2013	2014	2015	2016	2017
中国	12.72	14.23	9.65	9.40	10.64	9.54	7.86	7.76	7.30	6.90	6.70	6.90
美国	2.67	1.78	-0.29	-2.78	2.53	1.60	2.22	1.68	2.57	2.86	1.49	2.27
日本	1.42	1.65	-1.09	-5.42	4.19	-0.12	1.50	2.00	0.37	1.35	0.94	1.71
俄罗斯	8.15	8.54	5.25	-7.82	4.50	5.28	3.66	1.79	0.74	-2.83	-0.22	1.55
英国	2.46	2.36	-0.47	-4.19	1.69	1.45	1.48	2.05	3.05	2.35	1.94	1.79
法国	2.37	2.36	0.20	-2.94	1.97	2.08	0.18	0.58	0.95	1.07	1.19	1.82
澳大利亚	2.83	3.78	3.66	1.92	2.05	2.45	3.89	2.64	2.56	2.35	2.83	1.96
巴西	3.96	6.06	5.09	-0.13	7.54	3.99	1.93	3.01	0.51	-3.55	-3.47	0.98
冰岛	5.02	9.43	1.66	-6.51	-3.61	1.96	1.32	4.31	2.20	4.31	7.48	3.64
伊朗	5.00	8.16	0.25	1.01	5.80	2.65	-7.44	-0.19	4.60	-1.32	13.40	4.30
希腊	5.65	3.27	-0.34	-4.3	-5.48	-9.13	-7.3	-3.24	0.74	-0.29	-0.24	1.35
南非	5.60	5.36	3.19	-1.54	3.04	3.28	2.21	2.49	1.85	1.28	0.57	1.32
泰国	4.97	5.44	1.73	-0.69	7.51	0.84	7.24	2.69	0.98	3.02	3.28	3.90

数据来源：国际货币基金组织。

表2及图7中我们可以清晰地看到，在2009年，所有国家的国内生产总值的增速无一例外有所下降，不同国家的经济增速下降程度有所不同。受冲击最小的是中国，仅下降0.25个百分点，并且维持着9.4%的高速增长。而其他老牌资本主义强国的经济增速下降较为明显，平均增速下降约4个百分点。并且除澳大利亚维持着1.92%的增速外，其他资本主义国家全部进入经济负增长状态，其中日、俄、英、冰岛、希腊五国经济倒退高达4.19%—7.82%不等。其他欧洲、非洲以及亚洲国家也均受到不同程度波及。部分经济保持稳定增长的国家也未能幸免，其中法国、南非、泰国在12个年度内仅于2009年出现唯一一次经济负增长。2010—2012年，除希腊外的所有国家的国内生产总值增速都有较为显著的回升。除希腊、冰岛以外的所有国家均已摆脱经济衰退的境况，其中日本仅2010年，经济增速较前一年提高9.61个百分点，俄罗斯较上一年提高12.32个百分点。希腊因卷入经济危机引发的欧债危机伤及元气，直至

2014年才勉强稳定住经济衰退的窘境。2013—2017年，排除制裁、战乱等因素导致的经济波动外，多数国家的经济增速得到稳定。但是稳定后的经济增速仍然难以恢复到2006年的高增速状态。

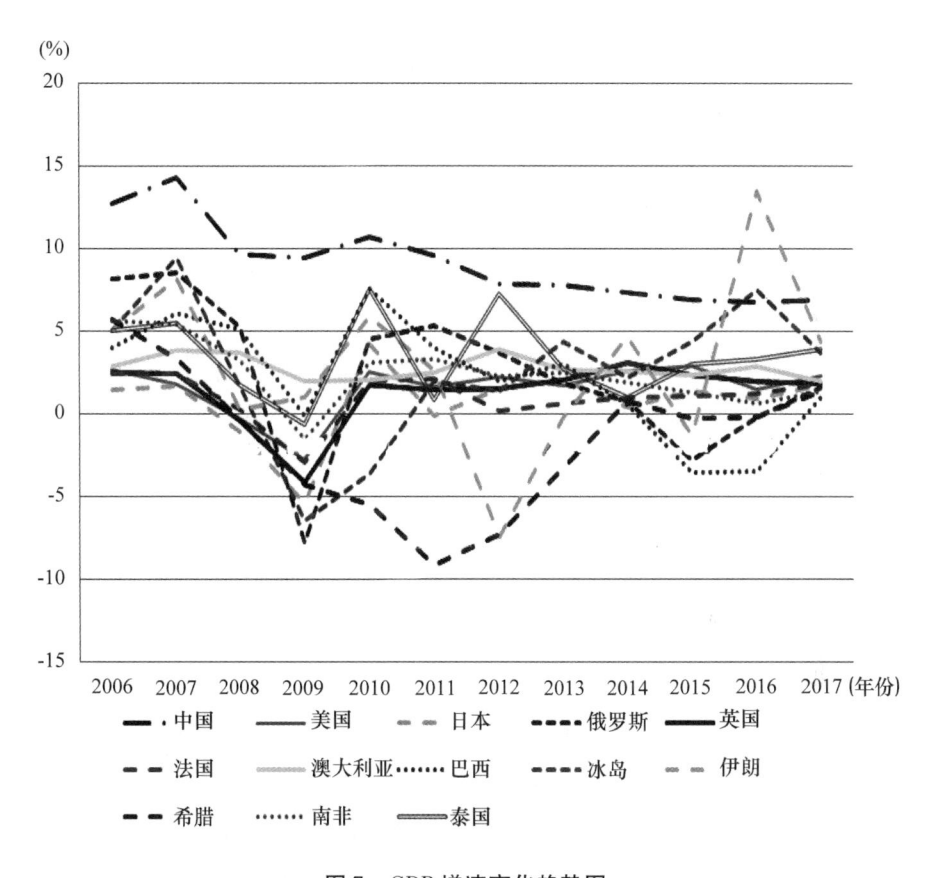

图7 GDP增速变化趋势图

由此，我们可以总结得出，经济危机导致全球经济增速下降，全球化高度发展的今天，绝大多数国家会无可避免地被波及。根据中国的经验，有效的应对策略可以抵御经济危机的冲击，但却无法完全抵消。而经济危机后的2—3年，各国均会出台相应政策意图刺激经济，这也使得本来"残破不堪"的经济形势迅速回暖，此阶段往往蕴含机遇，也诠释了经济危机"创造性毁灭"的意义。经济危机之后通常需要 3 年以上的恢复期，经济能够达到新的平衡状态，但是经济增速难以恢复到经济危机之前的水平。而如媒体所谓"欧猪五国"这样在经济危机中受到重创的部分国家，则需要更多的时间走出阴影。①

在"冷战"结束后的三十多年里，美国霸权及西方权势一直主宰着全球的经济及政治，不仅重大的国际事务上没有发展中国家的发言权，甚至一些国家的内政外交都被发达国家尤其是美国的强权所左右。美国凭借"冷战"后的坐享红利"一超独大"的国际地位，苏联解体时，美国学者福山曾经声称，美国已雄踞世界的顶峰，历史无须发展，"历史"已经"终结"。高度的经济繁荣巩固了美国在世界经济中的领先地位，并使以美国为主导的全球化迅速发展起来。在美国倡导下成立的世界银行和国际货币基金组织的管理及运行，就充分体现着美国的强权和"单边主义"。世界银行的 184 个成员国中，G7 国家占有的投票权高达 40%，仅美国一家就有 16.38%。在重要决策需要 85% 以上多数票通过的规定下，美国就可以否决任何一项决策的通过与实施。

此次金融危机爆发后，美、欧、日经济同时出现停滞，特别是作为传统秩序主要创建者和维护者的美国的经济实力相对衰落，相应地在国际舞台上就表现出无奈和妥协。小布什总统同意召开华盛顿 G20 峰会，标志美国被迫放弃单边路线的开始，而奥巴马总统在参加伦敦 G20 会议前发表《全球共同行动的时刻》一文，则表明美国愿意与其他国家合作抗击危机。很多人认为这次危机是对既有国际经济格局的一次全新挑战。危机改变了美国主导经济全球化的进程，如开放的市场、全球供应链、跨国公司及私人所有制等受到

---

① 欧猪五国（PIIGS），是金融证券业、国际媒体，乃至部分学者对欧洲五个主权信用评级较低的经济体的贬称，包括葡萄牙（Portugal）、意大利（Italy）、爱尔兰（Ireland）、希腊（Greece）、西班牙（Spain），这五个欧洲国家国名有字母组合"PIIGS"类似英文单词"pigs"（猪）。

严重影响，贸易保护主义再度出现，跨国公司向其本国回归。现在，危机及各国对危机的反应已经开始重塑世界经济格局，改变全球化进程中政治与经济力量的平衡。

在这次经济危机之后，全球金融格局开始重构，国际金融秩序也开始重组。在G20金融峰会上，与会国针对目前金融危机局势提出各自解决方案及立场。美国为其美式自由资本主义辩护，欧盟提议建立国际金融新秩序，包括中国在内的新兴经济体也提出了各自的建议和主张。随着危机的深化和发展，国际金融秩序成为各方关注和角力的焦点。在此次危机中，欧盟看到了机遇——"美国至上"的时代已经终结，一个新的多边时代正在到来。因此欧盟力求在国际舞台上摆脱美国的牵制，重塑形象，力争夺回曾丢失的世界主导者的地位，重现以欧洲为经济、政治、文化中心的历史。

作为此次国际金融危机的发源地，美国是受危机影响最严重的国家之一。危机不仅造成美国的经济急剧下滑，也使美国昔日的金融霸主地位和单边主义不复存在。美国此前还一再要求欧盟国家加大经济刺激力度，从而帮助全球经济脱困，但遭到了以法国和德国为首的欧盟国家的抵制。同样，在推进金融改革方面，尽管是由于自身金融监管疏漏导致危机爆发，但起初一贯信奉自由市场经济的美国却不愿做出更多让步。然而随着危机影响的进一步加深，美国意识到自己不能再单独做任何行动，则无奈放弃"单边主义"转而同意并大力主张提高金融监管标准。在全球经济一体化的大背景之下，各国之间经济相互融合、相互依赖、相互渗透、相互影响的深度和广度已经使每一个国家都认识到一荣俱荣、一毁俱毁的时代发展特点。这次危机带来的影响也更形象地反映出，这个世界不再是凭借一方或是一个国家就能解决问题的世界，各国需要共同发展和治理世界。国际经济多极化格局已初现端倪。

而与此同时，新兴市场国家则要求更多的金融话语权，主张改革国际货币基金组织，建立国际货币新秩序。以上种种迹象表明西方发达经济体的地位遭到新兴经济体,特别是亚洲新兴经济体的巨大挑战。世界经济重心将由西方转移到东方,亚洲、太平洋地区将会成为新的世界经济中心。长期以来,发展中国家和新兴经济体的经济实力相对提升,却未在国际舞台有主动权且参与不了世界事务,这样的局面将会有所改变;长久以来,一直由西方国家制定和主导的不公平、不公正、不合理国际经济秩序亦将被撼动,"二战"以来形成的由美国等西方国家所构建及管理的国际货币基金组织、世界银行也将被触动。新的国际经济格局就会在新兴经济体实力的不断增长中慢慢建立。此次危机也使美元疲软,且进一步弱化了美元的国际货币地位,削弱了美国利用美元支配和影响世界经济政治的杠杆作用,使美元信誉和它不受监管的状态受到广泛质疑。俄罗斯、伊朗和欧佩克国家在国际清算货币方面,日益倾向选择欧元,逐渐压缩美元在其外汇储备中的比例。国际清算银行公布的报告指出,石油生产国正逐步将石油美元收入转换成欧元、日元和英镑,目前产油国的美元储备已经降至两年来的最低水平。在南美,巴西、阿根廷宣布用各自货币代替美元作为双方贸易结算货币。改革国际货币体系呼声日益高涨,建立新的"布雷顿森林体系",以国际货币基金组织特别提款权为基础创建超国家主权的新的全球储备货币,扫破单一美元本位体系,约束美元的为所欲为,推进国际货币体系多元化,已成国际共识。

(2)经济危机对国际关系的影响

由美国金融领域中的信贷问题所导致的金融危机不仅影响到美国实体经济,并蔓延至世界各地形成"金融海啸"。这次危机的爆发首先加速了全球金融秩序的重组、国际货币格局的变化以及各国经济运行模式的变革,其次影响了大国之间力量的对比、推动了大国关系及各国军事战略的调整,国际格局步入转型期。经济危机之后,大国关系做出了调整和变化,具体表现为:国际政治格局趋于多极化。

此次危机后国家间力量对比发生变化的最显著特征就是，西方国家整体力量及影响相对下降，发展中国家和新兴经济体的整体力量及影响相对上升，二者力量与影响加速朝着相对平衡的方向发展。金融危机不仅削弱了发达国家的经济实力，而且使西方引以为傲的制度和文化优越感受到重创。面对金融危机，全球各大主要力量加快内外战略调整，大国间既合作又竞争，竞相塑造"后危机时代"的国际政治格局，为赢取更大的利益争取更多的国际空间。大国关系因此正在经历着大调整。

第一，美国做出对外战略调整。2009年1月，奥巴马以"变革"为口号正式入主美国白宫。面对综合国力衰减、金融危机、新兴国家崛起、阿富汗、伊拉克、伊核、朝核等一系列难题，奥巴马政府对美国的对外战略进行了全方位的调整。首先，实力观改变。在危机后世界力量对比变化和新兴大国力量崛起的现实背景下，意识到美国实力的有限性、软硬实力应相协调，强调应用"巧实力"，侧重通过对话、接触和外交谈判为热点问题降温。其次，世界观改变。提出"建立多伙伴世界"为标志的世界观，开始回归现实主义，淡化制度和意识形态分野，正视政治多极化的趋势，寻求以多样化外交应对多元化世界。最后，实际行动的改变。一是，"平等对待"发展中大国和各类盟友，谋求它们在应对金融危机、气候变化、核裁军、反恐怖主义、防核扩散等重点议题上与美合作。二是，大幅调整同伊斯兰世界的关系，主动对其示好，淡化文明冲突。三是，缓和同朝鲜、伊朗、古巴等"敌对国家"的关系。四是，重启美俄关系，重塑美欧关系，提升美印关系，重构美日关系。五是，重视发展美中关系，认为中国的发展是区域发展的动力之源，"不对美构成威胁"，不损害美国与其他盟国的关系，表示欢迎中国走向繁荣，"不谋求遏制中国"。六是，加强公共外交，意在重振美国的国际权力、秩序和规制的主导地位、塑造力和影响力。

第二，欧盟提升内部凝聚力，提出两大战略。金融危机袭来初始，欧盟各自为政，实行自救，后呼吁合力应对金融危机、统一救市。危机促使《里斯本条约》生效，提高了欧盟内部的凝聚力。国际金融体系改革和应对气候变化是欧盟力图扩大其世界影响力的两大战略制高点。在国际金融体系改革上，欧盟想趁美国深陷危机之际，挑战美元的霸主地位，提高欧盟在国际金融体系中的地位和权力。在应对气候变化问题上，欧盟一方面极力维护其在这一问题上先行形成的优势，另一方面试图对别国形成制约。欧盟希望低碳经济成为其扭转经济发展势头落后于美国和"金砖四国"的重要突破口。

第三，俄罗斯缓和同美、欧关系。金融危机到来之前，东欧反导和北约东扩问题使得美俄关系趋于紧张，后因俄罗斯与格鲁吉亚冲突使两者对立达到顶峰。危机后，2009年俄罗斯与美国关系出现缓和。原因是，首先两个大国之间关系过于紧张并不符合双方的利益。其次是美国总统奥巴马在面对新形势下做出的调整。一方面，美国面临金融危机、阿富汗战争、伊拉克战争、伊朗核问题等诸多难题使其需要其他大国的合作与支持，这其中当然包括俄罗斯。另一方面，俄罗斯国内的"梅普"组合稳固，而且俄罗斯独特的地缘政治力量和较强的军事力量使其不可避免地要在世界新秩序中发挥重要作用，美国如果一味延续布什政府打压和遏制俄罗斯的政策，只会激起俄方强烈反弹。2009年俄美"重启"两国关系，两国高层积极开展互动与会谈。2009年7月，俄美两国总统签署了包含新的削减进攻性战略武器条约内容的框架性文件、反导问题联合声明等。9月，奥巴马政府宣布调整美国在欧洲部署导弹防御系统的策略，获得了俄罗斯的积极回应。11月，奥巴马和梅德韦杰夫在亚太经济合作组织领导人非正式会议期间再次举行会晤，奥巴马说对俄罗斯关系已经重启。

第四，日本构建外交新理念。2009年日本政坛发生大变革，在众议院选举投票中民主党获得总数480议席中的308席，而自民党仅获得119席，这意味着民主党成为自1955年自民党成立以来第一个取而代之的在野党。民主党上台后对日本进行政治大变革，全面构建了新政府的新的外交政策。其一，日美关系仍为基石，但有新变化。尽管日本首相鸠山由纪夫批评"美国主导的市场理念使人失去尊严"，并向美国提议修改《日美地位协定》，加入有关驻日美军基地环境污染对策的条款，似乎表明民主党上台后有意"疏美"，但是日本仍将日美同盟视为外交基轴。鸠山由纪夫在阐述新的外交政策时表明，日本将在地区和全球问题上加强与美国的合作，深化"多层次的"日美同盟关系，并在这种信赖关系之中坦率地就两国悬而未决的问题进行对话。然而面对世界格局的变化和日美同盟的局限性，民主党要摒弃自民党多年一味追随的路线，承诺建立"独立思维的外交政策"，"在密切平等的基础上"构建日本与美国的同盟关系，表明日本将与美国发展"对等关系"。其二，重视与亚洲的关系。民主党上台后外交政策变化最大的则是关于亚洲的新战略。进入新千年，亚洲已逐渐成为全球新的经济增长中心，尤其此次危机中，亚洲国家的良好的经济基础对世界经济发展都作出了贡献，民主党清楚地认识到日本的发展离不开与亚洲国家的经济合作。在东亚合作问题上鸠山提出要加强亚洲国家间的文化交流，增进相互理解。在亚洲各国争端问题上的核心政策是通过建立东亚共同体，通过多边的经济合作，经济一体化，在合作中化解。其三，推进日俄关系。关于日俄关系，鸠山表示要将政治与经济作为两个车轮共同推进，致力于最终解决双方之间最大的悬案北方四岛（即南千岛群岛）问题，积极与俄罗斯缔结和平条约，并将把俄罗斯定位为其在亚太地区的伙伴，强化对俄关系。日本民主党上台后改变对外战略客观上表明了国际政治格局变动的新趋向。

第五，中国对外战略由"韬光养晦"转向"有所作为"。2008年全球性的金融危机延缓了世界经济的发展，经济规模占到全球15%的"金砖四国"被寄予厚望。作为四国中经济总量最大、发展速度最快的中国，其举动也牵动着世界经济复苏的进程。国际金融危机促使中国获得更多的话语权优势，在世界性事务上发出中国自己的声音。面对目前的国际形势及中国增强的经济实力，中国的外交战略借危机之机转型，由"韬光养晦"转向"有所作为"。中国政府的一系列外交行动中体现着对外战略转型的端倪。2008年11月底，针对法国总统萨科奇坚持会见达赖喇嘛，中国表达强烈不满，同时取消了原定在12月1日举行的中欧年度峰会，中国此举显然超越过去的反应模式，体现了前所未有的自信及力度。2009年时任中国总理温家宝东欧之行，在短短8天内访问了4个国家——瑞士、德国、西班牙和英国，并在比利时停留期间会见了时任欧盟主席，中欧签署了38个协议，发表了4份联合声明。继温家宝总理之后，时任中国国家主席胡锦涛于2月10日访问了沙特阿拉伯、马里、塞内加尔、坦桑尼亚和毛里求斯等亚非五国。时任中国国家副主席习近平则于2月9日访问了墨西哥、斐济、巴西等拉美国家。中国的外交举动向世界发出了中国将做负责任的大国的信号，将在深化国际经济合作、重塑世界金融及经济体系、管理世界性事务等方面"有所作为"，这是与中国经济相适应的外交战略。

金融危机后，美、欧、俄、中、日等大国陆续调整对外战略。中美俄、中美欧、中美日、俄美欧、中美印、中俄印等大三角关系，大大减少对抗内涵，转而变成合作与竞争相交织的关系，国际政治格局步入转型期，由"一超"转变为"多强"的趋势明显增强。

（3）经济危机对就业的影响

失业率指的是一定时期满足全部就业条件的就业人口中仍未有工作的劳动力数字，失业数据的变动可适当反映经济发展状况。失业率与经济增长率具有反向的对应变动关系。失业率增加是经济疲软的信号，可导致政府放松银根，刺激经济增长；相反失业率下降，将形成通货膨胀，使央行收紧银根，减少货币投放。

国际货币基金组织公布的最新数据显示，经济危机爆发之前，各国的失业率变动相对平稳，法国、日本、澳大利亚、俄罗斯、巴西、伊朗、希腊的失业率甚至有小幅下降。而随着2008年经济危机爆发，各国的失业率都有所上浮，其中此次经济危机的发源地美国最为明显：2007年美国的整体失业率为4.62%，2008年上升至5.78%，2009年为9.27%。欧洲受此次危机影响最大的是英国和冰岛，在2008年之前，英国和冰岛的整体失业率都在3%以下，经济危机之后，冰岛2009年的失业率为7.23%，而英国2009年失业率直接跃升至7.38%，直到2014年之后才缓缓下降。

相较于上述三个国家来说，希腊的就业问题受影响时间较长。希腊政府公布的数据显示，受金融危机和经济衰退影响，希腊2012年失业率攀升至24.49%，创出历史新高，表明就业市场形势仍在恶化。经济危机之后，希腊经济严重紧缩。官方数据显示，自2008年债务危机发生以来希腊经济规模萎缩了20%。青年失业率已经突破50%，据希腊统计局报告说，仅2012年7月大约126万名希腊人失去工作，几乎每天有1000人失去工作。受影响最大的群体是15—24岁年龄段的年轻人。这个年龄段的年轻人失业率高达54.2%。而2008年7月金融危机爆发前希腊全国境内登记失业人数仅为364000人。

（4）关于经济危机对收入分配的影响，马克思主义政治经济学理论认为：金融发展先是扩大收入差距进而爆发金融危机，之后在政府干预市场后才会缩小。危机爆发后，各行业濒临瘫痪，失业率增大，通货膨胀上升，严重降低了政府的信誉，导致政府遭到全社会的谴责。在这种情况下，政府基于民众舆论的压力、社会动荡的潜在压力以及面临下台的压力，会采取一系列措施去提高低收入者的收入，缩小居民收入差距，使社会趋向于稳定。

美国次贷危机扩散成经济危机后，对美国金融业和各经济实体造成巨大损失，迫使美元贬值，并影响到欧、日等经济体，而倚重出口的中国也在所难免，因为中国产品出口最终还是由国外消费市场来"消化"，而世界性经济危机的爆发首先就是消费不足造成的，因而中国也成为受害者之一，这就要求世界各国互相协作制定救市策略。

欧美国家纷纷向其金融市场注资，并降低银行利率。其中美国提供700亿美元联邦财政资金对汽车、金融等行业进行财政援助，帮助其走出困境；欧洲各国总注资近两万亿美元，希望通过协调救市措施行动计划，来刺激该区域经济复苏。西方国家在经济危机发生以后，主要是针对本国在危急中出现亏损的企业进行补贴和援助，目的是帮助这些企业渡过难关，并没有关注根本的经济基础问题。因而其救市计划并不会产生明显的效用，这也是从数据表现来看基尼系数在金融危机前后变化不大的原因。将部分公布数据的国家的基尼系数拟合成为折线图，从图8我们可以看到，经济危机前后基尼系数并没有显著的变化趋势，证实经济危机对于调整收入分配、解决收入差距问题并不会有明显的效果。

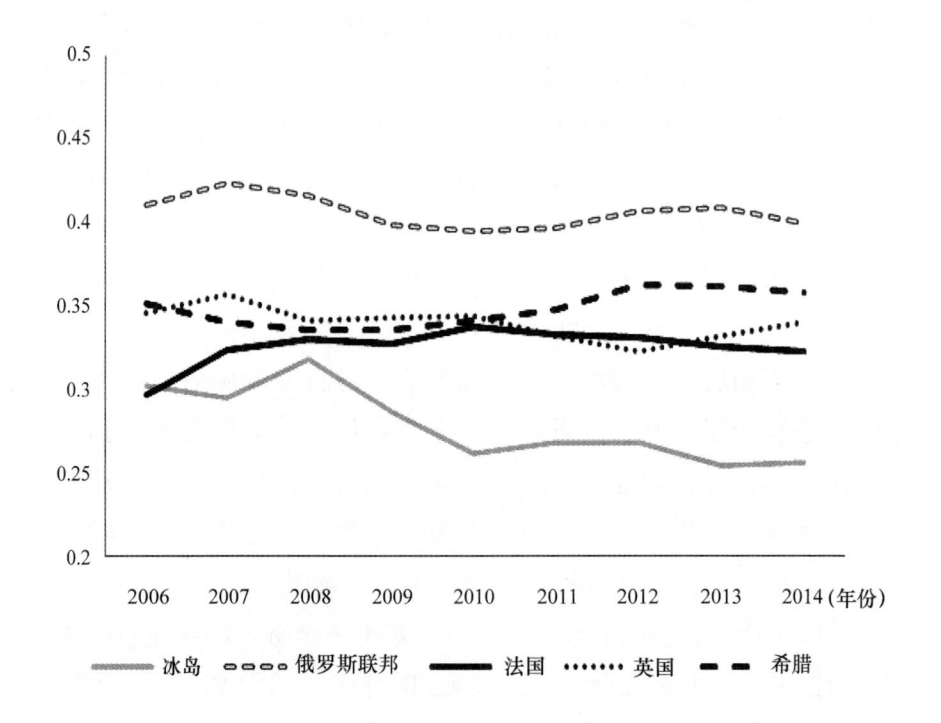

图8　基尼系数变化趋势

数据来源：国际货币金融组织。

在世界金融危机日趋严峻的背景下，中国政府为抵御国际经济环境的不利影响，出台了约4万亿元人民币的经济刺激方案，主要是为了应对中国正在出现的经济增长减速的危机。同时，中国还提出以内需保增长的战略计划，在刺激国内消费需求的基础上拉动国内企业和经济发展。在此计划的背后，政府通过财政手段对消费进行补贴，以增加消费者的隐性收入，提高消费能力和平衡收入差距。从而消除生产过剩，缓解企业压力。

（5）经济危机对结构调整的影响

2008年金融危机爆发后，发达国家率先开启了新一轮经济结构调整的大幕，掀起了一场抢占未来科技革命和产业革命制高点的竞赛。新兴经济体在2012年经济大规模减速后，也在试图通过结构调整来再造经济发展的新优势。本轮世界经济结构调整，是继20世纪70年代石油危机后，一次更全面、更深刻的调整。经过调整后，一批科技含量高、产业关联广、市场空间大的战略性新兴产业将成为主导产业，带领世界经济进入新一轮增长期。

A. 发达国家的经济结构调整

2013年发达国家储蓄消费结构调整基本完成，财政结构调整也取得了重要进展。在2008年金融危机之前，以美国为代表的发达国家采取负债消费的模式，储蓄率持续负增长。危机初期，私人部门（个人、家庭及私人所有的企业或单位）通过减少消费和投资进行所谓的"去杠杆化"，调整资产负债结构。十年来，美国的"去杠杆化"调整已取得积极进展，居民储蓄率明显增加，对经济复苏中私人消费的增长起到了积极的推动作用。欧盟的"去杠杆化"进展也不错，但主要表现在居民部门，其金融机构的"去杠杆化"尚未完成，信贷仍然偏紧。这是欧洲经济复苏乏力的一个重要原因。与此同时，美欧等经济体的财政赤字率（财政赤字与GDP的比率）已经从危机时的高危水平降至安全线上下，标志着财政结构调整已取得了重要进展。除此之外，发达国家对世界经济发展具有更深远意义的调整主要表现在产业结构层面。

2009年,奥巴马政府执政不久,从重振美国经济出发,把"再工业化"作为经济结构调整的核心,放在特别重要的位置。一是主打低碳环保牌,重点打造清洁能源产业。奥巴马政府认为,引领世界清洁能源发展对于强化美国经济竞争力和赢得未来都是至关重要的。美国政府采取的主要措施有:第一,确立清洁能源发展规划。根据该规划,2012年美国电力总量的10%来自风能、太阳能等可再生能源,2025年这一比例将达到25%。金融危机后,美国风能、太阳能和地热资源等可再生能源发电量几乎翻了一番。第二,加大投资和鼓励研发。在美国2009年通过的7870亿美元经济刺激计划中,用于清洁能源的直接投资及鼓励清洁能源发展的减税政策涉及金额达1000亿美元。为了使美国在清洁能源研究和发展方面保持世界领先水平,美国政府还建立了一系列清洁能源创新中心,汇集了美国最优秀的研究人员和工程师。第三,制定清洁能源标准。美国政府推行《清洁能源安全法案》,通过设定碳排放上限的方式对发电厂、炼油厂和化学公司等能源密集型企业进行碳排放限量管理。同时,还颁布了较严格的汽车燃油效率或尾气排放标准。第四,发展智能电网。这项计划可为远程的太阳能、风能提供入网途径,从而更好地集成可再生能源,为消费者节省费用。二是围绕着能源革命,发展能源密集型产业集群。美国页岩气革命引发了能源革命,在提升美国能源独立性的同时,还明显降低了能源成本,特别是大幅度地降低了天然气价格。这势必会使美国制造业成本相应地大幅下降。虽然过去劳动力成本大幅上升成为美国制造业产业外移和去工业化的内在动力,但鉴于劳动力成本在一些能源资源密集型产业中所占比重较小,如果再加上物流、关税、工业用地等成本,新兴经济体的优势就不那么明显。相反,能源成本大幅下降正在使美国能源密集型行业中的上中下游产业重新获得竞争力,吸引一些跨国公司进入美国本土,从而加速了再工业化进程。奥地利奥钢联集团公司2013年宣布斥资7.5亿美元在美国得克萨斯州建一座铁矿石加工厂。美国全国制造商协会副会长艾森伯格称，如果美国能够推行正确的能源政策，美国制造业的优势还会大幅提升，使美国再度成为制造业大国。三是推出相关法律文件，为再工业化保驾护航。2010年8月，美国公布《2010制造业促进法案》。该法案与2010年7月底众议院通过的一系列法案一起，构成美国重振制造业的法律框架。该法案包括大规模投资清洁能源、道路交通、改善宽带服务等，总投资达170亿美元，旨在帮助制造业重拾竞争力。美国全国制造商协会预计，这一法案将使美国制造业产值增加46亿美元，创造或支持9万个就业岗位，并有助于实现奥巴马提出的美国出口五年内翻一番的目标。2011年2月，美国白宫公布《美国创新战略：确保我们的经济增长和繁荣》，进一步阐述了未来一个时期美国创新发展的方向和重点。该战略是2009年9月颁布的《美国创新战略》的更新版，阐述了创新在过去和未来繁荣中的关键作用，私营机构作为创新动力的核心作用，以及政府在支持创新体系中所扮演的角色。该战略把发展先进制造业、生物技术、空间技术和清洁能源等视为美国国家优先突破的领域，作为创新金字塔的顶层，同时强调在卫生医疗领域要有较大的突破，教育水平也要有质的飞跃。

2010年欧盟夏季峰会正式审议通过了《欧洲2020战略》。《欧洲2020战略》是金融危机后，欧盟提出的2011—2020年经济发展中长期规划。核心是转变传统的经济增长方式，实现灵巧增长、可持续增长和包容性增长，增加就业、提高劳动生产率和增强社会凝聚力。所谓"灵巧增长"，又称智能化增长，目标是建立一个在知识与创新基础上的经济体。欧洲的研发支出不足GDP的2%，明显低于美国的2.6%和日本的3.4%。创新不足，是导致欧盟整体竞争力下降的重要原因。为此，欧盟要提高科研投入，特别是鼓励私营部门投资，改善教育，改变在高速互联网方面的落后状况，创建数字社会。所谓"可持续增长",就是要建立一个资源效率更高、更加环保和竞争力更强的经济体。其目标是欧盟利用技术优势大力开发清洁与高效能源,保持在绿色技术市场上的领先地位、创造更多就业机会。所谓"包容性增长",其目标是实现高就业率和促进社会融合,使经济增长成果让欧盟所有地区受益,从而使欧盟的凝聚力得到加强。

为此,欧盟在创造就业、增加科研投入、减少温室气体排放、提高教育普及率和消除贫困等5个核心领域确立了量化指标,并提出七项行动计划(又称"七大旗舰计划"),作为实现上述目标的具体行动。这其中,"创新欧盟"计划、"不断进取的年轻人"计划和"数字战略"计划主要服务于智能化增长目标;"资源行动计划""全球化时代的产业政策"计划主要针对可持续增长目标;"新技能与就业岗位计划"和"消除贫困平台"计划主要针对包容性增长目标。欧盟还确定了进一步完善产业研发与创新体系的六大技术领域,分别是:先进制造技术、关键使能技术、生物基础产品、可持续建筑与原材料、清洁车辆和智能电网等。欧盟认为,这六大领域既具有广阔的市场前景,欧盟又拥有先发优势。

为了配合欧盟整体战略,各成员国政府也在积极行动。英国为了应对经济衰退,启动了一项批量生产电动车、混合燃料车的"绿色振兴计划"。法国政府宣布将建立200亿欧元的"战略投资基金",主要用于对能源、汽车、航空和防务等战略企业的投资与入股。德国政府批准了总额为5亿欧元的电动汽车研发计划预算,支持包括奔驰公司在内的3家研究伙伴,推动电动汽车产业发展。

日本在2013年6月14日出台的经济增长战略("日本再兴战略")对日本长期经济增长来说也是最重要的一步。该战略重点是结构改革,主要是通过放松管制,发挥日本技术立国的优势,创造新的经济增长点。该战略提出未来10年使名义国民总收入年均增长3%,实际GDP年均增长2%。"日本再兴战略"包括产业重振计划、战略性市场创造计划和国际发展战略三部分。产业重振计划是该战略的基础，涵盖产业新陈代谢、雇用制度改革、人才培养、加强科技创新、推动 IT 技术发展与运用、提高核心竞争力以及中小企业革新等多个领域。通过纠正过少投资、过分管制和过度竞争的"三过度"，来扩大民间投资、开拓新市场、促进产业业务重组；将就业政策从维持就业型向支援劳动转移型转变，促进年轻人、女性和老年人就业，并在大学间引入市场竞争原则；强化"综合科学技术会议"功能及知识产权与标准化战略，推动科技创新；设立"国家战略特区"，减少管制以强化竞争等。战略性市场创造计划涵盖医疗健康及看护产业发展、清洁能源供应、新一代基础设施建设和农业等领域，包括推动医疗、电力市场改革，引导清洁能源发展，以及推动大企业进入农业等具体内容。国际发展战略包括提出参与跨太平洋贸易谈判（TPP）、拓展海外市场和促进创意产业在海外的发展等。2013 年 10 月 15 日，日本政府通过了《产业竞争力强化法案》，作为落实经济增长战略的重要步骤。该法案希望通过减税等优惠政策促进企业重组、消化过剩产能，同时放松规制来激活经济、创造需求。

总之，美欧日三大发达经济体在新一轮结构调整中，既表现出一些相似的特征，又有所差异，相似之处要多于差异。这反映出发达经济体本轮结构调整的总体趋势是一致的：一是以再工业化为核心。三大经济体均把发展实体经济、重振制造业放在重要位置，强调先进制造技术的重要性，同时重视与信息技术的发展相融合。美国凭借能源革命的优势，围绕页岩气资源开发形成新的能源密集型制造业。二是以绿色增长和智能增长为基本方向。美国大力发展清洁能源产业，欧盟则继续发挥在可再生能源和节能低碳方面的优势，日本由于面临结构调整和改革的双重任务，除强调清洁能源外，还提出了医疗、电力市场改革等举措。三是以新能源技术和新一代信息技术为主要特征。美国确立清洁能源发展规划，并提出发展智能电网，以解决可再生能源的输送问题。欧盟确定的六大技术领域多与这两大技术相关，同时强调要加强高速互联网和智能电网等基础设施建设。日本也强调推动 IT 技术发展和运用。四是以规划和法案的形式明确调整的方向和重点。美国主要采取总统讲话、签署政策法案以及发布战略规划等方式将其公之于世；欧盟则围绕着战略规划，制定比较详细的行动规划和具体目标，使之具有准法律效力；日本综合运用规划和法案等形式，引导企业重组和设备投资，进行更深层次的干预。

B. 新兴经济体的结构调整

新兴经济体经济结构调整始于 2012 年前后，明显落在了发达国家后面。在金融危机后的大部分时间内，新兴经济体与发达经济体呈现"双速复苏"。发达经济体在金融危机打击下，增长乏力。新兴经济体虽然在危机初期，因外部需求急剧下跌而导致经济下滑，但由于迅速采取了经济刺激政策，需求回升、经济增长强劲，首次成为世界经济增长的拉动力量。经济增长的惯性使新兴经济体原有的发展模式得到了延续，从而迟滞了结构调整进程。然而，从 2012 年开始，以金砖国家为代表的新兴经济体增速大幅减缓，迫使新兴经济体调整经济结构。越来越多的新兴经济体意识到，只有在增长模式和政策等方面进行深刻的结构性变革，才能化解所面临的各种挑战。新兴经济体结构调整的主要动向如下：

第一，从增长模式看，将由外部需求拉动为主转向内需推动为主。多年来，新兴经济体基本采取出口导向型经济发展模式。在这种模式下，来自发达市场的需求对拉动新兴经济体经济增长起着重要作用。新兴经济体相应的经济结构调整和产业升级也主要随着外部需求的变化而变化。然而，金融危机后，发达国家逐渐改变负债消费的模式，纷纷实行再工业化，其内部市场明显缩小，新兴经济体再依靠大规模出口来拉动经济增长，余地已经非常有限。而且，产能过剩的困扰和劳动力成本快速上升，也促使新兴经济体不得不转变增长模式。新兴经济体通过主动调整产业结构，推动供给能力的提升和结构改善，使之与需求的情况相适应。在这方面，东盟各国通过大幅度减免关税来促进区域内贸易一体化，进而扩大内需。例如，为了在 2015 年建成东盟经济共同体，泰国政府计划在治水、国内大型交通运输基础设施、与邻国交通的互联互通等方面加大投入。印度政府也在寻求扩大内需，通过开放卫生和教育市场，来满足居民更高层次的需求。

第二，从发展方向看，绿色低碳增长和智能增长将是其调整的重要方向。随着全球资源环境对经济增长的约束不断加剧，新兴经济体过去那种依靠高能源资源消耗、高污染、高排放的增长模式已难以为继，一些高耗能高污染产业势必将遭到淘汰。顺应发达国家产业结构调整的大趋势，绿色低碳增长和智能增长将是新兴经济体未来新兴产业发展的大方向。例如，韩国提出的《新增长动力规划及发展战略》，旨在加强绿色产业、文化产业、医疗产业及 IT 技术与传统制造业的融合，并将绿色技术、尖端产业融合、高附加值服务等三大领域共 17 项新兴产业确定为新增长动力。印尼政府也把创意经济、绿色能源和再生能源、汽车、有色金属和棕榈油等作为产业发展重点。

第三，从调整动力看，这次结构调整将以新兴经济体自我调整为主。从 20 世纪 80 年代初到金融危机前，新兴经济体往往通过承接发达国家产业转移来实现产业结构升级。欧美等发达国家将不再具有竞争优势的一些产业通过跨国公司对外投资的方式大量向外转移，新兴经济体通过承接这些产业实现结构优化升级。在这种结构调整模式下，发达国家既占据产业结构调整的主动，又使产业发展水平相对于新兴经济体始终保持领先优势。与之相比，新兴经济体在这一轮产业结构调整中缺少外来产业导入，属于自我调整，因此调整中遇到的问题较多、难度也更大。例如，作为矿藏丰富的新兴经济体，俄罗斯虽然较早提出在节能、核技术、航天、医疗和战略信息技术领域发展创新型经济，优化产业结构的方针，但进展较为缓慢，致使俄经济仍然难以摆脱对能源出口的高度依赖，产业结构调整比较艰难。不过，这也给新兴经济体产业结构调整提供了新的机遇，这些国家如果调整得好，更有可能实现产业发展的跨越。

（6）经济危机对创新的影响

随着 2008 年的金融危机不断向世界蔓延，金融机构接连倒下，实体经济遭受重创，企业经营面临困难，就业形势日益严峻，社会问题时有发生。此次金融危机对各国经济造成严重打击，为应对危机渡过艰难时刻，各个国家和地区积极采取措施推进创新。

经济危机倒逼推动创新。从历史上看，经济危机与科技革命总是互为前提、相互促进、交替发生的。金融危机发生后不久，美欧等发达国家纷纷出台了以发展新能源为主的科技振兴经济方案，一股科技创新浪潮在全球涌动。在经济形势较为严峻时，无论是美日欧等发达经济体，还是以"金砖四国"为代表的新兴经济体，为了应对危机都出台了一系列救市的方案，但是收效甚微。全球经济复苏亟需一股新的推动力，各国都不约而同地选择了通过科技创新来寻找新的增长点。

首先奥巴马选择了以新能源作为应对经济危机、复兴美国经济的关键力量，其整体思路是以新技术带动能源革命，从而使能源产业成为拉动美国经济增长的新引擎。根据奥巴马公布的能源政策，美国将逐步实现能源供给的战略转型，计划在十年内投入 1500 亿美元资助风能、太阳能以及其他可再生能源研究；促使政府和私营部门投资于混合动力汽车、电动车等新能源技术。此外，美国还将发展智能电网产业，全面推进分布式能源管理。其中，新能源开发的一个具体目标，即用三年时间促使美国可再生能源产量增加一倍，据估计，美国在这一领域的革新就会创造数百万就业岗位，从而刺激经济复苏。

与此同时，欧洲各国面对金融危机也加快了发展新能源和科技创新的步伐。这不仅使欧洲自身受益匪浅，并有望在未来重振经济的过程中发挥积极作用。欧盟曾公布了一项总额达 35 亿欧元的能源投资计划，以刺激经济并减少欧盟对俄罗斯天然气的依赖。根据这一计划，欧盟将投资修建天然气管道、电网等设施，以及沿海风力发电项目和二氧化碳收集储存项目。发展新能源和鼓励科技创新以提振经济的举动在法国表现得尤为突出。金融危机爆发以来，法国政府将发展新能源视为拉动经济的一个重要增长点。法国环境部曾公布了一揽子旨在发展可再生能源的计划，该计划包括 50 项措施，涵盖生物能源、风能、地热能、太阳能以及水力发电等多个领域。除了节约能源，该计划还为法国企业创造了巨大商机，为劳动力市场提供大量就业岗位。

而中国则在科技创新方面开展 16 项科技重大专项。项目在攻关中就追加投资；鼓励企业进行技术改造，一年拿 200 亿元中央财政贴息，两年拿 400 亿元，带动 10700 亿元技术改造投入。

四 国际学者观点和评述

（一）次贷危机根源的相关理论评述

国内外学者关于次贷危机根源的研究，有着不同的结论与观点，目前主要包括以下五种观点：

1. 次贷危机的根源是金融机构的过度创新[1]

这是关于次贷危机根源的研究观点中最为直接的一种。由于美国的各金融机构不断地创新，使得金融衍生品工具不断扩大，从而当危机在房地产市场爆发时，通过这些金融工具直接或间接的作用，次贷危机从银行等金融机构传导至资本市场，随后传导至国际资本市场。亦有观点认为投资银行只是商业银行欲望的供应商，作

---

[1] Gerlach, "Frank Smets, Contagious Speculative Attacks", *European Journal of Political Economy*, No. 11, 1995, pp. 45 – 63.

为金融衍生工具买方的商业银行才是次贷危机的根源。

2. 次贷危机的根源是监管体系的缺陷漏洞

有"金融期货之父"之称的梅拉梅德在 2008 年的采访中指出，美国次贷危机爆发的根源在于信息不透明和政府监管缺位。①

首先，是信息不对称，在次级房贷债券的发行过程中，市场信息不够透明，存在严重的信息不对称。投资者购买的债券是金融机构组合打包的次级抵押贷款，购买者对这些贷款申请人的真实偿还能力并不了解，对所持有债券的实际情况并不明确，债务风险随之不断累积，当累积到一定程度便为危机的爆发埋下隐患。

其次，是政府监管缺位。对于次级房贷债券等金融衍生品，政府并没有组织相应的第三方机构进行合理公正地评估，而是将其估值和监督权全权交给私人债券评级机构。然而私人债券评级机构所追求的最终目的是其自身的利润最大化，因此在次级房贷债券的估值过程中便容易出现道德风险，采用的评级标准与评估结果便会随着其能获得更多利润的方向发展，这些私人债券评级机构操作空间过多，导致其评估结果并不准确。与此同时，美联储也未能对发行包括次级抵押贷款在内的新型住房抵押贷款产品很好地行使监管职权。"我的错误在于我一直认为，机构特别是银行出于自身利益，能够很好地保护股东的利益，但事实证明我是错误的。"格林斯潘如是说。蒂芬·罗奇认为资产泡沫世界的"原罪"在于央行没有给全球金融市场和日益增长的资产依赖的全球经济提供一个稳定的基础。②美国行业所创造的生产力在 20 世纪 90 年代末爆发，这使格林斯潘相信美国的央行不需要阻碍经济的快速发展，或者过剩流动性的产生。

---

① 《金融期货之父：次贷危机源于信息不透明》，中国证券网—上海证券报，2007 年 9 月 12 日。

② [美] 史蒂芬·罗奇：《泡沫世界的原罪》，http://finance.sina.com.cn/review/20070821/02243900364.shtml，2007-08-21。

最后，在政府等监管机构缺位的同时，《巴塞尔协议》的内在缺陷也是不可忽视的原因。在一方面，《巴塞尔协议》同一监管下，投资者的行为趋同问题以及亲周期性问题，导致市场行为趋同，市场流动性弱化。另一方面，《新巴塞尔协议》第一支柱的风险模型，综合考虑了表外资产和复杂的证券化产品的前提下，根据资产市场价格或是外部评级，得出经济处于周期的顶端时，其相较于在经济周期下行时期，银行所面对的风险水平较低，资金也较充足。在经济周期上行的时候，银行的资产价格和评级也随之升高，此时应监管要求的资本金较少，因此银行会处于资本过剩的状态。此时，根据《新巴塞尔协议》第三支柱的规定，银行若长期处于资本金过剩的状态则将受到处罚。银行处于这样的压力之下，便积极寻找资产和收入增加的来源，并为下行周期预留更多的准备金。

3. 次贷危机的根源是宏观政策的失误

国内外不少研究认为其宏观政策的货币政策出现错误是次贷危机的根源。格林斯潘时期，美国采取的是宽松的货币政策，美联储连续地降息降低基准利率，到2003年，基准利率降到了1%，并持续将近一年的低利率。在此阶段，房地产市场急速增长，居民进行住房抵押贷款，由于较低的利息和不断上涨的房屋价格，公民亦能获得一笔贷款，房价的不断上涨，低利率的持续，使得美国居民借新债还旧债的生活得以延续，也因此催生了房地产泡沫。随后，美国政府开始提高利率，一方面，利率的上升增加了美国居民利用住房抵押贷款的融资成本，借新贷的成本增加使得很多居民无力承担融资成本而面临困境。另一方面，利率的上升加重了房贷者还旧债的压力，很多居民无力还贷，违约率上升。随后，房地产泡沫被刺破，由资产价格泡沫衍变的资产依赖型的经济发展模式受到冲击，之后一系列的连锁反应产生，导致次贷危机最终爆发。①

---

① 梁立俊、黄慰宏：《扭曲、矫正与金融危机防范——美国次贷危机10周年的反思及启示》，《理论视野》2018年第9期。

4. 次贷危机的根源是经济的外部失衡①

Ben Bemanke 在 2005 年年初指出在国际范围内储蓄率水平较高，他指出 1997—1998 年，亚洲爆发金融危机后，很多投资者和投机者将资金从亚洲撤出。相关国家为了保护自己，开始储存资本，在自己国家投资衰退造成资本过剩的时候，转而变成资本输出，过剩资金进入美国，美国的游资过多从而出现流动性剩余的现象。因此，美国经常性账目出现较大的逆差是由于亚洲各国的过分节俭而非美国本国的肆意挥霍消费。持有相似观点的还有 Kelmeth Rogoff、Sebastian Edwards 和 Maurice Obstfeld 等人。他们认为，通过调整贸易产品的需求结构，可以解决美国经常项目长期较大赤字的问题。亚洲各国多是以出口来拉动经济增长，这种经济增长方式便决定了亚洲各国将继续愿意为美国巨额的经常项目赤字融资。Dav Gruen 和 Jason Harris 则从资本账户的顺差角度研究讨论，认为未来国际游资还会继续流入美国，美国对游资的吸引力不会减弱。Michael Kouptsas 认为贸易逆差不会损害美国利益，流入美国的资金可以继续支撑美国经常账户逆差。Michael Dooley 等人认为，债务经济的国际循环对美国和经常账户顺差国都有利。

5. 引发次贷危机的根源是国际货币体系的结构失衡②

这种观点认为在如今经济全球化背景下，经济危机的表现形式虽然多样和复杂，但将经济危机同国际货币制度同时研究时，会发现经济危机与国际货币制度具有非常紧密的联系，国际货币制度在一定程度上可以决定经济危机的传导路径和传导范围。若一国货币已经成为全球初级产品定价货币、贸易结算货币和储备

---

① Aminsky, Graciela and Carmen Reinhart, "The Twin Crises: The Causes of Banking and Balance-of-Payments Problems". *American Economic Review*, No. 89, 1999, pp. 473–500.

② Charles P. Kingdleberger, "Manias, Panics and Crashes: A history of Financial Crisis". Macmillan Press Ltd., 1996.

货币，则该国以汇率政策来调节经济失衡问题的效果会非常有限。从一定意义上讲，一种被普遍接受的储备货币才使得经济全球化能更加顺利地进行，但这种货币制度又存在很大的缺陷和风险。危机未必是储备货币发行当局的故意行为，但却是制度性缺陷的必然结果。

6. 次贷危机的根源是生产过剩性危机[①]

这种观点认为：生产资料的资本主义所有制导致了资本的过度集中，同时，在经济高速发展下社会的生产和供给能力逐渐提高，社会化大生产导致社会供给大于社会需求，资本主义制度下社会化大生产与生产资料的所有制之间存在强烈的矛盾，最集中的表现是生产过剩，资本主义生产过剩危机是通过整个再生产过程和流通过程的中断和破坏来表现的，当出现生产过剩危机时就很可能会引发经济危机。

除以上几种重要观点外，也有在金融体系外寻找根源的观点。如印度央行前行长拉古拉迈·拉詹（Raghuram G. Rajan）所著《断层线》（*Fault Lines*）一书。与其他人在金融体系内寻找原因不一样的是，拉詹指出 2008 年国际金融危机的根源在于世界范围内收入的不平等、贸易的不平衡以及不同金融系统之间的冲突。

（二）国际金融危机的传导机制理论评述

随着金融危机理论研究的深入，关于金融危机传导机制的分类标准日趋多样，已经形成了"概率说""溢出说""净传染说""联动效应说""极值说"和"折衷说"六种代表性观点。

1. 概率说

这是金融危机传导理论中出现较早的一种理论，由 Gerlach 和 Smets（1995）提出，他们指出随着各国之间国际贸易的不断深化，各国贸易往来日益频繁，各国经济和货币之间的关系也日益紧密，

[①] Kristin Forbes, *The Asian Flu and Russian Virus: Firm-Level Evidence On How Crises Are Transmitted Internationally*.

当一国的货币受到投机冲击时会对其他国家的经济和货币产生一定的影响。① Goldstein（1998）进一步指出，传染即是当投资者从一国撤资时就会加大其他国家发生金融的危机概率，这就是概率说的主要内容。② Eichengreen 和 Wyplosz（1996）通过研究发现，当某一国爆发货币危机时，即使其他国家考虑到了国内的政治和经济因素，并且采取了相应的措施来防范危机时，其他国家发生货币危机的概率也高达8%。这一理论仅仅是研究了危机传染的概率而没有分析和研究危机传导的机制和路径等更为核心的内容，因而其现实意义并不是很大。

2. 溢出说

这一假说认为随着各国之间国际贸易的不断深化，各国贸易往来日益频繁，各国经济也存在利益共享、风险共担的联系，当传染源国国内爆发危机且危机没有得到及时遏制时，就很可能会通过贸易联系将这种危机"溢出"到被传染国，使得被传染国发生危机的概率增加。Calvo 和 Reillhart 把这类危机的传染称为基本面传染，Masson 则称之为"溢出效应"（Spillover Efreets）。

3. 净传染说

Kaminsky（1999）提出了该理论，他指出依据传染路径在金融危机前后是否发生变化，金融危机的传染可以分为偶发性传染与非偶发性传染，偶发性传染机制的传导途径主要有共同贷款人渠道和贸易渠道，非偶发性传染机制的传导途径主要有投资者证券投资组合调整效应等。③ "净传染说"重点强调偶发性传染机制会导致全球经济在短期内的共振。

---

① Chen, K. and D. Tzang, "Interest Rate Sensitivity of Real Estate Investment Trusts", *Journal of Real Estate Research* 3, 1988, 13 – 22.

② Chen, K. C., P. Hendershott and A. B. Sanders, "Risk and Return on Real Estate: Evidence from Equity REITs", *AREUEA* 4, 1990, 431 – 452.

③ Chen, S. J., C. Hsieh, T. W. Vines and S. N. Chiou, "Macroeconomic Variables, Firm-Specific Variables and Returns to REITs", *Journal of Real Estate Research* 16, 1998, 269 – 277.

4. 极值说

由 Chan-Lau 提出，他认为当可观测到的各国金融市场之间同时实现高额收益概率的增加而非金融市场之间联动性的增加，只有各国金融市场收益率极值同时出现时，才能说明危机从一国蔓延到了他国，因为收益率极值的出现是金融泡沫或破灭或发生流动性逆转的标志。

5. 折衷说

该理论由之前的宏观角度转为从微观角度研究金融危机的传导机制，认为金融的传导由于各国金融机构之间的往来变得更加频繁，当一国的金融机构出现问题时就会传导到其他国家的金融机构，也就把危机传导到了其他国家。

由于经济运行的复杂性，我们很难将一种经济现象归于一种因素的结果，它应该是各种因素共同作用下的结果，同时，任何经济危机的传导也不止通过了一条路径而应该是通过多条路径同时或先后传导。

（三）马克思经济危机与虚拟资本理论评述

1. 马克思关于经济危机的论述

马克思在《资本论》中研究了在信用制度条件下的经济危机。其认为，"循环一旦受到最初的推动，它就必然会周期地再现出来"。[①] 即周期性的经济循环是资本主义生产必要的、不可避免的。这就是说当资本主义的生产达到"鼎盛"状态，生产高涨，其超过经济能够承受的范围，便会引起经济危机。随后经济开始萧条，生产滞后。通过资本家的努力，经济重新复苏，再次进入繁荣阶段，最后，开始又一次的经济危机。[②]

对于经济危机爆发的根源，马克思认为，虽然信用是资本主义

---

① ［德］马克思：《资本论》第 3 卷，人民出版社 2004 年版，第 528—532 页。
② 高京平、张婕、邢飞：《马克思危机理论与美国经济分析》，《四川工程职业技术学院学报》2016 年第 2 期。

再生产的建立基础,但是,并非所有的信用经济中的经济危机的爆发根源都是信用危机和货币危机。经济危机伴随产生了信用危机和货币危机,二者的出现与形成又会加剧经济危机的爆发。马克思认为经济危机的根源实则在于资本主义的基本矛盾,其指的是生产的社会化与生产资料资本主义私人占有二者之间的矛盾。其中,具体表现在两个方面,一是整个社会生产的无政府状态与个别企业生产的有组织性二者之间的矛盾,二是资本主义生产的无限扩大的趋势与劳动人民有支付能力的需求相对缩小二者之间的矛盾。

资本主义的危机是在经济关系的对立与统一中不断运动着的,是具有周期性的。"有内在联系的因素独立,只能强制地作为具有破坏性的过程表现出来。相互联系和相互补充的因素所具有的彼此独立性被强制地消灭了。因此,危机表现为各个彼此独立的因素的统一。没有表面上彼此无关的各个因素的这种内在统一,也就没有危机。"①

2. 马克思关于虚拟资本的论述

在马克思的《资本论》(第三卷)中,从第二十五章开始描述对信用制度、银行资本、货币资本等问题的看法。银行资本家自有资本和借入资本两部分构成银行资本。其中,这些构成中有很大部分的比例是有价证券,即虚拟资本是银行资本的重要组成部分。虚拟资本的产生基础是借贷资本和信用基础,其存在形式是有价证券,同时是能为投资者带来定期收入的资本。"银行家资本的最大部分纯粹是虚拟的,是由债权(汇票),国家证券(它代表过去的资本)和股票(对未来收益的支取凭证)构成的。在这里,不要忘记,银行家保险箱内的这些证券,即使是对收益的可靠支取凭证(例如国家证券),或者是现实资本的所有权证书(例如股票),他们所代表的资本的货币价值也完全是虚拟的,是不以它们至少部分

---

① 《马克思恩格斯全集》第 26 卷,人民出版社 1973 年版,第 571 页。

地代表的现实资本的价值为转移的；既然它们只是代表取得收益的权利，并不代表资本，那么，取得同一收益的权利就会表现在不断变动的虚拟货币资本上。"①

虚拟资本可以带来收益，并将获得收益的权利赋予投资者。但这些包括股票、债券、不动产抵押凭证、国家证券在内的有价证券本身并没有价值，这是与固定资产、现金资产所不同的。"人们把虚拟资本的形成叫做资本化。"② 即便像股票、债券等这样的有价证券在其市场上有相关的运动形式，但马克思认为有价证券就是虚拟资本，是银行资本的重要组成部分。同时，他认为虚拟资本并不是货币资本，人们对货币的需求与有价证券的价格呈负相关。但是，这些虚拟资本并不能脱离现金"自成一派"，马克思指出"当信用发生动摇，而这个阶段总是必然地在现代产业周期中出现，一切虚拟的财富就会要求现实地、突然地转化为货币，转化为金和银"。③由此可见，当在经济运行中，如果发生了信用危机，人们便会减少有价证券的持有量，用现金、固定资产之类的货币资产替代这些有价证券。微观主体纷纷出售有价证券，现金等货币资金的需求开始增加，与此同时，银行体系中的现金并不能满足增加的货币需求，因此，资本主义经济中就出现了信用危机，进一步便形成了经济危机。马克思的虚拟资本理论认为，虚拟资本是为了追求财富尤其是虚拟财富和货币的增值。虚拟资本本身是一种由资本供求决定价格的特殊的金融商品，价格的波动性增加了这种商品的投机性。同时，虚拟资本并非是通过实际劳动获得的，而是脱离了实际资本运动和实际生产，在虚拟的市场上主要依靠虚拟操作形成的。资本天生具有双面性，一方面可以用于调控经济、配置市场资源，从而促进生产力和经济的发展；另一方面，资本有着追逐剩余价值和贪婪

---

① ［德］马克思：《资本论》第3卷，人民出版社2004年版，第553页。
② 同上书，第554页。
③ 同上书，第590页。

本性的特性。这样的双面性贯穿于资本主义的整个发展历程。同样，虚拟资本也有其双面性，一方面促进资本主义经济的发展，在另一方面，为投机和赌博提供了相关机会。在资本主义经济发展的过程中，其投机性便会不可避免的形成泡沫，从而形成金融危机。①

3. 西方学者运用马克思主义理论分析危机的主要观点

英国肯特大学西恩·塞耶斯教授在其《马克思主义和资本主义危机》一文中曾提到：经济发展的事实已经证明了马克思对资本主义的分析和判断。其文主要认为，第一，马克思对自由市场的批判已经是被证实的。在过去的几十年里，这种批判始终居于经济学和社会学说的主导地位。第二，2008年的经济危机在很大程度上破坏了资本主义的经济体系，使其处于濒于崩溃的边缘，资本主义已经无力维持当前的世界秩序，需要重建相关秩序。马克思对于资本主义的批判在这几方面得以证实。第三，工人阶级在这次危机中得以成长，工人运动开始蓬勃发展，马克思对于这方面的预言得以验证。

英国历史学家埃里克·霍布斯鲍姆在接受法国的《新观察家》杂志访谈时，提及了马克思主义对当前西方资本主义经济的影响。埃里克·霍布斯鲍姆认为当前经济危机是导致马克思理论回归的原因，其赞同马克思对危机根源的解释与观念，认为经济危机就是资本主义经济平衡矛盾的一种方式，当资本主义基本矛盾不可调和的时候，危机便会发生，随后资本主义的各个体系便会重新进行组织，从而复苏经济。

《完全摩登马克思》一文中提到，如今的人们之所以开始崇敬马克思，是因为马克思在一个世纪前就已经对全球化市场下的资本主义和经济危机的爆发做出了准确判断，也提出了相关解决方案。马克思为如今的金融危机提出的第一个解决方案就是建立工会和工人政党。马克思鼓励无产阶级的人们组建新的利益共同

---

① ［法］让·梯若尔：《金融危机、流动性与国际货币体制》，陈志俊、闻俊译，中国人民大学出版社2003年版。

体、组织及协会，并用以抵抗资本主义的现状，同时考虑怎样能够更好地满足自身需求。马克思针对经济危机开出的第二个解决方案就是要推进金融市场的国有化，避免垄断，"通过独享垄断权并拥有国家资本的国家银行，会使国家手里紧握信贷"。马克思针对经济危机开出的第三个解决方案是国家需利用相关集权机构以解决问题，比如气候变化，这是倡导大家打倒"靠资本主义市场来解决一切问题"的相关思维逻辑。文章中也提到，马克思若是提出第四个解决方案，那一定是呼吁全世界的各经济体，不管是社会主义还是资本主义，都应当团结一致，一起行动，从而应付当前的经济危机。

美国著名马克思主义经济学家罗伯特·布伦纳认为，当前的国际经济危机并不是一场简单的关于金融化的危机。罗伯特·布伦纳认为危机的根源是资本主义社会利润率长期处于低水平，难以短时间恢复，从而导致资本的积累趋于缓慢。因此，当前的金融危机可以定义为是一场马克思式的危机，罗伯特·布伦纳的主要观点体现在以下三个方面：第一，自 1970 年开始，资本主义经济发展的"滞胀"严重影响了美国制造业的发展，从而导致投资者的投资意愿下降，不愿再去投资，制造业的盈利能力下降。第二，国家之间的货币汇率的矛盾将会激化。当一国的生产过剩，其就会实行货币政策，导致货币贬值，以此牺牲别国的经济来实现经济复苏，这就容易造成国家之间的货币汇率争端。因此，生产过剩实则应是整个西方资本主义共同面临的问题，而不仅仅是个别国家单独面临。第三，1995 年以后，美国的经济增长大部分是由资本家对财富的投机增值的需求所推动的，并非是通过生产利润的增加导致投资、就业的增加而推动的，实则为虚拟资本的泡沫性。布伦纳认为，美联储较宽松的货币政策实则是以私人赤字的增加来替代财政赤字从而刺激需求，布伦纳将之称为"股市上的凯恩斯主义"，但是，这种增长方式有一定的限制，其会受到美元增值的限制，并且最终会依赖于由资产价格上升而导致的总需求上升的有效性。因此90年代的资本扩张实则是充满矛盾的，其发展前景是比较短暂的，随之，其经济繁荣也只是暂时的。

  罗伯特·布伦纳在2006年便预期房地产与新经济泡沫一样迟早会破灭。其指出：自20世纪70年代至今，西方资本主义国家的利润率普遍都在下降，国内的投资水平持续处于低迷状态，这已经为经济危机的发生埋下了祸根。罗伯特·布伦纳认为在2008年广泛发生的国际金融危机实质上只是一场危机的延后发生，真正的危机应从19世纪70年代的资本主义社会利润率的长期处于低水平的时候发生。再者，若经济危机由此时开始，那么已经崛起的像日本、德国等发达资本主义国家出口制造部门便会对美国的发展造成强大的挑战，从而迫使国际市场的竞争日趋激烈，这将导致全球生产的极大过剩，国际制造业的产品价格也会大幅度开始下降，制造部门的利润率则依旧持续下降，最终更多的部门与行业的平均利润率受到影响。然而单纯地追求利润率的提高，则必然会导致工资水平持续下降。实际上，从"滞胀"时期起，工人真正的工资水平是在下滑的。资本追求绝对剩余价值的贪婪性在一定程度上侵害了工资的上升空间，利润率亦低于之前的发展水平。工资水平和投资水平的持续走低会导致消费需求水平下降。但是，供给与需求的缺口该如何填补呢？这时候，西方资本主义便开始大力推行以信贷为主的消费模式，债务水平不断提高。在发达资本市场的帮助下，股票市场开始了非理性繁荣。此时，发达资本主义国家的经济增长是依托着金融泡沫而引发的财富效应所激励的。同时，因为经济繁荣的驱动，预期未来能获得良好的利润，各生产部门便开始引进更为先进更为高效的固定资本，因之前的投资已有固定的沉没成本，大家便不愿离开该生产部门。资本进一步的引进与投入，导致生产过剩更为严重，资本主义市场和资本主义生产的矛盾进一步加剧，这类的恶性循环仍在进一步发展。当前的国际金融危机便说明，当全球生产过剩时，这种模式便难以继续，最后便会导致生产企业破产。①

美国的著名马克思主义学家约翰·贝拉米·福斯特针对 2008 年国际金融危机也提出其看法，其主要的研究方向是金融化潜在的危机。福斯特认为，导致 2008 年国际金融危机的根源是金融化，同时也肯定了当资本主义发展到金融垄断资本主义阶段的时候，所面临的问题的解决方法仍是金融化。在资本主义发展过程中，房地产泡沫延迟了资本主义体系陷入混乱的时间，防止了新的经济泡沫的破灭，在一定程度上，金融化本身具有一定的积极历史意义，具有必然性。在对历史上资本主义经济危机的形成原因和过程进行相关详细研究的过程中，福斯特发现，历次的金融危机过程都存在相似性，都要经历以下五个过程：金融创新、大规模信贷、狂热投机、恐慌出现、经济崩溃。资本金融化的过程都伴随着极大的资本泡沫，因此，泡沫的泡沫也就更易发生且更加频繁，这对经济发展的影响也会更加严重。福斯特认为，资本的金融化是资本主义经济发展的一个自然过程，这是必然的，不会随着人们的意志而发生改变，但它的风险也会隐藏在资本主义的基本矛盾中，会因为监管的不合理、人性贪婪等众多因素成为大规模危机的导火索。当资本主义发展至金融垄断资本阶段的时候，实体经济便难以将找寻投资机会的生产剩余消化掉。情况可能会变得越来越糟糕，防止情况糟糕化，资本主义的发展便更加依赖于金融泡沫。由此，福斯特得出，金融化是资本主义向前发展到新阶段时所遇到的困难，同时也是解决此困难的好方案。按照此观点，资本的金融化在经济发展过程中只能起到缓解经济迟滞的作用，促进了短暂的经济恢复，但经济危机的真正根源是社会的阶级剥削，这才是资本主义生产过程中最深层次的矛盾。

---

① ［美］罗伯特·布伦纳：《繁荣与泡沫：全球视角中的美国经济》，王生升译，经济科学出版社 2003 年版，第 1 页。

美国经济委员会委员瓦迪·哈拉比认为：当前的国际金融危机，实则仍是资本主义的"生产过剩性危机"，这是资本主义无法摆脱的疑难问题。当前国际经济危机所产生的巨大影响，其根源是生产资本的过剩，生产比例失调。

《红旗文稿》曾经发表了美国学者大卫·科茨的一篇关于2008年国际经济危机的文章，文章明确认为此经济危机的根源是不受限制的新自由主义式的资本主义。当资本主义形式由原先的国家管制变成新自由主义形式，国家与政府便会放松对经济与金融的管制，变得开始被动地运用宏观经济政策，自由同时又残酷的现实竞争取代了控制性的有节制的竞争，劳动、资本、商品与服务在不同国家之间的流动开始自由化，社会的福利也开始逐渐减少，对金融的管制逐步放松，由此贫富差距两极分化的现象越来越严重，这必将导致金融危机。该文章认为，根据马克思关于资本主义制度的缺陷理论，最初仅发生在美国的次贷危机蔓延至引发全球性的金融危机，原因是在资本主义发展过程中的实体经济所生产的商品大量积压，尤其是房地产。生产供应与消费需求发生脱节是资本主义发展的基本矛盾，其根源是资本主义发展过程中制度本身的问题。除此以外，资本主义在全球范围内的扩张，全球化发展程度的日益深化，各国家之间的经济联系越来越紧密，国家不断的垄断资本主义，金融产品开始跨国化，这都是加深经济矛盾的重要因素，从而导致本次经济危机的影响蔓延至全球。

英国经济学家克里斯·哈曼（Chris Harman）与罗伯特·布伦纳想法相似，认为当前的国际金融危机实则开始于20世纪70年代。但他认为，爆发经济危机的根源实则是政府采取的应对措施效果不够显著。当生产利润率开始下降的时候，国家采取的措施是加强对经济的干预，清除过剩的生产资本，从而恢复利润率，但措施的效果微乎其微。克里斯·哈曼坚持马克思关于利润率的观点——资本主义利润率是呈不断下降趋势的，从而造成了常态化的生产过剩，经济便失去了活力。国家所采取的干预措施只是在一定程度上暂缓了危机的爆发，并没有办法从根源上消除危机。在这干预的过程中，资本主义可以通过资本金融化使得股价和房地产经济泡沫化，从而带来暂时的表面的经济繁荣，短暂的经济繁荣在一定程度上进一步深化了制度，从而便导致了更加严重的经济停滞。哈曼认为经济发展主要是以下逻辑：第一步，生产利润率下降；第二步，国家加大干预的政策；第三步，过剩的生产资本难以被清除完毕；第四步，生产持续过剩；第五步，短暂的表面的经济繁荣，深化制度，导致经济持续恶化；第六步，资本主义最终进入长期的经济萧条。当前的国际性的金融危机便是资本主义僵化并开始慢性死亡的最好证明。

英国共产党总书记罗伯特·格里菲斯（Robert Griffith）认为，当前的国际经济危机不仅仅是因为低利润率化导致的周期性生产过剩，从而引发的危机，更是马克思所提到的一场由于资本主义体制自身问题所引发的固有的危机，而不是众多西方经济学家所提及的只是一场简单的由信用所引发的危机。

古巴的一位马克思主义经济学家马丁内斯（Osvaldo Martínez）认为，目前的国际经济危机实际上就是一场周期性的资本主义性质的经济危机。他提到"危机的存在是资本主义阶段的规律所在，甚至可以说是必要的因素，危机并不是资本主义表现的一种非正常现象。资本主义的概念特殊的在于若是想要进入下一个经济的增长阶段，市场的生产力就必然遭到破坏，当前的国际经济危机便是表明着当前的资本主义已经陷入重病阶段"。[①]

这场国际性的经济危机在一定程度上动摇了资本主义的观念，对资本主义制度提出了质疑，对资本主义的经济打击严重，从而阻止了资本主义的全球化，进而推动了社会主义的进步与发展。

---

① 侯惠勤、辛向阳：《国际金融危机中马克思主义的复兴》，http://theory.people.com.cn/GB/41038/11969281.html，2010-06-25。

4. 中国马克思主义学者的主要观点

中国众多马克思主义学者一致认为，2008年的国际金融危机实质上就是资本主义的基本矛盾所引起的。马克思分析资本主义经济危机的相关理论仍然是研究当前的经济危机的指导思想，实体经济中无法进行调和的矛盾就是经济危机发生的根本原因，是应当被首要考虑的因素。

国内学者卫兴华对2008年金融危机的深层根源做出了相关分析，他认为其深层原因是资本主义制度的基本矛盾。在一般情况下，危机会有两种表现类型，一是生产资料的过剩；二是银行信用开始出现危机。货币危机理论是马克思研究相关金融危机理论的基础。对于2008年的金融危机，从浅层次上来看，是因为银行无止境的扩张信用，贷款人无力偿还其贷款，这似乎是场单纯因为银行信用危机引发的经济危机，与生产资料过剩并无联系。但从深层次进行分析，此次经济危机正是因为生产资料过剩问题过于严重，资本家为能将积压的大量商品销售出去，找到金融市场的银行家，联合设计相关金融衍生品。在这个过程中，积压的商品以超越实际的能力被销售，银行家与资本家从中也获得利润。超前消费在一定程度上刺激了短暂的经济繁荣，但也违背了经济发展的基本规律。热衷于超前消费的人开始增多，信用链条也便拉长，当链条某处的支付能力不足以偿还债务时，信用链条便会断裂，从而使得整个信用体系出现危机，这也就为经济危机埋下隐患。在另一方面，虚拟经济的发展是西方资本主义制度的一大发展特点。虚拟经济可以通过资本之间不断周转流动来创造价值，但由于本身与实际经济脱节，且本身不具有创造价值的特性，本不能独立存在。虚拟经济的发展是需要强实力的实体经济做支撑的，在一定程度上相辅相成，虚拟经济筹集资金，从而促进实体经济的发展，是为实体经济服务的。若虚拟经济脱离实体经济迅速发展的时候，便会产生投机行为，同时占用实体经济发展的资金，使实体经济遭到破坏。综合而言，导致虚拟经济信用危机产生的根源与实体经济危机产生的根源是一致的，都是资本主义的基本矛盾。①

刘宏宝认为，西方发达国家的资本主义经济的发展都很繁荣，但在需求一定的情况下，生产能力发达是极其容易导致生产能力过剩的。2008 年国际金融危机的主要原因便是生产力过剩。同时，房地产业开始出现生产过剩，次贷危机成为导火线。随着次贷危机的不断蔓延，开始演变成全球性的金融危机。②

王宇伟的观点与刘宏宝相类似，他认为正是由于房地产市场的"生产过剩"，资本家们为了增加房地产的销量，开始迅速扩张次级贷款以及相关衍生品，这便直接导致了借贷资本迅速增加、信用经济极速膨胀，是导致危机产生的直接原因。随后，信用危机开始全面影响实体经济。在整个经济危机发展过程中，都是与房地产市场的生产相对过剩有着紧密联系的。③

赵磊也认为当前的经济危机实则是生产过剩引发的危机。当前危机的其中一个重要特点是虚假超前消费，信用透支严重，过度消费频繁。古典危机虽然也是生产过剩引起的危机，但其直接表现为真正的需求不足，实体商品大量滞销，最终引发股市崩盘，引起金融动荡。但就 2008 年国际金融危机而言，引发信用透支的原因是为了缓解生产过剩，有效需求不够又是引发生产过剩的原因，而有效需求不足的根源是因为资本主义内生的制度因素。由此，通过马克思理论，我们可以清晰地分析出经济危机的内在逻辑：资本主义制度的生产资料私有化和生产社会化在一定程度上导致了有效需求不足，需求不足直接导致商品滞销，从而使得生产过剩。为了销售

---

① 卫兴华、孙咏梅：《当前金融危机的特点、根源及应对思考》，《理论动态》2009 年第 13 期。

② 刘宏宝：《经济危机的逻辑——从生产过剩到金融过剩的危机》，https://www.docin.com/p-259437894.html，2001-09-16。

③ 王宇伟：《从马克思的〈资本论〉看美国的次贷危机》，《当代经济研究》2009 年第 3 期。

滞销产品，刺激消费，缓解生产过剩，便兴起了信用消费，无法偿还相关透支导致信用违约率持续上升，最终导致信用体系崩盘，金融危机开始蔓延，进而影响实体经济的发展。因此，我们可以将这次次贷危机的本质概括为"透支消费"。①

任平认为：危机本身真正的根源是追求剩余价值最大化的资本本身。资本主义的根本矛盾必然会导致危机，资本主义生产资料的私人化与生产社会化之间的矛盾，以及虚拟资本和实体资本的矛盾必然产生危机。②

5. 结论

综合了众多国内外学者在马克思主义研究上的不同观点，相关结论如下：

（1）对于资本主义的批判和资本主义周期性的经济危机而论，马克思主义的分析是无误的，这实质上是一场马克思式的金融危机。

（2）2008年的经济危机是资本主义制度内生所固有的，若想克服该危机必须改变自身的资本主义制度。

（3）马克思主义理论对于缓解和解决此次金融危机的影响具有相关指导作用。

同时，综合一些马克思主义经济学家对于2008年国际金融危机做出的相关分析和论证，发现他们对于金融危机的特征和相关性质达成了以下共识：

（1）西方资本主义经济发生危机具有历史周期性和必然性，这点在学者对资本主义的基本矛盾与持续性生产过剩理论的讨论和研究中得到证明。由此对2008年的金融危机进行了一般性和特殊性的科学讨论，将这次金融危机的发生定义为持久性的生产力过剩。

（2）从经济全球化的角度，对发生金融危机前后各个国家之间

---

① 赵磊：《对美国次贷危机根源的反思》，《经济学动态》2008年第11期。
② 任平：《资本创新逻辑的当代阐释》，《学习与探索》2013年第3期。

的宏观经济的不同点进行分析，研究发现，金融危机的全球化扩散主要是因为全球资本的流动以及生产全球化的迅速发展。金融危机的发生，对世界的货币体系和经济格局都产生了巨大的影响，对现有的资本生产体系造成了巨大挑战。

（3）马克思主义经济学并不局限于技术性地描述经济危机发生的过程，也会以资本主义的基本矛盾为出发点，讨论与分析金融化的趋势以及经济危机的传导机制。2008年的经济危机开始于银行企业部门，但最终扩散到社会生产部门的各个角落。马克思主义经济学主张对于此次经济危机的分析并不能简单地局限于分析金融业，而是应该对资本市场的整个经济体系进行整体分析，采用综合的分析方法，横向与纵向分析相结合，从而辩证地看待金融部门与其他经济部门、虚拟资本与实体资本之间的关系。

（四）新自由主义经济学对美国金融危机的评述

在新自由主义经济理论发展的影响下，对于2008年由美国的次贷危机引发的全球性地经济危机，许多西方学者将其归因于"贪婪"和"缺失的监管制度"。

在《贪婪、欺诈和无知：次贷危机真相》一书中，理查德·比特纳提到，在这次危机中，次贷链条看似复杂，实则只不过是人性贪婪的结果。无论是抵押贷款机构，还是贷款评级机构，抑或是投资银行：对冲基金的发行者以及次级贷款的借款人，其特性都是贪婪的，这才是次贷危机的根源。其实，在任何市场经济国家、任何时间，贪婪和道德缺失都存在，但也并非所有国家和所有时间都会发生金融危机，同时，也不能说贪婪和道德缺失在金融危机中是一个充分原因（如拉美某些国家发生的债务型危机）。其根本问题在于是否是贪婪地追求利润，追求剩余价值最大化增殖。这虽然不是导致危机发生的必然因素，但这是金融危机发生所不可缺少的因素。

对于美国金融系统监管情况与金融危机发生的关系，美国纽约大学教授鲁里埃尔·罗比尼认为:"缺乏对金融体系的监管是金融危机发生的一个重要因素,在当时,他们坚持依靠市场准则,坚持自我管理,自我监管,因此实际上市场中很少存在监管。但一旦发生不合情理的超额利益时,市场准则便失效了。至于依靠内部风险自主管理的模式,就像花旗前首席执行官查克·普林斯所说的,当音乐响起的时候,你就必须起来跳舞。那些喜欢冒险的人完全控制着一切,这便导致无人愿意听风险管理人员的话语。因此,在自主监控的市场中,对金融机构的监管上是存在很严重的问题的。"罗比尼认为,这场经济危机应该归责于当时监管层面的失误,这是危机发生的根源。

对于此次国际经济危机,国际货币基金组织的结论是:"信用纪律的松弛,金融体系中某些部门杠杆率无止境的增加是造成国际信用市场引发动荡的根本原因。同时,在市场流动性充裕,金融环境良好的情况下,投资者盲目的自信也是引发危机的重要因素。"

(五) 金融危机的相关影响与经验评述

在全球视角中,中国社会科学院院长、学部主席团主席谢伏瞻指出,过度负债是导致2008年国际金融危机发生的重要因素。同时,全球后危机时代的经济发展并没有摆脱债务驱动发展的老套路,非金融部门的债务负担再创新高。目前,在高债务压力下防范金融风险是现阶段世界各国所面临的挑战。谢伏瞻指出,2008年全球金融危机的应对主要采用的是全球治理模式,20国集团积极行动与协调应对危机的政策,这有效抑制了危机的恶化。然而,不得不引起注意的是,目前大家对危机影响的淡化,"改革疲劳症"问题逐渐凸显,即部分国家开始厌倦或质疑对国际货币体系与金融监管的改革,这成为全球治理中的新风险。此外,金融科技的快速发展也让各国金融监管面临了众多新挑战,如国际资本流动监管、反洗钱的难度加大和金融网络易受攻击等。总之,尽管当前全球经济的复苏势头尚好,但是世界经济体系的内在脆弱性依旧是十分显著,金融风险不断集聚，国际政治的不确定性随时有可能破坏世界经济的发展势头。通过总结2008年国际金融危机应对的经验和教训可以发现，在全球治理的框架下，后危机时代防范金融风险可以通过完善国际金融的监管，推进国际货币金融体系的改革来实现。在全球治理的框架下以合作共赢的精神，共同应对人类所面临的挑战，而不是以单边主义、民粹主义、零和博弈的模式来寻找解决方案。

国际货币基金组织驻华代表处高级代表席睿德认为，危机后的金融监管使得金融体系更加稳定，目前主要挑战在于宏观和财政两个方面，其中包括长期经济停滞和债务负担严重。一方面，在宏观经济产出方面，受2008年国际金融危机影响，50%的国家产出下降且仍未恢复，同时各国生育率也在保持长期下降的趋势。另一方面，在金融部门方面，欧洲很多银行"大而不倒"问题仍未得到解决，影子银行再度复苏。除此之外，新的脆弱性还来自于借贷量和借贷成本的迅速提升、金融监管改革的衰退、全球经济失衡加重以及保护主义的抬头。作为众多风险的应对，各个国家应该进一步加强监管政策的落实以及使用谨慎逆周期工具。对于发达国家而言，利率正常化和提升政策应对空间是关键挑战，而发展中国家则应采用灵活的外汇政策和维护自身的外汇储备。

巴黎政治学院和德国柏林赫尔梯行政学院教授让·皮萨尼-费里总结出2008年国际金融危机对于欧洲的影响以及相关经验教训。[①]

第一，对于未做好应对准备、经济较为脆弱的国家而言，金融危机具有很大的溢出效应。2008年的经济危机开始于美国，但欧洲和欧元区才是发达国家中受影响最大的地方。且在后危机时代，欧元区的经济反弹是非常有限的，且在2011—2012年经历了第二次经济衰退，直至2014年才巩固性经济复苏。然而，意大利

---

① 中国社科院世经政所：《全球金融危机十周年：教训与挑战——中国社会科学论坛学术研讨会观点综述》，https://new.qq.com/omn/20190329/20190329A0QRIO.html，2019-03-29。

和希腊的 GDP 始终没有达到危机前的水平，葡萄牙 GDP 直至 2018 年才回到危机发生前的水平。这主要是因为：（1）这些经济体在危机前就存在问题；（2）政策系统并没有提前做好应对措施，完全靠预防解决问题而忽视了危机管理；（3）经济体存在错误的政策策略。

第二，2008 年金融危机的传导是通过存量渠道（银行的跨境金融资产）而非流量渠道（国际资本流动）。危机发生前，人们主要关注的是由于经常账户失衡和资本流动所导致的金融风险以及由此引发的货币危机，而对通过存量渠道（银行的跨境金融资产）传导的金融风险严重低估，欧洲银行在危机前持有的由美国次级抵押贷款衍生出来的金融产品就占很大的比重。

第三，2008 年金融危机证明以美元计价的银行国际化模式是可能失败的，因为这种模式成功的前提是充分且安全的美元流动性供给。尽管美国政府在危机期间确保了美元流动性的供给，但并非在所有情况下都能够如此。在危机发生之前，欧洲银行以美元开展重要业务，在美国开展具有冒险性的金融活动，这便需要持续性获取美元的流动性。在美国市场运作时，美元的流动性并不是问题，当美国银行间市场陷入困境时，欧洲银行便得转向美联储，然而它们并没有与流动性需求相称的、以美元计价的抵押品。欧洲央行和其他欧洲国家的中央银行也无法提供帮助，因为银行系统对流动性的需求已经超过了它们的美元储备。2007 年 12 月及 2008 年 9 月，美元流动性的短缺最终促使美联储扩大与伙伴国中央银行的互换额度，如果没有这种特殊合作，财政损失将会大得多。然而，问题是美国当局这样做将会承担巨大的财政风险。因此，向伙伴国中央银行提供美元流动性只能来自自由裁量的、有政治争议的并且可逆的决策。金融危机表明欧洲银行的国际化基础脆弱，全球金融体系的核心仍然停留在国家层面。

第四，突然和不稳定的资本流动逆转可能发生在货币联盟内部。危机前,欧元区内部就存在金融失衡问题,而当金融危机通过银行所持有的跨境金融资产从美国传递到欧洲后,又导致了国内信贷泡沫的破灭和欧元区内部资本流动的突然逆转。1999—2007年,资本从欧元区北部国家流向南部国家,导致经常账户失衡的显著扩大,加剧了西班牙、葡萄牙、希腊以及爱尔兰等南欧国家由需求主导的信贷扩张,助长了主要的房地产泡沫。2007年后,人们逐渐认为国家银行是不安全的,跨境私人资金枯竭,先前信贷流入的国家遭遇了资本流动的突然逆转,尽管中央银行提供了部分流动性或是有条件的援助计划,但赤字国家依然被迫做出突然调整。2008年金融危机之前,人们普遍认为经常账户失衡是一个全球关注点,在货币联盟内部并不十分重要。事实上,虽然净私人资本流动和经常账户失衡没有在美欧间的危机传播中发挥作用,但它加剧了欧元区内部的失衡矛盾。

第五,欧洲的危机表明货币联盟不仅需要独立的中央银行和对财政纪律的遵从,还需要建立完整的金融联盟。对于一个无法作为主权国家最后贷款人的货币联盟,银行和主权国家之间的"厄运循环"是最为核心的金融脆弱性来源。

第六,基于不准确的风险和传导机制模型的金融监管,会导致一种错误的安全感,并分散对不断聚集的风险的关注。本次危机证明,欧盟和国际货币基金组织对宏观经济和金融的监督是无效的,因为它们依赖于不准确的风险判断和国家间传导机制模型。欧盟的监管主要集中在财政发展上,未能发现金融脆弱性的累积。此外,由于信贷繁荣带来税收增长,政府可能故意隐瞒、遮蔽或者低估财政风险。比如,希腊数据做假,爱尔兰用40%的GDP拯救银行,均导致私人和公共债务比率恶化。虽然国际货币基金组织十分关注金融风险,并警告欧洲缺乏解决跨境银行倒闭的适当规定,但它疏于强调跨境资本流动的不稳定性、"厄运循环"的异常特征以及突然的资本流动逆转的潜在破坏性影响。

第七，区域货币联盟不能仅依赖多边机制，还必须对如何为处于危机中的国家提供流动性援助做出明确和充分的安排。

第八，政策行动的顺序至关重要。由于财政乘数非常大，在疲软、财政脆弱的经济背景下过早的财政整顿成本是极其昂贵的。欧洲最初对危机的反应是充分的，比如2007年夏季欧洲央行在美联储实施计划之前，就开始向银行系统提供流动性，2008年10月为应对雷曼破产的冲击，欧元区采取了无限制的固定价格流动性准备金，等等。随后，欧元区犯了几个重大错误。（1）银行业问题长期被低估。到2009年5月美国已完成了银行资产负债表的清理工作，然而欧元区各国政府还需要几年的时间才能确认损失程度。（2）2011年欧元区刺激计划发生了逆转并发起了大规模整合计划，然而当时欧元区的经济复苏仍受到私人企业去杠杆和信贷市场功能失调的阻碍，进行这些操作过度且太早。（3）欧洲央行直到2015年1月才开始实施量化宽松项目。2011年的春季会议上，欧洲央行对经济实力产生了错误评估，连续两次加息，直到2011年秋季才开始逆转过程，又过了三年才最终得出结论——不宜将政策利率调至零，需要更有力的回应措施。欧元区在错误的时机采取了错误的政策排序。事后看来，应该预先清理银行资产负债表，并在开始宏观经济紧缩之前启动量化宽松计划。

第九，无论是在国内层面还是国际层面，金融危机都对社会契约造成了巨大损害，引发了后续严重的政治后果。金融危机造成的政治影响主要有两个：一是民众不再相信政府、政策机构和专家们的能力，这些机构失去了以前所享有的合法性，甚至于一些就算是经济学家认为是冒险的举措也有民众支持；二是北欧和南欧对危机的想法出现分歧。大多数北欧公民认为危机是财政轻率的结果，因此倾向于反对任何形式的风险共担。而大多数南欧公民则认为自己是政策制度不足的受害者，他们担心被要求进一步收紧政策，同时谴责北欧公民不团结的做法。这种对国家和欧洲的不信任是危机的主要产物，它使得寻求合作解决方案变得复杂而难以捉摸。

五　中美贸易问题

（一）美国经济政策

1. 奥巴马时期

奥巴马强力支持公平贸易，认为只有一个更公平的全球贸易市场才能促进全球化。但如果对方贸易国采用关税、补助、控制汇率等手段来保护自己，就一定要抵制这样的贸易行为。他认为美国应该提高本土的制造业，因为这样能够提高就业率。奥巴马支持能源的自主性，也就是说减少对国外能源，类似石油和天然气的依赖。然而，能源进口占据将近三分之一的贸易逆差，实行奥巴马的政策，需要通过使美元贬值来实现。①

奥巴马对布什政府的经济政策中最不满的是"零就业机会增长"：美国的经济在增长，但同时就业机会却没有增长。奥巴马希望能把就业机会作为重点来发展，自由贸易和平等贸易会在这里产生一些冲突，说到底是 GDP 和就业机会的增长冲突。另外，奥巴马也非常支持贫困地区的投资，增加少数族裔的贷款能力，提高全国的交通网络建设，这些方面的建设都与就业机会成长有关。另外，奥巴马支持可再生能源的利用以及科技创新，增加理工科的教育投资，这样才能稳固美国在科技上的领先地位。现有的资金和劳动力的转移对发展中国家有利，奥巴马的政策需要很大开销，但长期的收益将是不可估量的。

TPP 和 TTIP 是美国传统两洋战略在世界金融危机后的新内涵，是当前美国总体经贸战略的"一体两枝"，目的在于打造一个"跨

---

① 王虎、杨雪朋：《奥巴马经济政绩及经济政策评述》，《中国财政》2017 年第 2 期。

两洋"巨型经济板块。应对金融危机实现经济再起航、摆脱 WTO 机制的低效与束缚、遏制中国等新兴经济体的挑战构成美国"双T"战略的深层动因。TPP 和 TTIP 将以其内涵的"先进性"及规模的适度性引促世界经贸一体化新趋势,并为美国建造一个维系世界霸权的新高地,亦可能因此形成两个国际政治新阵营。"双T"战略的优势所基,美国经济社会发展的整体领先性是根本,策略上的深谋远虑亦十分重要。

(1) TPP 战略

跨太平洋伙伴关系协定(Trans-Pacific Partnership Agreement),是目前重要的国际多边经济谈判组织,前身是跨太平洋战略经济伙伴关系协定(Trans-Pacific Strategic Economic Partnership Agreement,P4)。是由亚太经济合作组织成员国中的新西兰、新加坡、智利和文莱四国发起,从 2002 年开始酝酿的一组多边关系的自由贸易协定,原名亚太自由贸易区,旨在促进亚太地区的贸易自由化。TPP 与 WTO 不尽相同。它从传统、单一、狭义的贸易协定拓展成为现代、广义、综合的贸易协定。除了经济元素以外,TPP 包含了许多非经济元素。TPP 成员不仅要受到贸易机制的制约,而且还要受到法律法规、社会团体、生态环境、商业模式和公众评判等制约。这可以说是西方国家对于"自由贸易"的全新注解,是整体、多层次发展的自由贸易新模式。

2009 年 11 月 14 日,奥巴马宣布美国将参与 TPP 谈判,强调这将促进美国的就业和经济繁荣,为设定 21 世纪贸易协定标准作出重要贡献。与此同时,秘鲁、越南和澳大利亚也宣布加入谈判,由此实现了 P4 向 P8 的转变,影响随之扩大。

2010 年 3 月 15 日,跨太平洋伙伴关系协议首轮谈判在澳大利亚墨尔本举行。参与谈判的共 8 个成员:美国、智利、秘鲁、越南、新加坡、新西兰、文莱和澳大利亚。此次谈判涉及关税、非关税贸易壁垒、电子商务、服务和知识产权等议题。美国较为强调的内容包括推动清洁能源等新兴行业的发展，促进其制造业、农业以及服务业的商品与服务出口，并强化对美国知识产权的保护。

TPP协议条款超过以往任何自由贸易协定。既包括货物贸易、服务贸易、投资、原产地规则等传统的FTA条款，也包含知识产权、劳工、环境、临时入境、国有企业、政府采购、金融、发展、能力建设、监管一致性、透明度和反腐败等亚太地区绝大多数FTA尚未涉及或较少涉及的条款。

迄今中国尚未加入TPP。从短期看，TPP或对中国的对外贸易形成某种程度的冲击，但从长期看，在经济全球化的大背景下，任何一个多边贸易安排都无法将非协定国家和地区排除于国际贸易体系之外，否则其自身发展将受限。

（2）TTIP战略

跨大西洋贸易与投资伙伴协议（TTIP）即美欧双边自由贸易协定，议题涉及服务贸易、政府采购、原产地规则、技术性贸易壁垒、农业、海关和贸易便利化等。该协定将不仅仅涉及关税减免，更重要的是削除非关税贸易壁垒，让欧美市场融为一体，包括相互开放银行业、政府采购等，统一双方的食品安全标准、药品监管认证、专利申请与认证、制造业的技术与安全标准，并实现投资便利化等。欧美期待此举能为各自的经济注入活力。

2013年6月17日，欧盟委员会主席巴罗佐和美国总统奥巴马在英国北爱尔兰西部厄恩湖举行的八国集团峰会期间宣布，欧盟与美国正式启动双边自由贸易协定谈判。

2013年7月12日，美国与欧盟在华盛顿展开"跨大西洋贸易和投资伙伴关系协定"（TTIP）首轮谈判。据悉，美欧双方已初步确定TTIP的谈判框架，将包括农业和工业产品市场准入、政府采购、投资、服务、能源和原材料、监管议题、知识产权、中小企业、国有企业等20项议题。

2013年11月11日至15日，欧盟与美国在布鲁塞尔展开"跨大西洋贸易和投资伙伴关系协定"（TTIP）第二轮谈判。双方着重讨论了投资自由化、服务业开放和监管一致性等话题，但并未取得实质成果。双方旨在寻找共识领域从而为接下来的几轮谈判做好准备。欧美第二轮自贸谈判"虚"多"实"少。

2013年12月20日，美国与欧盟在华盛顿结束为期5天的"跨大西洋贸易和投资伙伴关系协定"（TTIP）第三轮谈判。第三轮自贸协定谈判几乎涵盖了TTIP涉及的所有领域，包括市场准入、政府采购、投资、服务、监管一致性、知识产权、国有企业等。欧盟委员会发表声明说。第三轮谈判结束标志着TTIP谈判已完成"初始阶段"。

2014年3月10日，欧盟与美国在布鲁塞尔开启新一轮自贸谈判——"跨大西洋贸易和投资伙伴关系协定"（TTIP）第四轮商谈。来自美国的100名谈判代表与欧盟的对应代表将进行为期一周的谈判，在市场准入、监管规则和贸易规则取得稳步进展。在市场准入方面双方主要讨论了关税、贸易服务和政府采购；在监管规则方面探讨了提高监管一致性、技术性壁垒、卫生与植物检疫措施；贸易规则方面则主要在可持续发展、劳工与环境保护、能源与原材料贸易、海关与贸易便利化等方面取得突破。

2014年5月23日，美国与欧盟在华盛顿结束为期5天的"跨大西洋贸易和投资伙伴关系协定"（TTIP）第五轮谈判，双方就关税、投资与服务、政府采购和减少监管差异等议题进行了充分讨论，但并未取得实质性进展。

2. 特朗普时期

美国总统特朗普竞选时表示"经济投降的时代终将结束，美国将再次经济独立"。"TPP对美国制造业将是致命打击，会把美国的市场向货币操纵国开放。""该协议可能会成为我们国家的一大灾难。我会就我们打算退出TPP的意愿发出通知。相反，我们将开展磋商的，是能够让工作岗位和产业重新登陆美国的、公平的双边贸易协议。"①

2017年1月20日，美国新任总统唐纳德·特朗普就职当天宣布从12国组成的跨太平洋贸易伙伴关系协定（TPP）中退出。2017年1月23日，特朗普在白宫签署行政命令，标志美国正式退出跨太平洋伙伴关系协定（TPP），特朗普政府将与美国盟友和其他国家发掘双边贸易机会。

TPP的失败在于它是一个为政治利益集团服务的协定，而非致力于成员国民众的福祉。"这份迄今不能公开的协定是西方大国贸易巨头和利益集团的特权化身，其他成员国的贸易一旦不符合它们的心意就会被诉诸它们预先设定好的法律。真正的贸易协定应当基于每一个国家的相互尊重，基于经济的可持续发展。"②

（1）美国优先

以本国经济优先为核心，致力于提升经济增速，并为美国蓝领阶层提供更多的工作岗位。2008年美国次贷危机爆发后，美国经济增长"V"形反弹后持续在低位徘徊，陷入复苏动力不足的泥潭，因此，重振经济成为特朗普政府的最大目标，其财政政策、产业政策、金融监管政策及对外贸易政策均围绕这一目标进行，加快基础设施建设、全面减税、奉行贸易保护主义、重振制造业等具体措施——奉行了本国经济优先这一根本宗旨。

特朗普签署了一系列以减少美国贸易逆差为目标的行政令：2017年3月31日，特朗普签署行政令，要求美国商务部与美国贸易代表、其他政府机构领导人协商，在90天内提交有关美国贸易赤字的报告，并于5月18日举行公开听证会；除此之外，在另一份行政令中，特朗普要求确立一个保障正确收缴反倾销和反补贴税

---

① 韩召颖、吕贤：《特朗普政府经济政策的制约因素与前景探析》，《国际论坛》2019年第5期。

② 凌朔、林昊：《TPP"画饼"让东南亚五味杂陈》，《经济参考报》2016年11月23日第01版。

的计划；4月29日，特朗普签署了两项关于贸易出口的行政令，其一是要建立由彼得·纳瓦罗（Peter Navarro）管理的贸易和制造业政策办公室（OTMP），其二是指示商务部和美国贸易代表审查现有贸易或投资协议，将终止"有损于美国经济、企业、知识产权、创新效率及美国人民利益"的贸易或投资关系。

（2）政府干预

对美国国内经济活动进行目的性极强的选择性干预。一方面，特朗普政府试图通过税收激励并降低财政补贴力度的方式来加强对企业经济活动的引导，试图刺激经济增长并创造就业岗位；另一方面，特朗普时常批评耶伦掌管的美联储货币政策，试图挑战美联储货币政策的独立性，让货币政策为政府的财政政策与产业政策服务。此外，特朗普政府还试图干预汇率政策来缓解美国的对外贸易失衡。

汇率工具也是特朗普政府实施贸易政策的惯用手段。如果一国被美国列为"汇率操纵国"，美国财政部将逼迫其在汇率制度、币值稳定、资本管制等领域展开谈判，若对方未做出让步，美国将采取一系列制裁措施，例如限制该国的海外融资、将其从政府采购清单中剔除、征收高额关税等。2017年1月31日，特朗普在出席美国几大制药企业负责人见面会时，指责日本几年来搞货币竞争性贬值；此后，白宫国家贸易委员会主席纳瓦罗（Peter Navarro）在接受《金融时报》专访时将矛头转向德国，批评德国政府以"币值低估"的欧元"剥削欧盟其他国家和美国"，从而保持在对外贸易中的优势地位。2月15日，特朗普过渡团队经济顾问谢尔顿（Judy Shelton）在《华尔街日报》上撰文指出"相关国家长期操纵汇率，导致美国无法开展公平竞争"，"汇率操纵问题是当前全球贸易体系面临的最大挑战"，并提议"创建一套基于货币主权和秩序的通用规则，让各国自愿加入那种不允许汇率操纵行为的贸易协定"。

（3）逆全球化

崇尚贸易保护主义与民粹主义，抛弃多边主义，挑战全球化。一方面，特朗普政府试图扭转美国长期存在的贸易赤字，且不惜以抛弃从前承诺的国际责任为代价。另一方面，特朗普政府将国内经济运行问题复杂化、外部化、政治化，试图通过寻找替罪羊（例如中国、德国、日本等）来转移国民对本国政府的怨气。

特朗普上任后，美国的贸易政策发生很大转向，奥巴马时代的贸易政策几乎全部被废除。特朗普对外贸易政策的核心逻辑之一即为放弃多边主义的贸易协定、回归双边主义谈判：特朗普上任后的第一天，就立即履行竞选时的承诺，签署行政令，宣布美国退出跨太平洋伙伴关系协定（TPP）；2017年4月28日，美国商务部部长罗斯（Wilber Ross）提出对WTO贸易协议进行整体评估；4月29日，特朗普发布两项行政命令，其一为"解决贸易协定中的违约和滥用"，并指示对所有与美国有贸易或投资协定的国家和国际组织进行"表现评估"，其二是设立"贸易及制造业政策办公室"，目的在于维护和服务国内的制造业，以缩小贸易逆差；2017年7月，英美贸易协定、美韩自由贸易协定的修改被提上议程；美国贸易代表办公室随后宣布于2017年8月16日开启北美自由贸易协定（NAFTA）的重新谈判。特朗普政府对外贸易政策的核心逻辑就是不断"敲打"主要贸易伙伴，实行贸易保护主义。特朗普旨在改变其眼中"不公平的贸易秩序"，倡导其追求的"公平贸易"。

3. 经济政策变化

用一个比喻解释：奥巴马是蓄水养鱼，然后放长线钓大鱼；特朗普是抽水下网，大小不分捞鱼。双方的利益一致，都是为了"鱼"。奥巴马执政时，比较照顾盟友的面子和利益，在世界事务大是大非面前，奥巴马比较能听取或参考盟友的意见，盟友也与他的美国政策基本保持一致。奥巴马的经济政策，纠集盟友蓄水养鱼，然后满世界放长线钓大鱼。在共同责任与义务面前，奥巴马比特朗普的"责任心"强，如签署《巴黎气候协定》，共同对付全球气候变化；签署《伊核协议》，限制伊朗核扩张等。奥巴马考虑的主要是维护美国威信，保护美国的领导地位。在国际经济领域，比较遵守互惠互利。凡此种种，实际上考虑的是美国长远战略利益。

特朗普采用的是实用主义，不管长期利益还是短期利益，尽快收获利益才算囊中利益。特朗普上台，凡属不利美国的、需要美国出钱的项目、协定，一律"退群"。如退出《巴黎气候协定》、国际人权组织、《伊核协议》、"TBB"，废除奥巴马医改法案，等等。特朗普可不管什么国际责任和义务以及美国的威信与领导地位，更不管什么盟友不盟友，反正美国不能吃亏上当。他一系列"退群"之后，又构筑经济堡垒，发动关税战争。为了美国的经济利益，不惜与盟友撕破脸皮，为的就是"抽水捞鱼"，全面落实美国优先。特朗普的经济政策短期内能够收到一定效果，从长远看是正在出卖美国的信誉，削弱美国的领导地位，为美国的发展埋下隐患。这种短视，必然损坏美国的长期利益。中国有俗话："人无远虑，必有近忧。"预测美国特朗普的经济政策，三年后会尽显弊端，经济倒退必将发生。①

（二）美国对外贸易摩擦

1. 日美贸易摩擦（20 世纪 80 年代）

进入 20 世纪 80 年代以后，日本的贸易顺差和美国的贸易逆差都分别高居世界榜首，且随着时间的推移还在不断增大。1984 年美国对外贸易逆差首次达到 1000 亿美元以上，在 GDP 中占比达到 2.8%。1986 年美国对外贸易逆差扩大至 1450 亿美元，在 GDP 中占比达到 3% 以上（3.2%），其中日本是美国最大的逆差来源国，

---

① 赵硕刚：《2018 年美国经济形势分析及 2019 年展望》，《产业创新研究》2018 年第 11 期。

当年对日贸易逆差占美国全部贸易逆差的近四成（38%），最高时甚至达到一半以上（1991年，56%）。

在这一背景下，80年代美日贸易摩擦不断，有时甚至比较剧烈，但是日本因为在外交上对美处于从属地位，美国主要的要求基本上全为日本所接受。概括起来主要包括：（1）要求日本主动减少对美出口；（2）要求日本更多地购买美国产品，提出日本应接受美国柑橘、牛肉、汽车零件的进口；（3）要求加强对日本建筑业、金融业、通信业等的市场参与；（4）要求日元升值，1985年美、日、德、法、英五国达成"广场协议"，引导美元对主要货币有序贬值，此后短短几年内，日元对美元升值50%以上；（5）美国甚至还提出，因日本的经济体系缺乏效率，且对外国产品的进口管制过于严格，因此应该进行大幅度的改革。①

就行业而言，汽车行业成为美日贸易摩擦的焦点。以1988年为例，美国是日本最大贸易伙伴，占日本进出口总额比重高达34%，日本对美国出口中，机械、电气设备和交通运输设备占出口总额的近80%，是日本对美国出口的主要产品。汽车产业作为日美贸易中逆差贡献最大的产业，也是当时贸易摩擦的焦点，美日贸易战对其影响巨大。美国要求日本先后实施了对美汽车出口限额、扩大日本市场对美国汽车企业开放等措施。此后，美国本土生产的日本汽车数量在总出售给美国的日本汽车数量中的比重不断上升，1986年占比不到15%，而在1994年却接近60%。日本汽车企业加强在美国生产线布局，生产线向美国转移，生产趋于本地化。

2. 中美轮胎特保案（2009年）

2008年金融危机席卷全球，经济的衰退激发了贸易保护主义倾向，在此背景下，中美贸易摩擦不断增加，其中最具代表性的事件是"中美轮胎特保案"。以下为整个摩擦的经过：2009年4月，美

---

① 方晓霞：《20世纪中后期日美贸易摩擦及其应对》，《中国社会科学报》2019年6月12日。

国钢铁工人联合会向美国国际贸易委员会（ITC）提出对中国输美商用轮胎的特殊保障措施申请。6月29日ITC以中国轮胎扰乱美国市场为由，建议美国在现行进口关税（3.4%—4.0%）的基础上，对中国输美乘用车与轻型卡车轮胎连续三年分别加征55%、45%和35%的从价特别关税。7月17日，美贸易代表与中国政府就ITC提出的特保措施进行磋商。8月3日，中国橡胶工业协会组成代表团，赴美进行沟通。8月17日，商务部副部长钟山率团赴美，就轮胎特保案与美国有关部门交涉。9月11日，美国总统奥巴马宣布将对中国出口乘用车和轻型卡车轮胎连续三年加征关税，税率分别为第一年35%、第二年30%和第三年25%。9月26日，美国海关开始对中国输美轮胎加征关税。①

持续了将近半年的"中美轮胎特保案"随着奥巴马宣布实施特保措施而尘埃落定，而该贸易保护政策的负面影响开始逐步显现。美国是中国轮胎出口的主要市场之一，2008年中国向美国出口轮胎7605.24万条，占中国轮胎出口总量的24.35%。2009年9月，美国对华出口轮胎施加高额关税后，中国对美国的轮胎出口量大幅下降，从9月的出口量720.9万条猛跌至10月384.7万条的历史低点，同比下降46.6%。10月我国轮胎出口总量也随之下降，同比降低19.5%，对轮胎出口企业造成冲击。

为缓解美国贸易保护政策对我国轮胎出口造成的影响，我国逐步开拓新兴市场，扩大对俄罗斯、巴西、墨西哥等新兴经济体及中东地区的轮胎出口量。以俄罗斯为例，2010年我国对俄的轮胎出口整体呈上升趋势，全年平均月度增长率为13.3%。新兴市场的开拓缓解了美国市场萎缩带来的负面冲击，使得我国轮胎总出口量在短暂下降后逐步回升，并且在轮胎特保政策实施期间，轮胎出口金额仍旧能够维持震荡上升趋势。这说明积极开拓新兴市场，是应对大

---

① 韩静静：《"中美轮胎特保案"的分析及启示》，《法制博览》2017年第19期。

国贸易保护主义的有效方法之一,为当前缓解国家间贸易摩擦提供可行途径。

除此之外,为应对美国轮胎特保措施,我国启动WTO争端解决程序,但WTO贸易争端解决程序作出裁决至少要一年,如果美国再上诉,可能会拖两到三年,而特保措施的有效期是三年,此时中国很有可能已经丧失了美国市场。于是,我国针对美国实行反制措施,2009年9月13日,我国政府对原产于美国的部分进口汽车产品和肉鸡产品启动反倾销和反补贴立案审查程序。2009年我国对美国进口汽车数量的增长率下降13%,进口金额增长率下降35%,实现了一定的反制裁效果。此次双反措施在中美贸易博弈中起到一定作用,在短期内能够保护本国贸易,但并不能从根源上解决贸易摩擦问题,贸易保护主义在长期内对双方经济都将产生负面影响。

3. 美欧贸易摩擦(2018年)

国际金融危机后,全球贸易"黄金期"结束,贸易额减少,经济发展环境的不确定性进一步限制了全球贸易的发展,加剧了美欧之间对国际市场的竞争。2018年3月上旬美国总统特朗普宣布计划对来自欧洲的进口钢铁和铝产品征收25%和10%的关税。作为反制手段,欧盟予以坚决回应,宣称可能对美国多个标志性产品征收关税。随后,3月22日,美国对欧盟、澳大利亚、加拿大等经济体的钢铁和铝暂时豁免关税,有效期至2018年5月1日。在此期间,美国将与被豁免的经济体协商应对全球钢铝产能过剩问题的方法。

美欧长期保持着重要的经贸关系,进出口以工业产成品为主,双边贸易额占全球贸易额的近三分之一,双边投资额近3万亿美元。总体来看,美欧贸易保持平稳增长,结构相对稳定并呈现多样性特征。美国是欧盟的第一大贸易伙伴,欧盟是美国除中国以外的第二大贸易伙伴。2017年,美欧间的贸易额达6310亿欧元,约占欧盟进出口总额的16.9%,占美国货物贸易额的20%。在进出口结构方面,美欧贸易以工业产成品为主,机械与运输设备、化学及相关制成品位居双方进出口的前两位，初级产品的贸易较少。欧盟与美国的消费水平较高，消费偏好更趋多样化，从而进一步促进了贸易多样化发展。

美欧贸易存在合作与竞争的双重关系，近期贸易摩擦增多的原因主要有：

一是美国对欧盟持续的巨额逆差。美国对欧盟近些年来处于持续的贸易逆差状态，并且差额较大、增速较快，成为贸易摩擦主要的原因。在这种情形下，作为顺差方，欧盟主要是贸易摩擦的应对者，美国则成为贸易摩擦的发起方。德国是欧盟中外贸总额最高的国家，在此次贸易摩擦中面临较大压力。

二是从工业产成品到高科技产品的竞争升级。美欧贸易以产品贸易为主，决定了双方的竞争关系。21 世纪以前，美欧贸易竞争集中在传统的工业领域，钢铁是核心争夺点。美国政府曾依据"201 条款"对进口钢材征收 30% 的关税，随后遭到欧盟反制，互征关税并采取进口配额等制度，直至 2003 年才结束贸易战。21 世纪以来，世界工业重心向高科技领域转移，美欧在计算机、通信、软件、航空工业等领域存在较为激烈的竞争。美国高科技的成果令人瞩目，苹果、微软、谷歌快速崛起，在电子、软件等方面实现贸易顺差并获得领先优势。作为科技实力雄厚的地区，欧盟也推出了数字单一市场战略，打造科技中心，从而在诸多高科技领域的贸易中与美国产生竞争关系。

三是文化贸易与摩擦。美国是文化贸易大国，好莱坞、迪士尼等传媒巨头兴起后，欧洲传统文化受到"入侵"，美国大量输出电影、动漫文化，超级英雄电影、动作片、迪士尼动画等都在欧洲票房中占据了重要位置，奥斯卡等电影奖项也获得了欧洲各大媒体和公众的关注，这使得欧洲本土的文化产业受到挤压。美国文化贸易的输出，不仅获得了巨额收益，也扩大了影响力，以高度商业化、通俗性、流行性的文化改变着"传统精致"的欧洲文化，加剧了美欧在文化贸易领域的摩擦。

四是对国际市场的竞争。世界经济的多极化发展使美欧双方的贸易竞争更加激烈。跨国公司为追求最大收益将生产环节放在不同的国家和地区，将贸易模式从最终产品贸易推向中间产品贸易，国际分工由产业间分工转变为产业内的分工，生产链条被最大限度细分，全球产业链的这一变化使得广大发展中国家获得了更多参与全球经济发展的机会。随着发展中国家的兴起，贸易额的上升，占领了美欧的部分传统市场。特别是国际金融危机后，全球贸易"黄金期"结束，贸易额减少，经济发展环境的不确定性进一步限制了全球贸易的发展，加剧了美欧之间对国际市场的竞争。①

随着世界经济格局的变化，美欧的关系也开始发生变化，由从前的密切合作，转变为在合作中的竞争关系。一方面，美国企图分化欧洲。特朗普曾对英国"脱欧"给予积极评价，表示将迅速和英国达成贸易协定。另一方面，美国曾尝试用关税增加TTIP（跨大西洋贸易与投资伙伴协议）谈判的筹码。特朗普当选总统后宣布退出TPP（跨太平洋伙伴关系协定），也让奥巴马政府于2013年启动的TTIP谈判搁浅。近期，美国欲借关税豁免重启TTIP谈判。但是，欧盟方面则拒绝把关税豁免与重启TTIP谈判挂钩。在欧盟春季峰会上，欧洲理事会谴责美国的关税政策，认为这是在破坏世界贸易组织规则。

同时，美欧双方也存在一定的合作关系。一方面，美欧两大市场相互依赖，产业内、企业内贸易存在较多合作。另一方面，随着投资额的增加，母公司与境外子公司或境外子公司与母公司之间的贸易额占双边贸易额比例上升，美欧的跨国公司已经成为双边贸易的直接参与者与主体。贸易制裁是一把双刃剑，实施报复性措施也会损害自身的利益，两败俱伤。在当今全球经济一体化的进程中，

---

① 赵雪情：《哪些因素导致美欧贸易摩擦》，《中国财经报》2018年4月14日。

贸易摩擦没有绝对的赢家。

（三）中美贸易摩擦发展历程

1. 中美贸易摩擦不断升级

目前中美贸易摩擦不仅引发了全球投资者的关注，还激起了社会各界从不同角度分析和讨论的热情，世界两大经济体之间的贸易博弈，势必会对全球格局和世界经济产生重大影响。[①] 因此理性地分析和解读这场贸易战的起因、目的和后果是非常有必要的。

贸易逆差是所有贸易战的导火索，作为中国近代史开端的鸦片战争亦是如此。当时清政府虽然科技和工业实力远落后于西方发达国家，但是生产的各种丝绸、茶叶、瓷器在欧洲十分受欢迎，清朝源源不断地向欧洲输出这些商品，赚了不少白银，但由于闭关锁国，清政府拒绝从欧洲进口商品，自然双方之间积累了巨额的贸易逆差，中国对英国的贸易顺差每年都保持在两三百万两白银。清政府这种只卖不买的方式，导致英国人没有足够的白银购买商品，为了夺回流失的资本，英国人开始向中国走私鸦片。由于鸦片的输入，导致中英两国的贸易地位完全改变，据统计，在1820—1840年短短20年间中国流失的白银约在1亿两，贸易失衡使清政府的货币流通和经济发展几乎处于瘫痪的边缘。1839年6月，林则徐下令在虎门海滩当众销毁几百万斤鸦片，这无疑又堵住了英国的贸易侵略，英国以此为借口对中国发动了鸦片战争，这在一定程度上加速了中国进入半殖民地社会的进度。

两个大国之间的交往，贸易平衡是非常重要的。自中国2001年加入WTO以来，确实发展迅速，对外贸易总额不断增长。美国作为我国最大的出口国之一，自建交以来贸易增长非常迅速，1979年双方的贸易总额仅为25.4亿美元，2017年攀升到了5800多亿美元，增长了200多倍。当然发展的同时围绕着双方贸易失衡的问题

---

① 徐振伟：《美国对华贸易战的原因——基于前景理论的分析》，《天津师范大学学报》（社会科学版）2017年第4期。

而挑起的贸易摩擦也层出不穷，这种摩擦在特朗普政府上台以来不断升温，并于2018年正式升级成"贸易战"。回顾2018年，中美双方在贸易问题上经历了长时间的交手、协商、翻脸和谈判，并最终走入第二轮贸易战，美国的来势汹汹与中国的不甘示弱表明中美贸易战将会是一场持续性的、趋于常态的"战争"。2018年4月中美双方正式提出对对方进口的商品加征25%关税，并给出了详细的商品清单，美国的清单直指中国平板电视、医疗器械、航空零部件、新能源汽车等高端制造产品；而中国的清单主要集中在农产品、汽车和化学制品。2018年5月，中国代表团为了维护互利共赢的双边经贸关系大局，赴美进行商业谈判，并发布了中美经贸磋商联合声明，中方也立即取消了对美国进口高粱的反倾销、反补贴调查，并返还之前征收的全部罚金。2018年6月，美方置已经达成的协议于不顾，正式批准对中国进口的500亿美元商品征税，其中340亿美元将于7月6日正式实施，并表示，如果中国继续报复性行为，将进一步对2000亿美元商品加征关税；作为反击，中国也与6月15日宣布对美国进口的500亿美元商品加征25%关税。2018年7月，中美双方340亿清单正式实施，贸易摩擦也正式升级成了贸易战。随后美方继续宣布将对中国进口的2000亿美元商品加征10%的关税，后改成25%，这2000亿美元的商品基本覆盖我国对美出口的所有商品大类。2018年8月，中美双方160亿清单正式实施，中方宣布对美进口600亿商品加征5%—25%的关税，中美贸易战进一步热化升级。2018年9月，美方宣布自9月24日起将对从中国进口的价值2000亿美元商品加征10%的关税，并从2019年1月1日上升到25%；作为反击，中国宣布对自美进口的600亿美元的商品加征10%的关税，并从2019年1月1日上涨到25%，中美贸易战正式进入到第二轮。特朗普表示，如果中国进一步报复，美国还有可能启动第三轮贸易战，对剩下的2670亿美元商品加征关税。美国挑起贸易战的表面借口有三个：双方存在巨大的贸易逆差、中国不遵守 WTO 承诺、中国通过不公正手段获得美国技术。①

2. 中美双方真的存在巨额贸易逆差吗？

美国挑起中美贸易摩擦的一大借口是双方存在巨大贸易逆差，这可能会使一些人认为巨大的贸易逆差是美国发动贸易战的原因。根据美国商务部给出的数据，2017 年美国从中国进口商品 5055 亿美元，出口到中国的商品总额为 1299 亿美元，贸易逆差达到 3756 亿美元，的确是非常高的数字。并且从 1985 年开始，中美贸易剩余一直呈持续扩大的趋势，如果只看这个数字确实会让人相信中美贸易不平衡，美国完全处于劣势地位，但是我们应该客观理性地看待这个问题。

首先，双方统计数据存在差异，这是美国公布的数据，与中国海关公布的数据相差甚远，中国海关的数据显示，2017 年中国对美出口 4332 亿美元，进口 1552 亿美元，贸易逆差为 2780 亿美元；这中间的差异除了贸易统计方法不同之外，更多的是美国并没有统计服务贸易，在这一项上，美国有 500 亿美元的顺差；并且美方统计的数据中包含了转港贸易，将香港转口贸易额笼统计算在内。

中美双方统计的贸易额均不是该货物在本国的增加值。根据相关研究报告，在全球价值链下，中美产品已经基本做到美国产品有中国零配件，中国产品有美国零配件或设计，在价值链中，美国主要位于中高端，中国处于中低端，美国企业掌握着产品的设计、营销和核心制造，并从中赚取大部分利润，中国一般只承担低技术含量的组装和制造。比如说一台手机，可能在美国设计，在东南亚生产重要零部件，最后送到中国来组装，再出口回美国，统计上将其都视为中国对美出口是十分不合理的，因为中国可能在中间只赚了 10 美元，可以说中美双方存在巨大的贸易逆差和利润顺差。

---

① 时海娜：《特朗普政府下的中美贸易摩擦》，《现代商贸工业》2019 年第 21 期。

中美贸易逆差是不可避免的，贸易应该是双方各取所需的过程，美国对我们的低端制造业有需求，我们则可以大量出口，我们对美国的高科技产品有需求，美国却不愿意卖给我们，自然会形成逆差。除此之外，美国从1980年以来一直保持较低的储蓄率，美国的投资额又是非常高的，经常会超出整个国家的储蓄额，自然需要其他资金进入来填补缺口，而中国一直都是一个高储蓄率的国家，很多经济学家都认为中美贸易之所以会形成如此大的逆差与两国储蓄率水平差异有直接的关系。并且美元作为一种世界性结算货币必定会使美国保持对其他国家的逆差，不然其他国家通过什么方式来获得美元进行交易呢？

忽视了直接投资带来的贸易，随着全球化的进行，产业和贸易方式也在不断全球化，再用传统的贸易方式来衡量双方的贸易地位难免有失公平。很多美国子公司在中国建厂销售，如现在随处可见的星巴克、麦当劳、肯德基，他们在中国销售，利润流回美国，却不计入美国对中国的出口，这显然也是不合理的。所以，在全球化的今天，随着国与国之间的投资关系越来越密切，各种外资、合资企业不断出现，我们很难算清楚一个国家对另外一个国家的真实贸易额是多少。美国商务部经济分析局（BEA）提供的数据，能让我们大致估算两个国家的贸易关系，BEA定期会对美国在外的子公司以及其他国家在美的子公司披露公司经营的状况。我们挑选双方持有绝大多数股份的所有子公司（包含银行业）在对方国家进行货物贸易与服务贸易的销售额。数据显示，2015年美国子公司在中国的总销售额为3037亿美元，远远高于其直接向中国的出口；而中国子公司在美国的总销售额仅为215亿美元，双方直接投资销售差异2822亿美元，可以看出中美双方在投资销售上存在巨大的逆差。如果令总销售额＝出口额＋子公司销售额，则可以发现2015年美国的对中国的总销售额为4196亿美元，中国对美销售为5047亿美元，双方仅差距851亿美元，如果再加上美国对中国大约500亿美元的服务贸易顺差，双方基本保持了贸易平衡，根本不存在什么巨大贸易逆差。如果以净利润来估算双方贸易的地位，那恐怕是中国完全处于劣势地位了吧，这样看来，特朗普以中美贸易存在巨大逆差这一借口挑起贸易摩擦完全站不住脚，与其说两国在对外贸易上存在巨大逆差，不如说美国换了一种更高级的方式将产品卖给中国。

3. 中国违反 WTO 规定？

美国发起贸易战的另一个借口就是中国没有履行当初加入 WTO 时做出的承诺，中国到底有没有违反 WTO 的规则，这个我们很难拿着标准一一去评判，但是我们应该看到中国加入 WTO 后为全球贸易做出的积极改变。据统计，中国的总关税水平已经由 2001 年的 15.3% 下降到 9.8%，其中农产品的关税由 23.2% 下降到了 15.2%，仅为世界农产品平均关税的 1/4，远低于其他成员国的关税水平。截至 2005 年 1 月，中国就已经按照承诺取消了进口配额、进口许可证等关税措施并逐步放开外贸经营权。并且自 2004 年 7 月开始，中国对企业的外贸经营权由审批制改为备案登记制，极大地释放了外贸企业的活力；中国也在不断降低服务领域外资进入的门槛，取消了服务领域的数量和地域限制，不断扩大允许外资经营的服务领域范围，2017 年服务领域吸引外商直接投资的比例已经高达 73%。

反观美国，反而多次违反 WTO 的协议，阻止中国企业与美国企业之间的自由贸易行为，此次对中国出口商品加征关税更是违反了自由贸易精神，对本土企业实行贸易保护政策的同时要求中国全面放开市场。习近平主席曾指出："搞保护主义如同把自己关进黑屋子，看似躲过了风吹雨打，但也隔绝了阳光和空气，打贸易战的结果只能是两败俱伤。"自由贸易理论认为两个国家应该相互出口具有绝对优势的商品，进口处于劣势的产品，通过自由贸易促进全球资源的配置实现互利共赢，美国单边的贸易保护政策不仅会使本国相关产业陷入虚假"朝阳产业"的错觉,更会导致资源错配,资本的错误涌入。马克思和恩格斯对于自由贸易和贸易保护也曾进行过深入的探讨,马克思在《关于自由贸易的演说》中也曾说:"英国谷物法的废除是自由贸易在 19 世纪取得的最伟大的胜利……对外国谷物征收实行保护关税,这是卑劣的行为,这是利用人民的饥饿进行投机。"① 恩格斯在《保护关税制度和自由贸易》中认为,在国家起步阶段实行保护关税制度是有必要的,但是当国家发展到一定阶段只有实行自由贸易,巨大的生产力才能得到充分的发展。② 美国这样一个生产力已经发展到一定阶段的世界霸主着实没有必要对一个刚脱离温饱,正处于并将长期处于社会主义初级阶段的发展中国家实施贸易保护措施。

4. 贸易战到底意欲何为?

我们都知道美国挑起贸易战根本不是为了贸易逆差,根据分析也可以看出,中美之间不存在严格意义上的贸易不平衡,美国在双方贸易中得到不少好处,甚至说占尽便宜,用一堆纸换回了大量的实物资源。所以美国挑起贸易战的根本原因还是在于处于世界霸主的老牌资本主义国家对于正在崛起的社会主义国家的忧患与提防。"中国威胁论"这个词在美国精英阶层频频被提起,甚至从金融危机后,上升到了"中国恐惧论"。遏制中国发展是美国政府长期坚持的策略,从奥巴马政府的"亚太再平衡"战略到特朗普政府的"遏制 + 接触"战略,再到美国《国家安全战略报告》中正式将中国与俄罗斯都归为"修正"③ 主义国家,都表明了美国不再将中国视为一个纯粹的合作者,而正式将其放在一个挑战者和竞争者的位置。

中国自 2001 年加入 WTO 以后,确实以惊人的速度在发展,

---

① 《马克思恩格斯选集》第 1 卷,人民出版社 1995 年版,第 215 页。
② 《马克思恩格斯全集》第 28 卷,人民出版社 2018 年版,第 539 页。
③ "修正"即美国认为中国的发展将会"修正"美国一直以来主导的世界秩序,会动摇美国的价值观与利益观。

2010年更是超过日本成为世界第二大经济体，近几年的GDP也越来越逼近美国，这让很多美国人感到恐慌，明明几十年前还穷得吃不上饭的国家怎么就一跃成为世界第二大经济体了呢？反观历史上曾处于世界第二经济体的国家，都经历过"修昔底德陷阱"①，曾经的苏联被美国以经济制裁、石油、太空竞赛拖垮，后来处于世界第二大经济体的日本在20世纪遭遇了美国长达几十年的贸易战，也为此付出沉重代价。

中国目前的状态与日本当时是非常相似的，"二战"后，日本迅速崛起，并超越苏联成为世界第二大经济体（1977年日本GDP已经达到了美国的79.49%）与世界最大债权国。如今中国已经替代日本成为世界第二大经济体，2017年中国GDP总量已经接近12万亿美元，约为美国GDP总量的62.84%，同时是美国最大的债权国。所以美国对中国发起贸易战是不令人意外的，中国已经让它感受到了威胁，贸易战只是手段，最终它想达到的目的一定是遏制中国的发展，尤其是中国的中高端制造业的发展，如同当年遏制日本半导体的发展一样。在美日贸易战过程中，也发生了一起与"中兴事件"相似的事件，称为"东芝事件"，因为东芝违反规定联合挪威向苏联出口机床，遭到美国的制裁。日本向苏联出口的那四台机床当然不是苏联技术进步的根本原因，这只是美国借机打击日本半导体发展的一个绝佳契机，所以"东芝事件"最终以日本主动让出半导体市场达成和解。而达成和解的后果就是日本几乎失去了整个半导体市场，1985年全球半导体十强公司中，日本占了一半，到2005年，全球半导体十强公司中，日本还剩3家，2016年就只剩下了江河日下、寻求出卖的东芝。当然，"中兴事件"最后也以和解告终，虽然付出的代价没有日本那么沉重，但此次"中兴事件"除了给中兴公司本身带来毁灭性灾难，也给正高速发展的中国信息

---

① "修昔底德陷阱"，是指一个新崛起的大国必然要挑战现存大国，而现存大国也必然会回应这种威胁，这样战争变得不可避免。

技术行业沉重一击。

表3　　　　　　　　　"中兴事件"与"东芝事件"对比

	东芝	中兴
导火线	违反规定，联合挪威向苏联出口机床	涉嫌违反美国对伊朗的出口管制
处罚措施	罚款150亿美元； 对美出口加征100%关税； 完全禁售东芝对美出口商品5年，并关闭在美工厂	罚款8.9亿美元； 开除四名高管，并对35名涉事员工进行处罚； 禁止美国所有公司向中兴销售零部件长达7年
和解条件	花费1亿日元在美50多家报刊上刊登"谢罪广告"； 对相关责任人员进行判刑； 日本半导体产业自主限制对美出口； 放缓半导体的研发之路； 保证美国半导体在日本市场份额达到20%以上	30天内更换董事会和管理层； 10亿美元罚款和4亿美元押金； 接受美方选派的助理合规官，长达10年

中美、日美贸易战中高度的重合性让人很难相信美国这次贸易战不是为了遏制中国的发展，中国前20年依靠低端制造业打开国际市场，占领了全球市场，如今正面临产业转型升级，从中低端制造业向中高端制造业进行过渡，这让美国人感到恐慌，他们害怕中国制造业再一次席卷全球，触动他们的乳酪。① 因此贸易战中美国主要针对的就是中国高端制造业，"中国制造2025"主要瞄准新一代的信息技术、高端装备、新材料、生物医药等十个重点领域，主要集中在高端装备制造。在第一轮贸易战中，美方的500亿美元商品清单主要集中在信息科技、电子产品、航空航天、汽车制造、机械设备制造和医疗设备上，都属于"中国制造2025"的范畴。在后续谈判的过程中，美方提出以下条件：（1）要求在2020年将贸易顺差缩窄2000亿美元；（2）停止对"中国制造2025"相关行业的补贴；

---

① 张茉楠：《"贸易战"不会改变中国既定战略方向》，《金融与经济》2019年第5期。

（3）要求所有商品的关税降到不高于美国的水平；（4）取消对在华经营的外国公司投资限制条款；（5）于2019年1月1日前停止有关知识产权的特定政策和做法等。美国的这些做法可以看出，特朗普政府是不愿意看到中国制造业强大的，同时希望中国政府放开市场，促进自由贸易。这种策略是完全不对等的，美国对中国发展的遏制之心昭然若揭。[1]

---

[1] 财政部、发展改革委、农业农村部、商务部、中国人民银行：《关于发布中美第一阶段经贸协议的公告》，http://www.xinhuanet.com/finance/2020-01/16/c_1125469261.htm，2020-01-16。

如何正确认识国际金融危机以来的西方社会动荡

刘志明

2008年以来，由美国次贷危机引发并蔓延整个欧美、波及全球的国际金融危机，是资本主义基本矛盾在经济全球化条件下的一次集中爆发。受危机影响，世界主要资本主义国家经济持续低迷，增长乏力，时至今日经济下行的阴影仍挥之不去，由此带来了大量的失业和其他严重的社会问题，以"占领"运动为代表的群众性示威和罢工运动在欧美主要资本主义国家此起彼伏，以及英国骚乱、法国"黄背心"运动和德国难民危机的出现，对资本主义发展进程和世界社会主义运动产生广泛而深远的影响。由此人们开始思考这样一些问题：曾经风光无限并"满怀信心"地宣布要"终结历史"的资本主义制度出了什么问题？金融危机以来西方社会动荡对于现今的社会主义运动又有着怎样的意义和启示？

一 国际金融危机后西方社会动荡系列事件

（一）希腊骚乱

希腊骚乱开始于2008年12月6日，一名15岁青年亚历山大·格里戈罗普洛斯，在雅典伊哈瑞亚区被警方的流弹击毙，事发时约三十名青年与警方发生争执，青年在街上烧车，破坏商店橱窗，又袭击警车。有报道称，警方自我防御时，误杀该青年。有目击者表示，警方当时瞄准青年胸膛开枪。验尸结果则显示，少年死于反弹的子弹。当局已将涉案的两名警员停职扣查。

对峙随后升级为全雅典的骚乱和抗议行动。数百青年使用燃烧瓶攻击防暴警察并损毁物品。后来，骚乱进一步升级，工会发动全国大罢工，航空交通及医疗服务受到影响。多个城市也开始发生骚乱，包括希腊第二大城市塞萨洛尼基、旅游胜地克里特岛和科孚岛等地。

希腊的反政府示威和骚乱，更是进一步蔓延至欧洲其他城市，西班牙、丹麦和意大利等均有青少年上街到处捣乱和破坏，发泄对经济衰退及失业率高涨的不满。西班牙、丹麦和意大利有示威者破坏商店玻璃，袭击警察和银行，而在法国的波尔多，更有滋事分子在希腊领事馆门外放火烧车。此外，荷兰海牙、俄罗斯莫斯科及美国纽约亦有希腊人上街抗议。

（二）美国"占领"运动

2011年9月17日，这一天是美国宪法日，通过互联网组织起来的上千名示威者聚集在美国纽约曼哈顿，试图占领华尔街。示威组织者称，他们的意图是要反对美国政治的权钱交易、两党政争以及社会不公正。2011年10月8日，"占领华尔街"抗议活动呈现升级趋势，逐渐成为席卷全美的群众性社会运动。在不到一个月的时间里，"占领华尔街"运动以极快的速度从纽约蔓延至华盛顿、波士顿、芝加哥、旧金山、巴尔的摩、奥克兰等地，甚至蔓延到美国境外。活动组织者开始在美国以外的国家的重要城市，包括捷克布拉格、德国法兰克福、加拿大多伦多、澳大利亚墨尔本、日本东京和爱尔兰科克，组织支持活动。亚洲的日本、韩国等地也都分别举行了各自规模不同的"占领"活动。

"占领华尔街"的抗议者主要来自中下阶层民众，其中很多人都没有工作。他们不仅抗议就业问题，而且抗议社会的不公。在华盛顿、洛杉矶、旧金山和丹佛等50多个大城市,示威者高举的标语牌五花八门,诉求的内容多种多样。示威口号主要包括"抗议美国政客只关心公司利益""谴责金融巨头利用金钱收买政治""呼吁重新夺回对美国政经决策的影响力"等。另外,环保、人权等也是此次运动的诉求内容。

(三) 英国伦敦"骚乱"事件

所谓英国伦敦"骚乱"事件是指2011年8月6日在英国首都伦敦开始的一系列社会骚乱事件。骚乱导火索是2011年8月4日在伦敦北部的托特纳姆,一名29岁的黑人男性平民马克·达根 (Mark Duggan) 被伦敦警察厅的警务人员枪杀,6日,约300人聚集在伦敦托特纳姆路警察局附近抗议警察暴行。晚间演变为暴力事件,100多名"青年"在夜色中焚烧警车、公共汽车和沿街建筑,切断交通,占领高速路,劫掠数十家店铺。2011年8月9日,骚乱扩散至伯明翰、利物浦、利兹、布里斯托等英格兰地区的大城市。从西方的报道看,骚乱分子将自己看成了革命者,他们打出了"均贫富"的旗号。一位名叫菲利普的28岁男青年说:"这是工人阶级的起义。我们要重新分配财富。"英国媒体也不断播放一位骚乱参与者的呼声,"我们不要暴力,我们要社会公正,我们要工作"。

8月10日,英国首相卡梅伦表示,伦敦的局势已经基本得到控制,政府正在采取更强有力的行动打击暴力骚乱。

(四) 德国难民危机

自2015年以来,受西亚北非等地区战乱局势的影响,大量难民涌入德国。德国联邦统计局估计,2018年净移入德国的人口数量(即移入超过移出的人口数量)达34万至38万人,移民似乎是在一定程度上解决了德国的人口危机。然而,事实却并不那么简单,德国也成了深受难民潮带来社会治安困扰的国家。

2018年,德国难民群体暴力事件频发。5月,在短短一周内发生两起难民集体袭警事件。8月底,一名德国男子在开姆尼茨被刺身亡，警方随后逮捕了分别来自叙利亚和伊拉克的两名嫌疑人。2018年年底，发生在巴伐利亚东部小城安贝格的一起事件震惊了德国社会：4名喝了酒的难民青少年周六晚在街上袭击路人，造成12人受伤。伤者中，最年轻的只有16岁。4名作案者来自阿富汗、叙利亚和伊朗，年龄最小的17岁，年龄最大的也只有19岁。这起事件也再次引发德国对难民群体暴力问题的关注。

事实上，自2016年密集发生多起难民暴力袭击事件以及性侵案后，具有极端主义倾向的难民带来的不稳定因素和安全威胁不断挑动德国人的敏感神经。一方面德国民众不断呼吁政府严查具有极端思想的难民，甚至对默克尔接纳难民的行为持全盘否定态度；另一方面，仇外情绪也不断在德国社会蔓延，莱比锡极右主义和民主制研究中心2018年11月公布的一项调查显示，在德国东部地区，持有仇外立场的人比例超过30%；在德国西部，该比例为22%。2017年，德国共发生2219起针对难民的袭击事件，造成313人受伤。

持续发酵的难民危机不仅造成德国社会的不断撕裂，还俨然成为欧洲极端民粹主义思潮、流派和政党抬头的诱因。在欧洲民族国家的层面上，难民问题导致选民基础发生急剧变化，选民分裂与对抗加剧、反伊斯兰化的团体势力正在壮大、反移民的极右翼政党迅速崛起，慷慨接纳难民的欢迎文化备受质疑，接纳难民的政治决策正在发生逆转。在欧盟的层面上，难民危机进一步加剧了欧洲联盟政治根基的脆弱性，让欧盟基本的价值理念如自由、平等、民主、人权以及国际条约的约束力遭受重大冲击，疑欧主义政党迅速崛起，某些国家的脱欧倾向明显，欧盟面临着解体的巨大风险。

（五）法国"黄背心"运动

从2018年11月中旬开始，法国接连爆发大规模示威活动，导火索包括民众对政府上调汽油及柴油税的抵制，以及铁路工人对特殊待遇被取消的不满。据统计，超过10万人走上街头，纵火等暴力冲突在抗议中发生,警方通过催泪弹和防暴水枪对示威者进行镇压。不少抗议者打出了"马克龙下台""马克龙是独裁者"等标语口号,因而法国政府更愿意将此认定为一场"政治阴谋"。产生如此严重的暴力骚乱,从表面上看是法国巴黎民众不满马克龙政府上调燃油税,其深层次原因是金融危机以来法国社会矛盾加剧、经济低迷、分配不公等问题所引发的群体性抗议活动,是法国民众对获得感缺失、失业率高企、普通民众生活水平下降等问题的强烈反应。这场运动最终引发巴黎50年来最大的骚乱,重创业已低迷的法国经济。虽然马克龙政府进行了全国大辩论,并宣布放弃上调燃油税、对最低工资收入者进行补贴,但并没有彻底平息这场运动,而且这场运动还波及荷兰、比利时、加拿大、以色列等国。

二 如何看国际金融危机以来的西方社会动荡

社会动荡是社会矛盾的集中反映。国际金融危机以来的西方社会动荡是西方社会矛盾的集中反映。西方社会矛盾有很多,但基本矛盾仍然是生产社会化与资本主义生产资料私有制之间的矛盾。西方社会动荡系列事件中的各种诉求,诸如美国"占领运动"的组织者布蕾·莱姆比茨宣称的,"我们组织这些抗议活动就是要告诉民众,美国目前的体制已经行不通了,必须找到解决的办法。我们的抗议就是要发出草根的声音,让社会来关注这些平日被边缘化的群体,并吸引更多人和媒体的参与";以及西方学界新闻舆论界的反思,诸如美国著名社会活动家大卫·德格瑞宣称的,"美国的民主党和共和党,还有三权分立的政治构架,已经被组织良好的少数经济精英收买了。严酷的现实是美国99%的民众,其权益根本无法得到政治上的代表";还如英国共产党总书记罗伯特·格里菲斯(Robert Grif-fiths)所指出的,资本主义政治是一种"财团政治","占领华尔街"表达了美国民众对政府的不满,表明他们已经理解由资本支持和控制的政府不可能是人民的政府，因而也不可能从根本上反映和代表广大人民的根本利益；又如德国《萨尔州日报》所宣称的，"自铁娘子撒切尔夫人以来，英国的社会制度被完全破坏了。蓝领阶层生活每况愈下，绅士精英们却高高在上，政府的政策为精英们服务。实际上，西方不少国家存在英国式的弊病，改革制度在社会问题的泥沼中越陷越深"，这些诉求和反思，无不清楚地告诉人们，西方的社会动荡实质上只是国际金融危机后西方社会基本矛盾非常激烈且日益无法调节和缓解的外在表现而已。导致贫富差距日益扩大、失业率高企的新自由主义政策、西方政府维护极少数人的应对金融危机之策、极右翼政党的抬头、民粹主义思潮、种族主义的重新泛滥等，都只是西方资本主义社会基本矛盾的外在表现形式，只是这一基本矛盾的这一方或另一方的表现形式而已。

资本主义这一基本矛盾什么时候激化，什么时候相对缓和，不仅取决于西方资本主义国家本身的经济发展，也取决于世界其他国家的经济发展。在西方国家经济整体日渐衰落和以新兴市场国家为代表的发展中国家经济整体日渐上升的大背景下，西方国家的社会动荡或许会成为一个新常态。正如西班牙《起义报》一篇文章评价英国骚乱时所说，它"是时代骚动的信号"。而且，可以预知，在西方国家的基本矛盾可以借由经济全球化而转嫁他国的形势下，其他国家并没有一条可以绝对防止社会动荡发生的"隔离带"。正如2011年8月16日孟加拉国《每日星报》一篇关于"伦敦并不遥远"的报道所称的，一周的伦敦骚乱是对英国"稳定天堂"形象的沉重打击。在滋生暴乱青年这个问题上，英国并非独一无二。全球经济衰退持续蔓延，环境日益恶化，人口爆炸，高度都市化的城市中心生活越来越复杂，贫富分化令人们焦躁不安，弱势群体承担着社会风暴的苦果。现在他们在伦敦闹事，谁知道下一场暴乱又在哪个国家的哪个城市？

表明国家和社会治理出了严重问题的社会动荡宛如一面镜子，

总能照出社会制度的种种弊端。"冷战"结束后，西方国家认为"战胜了共产主义危机"，曾一度陷入"历史终结"的"西方迷梦"中，西方的经济、政治、社会等制度甚至被奉为人类历史的"最高形态"，西方资本主义也被当作发展的"终级阶段"而顶礼膜拜。但是，国际金融危机后西方社会动荡等一系列残酷的现实打破了"西方神话"，西方国家"光环"正在不断褪去，西方资本主义制度的生命力受到广泛质疑。美国著名经济学家理查德·沃尔夫教授就认为，"占领华尔街"运动是数十年来首次有群众运动从总体上质疑资本主义，在美国影响巨大。应将当前的危机称之为资本主义危机，因为这是整个制度的危机：是华尔街和中产阶级的危机，是金融业和工业的危机，是出口和劳务市场的危机。① 国际金融危机以来，世界范围内更是出现了对西方资本主义经济制度、发展模式和民主政治制度与日俱增的批评。"占领"运动是对资本主义制度的抗议。

一些西方学者认为，西方的民主制度已经异化为对抗式的制度体系。曾提出"历史终结论"的美国学者弗朗西斯·福山在一篇题为"美国已成为失败国家"的文章中，对美国出现的各种乱象进行分析后指出，"问题的真正部分根植于美国社会的特质，部分根植于美国的制度"②。他认为，美国三权分立的民主政治体制确实变得功能失调了，这种功能失调或者说"政治衰败"，被他定义为组织完备的利益群体对政治权力的捕获，这些群体以牺牲更广泛的公众利益为代价，为谋求自身利益而扭曲体制。美国"政治衰败"的原因，在于美国民主政治体制加上两极分化和强大利益群体的崛起，结果就是他所称的"否决制"，即这样一种局面：特殊利益群体可

---

① ［美］理查德·沃尔夫：《欧美资本主义制度陷入全面危机》，德国《新德意志报》网站 2012 年 3 月 9 日。
② ［美］弗朗西斯·福山（Francis Fukuyama）：《美国已成为失败国家（America: the Failed State）》，英国《展望杂志（Prospect Magazine）》2017 年 1 月号。

以否决对他们有害的举措，与此同时，致力于公共利益的集体行动变得极难达成。在他看来，一个衰败的体制无法整饬自身，因为那些根深蒂固的利益和思维方式阻碍了改革。无独有偶，美国乔治城大学查尔斯·库普乾（Charles Kupchan）教授也曾撰文指出："自共和党2010年获得众议院控制权以来，党派对抗阻挡了几乎所有问题的前进步伐。促进经济增长的法案要么未获通过，要么被明显打折没有效果。移民改革和遏制全球变暖的立法甚至根本无法摆上桌面。无效的治理，加上日复一日的党派斗争，已经将公众对国会的支持率降至历史低点。"①

美国"政治衰败"使越来越多的美国人开始心生疑问：他们是否生活在政治体制最好的国度里。斯蒂格利茨就提出这样的问题："我们的体制真的像我们一直认为的那样对大多数人都好吗？"② 美国前劳工部部长罗伯特·赖克也说："35年前，绝大多数美国人认为，我们的民主政府是为所有人谋福利的，但是几十年后的现今，这种信心普遍地发生了动摇。现在，绝大多数人认为，政府由极少数大利益集团操控，是它们谋求私利的工具。其他民主国家的调查也显示出，公民对政府的信任和信心呈现类似的下滑态势。"③

世界对西方资本主义经济制度、发展模式也无不感到失望。受英国广播公司（BBC）委托，加拿大著名民调机构"全球扫描"和美国马里兰大学在2009年6月19日至10月13日对27国2.9万多人所做的调查完全可以佐证这一点。因为根据这一调查，"仅有11%的人认为资本主义在正常运行，而有23%的受访者认为资本主义存在致命弱点，世界需要新的经济制度。另有51%的受访者认为自由市场经济的资本主义系统需要规范和改革。而最悲观的是法国

---

① 转引自罗文东《西方国家民主权利和公民自由连续退步》，《人民日报》2017年8月6日第8版。
② 转引自吴铭《美国版GNH："美国状况"挑战美国现状》，《21世纪经济报道》2010年6月25日。
③ ［美］罗伯特·赖克：《被淹没的美国民主》，《环球视野》2010年7月15日。

人，有43%表示对资本主义经济制度完全失去信心，认为需要彻底抛弃"①。法国经济学家热拉尔·迪梅尼尔把西方的社会动荡看作"新自由主义这一不可持续的社会秩序的危机"。英国历史学家埃·霍布斯鲍姆则指出，"过去数十年里，人们以为市场可以解决一切问题，这在我看来更像是一种宗教信仰而缺乏现实性"②。英国学者迈克·约翰逊甚至认为，美国倡导的自由市场资本主义肯定会被抛弃。他说："西方出现对资本主义的不满情绪，说明资本主义确实出了很多问题……面对经济危机下的种种不确定性，唯一可以肯定的是，美国倡导的自由市场资本主义势必会被人们抛弃。"③

三 西方社会动荡对我们的启示

我们可以从国际金融危机以来西方社会动荡的系列事件中得到三点启示。

一是对国家治理的启示：要把稳就业和坚定不移走共同富裕道理作为确保社会稳定和国家长治久安的战略举措。西方社会动荡系列事件的直接诱因无外乎失业率高企和贫富差距过大。美国示威行动发起者、加拿大反主流文化杂志 Adbusters 主编凯利拉森直言不讳地说，"我们之所以发起本次抗议行动，是因为感觉美国已经到了必须改变的时刻。很多人失去了工作，无家可归，整个国家都在受伤害，而造成这些后果的那些人却置身事外，没有受到任何惩罚"。据统计，骚扰事件爆发前夕，英国16岁至24岁的年轻人中，失业人数将近100万，占该年龄段总人数的20%以上。这一数字是自20世纪80年代以来的最高点，而且近几年急剧增长，是3年前的

---

① 转引自宋鲁郑《比较政治：中国的一党制何以优于西方的多党制?》，新加坡《联合早报》网站2010年3月10日。
② 转引自吴易风《西方"重新发现"马克思述评》，《政治经济学评论》2014年第2期。
③ 转引自纪双城、青木、陶短房等《质疑资本主义声音在西方集中爆发》，《环球时报》2012年1月30日。

两倍。这一事实,使伦敦大学的约翰教授这样谈论如何解决英国骚扰的问题:"即使你把昨天上街的年轻人都关起来也解决不了问题。我们必须找出一种建设性的解决方法,让大家满意。"这种让大家满意的方法,就是解决年轻人的就业问题,让他们找到成家立业的途径。其实,年轻人就业问题和因年轻人失业而引发社会问题的也不仅是英国,法国、希腊、葡萄牙和西班牙等欧洲国家的青年因没有工作而上街游行的屡见不鲜。德国联邦统计局公布的最新调查数据显示,在27个欧盟国家中,15岁至24岁青少年的失业率为20.5%。在西班牙,青年的失业率高达50%;而希腊青年的失业率也高达38.5%。过去数月中,成千上万的西班牙和希腊青年涌上街头,表达对政府的不满。[1]

贫富差距悬殊无疑也是西方社会动荡的根源。2008年金融危机之后,美国社会贫富分化加剧,沦为贫富分化最严重的西方国家。2016年,美国1%的最富有人群拥有全国38.6%的财富,而普通民众的财富总量和收入水平在过去25年总体呈下降趋势。美国政府近年来推行系列刺激经济增长措施,但发展成果仅惠及富人,普通民众并未获益。正如联合国极端贫困与人权问题特别报告员菲利普·奥尔斯顿指出的,"美国政府以牺牲社会福利为代价,对大公司和富有阶层实施前所未有的大规模减税计划,该策略似乎是为扩大不平等而量身定制"[2]。美国人口普查的数据也显示,2017年美国有约4200万贫困人口,约占总人口的13.4%。超过500万全年从事全职工作的美国人年收入低于贫困线。[3]

关于"西方动荡对中国有何启示",《人民论坛》的一项调查显示,43%的受调查者选择"要更加注重社会公平,做大蛋糕更要切好蛋糕";20%选择"畅通社会上升渠道,尤其要关注社会下层

---

[1] 张兴慧:《英国伦敦骚乱引发的五个疑问》,《中国青年报》2011年8月16日第5版。
[2] 《华盛顿邮报》网站(https://www.washingtonpost.com),2018年6月25日。
[3] 《今日美国报》网站(https://www.usatoday.com),2018年10月10日和11月19日。

青年"。这说明我国民众已经理性地看到西方国家当前的动荡在很大程度上源于西方国家不断拉大的贫富差距，同时也表现了民众对我国当前贫富差距不断拉大的忧虑，及"分好蛋糕"的热切期待。①

二是对坚定道路自信的启示：同欧美一些国家受困于金融危机、债务危机、社会动荡相比，我国经济社会发展完全可以说是"风景这边独好"，这是我们坚定道路自信的最充分的理由。自改革开放以来，沿着中国特色社会主义道路，中国共产党全面推进幼有所育、学有所教、劳有所得、病有所医、老有所养、住有所居、弱有所扶，不断改善人民生活、增进人民福祉。全国居民人均可支配收入由1978年的171元增加到2018年的2.6万元。我国贫困人口累计减少7.4亿人，谱写了人类反贫困史上的辉煌篇章。教育事业全面发展，九年义务教育巩固率达93.8%。我国建成了包括养老、医疗、低保、住房在内的世界最大的社会保障体系，医疗保险覆盖超过13亿人。常住人口城镇化率达到58.52%。居民预期寿命由1981年的67.8岁提高到2017年的76.7岁。我国社会大局保持长期稳定，成为世界上最有安全感的国家之一。

对世界社会主义运动的启示：西方的无产阶级仍然是一个革命的阶级，社会主义在西方仍然具有吸引力，马克思主义仍然是解决资本主义社会问题的良方。毋庸讳言，"二战"后，随着资本主义的发展进入西方所谓的"黄金时期"，一些西方学者否认工人阶级的革命性，在他们中间，贬低工人阶级并声称它正日趋式微已成为一种时尚。国际金融危机以来的西方社会动荡则毋庸置疑地证明了西方工人阶级的革命性，因为这些系列事件，都有工会及广大工人阶级的参与。加拿大多伦多大学教授理查德·佛罗里达就说："伦敦的骚乱不只是关于年轻人、种族甚至民族，而是关于阶级以及阶

---

① 刘建、肖楠：《47%的受调查者认为西方衰落征兆已现——公众如何看待西方国家社会动荡》，《人民论坛》2011年第27期。

级之间对立的加剧。这股力量不是伦敦独有,也在全球许多大城市都发挥作用。"在谈到"占领华尔街运动"时,美国自由企业保卫中心执行副总裁阿诺德就不无忧虑地警告说,"美国的极端分子正计划数百个同时的暴力起义,试图推翻我们的资本主义制度,制造马克思主义式的革命"。

西方社会动荡其实也可以说是西方社会内部对西方资本主义的质疑。质疑资本主义声浪越高,也就必然意味着对"社会主义"信任度越强。确实,国际金融危机后,"社会主义"和"共产主义"思想在西方保留了强大的影响力。在希腊,一个名为"左翼激进党联盟"的组织正蓬勃兴起,尤其受到年轻人的拥戴。在西欧其他国家,随着经济危机的蔓延、反资本主义情绪不断高涨,广大共产党人敏锐地感知到"历史的风再次吹向了我们的风帆"!他们因而更加"坚信社会主义是实现真正、彻底的人民独立、保障工人阶级权益、结束资本主义破坏性危机的唯一途径",他们还纷纷表示"有决心为建立一个没有剥削和压迫的社会主义新社会而不懈努力"[①]。正是基于金融危机后欧洲社会主义值得乐观的形势,英国《新政治家》专栏作家尼尔·克拉克认为,随着新自由主义越来越遭到质疑,持有坚定的"反资本主义"态度的各色社会主义政党团体将获得越来越广泛的支持。

西方社会动荡无疑清楚地表明,广大人民对西方资本主义政府应对金融危机的举措极端失望。解决这一动荡问题,要么是各种所谓的"骚乱"事件被西方资产阶级政府强力镇压下去,要么是从马克思主义的著作中另寻他策。从马克思主义的著作中另寻他策,也就意味着再度兴起马克思热。事实也的确如此。国际金融危机后,西方国家越来越多的人重新对马克思和马克思主义思想感兴趣。马克思最杰出的政治经济学著作《资本论》的销量自 2008 年以来

---

① 参见李慎明《世界在反思:国际金融危机与新自由主义全球观点扫描》,社会科学文献出版社 2010 年版,第 67 页。

一直激增,《共产党宣言》《政治经济学批判大纲》也是如此。马克思的著作重新热起来,无疑反映了西方社会当前所面临的状况。"社会遇到的问题越多,就会有更多的人试图从马克思的著作中寻找答案。"①

---

① 转引自李慎明《国际金融危机现状、趋势及对策的相关思考》,《马克思主义研究》2010年第6期。

妥善应对美国挑起的中美贸易战

李慎明

当世界各国翘首企盼携手共渡国际金融危机难关、构建人类命运共同体之时,风云突变,美国当局在全球特别是对中国燃起贸易战的烽烟。妥善处理这场中美贸易战,是当前我国外交乃至其他各项工作中十分重要的工作,同时也是争得我国未来发展战略机遇期的基本前提。

一 如何从整体上看待中美贸易战

经过 40 年的改革开放,中美两国不仅经济深度融合,而且在其他方面也有着广泛的共同利益。正如习近平总书记所说:"中美关系是当今世界最重要的双边关系之一。两国在维护世界和平稳定、促进全球发展繁荣方面拥有广泛共同利益、肩负着重要责任。保持中美关系健康稳定发展,符合两国人民根本利益,也是国际社会的普遍期待。"①

在我国 40 年的对外开放过程中,美国从中国获得的各方面的利益,绝对不比中国从美国获得的少。所谓中国获利最大、最多,甚至说中国掠夺了美国,完全是美国各方资本刻意制造的谎言和假

---

① 《习近平会见美国贸易代表和财政部长》,《人民日报》2019 年 2 月 16 日。

象。他们企图以此为各自选战造势，并转移其国内愈发尖锐的种种矛盾，更是企图继续使用其他方式在中国攫取新的甚至更大的超额利润和利益。

中美贸易战是美国当局悍然发动的，中国仅是被迫应对和作有限的必要反击。美国当局发动的贸易战，与习近平主席代表中国政府多次提出的深受全世界绝大多数国家热赞的"共商、共建、共享"三大原则是完全相悖的。

美国当局发动的贸易战仅仅是企图"让美国重新伟大"即恢复美国在全球霸主地位的全球战略的序幕，更大的战略企图仍然隐藏在后头。美国当局发动的贸易战，绝不仅仅是经济战，更是政治战，是企图倒逼我国进行所谓的"结构性改革"，让我国改变和埋葬自己道路、制度、理论和文化的前哨战。我国主动推进的供给侧结构性改革等，是为了进一步优化产业结构，更好地满足人民群众的需求和经济社会发展的需要，这与美国企图诱导我国进行的"结构性改革"有着原则和本质的不同。美国当局绝不仅仅是对中国"开战"，同时也是向世界其他各国特别是各国人民"开战"。当然，对华贸易战是其重点。

在美国无论是共和党还是民主党、无论是军工体还是华尔街的主张没有本质区别，仅是代表其所在集团利益和策略手段有所不同而已；他们的手段会随着具体条件变化而随时改变，但他们的战略目的是共同的，并且从未改变。比如，他们近期又提出的所谓"巧竞争"策略，只不过是其软实力、巧实力等种种说法的又一个概念新变换，是为了更好地达到其称霸世界的目的。我们要充分认识他们之间的不同利益，并尽可能做好他们的工作，与其各党、各派寻求共同利益，但同时也必须记住马克思早就提醒过的："资本的每一个特殊部门和每一个资本家，都同样关心总资本所使用的社会劳动的生产率"；"我们在这里得到了一个数学一样精确的证明：为什么资本家在他们的竞争中表现出彼此都是虚伪的兄弟，但面对着整个工人阶级却结成真正的共济会团体"。①

从眼前看，中美贸易战必将影响甚至较大地影响中美两国乃至世界经济的发展，贸易战没有赢家，中美贸易战对我国也是坏事；但从长远和根本上看，这一"坏事"恰恰可以倒逼着我国背水一战，促使我国下决心在国内实施创新战略，对外实施"一带一路"倡议，使得中美贸易战成为我国争得新的发展战略机遇期的"强大外在动力"。毛泽东曾说过："'搬起石头砸自己的脚'，这是中国人形容某些蠢人的行为的一句俗话。"② 现在这个世界上，不是还有这样的蠢人吗？毛泽东还多次强调：坏事在一定条件下可以变成好事。如果美方一意孤行，执意把中美贸易战打到底，中国就要把原则的坚定性与策略的灵活性有机有效地结合起来，奉陪到底，最终受到伤害的极可能是美国当局，社会主义中国势必以更加崭新的面貌屹立于世界之林。这将是我们"道路、理论、制度、文化"这"四个自信"的对外延伸。

无论共和党还是民主党执政，中美之间都有一个长期的合作、竞争、博弈而本质上是较量的过程，绝不可能通过几次谈判就一劳永逸地解决问题，即使到2050年我国实现中华民族伟大复兴的中国梦之后，中美之间仍会有种种新的较量。在对中美之间这种合作、竞争、博弈而本质上是较量的时段的估量和准备上，宁肯长些，不要短了。这也正如毛泽东在论述相关问题时所说，这需要一个相当长的历史时期才能解决。当然，有时以合作为主，有时则以较量为主。在长期合作、竞争、博弈而本质上是较量的过程中，应坚持把原则的坚定性与策略的灵活性结合起来，避免犯"左"的或右的错误。

---

① 《马克思恩格斯选集》第2卷，人民出版社1995年版，第447—448页。
② 《毛泽东文集》第7卷，人民出版社1999年版，第315页。

二　正确看待和恰当应对当前中美贸易战的几对关系

（一）坚持原则与必要妥协

有同志认为，美国当局打响中美贸易战，已充分暴露了美帝国主义的野心和本质，我们不应对美国有任何妥协，无非再关起门来重过几年苦日子，完全依靠自力更生，一切问题都会迎刃而解。也有同志认为，我国目前所有问题的解决全部取决于国内GDP能否增长，在任何情况下都必须坚持韬光养晦的战略方针毫不动摇，在任何情况下都不能与美国摊牌、决裂；只要我们始终一心一意埋头做好国内经济工作，再持续发展几十年，其他一切问题就会迎刃而解。有同志甚至还认为，中国在任何情况下都要把搞好中美关系作为中国核心利益里的核心加以维护，甚至不惜牺牲我国部分主权、领土完整和发展利益，以一片赤诚之心换取美国当局与我国的战略共识，为我国进一步赢得新的重要战略发展机遇期。以上看法，都值得商榷。

为了回答要不要对美国发动的贸易战做出必要的妥协这一重要问题，很有必要重温列宁和毛泽东当年的相关论述。1920年4—5月间，针对当时有人反对苏维埃政权同德国帝国主义及其同盟国签订的布列斯特和约，列宁在其名著《共产主义运动中的"左派"幼稚病》中指出："'原则上'反对妥协，不论什么妥协都一概加以反对，这简直是难于当真对待的孩子气"；"有各种各样的妥协。应当善于分析每一个妥协或每一种妥协的环境和具体条件"[①]；"不容许机动、通融和妥协，这就犯了错误，这种错误会使共产主义运动受到最严重的危害"[②]。1922年11月，列宁在莫斯科苏维埃全会上指出："我们迁就资本主义强国而作出的许多让步，使它们有充

[①]《列宁选集》第4卷，人民出版社1995年版，第148页。
[②] 同上书，第211页。

分的可能同我们来往,保证它们的利润,有时可能是比应得的更大的利润。"①

1945年8月26日,在去重庆与蒋介石进行和平谈判的前两天,毛泽东在为中共中央起草的对党内的通知中指出:"在谈判中,国民党必定要求我方大大缩小解放区的土地和解放军的数量,并不许发纸币,我方亦准备给以必要的不伤害人民根本利益的让步。无此让步,不能击破国民党的内战阴谋,不能取得政治上的主动地位,不能取得国际舆论和国内中间派的同情,不能换得我党的合法地位和和平局面。但是让步是有限度的,以不伤害人民根本利益为原则。"毛泽东还说:"在我党采取上述步骤后,如果国民党还要发动内战,它就在全国全世界面前输了理,我党就有理由采取自卫战争,击破其进攻。"②

尽管当今中美贸易谈判与当年列宁、毛泽东所谈到的情况有很大不同,甚至有的方面有本质的不同,但有些原则性做法很值得我们今日借鉴。1949年3月,毛泽东说:"我们的原则性必须是坚定的,我们也要有为了实现原则性的一切许可的和必需的灵活性。"③1957年11月,毛泽东说:"原则性和灵活性的统一,是马克思列宁主义的原则,这是一种对立面的统一。"④

中美经济相互依存的现状,是几十年来两国各自需求发展的必然结果。1971年8月,美国尼克松政府被迫宣布放弃"金本位制",实行黄金与美元比价的自由浮动之后,布雷顿森林体系正式解体。接着,美国开始搞所谓的"金融创新"。1978年12月,我国实行改革开放后,逐渐走上了"世界制造工厂"的发展道路。从一定意义上讲,经过我国40年的改革开放,中美两国经济已经在

---

① 《列宁选集》第4卷,人民出版社1995年版,第734页。
② 《毛泽东军事文集》第3卷,军事科学出版社、中央文献出版社1993年版,第50页。
③ 《毛泽东选集》第4卷,人民出版社1991年版,第1436页。
④ 《毛泽东文集》第7卷,人民出版社1999年版,第332页。

一定程度上形成了事实上的相互依存的状态，这在短时间内不应也难以改变。正因如此，2019年2月15日，习近平主席在会见来华美国贸易代表时说："中美两国谁也离不开谁，合则两利，斗则俱伤，合作是最好的选择。对于双方经贸分歧和摩擦问题，我们愿意采取合作的方式加以解决，推动达成双方都能接受的协议。当然，合作是有原则的。"[①] 我国政府在与美国进行贸易谈判时做出必要的妥协，以换取其他方面更加重要的利益，这是非常必要和完全正常的。那种认为在与美国谈判时不能做任何妥协的想法不仅是不现实的，同时也是极其错误的。

在苏联解体、东欧剧变的特定背景下，邓小平提出了"冷静观察、稳住阵脚、沉着应付、韬光养晦、决不当头、有所作为"24字方针，这无疑具有十分重要的战略意义。我们还可以把这24字方针简化为"韬光养晦、有所作为"这八个字，但绝对不能仅仅理解为"韬光养晦"这四个字。必须明确，韬光养晦仅仅是手段，而有所作为才是目的，不能把搞好中美关系理解为唯一目的。这正如习近平总书记所说的：合作是有原则的。中美合作是在原则基础上的合作，不能认为中美合作本身就是目的、是第一位的，而中国捍卫自身的主权、安全和发展利益是第二位的，是为建立良好的中美关系而服务的。这样理解，就完全背离了以习近平同志为核心的党中央的指示精神和中华人民共和国的社会主义外交原则。韬光养晦与有所作为是一个问题的两个方面，缺一不可。我国已经深度参与到经济全球化中，国际国内经济、政治、文化等两个大局亟待统筹。不能仅埋头国内经济工作，甚至仅一心一意维持GDP的增长，这样下去不仅无法维护GDP的持续增长，还会在不久的将来为我国稳定发展带来更多、更大的问题。

目前的格局表明，我国政治的稳定程度高于美国、稳定期也长

---

① 《习近平会见美国贸易代表和财政部长》，《人民日报》2019年2月16日。

于美国，这就给我国尽可能管控好中美矛盾和尽快发展自己的战略期赢得了时间。特朗普上任以来，美虽在就业率、股票市场、净资产与可支配收入比等方面在一定程度上有所攀升，但其股市已处于周期高位，减税使全球美资回流的资金没有进入实体经济，特别是其国债利率倒挂，强势美元走弱，使得美国并没有实力彻底封闭自己、孤立别人，一时无法改变在经济上"你中有我，我中有你"的中美格局。最近，特朗普总统突然提出邀请中国参加裁军，有着多重意义，其中一个原因就是美国经济着实处于越来越困难的境地。我国政治经济制度和文化道义上的强大优势，人口、产能和市场体量较大、较多的优势等，都决定了我国是美国和西方跨国资本联合起来的改造对象，即用软实力、巧实力和巧竞争搞垮的对象，而不是用硬实力所能击垮的对象。随着我国国力的不断壮大，随着他们自身经济、政治和文化的全面危机的逐步到来，以美国为首的少数西方发达国家，必然会抱着"冷战思维"不放，会采取历史上采取过的甚至从来没有采取过的各种软硬手段，图谋搞垮我国。特别是他们寄希望于我国国内自乱，即他们所谓的"颜色革命"大功即将告成之日，就可能同时祭起必要的硬实力，欲使其成为压垮我国的最后一根稻草。

我们当然希望建设一个和谐美好的世界，我们也必须与世界上一切国家进行全方位的外交，并尽最大气力争取与以美国为首的西方国家合作。但我们也会牢记列宁在实行新经济政策后所指出的："现在摆在我们共产党人面前的是截然不同的任务。我们现在对一切都要计算"；"处在资本主义环境里，我们应当算计怎样保证我们的生存，怎样才能从我们敌人那里获得利益。敌人当然是要讨价还价的，他们永远不会忘记讨价还价，而讨价还价是为了占我们的便宜。这一点我们也不会忘记，我们决不会幻想某某地方的生意人会变成羔羊，而且会白白给我们各种好处。"① 正因如此，在处理中美关系时，原则必须坚持。什么是我们必须坚持的原则？在国内，最为主要和根本的，一是坚持社会主义道路，二是坚持中国共产党的领导。在对外关系上，就是坚决捍卫国家领土和主权完整，捍卫国家政治经济金融安全和发展利益。在与美谈判中，牢记毛泽东关于在与美对抗问题上要防止"左"的倾向、在与美合作问题上要防止右的倾向的思想，坚决打破美方企图通过西方所谓规则规制诱导甚至倒逼我国进行所谓的"结构性改革"，让我国放弃社会主义道路和中国共产党的领导。

1960年2月，毛泽东在读苏联《政治经济学教科书》时说："根本的问题是制度问题，制度决定一个国家走什么方向，只要还是社会主义制度，就决定社会主义国家总是要同帝国主义国家相对立的，妥协总是暂时的。"② 习近平总书记发展了毛泽东的这一思想，他在纪念改革开放40周年大会上说："改什么、怎么改必须以是否符合完善和发展中国特色社会主义制度、推进国家治理体系和治理能力现代化的总目标为根本尺度，该改的、能改的我们坚决改，不该改的、不能改的坚决不改。"③ 如果套用这一原则，我们也完全可以说，在中美贸易谈判中，我们能让的可以让，必要时都可以让；但不该让的我们坚决不让。美国当局曾利用中美贸易摩擦，企图引诱我国在处理朝鲜半岛问题上做无原则让步。以习近平同志为核心的党中央审时度势，坚决捍卫我国的核心利益，从2018年3月至2019年1月，在仅仅10个月时间里，朝鲜劳动党委员长、国务委员会委员长金正恩接连四次访问我国，这就打乱了美国当局的战略部署，为争取东北亚和平和我国周边安全乃至新的重要的战略机遇期取得了阶段性的重要胜利。

---

① 《列宁选集》第4卷，人民出版社1995年版，第735页。
② 《毛泽东年谱（1949—1976）》第4卷，中央文献出版社2013年版，第321页。
③ 习近平：《在庆祝改革开放40周年大会上的讲话》，《人民日报》2018年12月19日。

我们坚信，以习近平同志为核心的党中央知己知彼、胸有成竹、指挥若定并进退有度，把原则的坚定性与策略的灵活性结合起来，把坚守的原则与必要的妥协结合起来，把眼前利益与长远根本利益结合起来，我国一定是中美贸易战的共赢者甚至是胜利者。

（二）坏事还是好事

中美贸易战如同2008年的国际金融危机，好像是突如其来。从此出发和认定问题，则往往认为中美贸易战如同国际金融危机一样，是绝对的坏事。从一方面说，这一看法完全有道理，因为中美经济贸易联系已经十分紧密。从第一产业看，美国是世界上耕地面积最大的国家，人均耕地10亩多。我国人均耕地面积排在世界第126位以后，全国人均耕地面积1.39亩，美国人均耕地面积是我国的7倍多。我国以家庭承包为经营单位，不可能产生规模经营效益，美国亩产是我国的近一倍。我国肉禽蛋奶和食油等副食主要靠进口解决，对美国的贸易依存度约为30%，农产品中的大豆进口依存度高达85%，美国大豆出口依存度50%且约25%的大豆出口至中国。就是中国国内产的肉禽蛋奶等，也有相当比例是在华外资企业生产的。从第二产业看，目前在美国户外休闲业进口产品中，41%的服装、72%的鞋靴和84%的旅行用品来自中国。中国生产的玩具、箱包和家具分别占美国市场的86%、61%和44%。目前在中国使用的苹果手机多达3.1亿部，是美国使用苹果手机的两倍以上。中国已经购置1000多架波音公司飞机，现在在中国运营的商用喷气式客机中50%以上是波音飞机。从第三产业看，2008年以来的短短10年时间里，美国联邦债务已经从10.6万亿美元跃升到22.01万亿美元，而中国目前持有量为1.12万亿美元。美元若升值，不仅中国出口换汇会减少，而且外资还可能较大规模流出；美元贬值，中国外汇储备会缩水。一般跨国公司在中国投资回报率为22%，2008年美国在中国投资回报率却为33%，而中国持有的美国国债的收益率仅为3%—4%。美国是全球最大贸易逆差国，中国是美国的第三大出口市场（占比8%）、第一大进口来源国（占比21%）和第一大贸易逆差国（占比47%）。中国也是美国的第一大进口国。[①] 美国当局对世界特别是对中国开展贸易战，必然会极大影响世界的和平与发展，也必然会对实现中华民族伟大复兴的进程产生一定的不利影响。

但是，我们也必须看到事物的另外一面。毛泽东说："我们必须学会全面地看问题，不但要看到事物的正面，也要看到它的反面。在一定条件下，坏的东西可以引出好的结果。"[②] 毛泽东在这里说的"一定条件下"，就是要发挥正确的主观能动性。自1840年以来，中华民族多灾多难，这是坏事。但是，多灾多难催生了中国共产党的诞生与壮大，催生了以毛泽东为杰出代表的老一辈革命家，促使中国人民普遍觉醒，这才诞生了社会主义的中华人民共和国，诞生了中国特色社会主义，这又是好事。"祸兮福所倚，福兮祸所伏。"祸与福在一定条件下可以相互转化。从一定意义上讲，仅凭道理教育不了人，没有灾难就没有辉煌。1965年2月，世界知识出版社在《赫鲁晓夫言论》第三集的出版说明中引用了毛泽东如下的话："革命的政党，革命的人民，总是要反复地经受正反两个方面的教育，经过比较和对照，才能够锻炼得成熟起来，才有赢得胜利的保证。我们中国共产党人，有正面教员，这就是马克思、恩格斯、列宁、斯大林。也还有反面教员"；"如果只有正面教员而没有反面教员的作用，就不是一个彻底的辩证唯物主义者。"[③] 从一定意义上讲，没有蒋介石的"四一二"反革命政变，就诞生不了中国工农红军；没有惨烈的湘江一战，8万多红军仅剩3万多，就不会有后来的遵义会议，就不会确立毛泽东在党内的领导地位。任何殷殷的正面教育都代替不了反面教员和反面教材特有的甚至是刻骨铭心

[①] 以上主要数据来自新华社世界问题研究中心李长久研究员。
[②] 《毛泽东文集》第7卷，人民出版社1999年版，第238页。
[③] 《〈赫鲁晓夫言论〉第三集的出版者说明》，《人民日报》1965年2月26日。

的作用。

正因如此，1970年12月18日，毛泽东在会见美国友好人士斯诺时说："我是不喜欢民主党的，我比较喜欢共和党，我欢迎尼克松上台。为什么呢？他的欺骗性也有，但比较少一点，你信不信？他跟你来硬的多，来软的也有"；"我喜欢世界上最反动的人。我不喜欢什么社会民主党，什么修正主义。修正主义有它欺骗的一面。"①

从另外一面讲，如同抗日战争一样，中美贸易战打得越持久、越惨烈，越能教育中国人民特别是各级领导干部。长期以来，帝国主义者总是把自己打扮成文明的、高尚的、人道的化身，欺骗了不少人。中美贸易战中，美国当局越是不讲道理，越是做出出格之事，对我国来说越是坏事，但又能帮助我们进一步认清霸权主义的本质，坏事就能够变好事。强大而又蛮横的敌人，恰恰就是最好的老师。美国每一次对中国赤裸裸的捣乱，都能起到这种作用。1948年8月，面对美国帝国主义的封锁威胁，毛泽东曾经说："多少一点困难怕什么。封锁吧，封锁十年八年，中国的一切问题都解决了。中国人死都不怕，还怕困难吗？"② 中华人民共和国成立后，我国的航天业一直是西方封锁的重点，改革开放后西方反倒对我国的航空业有一定程度的开放。试看今日两个领域，我国的航天业已是全球的领跑者，而航空制造业却几乎是在原地踏步。在今后一些年内，在以习近平同志为核心的党中央的坚强领导下，中国共产党和中国人民在错综复杂的国际斗争中，将会经历更多风雨，经验更加丰富，中国必将会更加强大。而个别自以为是的霸权主义国家却常常事与愿违，一直在无意间做中国"最好的老师"。

（三）偶然还是必然

有同志把美国发动贸易战的根本原因"善意"而又简单地归结

---

① 《建国以来毛泽东文稿》第13册，中央文献出版社1998年版，第164—170页。
② 《毛泽东选集》第4卷，人民出版社1991年版，第1496页。

为中国过早宣布了中华民族伟大复兴的宏伟规划，宣布了"2025制造"规划，甚至归结为"厉害了，我的国"这样一句口号的提出；有同志把美国发动的贸易战归结为我党隆重纪念了马克思诞辰200周年；等等。他们认为，不这样做就不会刺激美国，就不会有中美贸易战；美国发动的贸易战是中方考虑不周、没有坚持"韬光养晦"的方针造成的，是一次偶然性事件。

笔者不赞成上述看法。马克思主义认为，事物的必然性往往通过偶然性开辟道路。中美之间突发的贸易战，从表面看有其偶然性，但其必然性在起支配作用。早在1945年8月13日，中华民族正沉浸在抗战胜利的锣鼓声中，毛泽东在论述《抗日战争胜利后的时局和我们的方针》时说：美国帝国主义"要把中国变成美国的附庸，它的这个方针也是老早定了的"。① 1949年6月，毛泽东在《论人民民主专政》中指出："我们要学习景阳冈上的武松。在武松看来，景阳冈上的老虎，刺激它也是那样，不刺激它也是那样，总之是要吃人的。"② 美国政府不断更换班子，但要把中国变成美国的附庸这一根本企图从来也没有改变过。认清这一点，异常重要。1989年6月9日，邓小平在谈到"六四"政治风波时说："这场风波迟早要来。这是国际的大气候和中国自己的小气候所决定了的，是一定要来的，是不以人们的意志为转移的，只不过是迟早的问题，大小的问题。"③ 笔者认为，美国对华发动贸易战仅仅也只能是手段。要把中国变成美国的附庸，这才是美国的根本目的。

为什么在2018年美国当局要打响中美贸易战？套用邓小平的话说，中美贸易战迟早要来。这是国际的大气候和中国自己的小气候所决定了的，是一定要来的，是不以人们的意志为转移的，只不过是迟早的问题、大小的问题。

---

① 《毛泽东选集》第4卷，人民出版社1991年版，第1132页。
② 同上书，第1473页。
③ 《邓小平文选》第3卷，人民出版社1993年版，第302页。

美国之所以发起贸易战，是因为特朗普政府认为现行全球贸易格局不利于美国实体经济的发展。美国已经长期处于金融资本主义主导之下，但以美国的体量特别是金融霸权和军事霸权等，制造业的空心化、虚拟经济和实体经济产出比例的失衡等必然使其实体经济难以支撑整个经济体的正常运转，也必然使得金融危机爆发的频率和烈度不断提升，最终伤及其竞争优势。

三 美国当局发动中美贸易战的目的

（一）从眼前看，美国当局发动中美贸易战的直接目的

（1）为在朝鲜半岛生事。朝鲜半岛历来是帝国列强威胁、侵略我国的跳板。美国企图威逼我国在朝鲜半岛上无原则、无限度地让步，以配合其搞垮朝鲜政权，这样他就可以在我国头部先插上一刀，进而在今后一些年内接着从钓鱼岛、台湾再在我国腹部捅上一刀，然后再从我国的脚下南海捅来。三刀并捅，最终将会捅垮社会主义的中华人民共和国。以习近平同志为核心的党中央高瞻远瞩，在不到一年时间内四次会见朝鲜劳动党委员长、国务委员会委员长金正恩，打破了一些国家的罪恶图谋。朝鲜半岛紧张局势尽管有所缓和，但美国当局企图从朝鲜半岛入手威慑我国的战略企图绝对不会改变。在特定的条件下，美国当局仍会制造新的借口，在那里接着生事。

（2）为让中国多买他的东西。美国当局的重中之重是就业。中国是世界上最大的市场。无论农业还是制造业或是服务业，中国大量购买美国的东西，美国就业率就容易攀升，税收就得以维持，美国当局无论是在国内还是在海外的日子都会好过。

（3）全面打压我国第一、二、三产业发展特别是"中国制造2025"规划。美国战略家基辛格曾说：谁控制了石油，谁就控制了所有国家；谁控制了粮食，谁就控制了人类；谁控制了货币，谁就控制了世界。先看第一产业。当年我国在申请加入 WTO 时，时任美国总统克林顿就说，我们让中国加入WTO的目的之一，就是为了搞垮中国的农业。习近平总书记多次强调，我们自己的饭碗里必须盛着自己的粮食。认真贯彻落实习近平总书记这一重要指示，在今后一些年内将具有十分重大的意义。再看第二产业。美国当局如此对待我国没有上市的华为公司，如此"围剿"我国的5G产品，特别是企图打掉我国"中国制造2025"规划，就是从根本上遏制我国未来的生存权和发展权。接着看第三产业。第三产业的核心是金融服务业及互联网领域。美国当局企图施压我国金融、互联网等领域无度开放，这样有利于在遏制我国发展的进程中充分发挥其软实力和巧实力的作用，企图在可以预见的将来在金融领域一轮一轮地洗劫我国，并在意识形态领域引诱我国步入苏联亡党亡国之路。

以上三条，我们有我们的底线。我们正在以最大的诚意、最大的耐心、最大限度的"宽容"争得与美方合作共赢。这一方针是完全正确的。对于这一点，我们广大干部群众必须要有充分的认识。条件成熟时可适当对此进行一些必要的通气与教育，以消除一些干部群众不应有的误解。

（二）从长远和根本上说，中美冲突一定会有的

1971年10月20日，毛泽东与周恩来、叶剑英讨论中美关系时说："美国是'计算机的国家'，他们是算好了的。"[①] 1975年12月2日，毛泽东会见美国总统福特，在福特说要使全世界都相信中美两国关系良好时说："慢慢来。"当福特说打算在明年后改善双边关系时，毛泽东说："那好。希望以后两国友好。我们冲突一定是有的，因为我们中国和美国两国的社会制度不同，意识形态不同。"[②]

毛泽东为什么说希望中美友好，但中美冲突一定是有的呢？

（1）中美合作共赢关系中的中方，原有物质资源和发展方式的红利已相对匮乏。我国原有的物质资源主要指土地资源、城乡居民

---

① 《毛泽东年谱（1949—1976）》第6卷，中央文献出版社2013年版，第411页。
② 同上书，第627页。

存款再贷出资源、环境资源、市场资源、廉价劳动力资源等；我国原有的发展方式主要指高投入、低产出的粗放型发展方式。美国立国的文化和哲学最深厚的基础可能就是杜威的实用主义。以上资源丰厚时，外资到我国来赚钱容易，以上资源相对匮乏时，创新是我国唯一出路并下决心创新之时，美国还会与我们合作共赢吗？前不久，基辛格在北京访问期间的最后一次晚宴上说：中美关系再也回不到过去了，要重新定位。基辛格在这里用婉转的方式道出了他的真心话，此结论异常重要，不可忽视。这与其前几年所说"当今的国际体系正在经历四百年来未有之大变局"的思想是一致的。笔者揣测，基辛格提出此判断，其主要依据可能就是中国原有的物质资源和发展方式的红利基本上已被释放，美国将会"与时俱进"，企图采用新的办法在我国继续获取丰厚的利润。比如，施压我国金融和互联网的无度开放，打压我国高科技产业和高端制造业的正常发展等。这也就是说，改革开放40年以来我国与美国合作共赢的原有方式、办法已经很难维持。

（2）美国国内经济问题严重。2008年以来，美国基础货币发行量从8000多亿美元增加到现在的4万亿美元。2019年2月12日，美国财政部称，美国未偿公共债务总额已达22.01万亿美元之多。美国总债务为130多万亿美元。美国80%以上的财富来自以金融为核心的服务业，从事实业的人口不到20%，成为债台高筑的双赤字国家。美国每年仅支付利息就有1万多亿美元，几乎等于中国政府一年的财政收入。这是典型的金融帝国主义国家长期积淀的根本性特征。冷暖自知的美国帝国主义，已呈现捉襟见肘的难过之态。美国国内困难越多，就必然会越加快步伐，采取种种手段把困难向其他国家和地区转移。

（3）美国对我国实施和平演变企图进一步破灭。特别是党的十八大之后，以习近平同志为核心的党中央堂堂正正地向世界宣布坚持中国特色社会主义的道路、理论、制度和文化这"四个自信"，这也导致美国当局企图对我国进行和平演变希望的破灭,并加紧对我国更多地采取强硬的手段。

(4) 我国经济高速发展40年,取得了举世瞩目的成就,但有不少深层次问题凸显,美国想对我国"半渡而击"。正如习近平总书记所说:"在中国这样一个拥有13亿多人口的国家深化改革,绝非易事。中国改革经过30多年,已进入深水区,可以说,容易的、皆大欢喜的改革已经完成了,好吃的肉都吃掉了,剩下的都是难啃的硬骨头。"① 也就是说,我国正在涉渡改革之河的深水区,美国当局恰择其时,果断出手,企图强逼我从经济、政治、文化和对外政策等方面全面实行符合他们利益的所谓的"改革",即放弃党的领导、改变我国的社会主义制度。

(5) 意识形态和社会制度的根本不同。1959年10月1日,毛泽东在会见来访的赫鲁晓夫时,赫鲁晓夫说:"这次我们到美国去,感觉美国很怕中国。"毛泽东回答:"它怕的不是今天的中国,而是明天的中国。"② 1960年1月17日,毛泽东在中共中央政治局扩大会议上说:"帝国主义的策略是可以灵活运用的,它的本性是不能改变的,这是从资产阶级的本性不能改变而来的。只要有资产阶级存在,战争是不可避免的。但是一个时期,一个相当时期能够避免,这是可能的。"③ 1989年9月4日,邓小平在与几位中央负责同志谈话时说:"帝国主义肯定想要社会主义国家变质。"④ 中国特色社会主义道路的成功本身,就是对美国资本主义制度与价值观的严峻挑战。美国在贸易谈判中特别强调中国的"结构性改革",他们所说的"结构性改革"本质上一是要我国放弃社会主义道路,二是放弃中国共产党的领导。从眼前和局部看,我们与美国有不少利

---

① 《习近平接受俄罗斯电视台专访》,《人民日报》2014年2月9日。
② 《毛泽东年谱(1949—1976)》第4卷,中央文献出版社2013年版,第193页。
③ 同上书,第310页。
④ 《邓小平文选》第3卷,人民出版社1993年版,第320页。

益交汇点，尤其是经济贸易往来相互额度占比高；但从根本和长远看，以美国为首的资本主义道路、理论体系、制度和文化与中国特色社会主义道路、理论体系、制度和文化是根本对立的。我们很希望中美友好，但中美冲突一定会有。

（6）即使中国搞资本主义，美国也不希望中国发展强大。美国当局直接喊出"让美国再次伟大"，从另外一面看，就是企图使别国其中包括我国永远处于从属甚至附庸的位置。第一、二次世界大战就是在资本主义营垒内先打起来的。对于社会主义的中国，美国能让你"和平崛起"吗？

当今中美贸易战恰如当年的抗美援朝战争，是社会主义的中华人民共和国躲不开、绕不过、不得不应对的根本性冲突。由于我国应对得当，同时由于美国困难确实繁多，在具有共同利益的领域和问题上可以达成共识，并使双方共赢。但在一些关键性问题上，中美之间往往针锋相对。对我国来说，从一定意义上讲，当前正在进行的中美贸易战是一场遭遇战，同时也必将是一场持久战。这是与当年时间不太长的抗美援朝战争的不同之处。中美贸易战这场持久战如同行进在"风景"奇异的山阴道上，此时会山穷水尽，彼时又会柳暗花明，接着还可能是狂风骤雨等，各种可能甚至是难以预料的情况会应接不暇。对此，我们都应有相应的充分准备。

四　积极管控和稳妥应对中美贸易战

（一）我们要释放最大的诚意，尽力保持与美国良好的合作共赢的经贸关系与外交关系

1972年2月，在与美国总统尼克松交谈时，谈到首都机场的大标语："全世界团结起来，打倒帝、修、反"的口号和毛泽东"只争朝夕"的诗句时，毛泽东笑着说："这话像放空炮。"真正

的共产党人只能是革命的浪漫主义与现实主义的有机有效的统一论者。我们深知,作为世界上最大的发展中国家和最大的发达国家,中美在和平共处五项原则基础上的合作将造福两国,也将惠及世界。

中美之间必然会有竞争,但不必非做对手,更需要当伙伴。当今美国的GDP居全球第一位,现在仍是国际机构、国际秩序和国际规则的主导者,其产出目前在世界产出中约占22%,但美元在跨境商品计价、储备、结算、流动性和融资等方面都占一半以上。美国的制造业在衰落,但绝大部分高新科技掌控在其手中。美国当前的军费开支超过全球前5名军费开支最多国家的总和,几乎接近全球军费开支的一半。特朗普发誓要"让美国重新伟大",就是企图保持其霸权主义的第一世界的位置。我国外交部多次表态,中国实现自身现代化的道路还很长,我们不会也不必去取代美国的作用。但是,美国内政与外交同样都有着难以消解的困难,同样有求于我;经过40年的改革开放,中美之间又在一定范围内和程度上形成相互依存的共同利益。

中美之间在一定范围内和一定程度上还有合作共赢的空间。作为经贸利益高度融合的两个大国,作为世界第一大和第二大经济体,中美两国政府既应对两国人民负责,也应对世界各国负责。我们始终希望双方心平气和地坐下来,通过平等和建设性对话,共同找出一个互利双赢的解决办法。我们将尽最大诚意争取与美国合作共赢的最大化。如果美国当局死抱着"冷战"思维与零和博弈不放,必将在世界其他各国和各国人民面前输了理,就会"越使全世界的人都知道你无理"。[①] 从另外一个角度讲,这也不是什么坏事。

---

① 《毛泽东文集》第7卷,人民出版社1999年版,第416页。

（二）自朝鲜、越南战争后，美国历任当局都深谙孙子兵法不战而屈人之兵之道、之妙，应高度警惕美国不断花样翻新的所谓"软实力""巧实力"和"巧竞争"

如果说，特朗普政府成立伊始，更多迷信自身硬实力的话，经过几年的历练，现在也越来越倚重其所谓的软实力。随着以中国为代表的发展中国家的崛起，美国与中国等其他国家的较量将综合使用贸易战、金融战、技术战、舆论战和军事冲突甚至战争边缘等手段，因此在关注看得见硝烟的战场的同时，更要高度重视看不见硝烟的战场。有时候，人们往往会觉得理论特别是概念比较枯燥，讲故事的方式可能给人印象更为深刻。什么是软实力、巧实力和巧竞争呢？2000 年 10 月，笔者访问美国，与美国亚洲安全事务顾问交谈。笔者问："烦您开个药方，我们中国如何做，中美两国才能建立真正牢固的长期友好合作关系？"他回答："中国必须变成民主国家。"笔者说："民主国家的概念太抽象。"他回答："就像台湾那样总统直选。"大家看，他不仅把中国未来发展的方向和道路规划得清清楚楚，还把我国神圣领土台湾十分轻松地分裂了出去。笔者接着问："美国和中国目前政策都不变，在可以预见的将来，你们有没有把握把中国变成您所说的所谓民主国家？"可能是所问问题太尖锐，他犹豫了片刻，然后十分肯定地回答说："有！"2001 年 3 月，应日本外务省的邀请，笔者率中国社会科学院代表团访问日本。访问期间，曾与日本某大学的一位与日本外务省关系密切的教授交谈，这位教授建议说："你们要避免台海冲突，就要考虑实行'联邦制'、多党制；甚至可考虑中国共产党改个名字，改一个字也行，也就是把中国共产党中的'产'字改成'和'字，叫'中国共和党'，这样一来，中美、中日之间的一切障碍都不存在了。奥运会可以让你们申办成功，WTO 可以让你们加入，另外人权、'六四'问题等也可以不再追究。否则，你们与台湾也很难统一。"当笔者说"美日关系是美国为主导，你们日本人说了不算"时，这位教授说："建议中国共产党改名字，是美国与我们等多方面反复商量好的。比如，2000年我出国15次，其中到中国大陆6次，到美国4次，去欧洲3次，去中国台湾、印度各1次。"世界上最大的中国共产党改了名字，中国和世界将是什么状况呢？2008年5月，笔者到英国访问，与英国从事国际战略研究的负责人交谈。笔者问："烦您坦率地谈谈中美关系的前景。"他说："中国要硬实力崛起，美国则会举双手欢迎。中国若想软实力崛起，美中之间迟早必然会发生直接的全面的冲突。"私下里，笔者又请他解释"硬实力"与"软实力"在这里的特定内涵，他说："硬实力就是GDP增长，就是中国负责生产，美国负责消费。软实力就是文化的自信与高科技的发展。"党的十八大后，我们强调中国特色社会主义是科学社会主义和科技创新之后，美国挑起了中美贸易战。

（三）由于我国的发展壮大和美国和平演变企图的逐步破灭，美国已开始实施对我国进行全方位的打压、遏制政策，我们必须有所准备

美国国内贫富差距的急剧扩大，使其国内社会主义思潮也有些微显露；但由于强大资本的多年统治，美国人民无论在经济、政治还是文化上都仍然处于极度的弱势。美国当前国内的主要矛盾还不是无产阶级与资产阶级的矛盾，而是工业资本与金融资本之间的博弈。但这两种力量又有着高度的契合点。国际金融垄断资本需要依赖美元霸权进行全球扩张，而美元霸权的持续有赖于美国的军事霸权，美国的军事霸权又有赖于美国掌控制造业的高端环节。在资本主义经济危机严重到无法通过各种"和平"手段解决的时候，通过对外发动战争或者引发其他国家与地区之间的战争，是符合工业资本即美国军工复合体与金融资本的共同利益的。最近有报道说，美国海军陆战队已经进驻我国台湾岛，这是在挑战我国的底线。一些人总是惧怕战争，怕为此使我国丧失新的战略机遇期，这种担心不是没有一点道理。但是，帝国主义亡我之心不死，这是更大的道理。这一更大的道理在管着其他小一点的道理。经济是基础,但政治是经济的集中表现,而战争则是政治的最高手段。2019年4月3日,美国副总统彭斯在北约成立70周年纪念活动上竟然警告说:"未来几十年中国将是北约最大的挑战之一。"距离遥远的中国竟然是北约的最大挑战之一,岂非咄咄怪事!这是我国改革开放以来所从未遇到过的。彭斯还多次讲过类似话语,这绝不是其个人的偏见。只能说明,这是美国要向我国发起挑战在寻找借口,其他任何解释都是无法讲得通的逻辑。从一定意义上讲,国内外敌对势力在我国布局已经多年。当我们要坚决捍卫我们国家的核心利益之时,他们就可能集中一切力量进行战略收网。先以软实力为主,主要是意识形态、金融等领域,然后是掀起街头政治,搞颜色革命等。也绝不排除在我国周边生事,唆使其仆从国在我国边境挑起局部战争的可能性。我们绝不能说和平是世界唯一的前景,一些狂人在准备着战争。这正如毛泽东在1959年所说:"帝国主义为了维持军火工业和夺取外国的利益,需要一定程度的紧张局势。"① 当然,他们对我最先挑起的将会是代理人的战争。朝鲜半岛、台湾海峡、钓鱼岛、南海、中印边境等地,都是他们觊觎的地方。1958年9月,毛泽东说:"世界上的事情你不想到那个极点,你就睡不着觉";"怕,它也打,不怕,它也打。既然是怕也打,不怕也打,二者选哪一个呢?是怕好,还是不怕好?每天总是怕,在干部和人民心里头不鼓起一点劲,这是很危险的。我看,还是横了一条心,要打就打,打了再建设。"② 1959年12月,毛泽东还说:"即使签订了不打仗的协定,战争的可能性也还存在,帝国主义要打的时候,什么协定也不算数。"③ 社会主义国家的性质决定我们决不能搞霸权主义,更不会侵略别人。我国总的方针是自卫和防御的反侵略战略,不能也不会不顾国力大搞军备竞赛。但中华人民共和国成立70年的实践已经证明,

---

① 《毛泽东文集》第8卷,人民出版社1999年版,第98页。
② 《毛泽东年谱(1949—1976)》第3卷,中央文献出版社2013年版,第436页。
③ 《毛泽东年谱(1949—1976)》第4卷,中央文献出版社2013年版,第264页。

只有时刻准备打仗，不怕打仗，才能在任何时候、任何情况下都能扼住企图染指我国神圣领土的侵略战争的喉咙。习近平总书记一方面庄严宣告："中国决不会以牺牲别国利益为代价来发展自己，也决不放弃自己的正当权益，任何人不要幻想让中国吞下损害自身利益的苦果。"[①] 另一方面又特别强调："我们捍卫和平、维护安全、慑止战争的手段和选择有多种多样，但军事手段始终是保底手段。"[②] 以习近平同志为核心的党中央未雨绸缪，抢占先机，大刀阔斧进行军队编制体制改革，深入开展反腐斗争，在我国南海采取必要的防卫举措等，都为我国赢得新的战略机遇期创造了十分有利的条件。

（四）资本主义内部包括美国内部绝不是铁板一块，我们既要敢于斗争，又要善于斗争

比如，我们决不能低估美国与其他发达国家在根本制度和意识形态方面的高度一致性，但他们之间同样有着不同利益特别是经济利益。美国为了自己狭隘的一己私利，大搞单边主义、贸易保护主义，等等，已经引发其他发达国家的严重不满。我国坚定奉行独立自主的和平外交政策，尊重各国人民自主选择发展道路的权利，维护国际公平正义，反对把自己的意志强加于人，反对干涉别国内政，这已经赢得其他发达国家和发展中国家的广泛赞誉。又比如，这些年来，美国的跨国金融资本是经济发展最大受益者，相当比重的产业资本受损；美国的东西海岸地区是受益者，中部地区受损；美国的巨富阶层是受益者，所谓中产阶级面临向下流动的危险等。我国已经针对美国不同的地区和不同的对象，有区别地做好相应的工作。

（五）美国既是真老虎，但在本质上又是纸老虎，胜利最终必然属于人民

1953年9月，毛泽东说："美帝国主义者很傲慢，凡是可以不

---

① 《决胜全面建成小康社会 夺取新时代中国特色社会主义伟大胜利》，《人民日报》2017年10月28日。
② 《在庆祝中国人民解放军建军90周年大会上的讲话》，《人民日报》2017年8月2日。

讲理的地方就一定不讲理，要是讲一点理的话，那是被逼得不得已了。"① 1958 年 12 月，毛泽东说："帝国主义和一切反动派也有两重性"，"一面，真老虎，吃人，成百万人成千万人地吃"。② 以美国为代表的国际垄断资本的本性是要嗜血的，汲吞不了新的血液，它就必然死亡。所以，不管你是否刺激它，它都是要吃人的。它在本质上是真老虎，这毫无疑义。我们还应看到，以美国为首的西方强国，已经发展了几百年，某些方面的制度也远比我们成熟得多。况且它们经验丰富，在我国布局也已多年，在具体应对上，我们必须高度重视它们，绝不能大意。对于这一点，我们绝不能重犯我党历史上所出现过的"右派幼稚病"。我们要牢记，美国是真老虎。这是建立在我们的战术思想上的。

1959 年 3 月 4 日，毛泽东在会见美国共产党中央书记杰克逊时说："无论从军事、政治、经济方面来看，美国都是扩张得非常大的。它越扩张得大，力量就越分散，反对的人也越多，这样，事情就会向它的意愿的反面发展了。美国就好像一个用双手抱着一大堆鸡蛋的人一样，鸡蛋堆得满满地，可是一动都动不得，稍一动鸡蛋就掉下来了。美国国内的情况也不那么好"，"这不是兴旺的征象"。③ 1970 年 10 月 8 日，毛泽东对来访的金日成说："这个美国，它管的地方太宽了，又要管亚洲，又要管欧洲，又要管中东，又要管非洲，又要管拉丁美洲，还要管它本国的人。现在世界大战可能性比较小，我看也是有原因的，就是帝国主义搞世界大战信心不足。美国的力量还是相当大的，但是它抓得很宽哪，力量不能集中，就难解决问题。要打，靠美国。而一打呢？势必有些地方的革命要趁机而起。第一次世界大战出了苏联，第二次世界大战出了我们这些国家。现在还不能断定它一定不打。总而言之，美国人进退

---

① 《毛泽东军事文集》第 6 卷，军事科学出版社、中央文献出版社 1993 年版，第 354 页。
② 《毛泽东文集》第 7 卷，人民出版社 1999 年版，第 455—456 页。
③ 《毛泽东年谱（1949—1976）》第 3 册，中央文献出版社 2013 年版，第 621—622 页。

两难。要退，它不愿意；要打，打不下去，它也难。"① 现在看来，美国当局依然是外强中干的纸老虎。从表象看，美国当局拿腔作势、气势汹汹，是挺唬人的。但从战略上看，金融帝国主义及其在各方面的代理人，都不过是垂死的力量，已经腐烂，没有前途。我们有理由蔑视他们。但是，以美国为首的西方强国，已经发展了几百年，某些方面的制度远比我们成熟，况且它们经验丰富，在我国布局已多年，在具体应对上我们必须高度重视它们，绝不能大意。有人总想早一点结束中美贸易战，一心一意在我们国内搞建设，这一愿望无疑是很好的。但是，如果套用毛泽东在抗美援朝时的一系列战略思想，我们也完全可以这么说，中美贸易战不是我们要打的，是美国当局要打的。这个仗要打多久时间，不是由我们所能决定的，是由美国当局决定的。我们的态度也只能是，他们要打多久，我们就打多久，一直打到他们服输的时候为止，打到我们完全胜利的时候为止。我们不怕拖，也不性急。该谈则谈，该打则打，该和则和。中国人民一旦站起来了，就不会容许世界上其他国家再用种种形式侵略我们。中华民族就是这样一个坚决战斗的民族。毛泽东说："美帝国主义者很傲慢，凡是可以不讲理的地方一定不讲理，要是讲一点理的话，那是被逼得不得已了。"② 正因如是，必须深刻估计到各种可能遇到和必然遇到的困难情况。但是，我们在任何时候都深知，也正如毛泽东所说："美国帝国主义是外强中干的。我们要有清醒的头脑，这里包括不相信帝国主义的'好话'和不害怕帝国主义的恐吓。"③ 同时，美国又是纸老虎。这是建立在我们的战略思想上的。

(原载《世界社会主义研究》2019 年第 7 期)

---

① 《毛泽东年谱（1949—1976）》第 6 册，中央文献出版社 2013 年版，第 344 页。
② 《毛泽东军事文集》第 6 卷，军事科学出版社、中央文献出版社 1993 年版，第 354 页。
③ 《毛泽东选集》第 4 卷，人民出版社 1991 年版，第 1132—1133 页。

客观看待所谓"全球贸易新格局"

魏南枝

前一阶段，伴随欧盟主要官员访美，曾一度酝酿向对方发起贸易战的美国和欧盟，转向愿意共同努力消除关税和贸易壁垒，特别是美欧联合声明中有关"推动WTO改革、解决不公平贸易行为"等表述，被视为将联合起来针对中国。此后，欧美等发达经济体将联合起来构建"全球贸易新格局"、中国将遭遇"排斥"的种种说法，变相成为新一轮"中国崩溃论"的中心议题。我们应当全面客观认识被舆论炒作的所谓"全球贸易新格局"，坚定信心、以打好持久战的心态在新一轮国际竞争中占据主动，推动国际秩序朝着更加公正合理的方向发展。

一 发达国家的竞争力下降与内部矛盾

特朗普政府既针对包括欧洲、加拿大和中国在内的全球多国在不同程度上发动多形式的贸易战，以求实现美国自身的利益最大化；也积极联合欧洲等发达经济体，试图推动构建所谓"全球贸易新格局"。

美国之所以发起贸易战，是因为特朗普政府认为现行全球贸易格局不利于美国实体经济的发展。美国制造业的空心化、虚拟经济和实体经济产出比例的失衡等，使美国的实体经济很难支撑整个经济体的正常运转,这是美国2008年陷入金融危机的重要原因。而美国目前所面临的增长动力不足、基础设施陈旧等问题,都不过是上述问题的结果,当然它们也会反过来加剧上述问题的严重程度。并且,这两个方面的相互作用导致美国的竞争优势呈减退趋势。

竞争优势减退在不同程度上也是以欧洲为代表的其他发达经济体所共同面对的问题。自20世纪下半叶以来,发达经济体和跨国资本力量共同推动了新自由主义的霸权地位,以及该思潮统治下全球市场的形成与发展。新自由主义和经济全球化二者反过来推动了这些国家的政治利益与跨国资本利益更紧密地结合,使得美国发生了从工业资本主义向金融资本主义转型的结构性变化;欧洲和日本等国家的企业大量采用外包等形式,导致其产业空心化不断加剧,而产业空心化导致其产业竞争力流失等问题日趋严重——这些国家为资本在全球流动过程中提供动力的能力趋于衰减。

美国之所以试图联合欧洲等发达经济体推动建立所谓"全球贸易新格局",是因为以中国为代表的新兴经济体正在向原本由发达经济体垄断的全球产业链的上端进军。这种进军态势和能力已经让欧美日等发达经济体产生了深刻的危机感,认为必须在新兴经济体尚未真正占据全球生产链上端之前进行围攻,迫使新兴经济体放弃甚至自毁向上发展的可能。尽管发达经济体内部利益分歧众多且危机重重,但是随着新兴经济体的崛起,已经使得由美国主导、欧洲等发达经济体共同构成中心的"中心—外围"国际经济利益格局有向"板块与网络状并存"格局转型的趋势。因而,推动建立所谓"全球贸易新格局"、遏制新兴经济体的有力挑战,符合发达经济体的共同利益。

但是,具有共同利益基础就能够一蹴而就地克服发达经济体内部既有的各种矛盾吗?对这一问题的回答需要清楚地研判当前跨国资本与主权国家之间的矛盾、金融资本与产业资本之间的矛盾、代表不同国家利益的资本之间的矛盾等是如何相互作用的。

一方面，在经济全球化的今天，世界上绝大部分国家和地区已经形成了经济上相互交融的胶着局面，资本的全球性和跨国化的空间逐利性使资源在全球重新配置，全球资本和生产力不断从发达经济体流出、转向新兴经济体国家和地区，全球生产体系出现混合型多层次分工的结构。"让制造业重新回到美国"等是产业资本力量对日益膨胀的金融资本的反弹，但因为美国不仅缺乏充足的原材料、核心部件和具有一定能力的熟练技术工人，还缺乏完整的配套产业和庞大而复杂的供应链，短时间内只能停留于口号。

另一方面，发达经济体特别是美国和欧洲的产业结构，无论是制造业还是金融业都具有高度竞争性，在产业协同互补关系实现之前，难以通过内部迅速整合而协调一致地遏制或打击新兴经济体。发达经济体的资本与生产向外转移，使得这些国家通过对外资产赢得了巨额收益，并且对外资产的收益率远高于对外负债的成本率，实际上通过货币和金融手段免费消费了包括中国在内的新兴经济体的自然资源和人力资源；反过来，这些国家高度依赖对廉价金融资源的占有来维持其过度消费。在上述资源与资本流动过程中，受益最大的则是跨国垄断资本、特别是跨国金融垄断资本。垄断资本通过干预发达国家的国内选举，一定程度上限制了他们进行产业调整的效果，导致其经济结构仍在呈畸形发展。

2008年国际金融危机至今，各种新的全球性风险、特朗普新政代表的经济民族主义的兴起等，都并未从根本上改变以美国为中心的全球化金融资本体系对世界经济的主导地位。金融资本对工业资本的支配地位、资本全球性流动带来的产业空心化、新技术革命带来的高竞争性改造、有组织的劳工力量的瓦解和收入分配严重向资本倾斜等，使得发达经济体之间的矛盾日益尖锐化。例如，美国此轮经济复苏主要得益于凭借美元霸权地位，即通过四轮量化宽松等货币政策攫取其他国家的实体经济利益而实现，对欧洲和日本的经济不可避免地带来了负面影响。目前美国开展的贸易战等，事实上也损害了欧洲和日本的竞争力。并且，美国退出伊核协议对欧洲来说损失巨大，欧洲越来越对依赖美国提供安全保障失去信心，这也阻碍了欧洲与美国就所谓的"全球贸易新格局"达成共识。

因此，现行全球贸易格局是上述多重矛盾相互作用的结果。由于大量新兴经济体和其他发展中国家被卷入经济全球化，在一定程度上缓和了上述矛盾。特朗普政府试图联合欧洲和日本改变这一格局，且不论建立所谓"全球贸易新格局"存在的种种结构性困难，即使其努力获得成功，也不过是通过对外"吸血"来延缓上述矛盾，并不能解决这些矛盾。相反，有可能因为失去中国等高速增长的巨大市场和廉价优质商品来源地，而加剧发达经济体内部上述三种矛盾的激化。

二 垄断资本扩张与所谓"全球贸易新格局"

特朗普政府推动建立的所谓"全球贸易新格局"，并非仅为了实现美国自身的利益最大化，而是同时有利于垄断资本制定全球规则，实现其"将世界变平"的梦想。对此，要清楚地研判当今世界面临的一个重要问题，即以垄断资本制定全球规则与发展中国家争取公平公正国际秩序之间的斗争，已经成为当今世界的严峻现实。

所谓"全球贸易新格局"的重要内容之一是主张全球零关税，从国家行为体的角度分析，这一关税政策最有利于美国。因为美国基本上是当今世界上唯一具备最全面机会优势的主权经济体，既具有较全面先进发达的经济地位，也拥有多元技术产业优势。这将导致那些产业优势相对较少较窄的发达经济体（例如欧盟部分国家），有可能失去与产业优势幅度较宽的发达经济体（例如美国）的对抗能力。因此，所谓"全球贸易新格局"并不当然对美国之外的其他发达经济体具有吸引力，例如，欧盟和日本在2018年7月签署了一项迄今为止世界上最大的自由贸易协议，该协议承诺将取消双方贸易中几乎所有商品的关税，表现出与特朗普政府的贸易保护主义针锋相对的意图。

此外，有利于美国并不当然意味着有利于大部分美国人。美国在国民财富不断增长的同时，公共财富总量却越来越缩水。特朗普政府试图以极度满足资本利得以及通过开展贸易战和军事打击相结合等，吸引资本和生产回到美国，继而希望以就业提供福利来改善普通美国人的生活。但是，在当前美国经济一片乐观的同时，净资产与可支配收入之比也越来越高。这说明，美国不缺钱，但是绝大多数美国人可支配收入却有限，这种贫富差距扩大化必然进一步危及美国内部的稳定性，从这两年美国的文化冲突、种族冲突、暴力枪击案频发、代际矛盾凸显等都可以看到这一趋势。

在这样的美国国内趋势之下，所谓"全球贸易新格局"所主张的全球零关税政策，实际上更有利于跨国垄断资本。

一方面，废除各个主权国家设定的关税壁垒，不但赋予跨国垄断资本制定全球规则的极大可能，还将进一步扩大其全球自由流动的空间。世界经济因跨国资本的不断膨胀已经变成一个"你中有我，我中有你"的格局，中国是当前世界上最大的货物贸易国和投资目的国，工农业产值居全球首位，中国的产能与市场体量决定了中国是跨国资本的改造对象、而不是隔绝对象。新兴经济体的资本要素逐渐变得相对充裕而"走出去"，意味着不同西方垄断资本和新兴经济体资本力量之间为占据有限的市场空间发生竞争冲突。资本只有占据垄断地位才能攫取超额利润，资本主义只有认同于国家、并且在国家政治权力的庇护下才能得到巩固与不断发展。因此，西方跨国垄断资本为了维护既得利益格局和扩大其垄断地位，需要依赖美国的世界军事霸权；美国为了争取资本回流，必须与西方跨国垄断资本结成利益共同体——这是美国力推所谓"全球贸易新格局"、主张全球零关税政策的深层次原因。

另一方面，全球零关税政策推翻了WTO规则中发达国家与发展中国家之间的发展水平差别待遇，以及基于谈判的渐进改革路径，包括新兴经济体在内的大部分发展中国家不仅将因此失去自主培育产业的可能，同时也失去了在适度市场保护下具备以市场换技术、以市场换产业、以市场换自主人才成长周期的可能。所以，全球零关税政策是西方跨国垄断资本遏制新兴经济体产业和资本力量升级的重要方式，所支持的恰恰不是特朗普所声称的公平贸易关系，而是固化乃至强化既有的垄断资本利益结构。

这种西方跨国垄断资本制定全球规则、遏制发展中国家的战略，与当前世界大势之间是相悖的：新兴市场国家和发展中国家对世界经济增长的贡献率已经达到八成。按汇率法计算，这些国家的经济总量占世界的比重接近四成，如果保持现在的发展速度，十年后将接近世界经济总量一半。因此，所谓"全球贸易新格局"并非某些"中国崩溃论"舆论所说的仅针对中国，而是引发了包括俄罗斯、印度等金砖国家在内的广大发展中国家的群体性不满。从这个角度来分析，争取公平公正国际秩序的斗争绝非中国一家孤军奋战。

值得警惕的是，2018年美国《国防战略报告》开宗明义地表示："国家之间的战略竞争——而并非恐怖主义——是现在美国国家安全的首要关注点。"该报告将大国战略竞争、特别是将中美竞争视为美国的主要安全关切。2018年8月13日签署的美国"2019财年国防授权法案"，要求加强对外国投资是否构成美国安全威胁的审核，并包含多项涉华消极条款，将国家间战略竞争视为美国面临的首要挑战，体现出军事霸权倾向和零和思维。

面对当今世界百年未有之大变局，面对当前国际形势中的不确定性和不稳定性，需要充分认识到，虽然世界已经变得你中有我、我中有你，但是当前国际竞争的根本在于各国内部力量的整合和内部矛盾的解决。中国要有战略定力和持久力，要在更好地发展自身的基础上推动人类命运共同体的建设。构建人类命运共同体的努力不是简单地高举自由投资贸易和多边主义的旗帜,而是需要突破发达经济体和西方跨国垄断资本的"规则制定权",引导国际社会共同塑造更加公正合理的国际新秩序。

(原载《红旗文稿》2018 年第 17 期)

当前中美贸易争端的政治经济分析

万相昱

自2008年全球性经济危机以来，全球经济经历了异常艰难而曲折的复苏进程。伴随着长期的经济低迷、金融动荡和收入差距拉大，全球发展呈现出更为严重的失衡状态，而各国的治理手段也发生严重失调、错配和冲突，更加剧了经济风险因素与非经济风险因素反复交织和叠加突现，文化、宗教以及地缘政治因素持续交互正在催化社会阶层间矛盾的发酵、大幅提升各类冲突发生的可能性，诸如民族主义复苏、民粹主义盛行和极右翼势力活跃，都成为困扰全球各国的重要社会问题，"逆全球化"思潮和贸易保护主义必然普遍抬头。正是在这样的背景下，全球最大的两个经济体和贸易体——中国和美国，自2018年美国单方面挑起贸易争端以来，贸易摩擦不断升级，不仅给两个经济体发展造成巨大影响，也给全球经济的再平衡蒙上一层阴影。全球两大经济体之间的贸易博弈，无论进程和结果如何，势必会对全球格局和世界经济产生重大的潜在和持续影响。用更加科学和理性的视角去全面分析和解读这场贸易争端的起因、目的和后果将具有异常重要的理论和现实意义。

一 中美贸易摩擦的不断升级

国与国的经贸交往中，贸易平衡往往被过度看重，甚至达到可以完全忽视市场经济基本理论的程度。因此，贸易逆差通常也就成为贸易战的导火索，19世纪中叶西方列强正是以此为借口打开了清政府国门，并一步步诉诸武力，使中国沦为半殖民地国家。历史的进程也许偏爱一次次地重现。自中国2001年加入WTO以来，确实发展迅速，对外贸易总额不断增长。美国作为我国最大的出口国之一，自建交以来贸易增长非常迅速，1979年双方的贸易总额仅为25.4亿美元，2017年攀升到了5800多亿美元，增长了200多倍。贸易大规模发展的同时，围绕着双方贸易失衡的问题而挑起的贸易摩擦也层出不穷，这种摩擦在特朗普政府上台以来不断升温，并于2018年正式升级成贸易战。回顾2018年，中美双方在贸易问题上经历了长时间的交手、协商、翻脸和谈判，并最终走入第二轮贸易战，美国的种种手段与中国的坚定立场表明，中美贸易争端将会是一场进程曲折而影响持续的经济政治冲突。

表4给出了自2018年以来，中美贸易摩擦的代表性节点事件。2018年4月中美双方正式提出对从对方进口的商品加征25%关税，并给出了详细的商品清单，美国的清单直指我国平板电视、医疗器械、航空零部件、新能源汽车等高端制造产品；而中国的清单主要集中在农产品、汽车和化学制品。2018年5月，中国代表团为了维护互利共赢的双边经贸关系大局，赴美进行协商谈判，并发布了中美经贸磋商联合声明，中方也立即取消了对美国进口高粱的反倾销、反补贴调查，并返还之前征收的全部罚金。2018年6月，美方置已经达成的协议于不顾，正式批准对中国进口的500亿美元商品征税，其中340亿美元将于7月6日正式实施，并表示，如果中国继续报复性行为，将进一步对2000亿美元商品加征关税；作为反击，中国也与6月15日宣布对从美国进口的500亿美元商品加征25%关税。2018年7月，中美双方340亿美元商品清单正式实施，贸易摩擦也正式升级成了贸易战。随后美方继续宣布将对从中国进口的2000亿美元商品加征10%的关税，后改成25%，这2000亿美

元商品基本覆盖我国对美出口的所有商品大类。2018年8月,中美双方160亿美元商品清单正式实施,中方宣布对从美进口的600亿美元商品加征5%—25%的关税,中美贸易摩擦进一步热化升级。2018年9月,美方宣布从9月24日起将对从中国进口的价值2000亿美元商品加征10%的关税,并从2019年1月1日上升到25%;作为反击,中国宣布对自美进口的600亿美元的商品加征10%的关税,并从2019年1月1日上涨到25%,中美贸易战正式进入到第二轮。特朗普表示,如果中国进一步报复,美国还有可能启动第三轮贸易战,对剩下的2670亿美元商品加征关税。中美贸易争端上升到冲突的峰值。12月1日,国家主席习近平应邀同美国总统特朗普在阿根廷首都布宜诺斯艾利斯共进晚餐,举行会晤。据中国国务委员兼外交部部长王毅和中国商务部副部长兼国际贸易谈判副代表王受文在会晤后发布信息称,两国元首已达成共识,停止加征新的关税;美国政府对中国2000亿美元产品征收10%的加征关税原定在2019年1月1日提高到25%,现在已经决定仍然维持在10%;而对于现在仍然加征的关税,双方将朝着取消的方向,加紧谈判,达成协议。此外,中美也就解决贸易不平衡、市场准入等问题达成共识。中美贸易争端进入新阶段。

表4   2018年以来中美贸易争端代表性事件

前期交手	1.22 美国对自中国进口洗衣机与太阳能电板征收关税 2.4 中国对自美进口高粱进行反补贴、反倾销调查 3.8 美国对自中国进口钢、铝分别加征25%、15%的关税 3.22 中国对自美国进口价值30亿美元的商品加征关税
摩擦升级与谈判	4.3 美国提出将对自中国进口的500亿美元商品加征25%的关税 4.4 中国宣布将对自美进口价值500亿美元商品征税 4.5 美国宣布考虑对额外1000亿美元商品征税 5.15 中美代表团赴美进行协商谈判 5.19 双方达成初步合作意识

续表

第一轮贸易战	6.2 美国商务部访华进行磋商 6.15 谈判破裂，美国正式公布 500 亿美元商品清单，并于 7.6 实施 6.16 中方回击，也公布了 500 亿美元清单 7.6 中美双方的 340 亿美元清单正式实施，中美贸易摩擦也正式升级成了贸易战
第二轮贸易战	7.11 美国公布了 2000 亿美元商品清单 8.3 中国宣布将对美进口的 600 亿美元商品加征 5%—25% 的关税 9.18 美国宣布从 9.24 起，将对中国进口的 2000 亿美元商品加征 10% 关税 9.19 中国宣布对美进口 600 亿美元商品加征 5%—10% 关税
中美贸易争端的新阶段	12.1 习近平主席同特朗普总统在阿根廷布宜诺斯艾利斯举行会晤。国务委员兼外交部长王毅在媒体吹风会上表示，中美双方就经贸问题进行的讨论十分积极，富有建设性，两国元首达成共识，停止相互加征新的关税

二 贸易战是否真为贸易？

美国挑起贸易战的表面借口有三个：双方存在巨大的贸易逆差、中国不遵守 WTO 承诺、中国通过不公正手段获得美国技术。

（一）中美双方真的存在巨额贸易逆差吗？

美国挑起中美贸易摩擦的一大借口是美中贸易双方存在巨大贸易逆差。根据美国商务部给出的数据，自 1985 年以来中美贸易中美国贸易逆差持续增长，2017 年美国从中国进口商品 5055 亿美元，出口到中国的商品总额为 1299 亿美元，贸易逆差达到 3756 亿美元。统计数字表面反映了中美贸易的严重不平衡，然而，却将数字背后真实的内涵加以隐藏，从而形成了严重的舆论误导。

首先，双方统计数据存在差异，美国公布的数据与中国海关公布的数据相差甚远，中国海关的数据显示，2017 年中国对美出口商品 4332 亿美元，从美进口商品 1552 亿美元，贸易逆差为 2780 亿美元；这中间的差异除了贸易统计方法不同之外，更多的是美国并没有统计服务贸易，而在该项目上，美国有 500 亿美元的顺差。另外，美方统计的数据中包含了转港贸易，将本应分类扣除的香港转口贸易额笼统地计算在内。

其次，中美双方统计的贸易额均不是该货物在本国的增加值。根据相关研究报告，在全球价值链下，中美产品已经基本做到美国产品有中国零配件，中国产品有美国零配件或设计，在价值链中，美国主要位于中高端，中国处于中低端，美国企业掌握着产品的设计、营销和核心制造，并从中赚取大部分利润，中国一般只承担低技术含量的组装和制造。以手机生产为例，设计主要在美国，重要零部件来自东南亚，而最后送到中国组装，再由中国出口回美国。统计上将其都视为中国对美出口是十分荒谬和不合理的，中国企业在赚取低廉加工费用时，背负了美国企业巨大的利润顺差。美中之间事实上是显著的贸易逆差和巨大的利润顺差。

再次，美中贸易逆差具有结构性特征。贸易应该是双方各取所需的过程，美国对中国的低端制造业有需求，中国企业完成大量出口，而中国对美国的高科技产品有需求，美国则以各种借口设置壁垒。除此之外，美国从1980年以来一直保持较低的储蓄率，美国的投资额却异常突出，超出部分自然需要其他资金融通来填补缺口，而中国作为高储蓄率国家，间接促进了美中贸易的逆差规模。当然，最为重要的是，美国一手建立的国际贸易和金融体系是用以维护美国自身利益的，将美元作为一种最主要的国际结算货币，美国就是在用资本利差赚取全球财富，美国对其他国家的贸易逆差是主动性选择行为。

最后，贸易统计数字忽视了直接投资带来的跨国利润。随着全球化的进行，产业和贸易方式也在不断全球化，再用传统的贸易方式来衡量双方的贸易地位难免有失公平。众多在中国建厂销售的美国公司，将利润流回美国，却不计入美国对中国的出口。所以，在全球化高度发展的今天，国与国之间的投资关系日益紧密，合作形式不断更新，很难从统计数字上区分两国之间的准确贸易额度。美

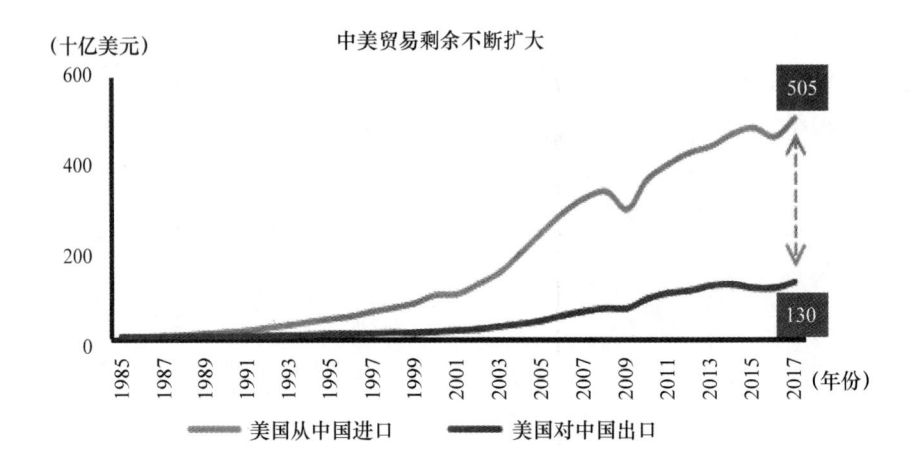

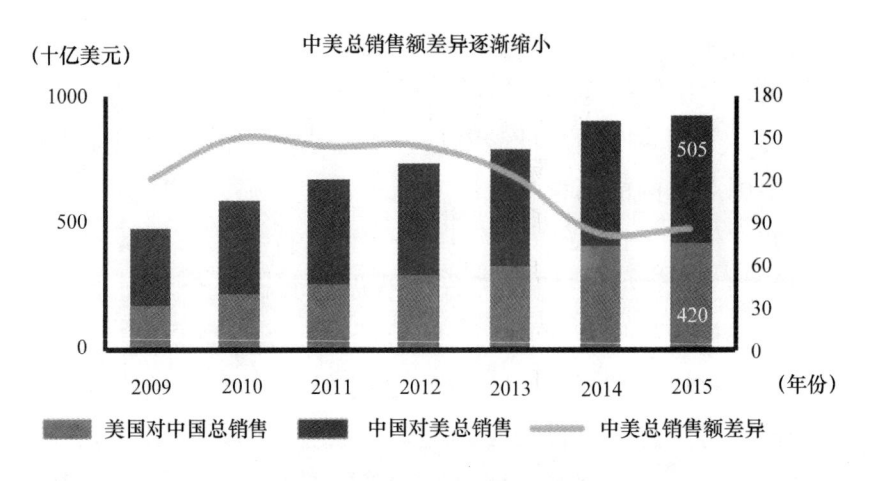

图 9　中美两国贸易规模的趋势

国商务部经济分析局（BEA）提供的数据，能让我们大致估算两个国家的贸易关系，我们挑选双方控股的所有子公司（包含银行业）在对方进行货物贸易与服务贸易销售额。数据测算显示，2015年美国子公司在中国的总销售额为3037亿美元，远远高于其直接向中国的出口；而中国子公司在美国的总销售额仅为215亿美元，双方直接投资销售差异2822亿美元，可以看出美中双方在投资销售上存在巨大的顺差。如果令总销售额记为出口额与子公司销售额的总和，则可以发现，2015年美国企业对中国的总销售额为4196亿美元，中国对美销售为5047亿美元，双方仅差距851亿美元，如果再加上美国对中国大约500亿美元的服务贸易顺差，双方基本保持了贸易平衡，根本不存在所谓巨大贸易逆差。如果以净利润来估算双方贸易的地位，中国则完全可能处于劣势地位。特朗普政府关于美中贸易存在巨大逆差的借口完全站不住脚，与其说两国在对外贸易上存在巨大逆差，不如说是美国换了一种更高级方式将产品卖给中国。

(二) 中国是否违反 WTO 规定？

美国发起贸易战的另一个借口是中国没有履行当初加入 WTO 时做出的承诺。中国到底有没有违反 WTO 的规则，最具权威性的评价应该来自 WTO 内部，前 WTO 总干事拉米（Pascal Lamy）早在中国加入 WTO 十周年之际接受《中国商业评论》采访时曾指出："中国在履行它的一长串承诺方面做得确实非常好。但没有一个国家是不能批评的。……我所能说的是，有些成员国抱怨中国的某些服务部门开放不够充分以及中国对知识产权的保护还需要改进。"事实上，中国已于2002年开始全面下调关税，对于绝大部分进口产品的降税承诺在2005年1月1日已经执行到位，到2010年所有商品的降税承诺已经履行完毕。据统计，截至2010年，中国的总关税水平已经由2001年的15.3%下降到9.8%，其中农产品的关税由23.2%下降到了15.2%，仅为世界农产品平均关税的1/4，远低于其他成员国的关税水平。截至2005年1月，中国就已经按照承诺取消了进口配额、进口许可证等关税措施并逐步放开外贸经营权。并且自2004年7月开始，中国对企业的外贸经营权由审批制改为备案登记制，极大地释放了外贸企业的活力；中国也在不断降低服务领域外资进入的门槛，取消了服务领域的数量和地域限制，不断扩大允许外资经营的服务领域范围，2017年服务领域吸引外商直接投资的比例已经高达73%。WTO要求中国开发的服务业领域为100个，中国实际开放120个，远高于WTO发展中国家成员平均水平，接近发达国家成员标准。

同时，在尊重并执行WTO贸易争端裁决机制方面，中国也做出了重要表率，自2001年中国加入WTO以来，涉及正式的WTO争端诉讼40起，而同期美国则被起诉80次，同等水平的贸易规模却是中国被控数量的整整两倍。同时，中国在贸易争端中最大限度尊重WTO裁决，最快速度执行裁决决议，与美国拖延执行并不断扩大违反WTO协议的行为形成对比。美国2018年3月22日公布了《中国贸易实践的301条款调查报告》，长达200余页的报告中，WTO一词只出现25次，而且11次是出现在注释中。美国方面非常清楚，在中国信守WTO规则方面并没有多大的文章好做，美国基于自身利益的考虑，甚至并不打算在协商的框架下修改WTO规则以限制竞争国家的发展，转而将自己亲手构建的WTO弃置一旁，开始迫不及待地重置全球贸易体系，阻止其他国家企业与美国企业之间的自由贸易和公平竞争，不惜通过大打贸易战的方式恣意破坏自己宣称所信仰的自由贸易精神。

三　美国发动贸易战是惯用的手段

如前所述，美国挑起贸易争端并非为了贸易逆差，中美之间不存在严格意义上的贸易不平衡，美国在双方贸易中得到大量的资源、产品和服务，可以说占尽便宜。美国不惜破坏自己悉心建立的世界贸易规则，甚至不惜严重违背自由竞争和自由贸易的市场经济理论体系，挑起中美之间的贸易争端其合理原因在于对正在加速崛起的中国的担忧、提防与敌视。"中国威胁论"成为美国精英阶层的高频词汇，甚至从国际金融危机后，上升到了"中国恐惧论"。遏制中国发展是美国政府长期坚持的策略，从奥巴马政府的"亚太再平衡"战略到特朗普政府的"遏制＋接触"战略,再到美国《国家安全战略报告》中正式将中国与俄罗斯都归为"修正"[①]主义国家,都表明了美国不再将中国视为一个纯粹的合作者,而正式将其放在一个挑战者和竞争者的位置。

中国自2001年加入WTO以后,确实以惊人的速度在发展,2010年更是超过日本成为世界第二大经济体,近几年的GDP也越来越逼近美国,这让很多美国人感到恐慌,明明几十年前还穷得吃不上饭的国家怎么就一跃成为世界第二大经济体了呢?反观历史上曾处于世界第二大经济体的国家,都经历过"修昔底德陷阱"[②],曾经的苏联被美国以经济制裁、石油、太空竞赛拖垮,后来身为世界第二大经济体的日本在20世纪遭遇了美国长达几十年的贸易战,也为此付出沉重代价。

中国目前的状态与当时的日本是非常相似的,"二战"后,日本迅速崛起,并超越苏联成为世界第二大经济体(1977年日本GDP已经达到了美国的79.49%)与世界最大债权国。如今中国已经替代日本成为世界第二大经济体,2017年中国GDP总量已经接近12万亿美元,约为美国GDP总量的62.84%,同时是美国最大的债权国。所以美国对中国发起贸易战是不令人意外的,因为今天的中国已经让它感受到了威胁,贸易战只是手段,最终它想达到的目的一定是遏制中国的发展,尤其是中国的中高端制造业的发展,如同当年遏制日本半导体的发展一样。在美日贸易战过程中,也发生了一起与"中兴事件"相似的"东芝事件",因为东芝违反规定联合挪威向苏联出口机床,遭到美国的制裁。日本向苏联出口的那四台机床当然不是苏联技术进步的根本原因,这只是美国借机打击

---

① "修正"即美国认为中国的发展将会"修正"美国一直以来主导的世界秩序,会动摇美国的价值观与利益观。
② "修昔底德陷阱",是指一个新崛起的大国必然要挑战现存大国,而现存大国也必然会回应这种威胁,这样战争变得不可避免。

日本半导体发展的一个绝佳契机,所以"东芝事件"最终以日本主动让出半导体市场达成和解。而达成和解的后果就是日本几乎失去了整个半导体市场,1985年全球半导体十强公司中,日本占了一半,到2005年,全球半导体十强公司中,日本还剩3家,2016年就只剩下了江河日下、寻求出卖的东芝。当然,"中兴事件"最后也以和解告终,虽然付出的代价没有日本那么沉重,但此次"中兴事件"除了给中兴本身带来毁灭性灾难,也给正高速发展的中国信息技术行业沉重一击。

表5　　美国对日本东芝和中国中兴通讯的制裁比较

	东芝	中兴
导火线	违反规定,联合挪威向苏联出口机床	涉嫌违反美国对伊朗的出口管制
处罚措施	罚款150亿美元; 对美出口加征100%关税; 完全禁售东芝对美出口商品5年,并关闭在美工厂	罚款8.9亿美元; 开除四名高管,并对35名涉事员工进行处罚; 禁止美国所有公司向中兴销售零部件长达7年
和解条件	花费1亿日元在美50多家报刊上刊登"谢罪广告"; 对相关责任人员进行判刑; 日本半导体产业自主限制对美出口; 放缓半导体的研发之路; 保证美国半导体在日本市场份额达到20%以上	30天内更换董事会和管理层; 10亿美元罚款和4亿美元押金; 接受美方选派的助理合规官,长达10年

中美、日美贸易战中高度的重合性让人很难相信美国这次贸易战不是为了遏制中国的发展,中国前20年依靠低端制造业打开国际市场,占领了全球市场。如今中国正面临产业转型升级,从中低端制造业向中高端制造业进行过渡,这让美国人感到恐慌,他们害怕中国制造业再一次席卷全球,触动他们的乳酪。因此贸易战中美国主要针对的就是中国高端制造业,"中国制造2025"主要瞄准新一代的信息技术、高端装备、新材料、生物医药等十个重点领域,

主要集中在高端装备制造。在第一轮贸易战中，美方的 500 亿清单主要集中在信息科技、电子产品、航空航天、汽车制造、机械设备制造和医疗设备上，都属于"中国制造 2025"的范畴，在后续谈判的过程中，美方提出诸多苛刻条件，如要求在 2020 年将贸易顺差缩窄 2000 亿美元、停止对"中国制造 2025"相关行业的补贴、要求所有商品的关税降到不高于美国的水平、取消对在华经营的外国公司投资限制条款以及于 2019 年 1 月 1 日前停止有关知识产权的特定政策和做法等。从美国的诸端行径可以看出，特朗普政府显然不愿意看到中国制造业强大，同时希望中国政府放开市场，促进自由贸易，这种策略是完全不对等的，对中国发展进行根本性遏制的意图显而易见。

四　从马克思主义视角看中美贸易摩擦

贸易战通常被认为是两个国家、两个民族之间的利益冲突与博弈，对弈双方从为各自国家和民族争取最大的利益的基本点出发，试图通过贸易壁垒手段让本国在国际竞争中处于更有利地位，或者对对象国实施贸易打击和经济制裁，以直接遏制其发展态势。当然，此次的中美贸易争端同样具有相似的表现形式，然而，透过一般现象的干扰，可以挖掘现象背后更深层次的内涵及其内在必然的阶级属性。事实上，我们认为，当前中美贸易摩擦本质上仍然是资产阶级与工人阶级之间的矛盾不可调和的产物，是资本主义生产关系与新兴生产力相矛盾的高阶段表现，是资本主义与社会主义之间必然持续的斗争。

（一）资本主义与社会主义的矛盾

马克思主义观点认为，社会化生产与生产资料私人占有是资本主义的基本矛盾，它导致资本主义社会化在资源配置效率上的严重失衡，无序竞争的市场和有效需求的相对不足，导致资本主义从诞生以来经历了无数次的经济危机，尽管国家干预性制度和措施，使得资本主义社会矛盾得以暂时缓和，但其根本性的矛盾仍然挥之不去。只要资本逐利的天性还在，生产的剩余价值仍然被剥削占用，则资本主义社会就无法实现资源配置的一般均衡，就无法有效摆脱经济危机的持续困扰，也就不可能从根本上解放和发展生产力。

凯恩斯主义成功地将经济和社会发展的视角限定在短期，甚至认为："长期是对当前事物的误导，长期来看，我们都死了"。资本主义政府的执政理念变为通过政府干预最大限度地隐藏问题和粉饰太平，着力转嫁危机和转移本国阶级矛盾。而事实上，从资本主义产生以来，其本质上并没有任何改变，追逐利润是其唯一的根本诉求，而维护其长期的统治地位则是其核心目标，除此之外的事情都仅仅是手段。因此，每当资本主义自身固有的基本矛盾被激化、经济危机爆发时，丑化，打压，限制，甚至敌视社会主义国家及其生产组织方式，必然成为资本主义国家维持阶级利益，挽救自身危机，隐藏制度缺陷的首要手段。

（二）资产阶级与工人阶级的矛盾

"制造业回归""让美国再次强大"是使得特朗普获取大量民众支持的煽动性口号，然而却是极其荒谬的论调。首先，美国作为世界上最先进的工业大国，具有完善的工业技术体系和引领世界发展的尖端技术水平，其长期以来以世界霸主身份出现，从未衰落何来再次强大，其所谓的强大目标，本质上是对全球各国的绝对性压制，以及对世界人民财富的进一步剥削转移。其次，美国曾经的去工业化，本质上是利用其在经济、科技、金融和军事的优势地位，对全球价值链条的再分配进程，它不仅有效地掩盖甚至转移了国家阶级矛盾，扭曲了价值创造的真实内涵，更使得美国资产阶级通过一轮又一轮的金融或军事手段对世界各国工人阶级进行更大范围和更加隐蔽的剥削。

然而，人类社会经济发展逃不开自身基本的规律性，美国社会的阶级矛盾并未得到根本性化解，而是在更大程度上累积，赚到盆满钵满的资产阶级与面临失业的工人阶级的形成鲜明对比，美国智库"经济政策研究所"最新发布的一份研究显示，2015 年，美国最高 1% 收入人群的收入，比余下 99% 人群的总收入高出了 25 倍。而美国企业执行负责人（CEO）的平均薪资水平与普通工人平均薪资水平的比值更是从 1965 年的 20 倍，疯狂增长到了 2016 年的 271 倍。美国金融资本在价值链条中的分配权限大幅提升，而产业工人的议价能力掉到历史低点。而 2008 年以来的金融危机，既是这一阶级矛盾的必然产物，同时也进一步加剧了冲突的程度，美国中产阶层比例显著下降，失业率和犯罪率居高不下，收入差距进一步扩大，且经济潜力不断下滑。美国资产既要缓和阶级对立，又要固守资本逐利的天性，因此，对外转移矛盾和转嫁危机，成了必然的手段和工具。作为美国最大的工业品进口国之一的社会主义中国，必然成为美国诱导性舆论攻击的对象，贸易转到针对的重点。中美之间贸易摩擦只能不断推迟和缓和，但一定不可完全避免。

（三）资本主义与生产力的矛盾

自由贸易理论认为两个国家应该相互出口具有绝对优势的商品，进口处于劣势的产品，依据比较优势理论，自由贸易最终促进全球资源的配置，实现互利共赢。马克思对自由贸易和贸易保护也曾进行过深入的探讨，马克思在《关于自由贸易的演说》中对通过贸易壁垒获取投机利润的行为进行了批判。而当前美国在全球范围发动贸易战，不仅会使本国劣势产业陷入虚假繁荣的幻想，更会导致资源的严重错配，而市场的无序竞争，同时进一步损害本国民众的利益，从社会福利的损失中抽取利润，并进一步向资产阶级及其政府转移。

正如马克思在《共产党宣言》中也写道"资本主义已经容不下新兴的工业生产力"，当前以信息科技为代表的工业变革及其引领的全新生产组织模式，正在削弱资本在生产中的绝对主动权，正在消除市场交易中的信息不对称，正在化解垄断在渠道中形成的壁垒，且该趋势将在未来显著加强。传统意义上的资本主义与市场经济的等价性由此出现了严重分歧，资本主义的生产模式不再高度适应其赖以依附的市场经济，市场经济更趋向于社会化生产、社会化组织和社会化需求的全新工业模式。依据科斯定律的观点，在产权明晰和交易成本为零的条件下，市场将最终实现源配置的帕累托最优。资本主义观点将产权狭义地认定为资产所有权，而忽视了以知识为主体的劳动和技术，因此资本主义的发展模式解决不了资源的最优配置，应对不了当前的新经济发展模式，资本主义与市场经济之间出现了矛盾，而社会主义与社会化大生产天然融合，与社会化的资源组织模式天然融合，与科技进步的趋势天然融合，也与未来的市场发展模式相适应。美国针对中国发动贸易，特别是针对"中国制造2025"进行重点限制，本质上是想避免资本主义与市场经济的快速决裂，是对人类未来发展方向的遏制。

五　贸易摩擦对中美经济的影响

中美贸易摩擦的背后是美国将正在崛起的中国视为最大的竞争对手，这种竞争关系将在未来十几年里影响中美的各方各面，不仅仅是贸易政策、范围还会包括政治制度、产业政策、外交政策等。因此中美之间的博弈是十分复杂的，是难以捉摸与预测的，本文最后仅从中美贸易摩擦在经济层面的影响出发，定量估计两轮贸易战的实施可能会对中美经济产生的基本影响。

对于当前中美贸易摩擦，以比较静态的分析方法来看，如果双方互加关税，双方进出口均会受到影响，直接波及进出口企业的销售与生产，同时会抬升国内一般商品的平均价格，通胀压力增大，另一方面，由于产业发展与转型的时滞性，中美双方的失业率将有所上升，具体而言：

第一轮贸易战，双方各对对方价值500亿美元的商品加征关税，将对两国经济均产生负面影响，但直接的影响程度有限。按照7月6日实施日的汇率，第一轮贸易战已经使人民币对美元贬值超过5%，当然，这在一定程度上缓解了贸易摩擦对我国经济的影响。如果双方对价值500亿美元商品加征25%关税，将使中国减少对美出口80亿美元，占对美出口1.6个百分点，占对外总出口的0.35个百分点。将压低中国GDP增速0.07个百分点，推升中国CPI增速0.07个百分点；受出口减少的影响，中国将新增5.7万失业人口，占就业总人数的0.01%。而另一方面，此轮贸易战将使美国减少对华出口43亿美元，占对华总出口的3.4个百分点，占其对外出口总额的0.18个百分点。美国GDP增速将放缓0.02个百分点，推升CPI上升0.04个百分点，失业人口将增加5.5万，对总就业的影响为0.04%。可以看出，第一轮贸易战对双方经济都有抑制作用，对中国的影响主要集中在汇率和出口层面，对于美国的影响主要集中在出口和就业方面，但总体影响仍是有限的，并不足以给双方经济带来严重后果。

当贸易战进行到第二轮，美国对中国商品加征关税的价值范围扩大到了2000亿美元，但是如果加征税率仅为10%，加之人民币快速贬值的影响，第二轮贸易战对双方的影响与第一轮相似，双方经济并不会受到大幅度波及。根据测算，中国对美出口将减少100亿美元，占对美出口的2%，占对外总出口的0.43%，中国GDP增速将放缓0.08个百分点，中国CPI增速将上升0.04个百分点，失业人口将上升7万人。而中国对美出口中国的价值600亿美元商品加征5%或10%关税，将使美国对华出口减少22亿美元，占其对华出口的2%，占其总出口的0.43%；其GDP增速将下降0.01个百分点，CPI增速上升0.04个百分点，将新增失业人口3万人。

根据此前美国声明，美国自2019年1月1日起将对2000亿美元商品的关税加征比例由10%提到25%，如果双方不能在此前达成有效协议，上调美国关税的方案得以实施，作为反击，中国很有可能对美国所有商品加征25%的关税。在这种情况下，中国经济增长和就业会产生较大压力，而美国的通胀和就业同样也会面对较大压力。据测算在此情况下，中国对美出口将减少253亿美元，占总出口的1.12%，这会导致中国新增18万失业人口，占总就业比0.03%；GDP增速将会下降0.21个百分点，CPI增速将上涨0.1个百分点。因为美国对华出口的商品较少，提高关税比例对他们的影响也是有限的，但是其通胀和失业率将有大幅上升。与此同时，美国出口将减少60亿美元，占其总出口的0.25%。这将使其失业人口上升8万人；GDP增速将放缓0.03%，CPI增速将提高0.14个百分点。

总体而言，已经进行的这两轮贸易战并不会对中美双方经济产生严重后果，参考中美的经济体量和经济结构，这部分的贸易损失完全可控，但是随着中美贸易摩擦的持续升级，进入到下一阶段或新一轮的贸易战，将给中美经济带来更加严重的后果，也会给全球经济局势带来更多的不确定性。习近平总书记曾指出："搞保护主义如同把自己关进黑屋子，看似躲过了风吹雨打，但也隔绝了阳光和空气，打贸易战的结果只能是两败俱伤。"对于中国而言，当前机遇与挑战并存。考虑到中美贸易摩擦的持续性、反复性以及长期的潜在消极影响，中国应重点加强与美方的积极磋商与谈判，尽量避免中美贸易摩擦的进一步升级和再次激化，同时加大力气全面深化改革和进一步扩大对外开放，坚持创新驱动的发展模式，加快结构调整和产业转型，优化贸易结构，释放新一轮的改革红利，最大限度消除美国发动贸易战的直接和间接的负面影响，为中华民族的伟大复兴积蓄力量。